U0368139

普通高等教育"十三五"规划教材

食品法律法规与标准

SHIPIN FALÜ FAGUI
YU BIAOZHUN

第3版

吴 澎 李宁阳 张 淼 主编

化学工业出版社

·北 京·

内 容 提 要

《食品法律法规与标准》(第3版)紧密结合当前人们所关注的食品质量安全问题,根据最新修订的《中华人民共和国食品安全法》的要求,分九章系统介绍了食品法律法规基础知识、中国食品法律法规体系、食品标准基础知识、中国食品标准体系、国际食品标准与法规、食品质量管理体系、食品标签、认证与计量认证、食品认证、食品卫生许可证和食品市场准入制度等内容。

本书力求内容新颖、实用性强,可作为普通高等院校、高等职业院校食品加工技术专业、食品营养与检测专业、食品贮运与营销专业、食品机械与管理专业、食品生物技术专业、农产品质量检测专业、农畜特产品加工专业、食品药品监督管理专业、粮食工程等食品类专业的教学用书,也可供食品生产、科研、销售单位的技术人员,各级食品监督、检验机构的人员,以及食品质量安全管理部门等的工作人员参考使用。

图书在版编目(CIP)数据

食品法律法规与标准/吴澎,李宁阳,张淼主编.
—3版.—北京:化学工业出版社,2019.9 (2024.8重印)
普通高等教育"十三五"规划教材
ISBN 978-7-122-34699-5

Ⅰ.①食… Ⅱ.①吴… ②李… ③张… Ⅲ.①食品卫
生法-中国-高等学校-教材②食品标准-中国-高等学
校-教材 Ⅳ.①D922.16②TS207.2

中国版本图书馆CIP数据核字(2019)第120290号

责任编辑:尤彩霞
责任校对:宋 玮 装帧设计:史利平

出版发行:化学工业出版社(北京市东城区青年湖南街13号 邮政编码100011)
印 装:河北延风印务有限公司
787mm×1092mm 1/16 印张16$\frac{1}{4}$ 字数414千字 2024年8月北京第3版第7次印刷

购书咨询:010-64518888 售后服务:010-64518899
网 址:http://www.cip.com.cn

凡购买本书,如有缺损质量问题,本社销售中心负责调换。

定 价:45.00元 版权所有 违者必究

《食品法律法规与标准》（第3版）编写人员

主　编　吴　澎　山东农业大学

　　　　李宁阳　山东农业大学

　　　　张　淼　云南农业大学

副主编　毕　阳　甘肃农业大学

　　　　董文明　云南农业大学

　　　　周　涛　山东农业大学

　　　　刘学锋　山东省绿色食品发展中心

　　　　梁　进　安徽农业大学

参　编（以汉语拼音为序）

　　　　Carol Yongmei Zhang　英国皇家农业大学

　　　　付　飙　陕西师范大学

　　　　纪胜松　华中农业大学

　　　　蓝蔚青　上海海洋大学

　　　　李永才　甘肃农业大学

　　　　李永强　云南农业大学

　　　　刘士健　西南大学

　　　　路　飞　沈阳师范大学

　　　　罗松明　四川农业大学

　　　　齐　丽　山东省泰安市委党校

　　　　申京宇　烟台大学

　　　　王世清　青岛农业大学

　　　　王越男　内蒙古农业大学

　　　　许方舟　山东农业大学

　　　　许露允　山东农业大学

　　　　杨凌宸　湖南农业大学

　　　　张　慧　山东农业大学

　　　　张清安　陕西师范大学

　　　　张小村　山东农业大学

　　　　周　波　山东农业大学

　　　　朱仁俊　云南农业大学

　　　　朱英莲　青岛农业大学

PREFACE 前言

当今世界，无论是发达国家还是发展中国家，保证食品安全都是政府和企业对社会最基本的责任和必须做出的承诺。食品安全与民众生存权紧密相连，具有唯一性和强制性，通常属于政府保障或强制的范畴。食品安全与否是一个社会问题，涉及政策、监管、行业自律、企业道德、市场规范等诸多因素，事关消费者乃至下一代的健康和安全，是公共健康所面临的最主要威胁之一。对照世界性的食品安全存在的问题，我们应明白我国食品安全体系尚存在一些弊端和问题，加强和完善我国的食品安全法律体系迫在眉睫。这不仅应当引起有关部门的高度重视，对于食品专业的学生而言，熟知食品标准与法律法规的基本知识及国际食品标准与法律法规也显得尤为重要。

鉴于目前我国的食品安全形势，无论是食品安全标准体系、食品安全检验检测等方面存在的不足，还是食品安全法律法规有待完善的现状，都凸显了一个严峻问题，那就是有关食品安全方面的人才还比较缺乏。对食品安全的关注，反映在教育界，就体现在了食品安全学科的建设上。在食品安全问题突出的紧迫形势下，教育部于2001年批准设立食品质量与安全专业。十几年来，全国已有超过百所的高校新设了食品质量与安全本科专业，这说明社会对食品安全领域人才需求的迫切性。长期以来，传统专业在食品质量与安全人才培养中的一个共同特点就是重检验检测技术、轻过程控制和预防管理，这种培养模式已经明显不适应当前食品安全的宏观形势和国家食品安全战略的要求，必须进行相应变革。针对这一现实，各高校纷纷开设了一批过程控制和预防管理技术的课程，如食品质量管理、食品安全风险管理与控制原理、食品质量与安全行政法规管理、食品质量与安全信息化管理技术等。食品法律法规与标准作为一门体现专业核心的新课程，主要介绍了食品生产与质量管理中涉及的我国现行的法律法规、食品标准，以及与我国进出口贸易密切相关的国际法律法规及标准。本课程是食品专业学科中十分重要的专业基础课，也是学生将来从事与食品相关工作所必备的理论基础。

本书第一、二版在使用过程中受到了广大师生的欢迎与好评，针对当前国内食品安全事件时有发生、食品安全体系的构建与完善依然紧迫的形势，我们在前两版的基础上，结合2018年最新修正的《中华人民共和国食品安全法》（全书简称《食品安全法》），对本书做了调整，适当删减了与食品关联不强的基础知识；利用主编在英国访问之便，查阅了第一手资料，根据最新数据，重新编写了"第五章国际食品标准与法规"的内容。为进一步与国际食品标准与法规接轨，以适应日益严格的国际尤其是发达国家的食品安全控制体系，本书新增了各章主要内容中标题目录及关键词语的对应英文翻译，并制作了相应的英文PPT教学资料，在出版社网站公布。此举也有利于教师进行双语教学，方便学生扩大阅读范围和对照学习。

本书由山东农业大学联合安徽农业大学、上海海洋大学、沈阳师范大学、西南大学、山东省泰安市委党校、湖南农业大学、华中农业大学、英国皇家农业大学、陕西师范大学、云南农业大学、内蒙古农业大学、青岛农业大学、甘肃农业大学、四川农业大学、烟台大学、山东省绿色食品发展中心单位编写，作者均为从事食品法律法规与标准课程教学与研究的老师与专家。本书特邀请山东农业大学美籍外教 Maguire Padley、英国皇家农业大学教师 Michelle R.Tutty 和 Douglas L.Hinkley 进行了全书英文部分的审阅与校对。全书紧密结合当前人们所关注的食品质量安全问题，适应最新修订的《中华人民共和国食品安全法》的要求，分九章系统介绍了包括食品法律法规基础知识、中国食品法律法规体系、食品标准基础知识、中国食品标准体系、国际食品标准与法规、认证与计量认证、食品认证、食品生产的市场准入和认证管理、食品标准与法规文献检索等内容。

本书不仅是在各编写老师多年授课经验基础上形成，而且结合了各编写专家的实践经验，编写时力求内容新颖，突出实用性。本书可作为普通高等院校、高等职业院校食品加工技术、食品营养与检测、食品贮运与营销、食品机械与管理、食品生物技术、农产品质量检测、农畜特产品加工、食品药品监督管理、粮食工程等食品类专业的教学用书，也可供食品生产、科研、销售单位的技术人员，各级食品监督、检验机构的人员和食品质量安全管理部门等的工作人员参考使用。

在本书编写过程中，各参编院校及科研单位的老师和专家们同心协力，参阅了国内外有关专家学者的论著，认真细致地完成了编写工作。但由于内容体系庞大，编者水平有限，书中难免存在不足或疏漏，敬请读者批评指正，以便进一步修改、补充和完善。

编　者

2020 年 6 月

CONTENTS 目录

第二章 我国的食品法律、法规
Food Laws and Regulations of China ········· 020

第三章 食品标准概述
Overviews of Food Standards

第六章　认证与计量认证
Certification and Metrology Accreditation·················· 134

第七章　食品生产的市场准入和认证管理
Market Access and Certification Management of Food Production·················· 155

第八章　食品标准与法规文献检索
Literature Retrieval of Food Standards and Regulations

第九章　食品安全法律法规应用分析
Application Analysis of Food Safety Laws ·············· 203

第一章　食品法律法规概述

Overviews of Food Laws and Regulations

本章课程目标和要求：

　　本章简要介绍了法律、法规的基本概念，我国的立法体制和立法程序；详细介绍了我国食品法律法规的概念、实施和制定与监督管理。

　　通过本章的学习，应能了解法、法律、法规的基本概念；熟悉我国立法体制；掌握我国食品法律法规体系。

第一节 法律、法规的基本概念
Basic Concepts of Laws and Regulations

一、法律、法规的定义
Definitions of laws and regulations

人类社会发展到原始社会末期，生产力的发展使得人们有了一定的私有财产，这就动摇了原始社会的基础——生产资料公有制。私有财产的产生引发了阶级分立，当原始社会原有的氏族规范和部落规定不能满足社会发展的需要时，法作为一种社会规范的出现是历史发展的必然。

法律有广义和狭义两种含义。广义上的法律，指的是由行使立法权的有关国家机关按照一定的程序和方法制定的具有国家强制力保障而实施的社会规范；广义上的法律与法的范围大致相当。在我国，狭义上的法律则是指由全国人民代表大会和全国人民代表大会常务委员会制定的规范性法律文件，我们通常所说的法律为狭义上的法律。

法规也具有两种含义：广义法规可以指法律规范，法律规范同法律原则和法律概念构成法的三大基本要素。法律原则是指法律规范的指导思想，如刑法上的罪刑法定原则、民法上的公平原则；法律概念则是对法律上的各种事实的特征的具体概括，如刑法上关于未成年人的概念、商法中关于公司和合伙的概念。法律规范是法的基础，也是法的具体表现。狭义法规为行政法规和地方性法规的总称，行政法规是指国务院制定的具有规范性的法律文件，而地方性法规则是指由地方权力部门制定的规范性法律文件。

二、法的基本特征
Basic features of laws

事物的特征是指该事物区别于其他事物的标志，是事物本质的外在表现。法的基本特征就是法区别于道德等其他社会规范的显著特点。我国法理学界一般认为法的特征主要有以下几个方面：法是调整人行为的社会规范，法由专门国家机关制定、认可或解释，法以权利和义务的双向规定为调整机制，由国家强制力保证实施。

1.法是调整人行为的社会规范
The laws act as social norms to moderate human behavior

（1）法的调整对象是人的行为　任何规范的出现都有一定的目的，而任何规范的目的都是为了某种社会利益，这种社会利益可能是社会大众的整体利益，也可能是少数人的利益。而利益是要通过行为实现的，因此，对于人的思想、生产关系的总和、不以人们的意志为转移的物质关系和事实，法是不能够调整的。马克思说过："对于法律来说，除了我的行为之外，我是根本不存在的，我本身并不是法律调整的对象。"这也就是说，法律并不是以行为的主体或者行为所涉及的相对人为调整对象，法律调整的是直接作用于社会关系的行为。

法律作为一种行为规范，它是通过对人们的行为提出规范化要求，进而实现其调整社会关系的目的，社会关系则是法律规范的间接调整对象。相对于其他社会规范，法律在调整社会关系时，总是以行为作为中介，而不是以思想作为中介。法律规范首先调整人的行为，这是法律规范区别于其他社会规范的重要特征之一。虽然宗教和道德等社会规范也规范行为，但是相对于法律，其更偏向于对人内心和思想的教育，通过潜移默化影响间接规范行为，而法律对行为规范的调整则是立竿见影的。

（2）法的规范性　法的规范性是指法所具有的规范人们的行为模式、指导人们行为的性质。之所以说法律具有规范性，是因为法律具有概括性，是一般的、概括的和抽象的规则，它是针对具体的人和事，并且是在一定的时间段内反复使用的。法律的构成要素以法律规范为主，占据主导地位，法律原则和法律概念主要通过法律规范具体作用于行为。这不仅表现为法律规范在量方面占主导地位，而且在实质上，法律概念、法律原则等要素是为法律规范服务的；法律规范的逻辑结构为条件、行为和后果，这是法律具有规范性最明显的标志，而其他社会规范都不具有这种严密的逻辑结构。法的规范性决定了法律适用的对象不是某一个特定的行为，法与决定不同，法要求其公布必须公开和明确；法律在其生效阶段，应该反复使用，法同时也具有连续性和稳定性。

2.法由专门国家机关制定、认可或解释
Laws are formulated，endorsed and interpreted by specialized government offices

（1）法是由国家创制的，是国家意志的体现　法律出自国家，具有国家性，是国家意志的体现。马克思说过，国家的建立是法律产生的前提。这说明对于其他社会规范，法律与国家存在内在的联系。在原始社会，没有国家，也没有法律，氏族习惯和道德是衡量人行为的准则。法律具有国家创制性，主要表现为三点：第一，它是以国家的名义创制的，是统治阶级意志的体现，但是它并不能只是以统治阶级的名义，其需要一种合理的名义使得法律具有有效性，因为法律是凌驾于其他社会规范之上的最为重要的社会规范，它的效力必须得到某种方式的承认。在封建社会，法律是以神权的名义制定的，而在现代，如果法律需要在全国范围内有效实施，就要求以国家的名义来制定和颁布。第二，法律的适用范围是以国家主权为界限的，这是法律区别于习惯、道德和宗教教规等其他社会规范的重要特征，这些社会规范可以在一个国家的主权范围之外得到承认和实施。第三，法律的实施是以国家强制力为保证的。

（2）制定、认可和解释是法创制的三种主要方式　从法的产生来看，法与国家之间的密切联系是法区别于其他社会规范的基本特点，其首要表现就在于法在形式上必须来自国家，任何法律规范的产生都要经过国家的制定、认可或解释才具有强制力，法学家或者社会团体制定的法律草案是没有法律效力的，而且法律以外的其他社会规范也不是由国家创制的。制定法律是指有关国家机关按照一定的程序制定出新的法律规范的行为，一般来说法律的制定，是指立法机关制定成文法的行为。

法律的认可是指国家机关赋予社会上已经存在的某种行为规范以法律效力。对法律的认可主要有以下四种情况：

第一，赋予社会上已经存在的习俗、道德、宗教教规等以法律效力，这是最常见的一种认可方式。

第二，通过承认或加入国际条约等方式，使国际法规"国内法化"，使其享有在国家主权范围内的法律强制力。

第三，在判例法国家，判例是指法官针对案件所做出的决定，因为法官在处理以后案件上需要遵守以前案件所蕴含的规则，从而在实际上赋予判例法律效力，这也是法律制定的另外一种方式。

第四，赋予权威法学家的学说以法律效力，即在法律没有明文规定的情况下，允许援引权威法学家的学说作为处理案件的依据。法律的创制不仅仅只是通过制定或认可，因为法律具有高度概括性和抽象性，因此，相关国家机关在使用法律的时候需要对具体的问题做出相

应的解释，特定国家机关对法律的解释也是具有法律效力的。

3.法以权利和义务的双向规定为调整机制
Laws act as the adjustment mechanisms with bidirectional regulation of rights and obligations

法以权利和义务为调整机制，主要包含两个方面：其一，法以权利和义务为内容；其二，法具有社会利导性。

法以权利和义务为内容有三点含义：

第一，法律要素包括法律规则、法律原则和法律概念。无论什么样的法律制度都是以法律规则为主，法律原则和法律概念都是体现法律规则的内容；

第二，法律对人们行为的调整主要是通过对社会关系参加者权利和义务的分配来实现的，因而法律的内容主要表现为权利和义务；

第三，权利和义务为法律规则的外在表现行为，任何法规，不论它是以义务性为主，还是以权利性为主，它都为行为人设立了某种权利或义务。

法的社会利导性是指法律通过对人们权利和义务的规定，实现对社会利益的分配，影响人们行为的特性。权利以其特有的激励制度为利益导向引导着人们的某种行为，产生有利于社会的效果；而义务则通过约束制度和强制制度制约着人们的行为。违反法律义务的行为则会导致法律责任，法律责任的产生使得这种行为具有被惩罚性和受责性，使人们从有利于自身利益出发来选择行为。然而，主要通过义务而影响人们行为的社会规范很早就出现了，道德规范、宗教规范等都具有这种功能，但是它们却并不具备社会利导性，因为它们只是强调行为人应该承担的社会责任，强调行为人对社会和团体应该负有的义务，只讲付出不讲回报，不承认权利和义务的统一。在众多的社会规范中，只有法律是具有社会利导性的，只有法律是通过权利和义务的双向规定来影响人们的意识并有意识地调节人们的行为。

4.法通过程序由国家强制力保证实施
Laws are implemented through legal procedures by the coercive force of the state

法律的实施是由国家强制力保障的，如果没有国家的强制力作为后盾，法律在很多方面将不能够实施。虽然一切社会规范也都具有强制性，但是在程度上和范围上都要低于法律。法的强制性主要表现在法律责任上，即任何违反法律的行为都要承担法律责任，而国家的强制力是让违法行为人就其违法行为承担法律责任的保障，没有国家强制力作为保障，法律将会与道德等其他社会规范一样，缺乏可执行力，因此国家强制力是法律的最为基本的特征。

法的程序性主要包括三个方面：立法的程序性、司法的程序性和执法的程序性。

所谓立法的程序性，是指享有立法权的国家机关在制定法律时必须遵循相关的立法程序，其制定的法律在程序上和内容上都应该符合法律的一般原则。司法的程序性，是指司法机关在审理案件或者提起公诉时，应该按照相关法律审判，禁止违法裁判和枉法裁判。执法的程序性，要求有关执法机关在执行法律时，必须严格遵守法律对其权力的限制，禁止滥用职权的现象。总而言之，国家在实施其强制力时，必须科学立法、严格执法、公正司法，在程序上和内容上应该严格遵守法律的规定。

第二节 我国的立法特征
Features of Legislation in China

一、立法体制
Legislative system

1.立法体制的含义
Definition of the legislative system

　　立法体制，又称立法体系，是关于立法权行使和立法权限划分的制度。立法权的行使是指有关国家机关按照法律的规定制定法律的行为；而立法权限的划分既包括中央和地方关于立法权限的划分，也包括中央各国家机关之间以及地方各国家机关对立法权限的划分制度和结构。立法体制在不同的社会制度和历史时期有着不同的内容。立法体系主要分为三类：

　　一，单一的立法体制，是指立法权由一个国家机关甚至是一个人行使的立法制度，但是单一的立法体制并不一定意味着中央单独行使立法权，在单一的立法体制下，地方也享有立法权，不过地方立法权享有的部门，应该与中央拥有立法权的部门为一个整体，大陆法系的国家大部分都是采用这种立法制度。

　　二，复合的立法体制，是指立法权由两个或者两个以上的国家机关共同行使的立法体制。由于这些国家的立法权由两个以上的国家机关行使，有的国家的立法权由总统和议会共同行使，如冰岛、芬兰；而有的国家的立法权则由君主和议会共同行使。

　　三，三权分立的立法体制，所谓三权分立的立法体制是指，议会享有立法权，但是政府的首脑可以对议会通过的法律进行否决或者批准，而法院则可以通过司法审查制度，检验议会制定的法律的合宪性，对于不符合宪法的法律有权宣布其无效，美国则是这种立法体制的代表。

2.我国的立法体制
Legislative system in China

　　我国的立法体制是与我国国情相符的立法体制，是社会主义的立法体制。根据我国宪法规定，全国人大及其常委会、国务院及其部门、地方性权力机构和地方性政府都享有某种程度的立法权。我国2000年颁布实施《中华人民共和国立法法》（以下简称《立法法》），分别于2015、2023年进行了修正。《立法法》对全国人大及其常委会与国务院之间、中央与地方之间在立法权限和立法范围方面做了更为具体的规定。

　　（1）全国人大及其常委会具有法律的专属立法权　根据《中华人民共和国宪法》第五十七条和五十八条，全国人民代表大会是我国的最高权力机关，全国人大及全国人大常委会享有法律（狭义的）的专属立法权，其他任何中央国家机关和地方国家机关不能制定法律，并且其他国家机关制定的具有法律效力的规范性文件不得与法律相抵触。《立法法》将只能由全国人大及人大常委会通过法律规定的事项予以列举，行政法规、部门规章和地方性政府规章不能就《立法法》第八条规定的事项予以规定。虽然在《立法法》第九条规定，全国人民代表大会和全国人大常委会可以授权国务院就第八条所规定的事项制定行政法规，但是有关犯罪和刑罚、对公民政治权利的剥夺、限制人身自由的强制措施和处罚以及司法制度等事项，全国人大和全国人大常委会不能授权。因此，上述相关事项只能由法律规定。

　　（2）行政法规规定的事项　根据《中华人民共和国宪法》第八十九条第一款，国务院有权根据宪法和法律，规定行政措施，制定行政法规，发布决定和命令。根据《立法法》第六十五条规定，行政法规可以就下列事项做出规定：为执行法律的规定需要制定行政法规的事项，宪法第八十九条规定的国务院行政管理职权的事项。这一规定，应当有两点需要明确，一是国务院制定的行政法规必须属于行政管理事项，凡不属于国务院行政管理职权的问题，如涉及民法、刑法、审判、检察、诉讼方面的问题，行政法规不得规定；二是《立法法》规定的专属人大及人大常委会立法事项的，行政法规不得予以规定。

（3）地方性法规规定的事项　《宪法》第一百条规定，省、直辖市的人民代表大会和它们的常务委员会，在不同宪法、法律、行政法规相抵触的前提下，可以制定地方性法规，但应该报全国人大常委会备案。《立法法》第七十三条规定，地方性法规可以就以下两种事项做出规定。

① 为执行法律、行政法规的规定，需要根据本行政区域的实际情况做出具体规定的事项。法律、行政法规是在全国普遍实行的，为了照顾全国各地的情况，因此有些规定只能比较概括，而各地根据其自有的特点，在执行法律、行政法规时所遇到的具体情况也是不一样的，因此《立法法》赋予地方政府制定地方性法规的权利，用以保障法律、行政法规的有效实施。但是在制定地方性法规时也应该注意，地方性法规就某项行为做出具体的规定时，不能仅仅重复法律或者行政法规的规定，甚至与法律或行政法规相违背。

② 属于地方性事务需要制定地方性法规的事项。这条规定赋予了地方在立法范围上很大的自主权。与对行政法规所能够规定的范围不同的是，地方性法规可以就法律或行政法规没有规定的事项予以规定，在国家制定的法律或行政法规生效后，地方性法规同法律或者行政法规相抵触的规定无效，制定机关应当及时予以修改或者废止，而在对行政法规所能规定的范围，《立法法》规定其只能针对法律授权的事项和为了执行法律的事项予以规定。

（4）规章　国务院各部、委员会、中国人民银行、审计署和具有行政管理职能的直属机构，可以根据法律和国务院的行政法规、决定、命令，在本部门的权限范围内，制定规章。

部门规章规定的事项应当属于执行法律或者国务院的行政法规、决定、命令的事项。没有法律或者国务院的行政法规、决定、命令的依据，部门规章不得设定减损公民、法人和其他组织权利或者增加其义务的规范，不得增加本部门的权力或者减少本部门的法定职责。

涉及两个以上国务院部门职权范围的事项，应当提请国务院制定行政法规或者由国务院有关部门联合制定规章。

省、自治区、直辖市和设区的市、自治州的人民政府，可以根据法律、行政法规和本省、自治区、直辖市的地方性法规，制定规章。

（5）法律规范之间的效力问题　宪法具有最高的法律效力，一切法律、行政法规、地方性法规、自治条例和单行条例、规章都不得同宪法相抵触。法律的效力高于行政法规、地方性法规、规章。行政法规的效力高于地方性法规、规章。

二、我国的立法程序
Legislative procedures of China

1.立法程序的概念和意义
Concepts and significance of the legislative procedure

立法程序是指具有立法权的国家机关根据宪法和法律的有关规定制定、修改和废止法律的程序。其有广义和狭义之分，广义上的立法程序是指所有具有创制、修改和废止规范性法律文件的国家机关行使立法权所遵循的程序，而狭义的立法程序仅仅是指国家立法机关在实施其立法权时所应该遵守的制度。完善立法程序有着非常重要的作用，因为合理的立法程序可以减少法律的任意性、保证法律的严肃性，并且完善的立法程序可以帮助提高法的质量、增强法的功能。

2. 我国现行的立法程序
Current legislative procedures of China

在我国享有立法权的机关有全国人大及其常委会，国务院及其各部委，省、自治区、直辖市和较大的市的权力机关和政府，根据《宪法》《立法法》和其他有关法律的规定，我国立法程序主要分为四步：法律议案的提出、法律草案的审议、法律草案的通过和法律的公布。

（1）法律议案的提出　法律议案是指依法享有立法提案权的机关或个人，向立法机关提出的关于制定、修改、废止某项法律的正式建议。提出法律议案是创制法的程序的开始，议案一经提出，立法机关就应当进行审议并决定是否列入立法机关的议事日程。所以，法律议案不同于一般公民提出的立法建议，只有依法享有立法提案权的国家机关或个人才有权提出。需要区别的是，法律议案的提出并不需要对所提议案的内容有所规定，法律议案只是一个建议或者理由，是立法的一个意向。提出法律议案是否附有法律草案由提案人自主决定。根据《宪法》《全国人民代表大会组织法》（简称《人大组织法》）和有关法律的规定，下列组织和个人拥有提出法律议案的权利。

① 根据《全国人民代表大会组织法》第九条和第十条规定，全国人民代表大会主席团，全国人民代表大会常务委员会，全国人民代表大会各专门委员会，国务院，中央军事委员会，最高人民法院，最高人民检察院，全国人大的一个代表团或者 30 名以上的代表联名，可以向全国人民代表大会提出法律议案。

②《人大组织法》第三十二条规定，全国人民代表大会各专门委员会，国务院，中央军事委员会，最高人民法院，最高人民检察院，常务委员会组成人员 10 人以上联名，可以向全国人大常务委员会提出法律议案。

③ 地方各级人民代表大会主席团，常务委员会，各专门委员会，本级人民政府，县级以上的地方各级人民代表大会代表 10 人以上联名，乡、民族乡、镇的人民代表大会代表 5 人以上联名，可以向本级人民代表大会提出属于本级人民代表大会职权范围内的议案。

④ 县级以上的地方各级人民代表大会常务委员会主任会议，县级以上的地方各级人民政府，人民代表大会各专门委员会，省、自治区、直辖市、自治州、设区的市的人大常委会组成人员 5 人以上联名，县级的人大常委会组成人员 3 人以上联名，可以向本级人民代表大会常务委员会提出属于其职权范围内的议案。

（2）法律草案的审议　法律草案的审议是指全国人大和全国人大常委会对已经列入议事日程的法律草案正式进行审查和讨论。法律草案的审议是整个立法程序中最为重要的环节，是决定法律草案最终能否通过成为法律的最重要的阶段，也是法律草案不断完善的阶段。

《立法法》就全国人民代表大会及其常务委员会对法律草案的审议做出了详细的规定，基本内容如下。

列入全国人大常委会会议议程的法律草案，一般应当经三次常务委员会会议审议后再交付表决，也称为"三读原则"：第一次审议法律草案，常委会会议在全体会议上听取提案人的说明，由分组会议进行初步审议；第二次审议法律草案，在全体会议上听取法律委员会关于法律草案修改情况和主要问题的汇报，由分组会议进一步审议；第三次审议法律草案，在全体会议上听取法律委员会关于法律草案审议结果的报告，由分组会议对法律草案修改稿进行审议。但是对于各方意见比较一致的法律草案，也可以经过两次常务委员会会议审议后交付表决，对于部分修改的法律草案，当各方面意见比较一致时，也可以经一次常务委员会会议审议后就交付表决。

（3）法律草案的通过　法律草案的通过是立法机关对经过审议的法律草案进行表决，正式决定是否通过的活动。根据《立法法》第二十四条规定，法律草案修改稿经各代表团审议，由法律委员会根据各代表团的审议意见进行修改，提出法律草案表决稿，由主席团提请大会全体会议表决，由全体代表的过半数通过。而提交全国人大常委会表决的法律草案，则由委员长会议提请常务委员会全体表决，由常委全体组成人员的过半数通过。相对于一般的法律草案，宪法草案的通过有着更为严格的要求，需经过全国人民代表大会以全体代表的2/3 以上通过才可以。在表决方式上，通常采用无记名投票方式，或者采用举手表决的方式，近年来又增加了一种以"电子表决器"进行表决的方式。

（4）法律的公布　法律的公布是指立法机关将通过的法律以法定的形式向社会正式公开，以便全社会遵照执行。这是立法程序的最后一个步骤，是法律生效的前提。凡是未经公布的法律，都不能产生法律效力。

法律的公布应当由相应的机关采取特定的方式进行。根据我国《宪法》第八十条的规定："中华人民共和国主席根据全国人民代表大会的决定和全国人民代表大会常务委员会的决定公布法律。"我国法律以国家主席签署主席令的方式公布，一般是在立法机关的刊物或其指定的其他刊物上公布。我国公布法律的报刊是《全国人民代表大会常务委员会公报》，《国务院公报》和《人民日报》也可以转载。一般说来，法律自公布之日起生效，若在法律中规定其生效日期的，以法律的规定为准。

第三节　我国的食品法律法规体系
System of Food Laws and Regulations in China

法律体系（Legal system），是指由一国现行的全部法律规范按照不同的法律部门分类组合而形成的一个呈体系化的有机联系的统一整体。从以上法律体系的概念来看，法律体系有以下几个特点：第一，法律体系是一个国家的全部现行法律构成的整体；第二，法律体系是一个由法律部门分类组合而形成的呈体系化的有机整体；第三，法律体系的理想化要求是门类齐全、结构严密、内在协调；第四，法律体系是客观法则和主观属性的有机统一。

因此，从以上概念及其特点不难理解我国现阶段的食品法律法规体系现状。

现阶段我国食品安全的法律现状是以《中华人民共和国食品安全法》（后文简称《食品安全法》）为主导，《中华人民共和国标准化法（2017 年修订）》《中华人民共和国计量法（2018 年修正）》《中华人民共和国农产品质量安全法》（后文简称《农产品质量安全法》）《食品生产加工企业质量安全监督管理实施细则（试行）》《食品生产许可审查通则（2016 年版）》等数部单行的有关食品安全的法律，以及诸如《中华人民共和国产品质量法（2018 年修正）》（后文简称《产品质量法》）、《中华人民共和国农业法（2012 年修正）》《中华人民共和国消费者权益保护法（2013 年修正）》（后文简称《消费者权益保护法》）、《中华人民共和国传染病防治法（2013 年修正）》《中华人民共和国刑法（2020 年修订）》（后文简称《刑法》）等法律，国务院及各部委相继出台的规章，两高的司法解释等中有关食品安全的相关规定构成的集合法群形态，形成了我国食品安全法律体系的框架。

一、我国食品法律法规框架
Construction of food laws and regulations in China

1.食品法律
Food laws

食品法律是指由全国人大及其常委会经过特定的立法程序制定的规范性法律文件。它的地位和效力仅次于宪法。它又分为两种：一是由全国人大制定的食品法律，称为基本法；二是由全国人大常委会制定的食品基本法律以外的食品法律。

2.食品行政法规
Food administrative regulations

食品行政法规是由国务院根据宪法和法律，在其职权范围内制定的有关国家食品行政管理活动的规范性法律文件，其地位和效力仅次于宪法和法律。党中央和国务院联合发布的决议或指示，既是党中央的决议和指示，又是国务院的行政法规或其他规范性文件，具有法的效力。国务院各部委所发布的具有规范性的命令、指示和规章，也具有法的效力，但其法律地位低于行政法规。

3.地方性食品法规
Local food laws and regulations

地方性食品法规是指省、自治区、直辖市以及省级人民政府所在地的市和经国务院批准的较大的市人民代表大会及其常委会制定的适用于本地方的规范性文件。除地方性法规外，地方各级权力机关及其常设机关、执行机关所制定的决定、命令、决议，凡属规范性者，在其辖区范围内，也都属于法的渊源。地方性法规和地方其他规范性文件不得与宪法、食品法律和食品行政法规相抵触，否则无效。

4.食品自治条例与单行条例
Food autonomous regulations and specific regulations

食品自治条例和单行条例是由民族自治地方的人民代表大会依照当地民族的政治、经济和文化特点制定的食品规范性文件。自治区的自治条例和单行条例，报全国人大常委会批准后生效；州、县的自治条例和单行条例报上一级人大常委会批准后生效。

5.食品规章
Food regulations

食品规章分为两种类型：一是指由国务院行政部门依法在其职权范围内制定的食品行政管理规章，在全国范围内具有法律效力；二是指由各省、自治区、直辖市以及省、自治区人民政府所在地和经国务院批准的较大的市的人民政府，根据食品法律在其职权范围内制定和发布的有关地区食品管理方面的规范性文件。

二、食品法律法规的实施
Implementation of food laws and regulations

1.食品法律法规实施的概念
Concepts of food laws and regulations implementation

食品法律法规的实施是指通过一定的方式使食品法律规范在社会生活中得到贯彻和实现的活动。食品法律法规的实施过程，是把食品法的规定转化为主体行为的过程，是食品法律法规作用于社会关系的特殊形式。食品法律法规的实施主要有食品法律法规的遵守和食品法律法规的适用两种方式。

2.食品法律法规的遵守
Food laws and regulations compliance

食品法律法规的遵守，又称食品守法，是指一切国家机关和武装力量、各政党和各社会团体、各企业事业组织和全体公民都必须恪守食品法律法规的规定，严格依法办事。食品法律法规的遵守是食品法律法规实施的一种重要形式，也是法治的基本内容和要求。

（1）食品法律法规遵守的主体　食品守法的主体，既包括一切国家机关、社会组织和全体中国公民，也包括在中国领域内活动的国际组织、外国组织、外国公民和无国籍人士。

（2）食品法律法规的遵守范围　食品守法的范围极其广泛，主要包括宪法、食品法律、食品行政法规、地方性食品法规、食品自治条例和单行条例、食品规章、食品标准、特别行政区的食品法、我国参加的世界食品组织的章程以及我国参与缔结或加入的国际食品条约、协定等。对于食品法律法规适用过程中有关国家机关依法作出的、具有法律效力的决定书，如人民法院的判决书、调解书、食品行政部门的食品卫生许可证、食品行政处罚决定书等非规范性文件也是食品法律法规的遵守范围。

（3）食品法律法规的遵守内容　食品法律法规的遵守不是消极、被动的，它既要求国家机关、社会组织和公民依法承担和履行食品质量安全义务（职责），更包含国家机关、社会组织和公民依法享有权利、行使权利，其内容包括依法行使权利和履行义务两个方面。

3. 食品法律法规的适用
Food laws and regulations application

（1）食品法律法规适用的概念及特点　食品法律法规的适用有广义和狭义之分。广义的食品法律法规的适用，是指国家机关和法律、法规授权的社会组织依照法定的职权和程序，行使国家权力，将食品法律法规创造性地运用到具体人或组织，用来解决具体问题的一种专门活动。它包括食品行政管理部门以及法律、法规授权的组织依法进行的食品质量安全执法活动和司法机关依法处理有关食品违法和犯罪案件的司法活动。狭义的食品法律法规的适用仅指司法活动。这里指的是广义的食品法律法规的适用。

食品法律法规的适用是一种国家活动，不同于一般公民、法人和其他组织实现食品法律法规的活动。它具有以下特点：

① 权威性　食品法律法规的适用是享有法定职权的国家机关以及法律、法规授权的组织，在其法定的或授予的权限范围内，依法实施食品法律法规的专门活动，其他任何国家机关、社会组织和公民个人都不得从事此项活动。

② 目的性　食品法律法规适用的根本目的是保护公民的生命健康权。这是由食品法律法规保护人体健康的宗旨所决定的。

③ 合法性　有关机关及授权组织对食品管理事务或案件的处理，应当有相应的法律依据，否则无效，甚至还须承担相应的法律责任。

④ 程序性　食品法律法规的适用是有关机关及授权组织依照法定程序所进行的活动。

⑤ 国家强制性　食品法律法规的适用是以国家强制力为后盾实施食品法律法规的活动，对有关机关及授权组织依法作出的决定，任何当事人都必须执行，不得违抗。

⑥ 要式性　食品法律法规的适用必须有表明适用结果的法律文书，如食品卫生许可证、罚款决定书、判决书等。

（2）食品法律法规的适用范围　食品法律法规的适用范围是指食品法律法规的生效范围或效力范围，即食品法律法规在什么时间、什么地方和对什么人适用，包括食品法律法规的时间效力、空间效力和对人的效力三个方面。

① 食品法律法规的时间效力　是指食品法律法规何时生效、何时失效，以及对食品法律法规生效前所发生的行为和事件是否具有溯及力的问题。

食品法律法规的生效时间通常有下列情况：在食品法律法规文件中明确规定从法律法规文件颁布之日起施行；在食品法律法规文件中明确规定由其颁布后的某一具体时间生效；食品法律法规公布后先予以试行或者暂行，而后由立法机关加以补充修改，再通过为正式法律法规，公布施行，在试行期间也具有法律效力；在食品法律法规中没有规定其生效时间，但实践中均以该法公布的时间为其生效的时间。

食品法律法规的失效时间通常有下列情况：从新法颁布施行之日起，相应的旧法即自行废止；新法代替了内容基本相同的旧法，在新法中明文宣布旧法废止。《中华人民共和国食品安全法》已由中华人民共和国第十二届全国人民代表大会常务委员会第十四次会议于 2015 年 4 月 24 日修订通过。如现将修订后的《中华人民共和国食品安全法》公布，自 2015 年 10 月 1 日起施行；全国人大常委会 2009 年 2 月 28 日通过的《中华人民共和国食品安全法》规定：本法自 2009 年 6 月 1 日起施行，《中华人民共和国食品卫生法》同时废止。由于形势发展变化，原来的某项法律法规已因调整的社会关系不复存在或完成了历史任务而已失去了存在的条件自行失效。有的法律规定了生效期限，期满该法即终止效力；有关国家机关发布专门的决议、命令，宣布废止其制定的某些法，而导致该法失效。

② 食品法律法规的空间效力　是指食品法律法规生效的地域范围，即食品法律法规在哪些地方具有约束力。食品法律法规的空间效力有以下几种情况：全国人大及其常委会制定的食品法律，国务院及其各部门发布的食品行政法规、规章等规范性文件，在全国范围内有效；地方人大及其常委会、民族自治机关颁布的地方性食品法规、自治条例、单行条例，以及地方人民政府制定的政府食品规章，只在其行政管辖区域范围内有效；中央国家机关制定的食品法律、法规，明确规定了特定的适用范围的，即在其规定的范围内有效；某些食品法律、法规还有域外效力。

③ 食品法律法规对人的效力　是指食品法律法规对哪些人具有约束力。食品法律法规对人的效力有以下几种情况：我国公民在我国领域内，一律适用我国食品法律法规；外国人、无国籍人在我国领域内，也都适用我国食品法律法规，一律不享有食品特权或豁免权；我国公民在我国领域以外，原则上适用我国食品法律法规，法律有特别规定的按法律规定；外国人、无国籍人在我国领域外，如果侵害了我国国家或公民、法人的权益，或者与我国公民、法人发生食品法律关系，也可以适用我国食品法律。

如《食品安全法》第二条规定的在中华人民共和国境内从事食品生产和加工等活动，应当遵守本法。本条是关于食品安全法适用范围的规定，与原来的食品卫生法的规定相比，适用范围明显扩大，而且增加了与《农产品质量安全法》相衔接的规定。

（3）食品法律法规的适用规则　食品法律法规的适用规则是指食品法律法规之间发生冲突时如何选择适用食品法律法规的问题。食品法律法规的适用规则主要有以下五方面。

① 上位法优于下位法　法的位阶是指法的效力等级。效力等级高的是上位法，效力等级低的就是下位法。不同位阶的食品法律法规发生冲突时，应当选择适用位阶高的食品法律法规。

② 同位阶的食品法律法规具有同等法律效力，在各自权限范围内适用　食品部门规章之间、食品部门规章与地方政府食品规章之间具有同等效力，在各自的权限范围内施行。

③ 特别规定优于一般规定　即"特别法优于一般法"。同一机关制定的食品法律、食品行政法规、地方性食品法规、食品自治条例和单行条例、食品规章，特别规定与一般规定不一致的适用特别规定。

④ 新的规定优于旧的规定　即"新法优于旧法"。同一机关制定的食品法律、食品行政法规、地方性食品法规、食品自治条例和单行条例、食品规章，新的规定与旧的规定不一致

的，适用新的规定。适用这条规则的前提是新旧规定都是现行有效的，该适用哪个规定，采取从新原则。这与法的溯及力的从旧原则是有区别的。法的溯及力解决的是新法对其生效以前发生的事件和行为是否适用的问题。

⑤ 不溯及既往原则　任何食品法律法规都没有溯及既往的效力，但为了更好地保护公民、法人和其他组织的权利和利益而作的特别规定除外。

（4）食品法律法规适用范围冲突的裁决制度

① 食品法律之间对同一事项新的一般规定与旧的特别规定不一致，不能确定如何适用时由全国人大常委会裁决。

② 食品行政法规之间对同一事项新的一般规定与旧的特别规定不一致，不能确定如何适用时由国务院裁决。

③ 地方性食品法规、食品规章之间不一致时，由有关机关依照下列规定的权限进行裁决：同一机关制定的新的一般规定与旧的特别规定不一致时，由制定机关裁决；地方性食品法规与食品部门规章之间对同一事项的规定不一致，不能确定如何适用时由国务院提出意见，国务院认为应当适用地方性食品法规的，应当决定在该地方适用地方性食品法规的规定，认为应当适用食品部门规章的，应当提请全国人大常委会裁决；食品部门规章之间、食品部门规章与地方政府食品规章之间对同一事项的规定不一致时由国务院裁决；根据授权制定的食品法规与食品法律规定不一致，不能确定如何适用时由全国人大常委会裁决。

4.食品法律法规的解释
Interpretations of food laws and regulations

食品法律法规的解释是指有关国家机关、组织或个人，为适用或遵守食品法规，根据立法原意对食品法律法规的含义、内容、概念、术语以及适用的条件等所作的分析、说明和解答。食品法律法规的解释是完备食品立法和正确实施食品法所必需的。按照解释的主体和解释的法律效力的不同，食品法律法规的解释可以分为正式解释和非正式解释。

（1）正式解释（official interpretation）　正式解释又称有权解释、法定解释、官方解释，是指有解释权的国家机关按照宪法和法律所赋予的权限对食品法律法规所作的具有法的效力的解释。正式解释是一种创造性的活动，是立法活动的继续，是对立法意图的进一步说明，具有填补法的漏洞的作用，通常分为立法解释、司法解释和行政解释。

① 立法解释（statutory interpretation）　是指有食品立法权的国家机关对有关食品法律文件所作的解释。包括全国人大常委会对宪法和食品法律的解释，国务院对其制定的食品行政法规的解释，地方人大及其常委会对地方性食品法规的解释，以及国家授权其他国家机关的解释。

② 司法解释（judicial interpretation）　是指最高人民法院和最高人民检察院在审判和检察工作中对具体应用食品法律的问题所进行的解释。包括最高人民法院做出的审判解释，最高人民检察院做出的检察解释，以及最高人民法院和最高人民检察院联合做出的解释。

③ 行政解释（administrative interpretation）　是指有解释权的行政机关在依法处理食品行政管理事务时，对食品法律、法规的适用问题所作的解释。包括国务院及其所属各部门、地方人民政府行使职权时，对如何具体应用食品法律的问题所作的解释。

（2）非正式解释（unofficial interpretation）　非正式解释又称作非法定解释、无权解释，分为学理解释和任意解释。学理解释一般是指宣传机构、文化教育机关、科研单位、社会组织、学者、专业工作者和报刊等对食品法律法规所进行的理论性、知识性和常识性解释。任意解释是指一般公民、当事人、辩护人对食品法律法规所作的理解和说明。非正式解释虽不具有法律效力，但对法律适用有参考价值，对食品法律法规的遵守有指导意义。

三、我国食品法律法规的制定与监督管理
Formulation and supervision of food laws and regulations of China

1.食品法律法规制定的概念
Concepts of formulating food laws and regulations

食品法的制定是指有关国家机关依照法定的权限和程序，制定、认可、修改、补充或废止规范性食品相关法律文件的活动，又称为食品立法活动。

食品法的制定有广义和狭义之分。狭义的食品法制定，专指全国人大及其常委会制定食品法律的活动。广义的食品法制定，不仅包括狭义的食品法的制定，还包括国务院制定食品行政法规、国务院有关部门制定食品部门规章、地方人大及其常委会制定地方性食品法规、地方人民政府制定地方食品规章、民族自治地方的自治机关制定食品自治条例和单行条例、特别行政区的立法机关制定食品法律文件等活动。食品法的制定具有如下特点。

（1）权威性　食品立法是国家的一项专门活动，只能由享有食品立法权的国家机关进行，其他任何国家机关、社会组织和公民个人均不得进行食品立法活动。

（2）职权性　享有食品立法权的国家机关只能在其特定的权限范围内进行与其职权相适应的食品立法活动。

（3）程序性　食品立法活动必须依照法定程序进行。

（4）综合性　食品立法活动不仅包括制定新的规范性食品法律文件的活动，还包括认可、修改、补充或废止等一系列食品立法活动。

2.食品法律法规制定的基本原则
Basic principles of formulating food laws and regulations

食品法律法规制定的基本原则是指食品立法主体进行食品立法活动所必须遵循的基本行为准则，是立法指导思想在立法实践中的重要体现。根据《立法法》的规定，食品立法活动必须遵循以下基本原则。

（1）遵循宪法的基本原则　宪法具有最高法律效力，是制定其他法律的依据，因此，宪法的基本原则也是食品立法所必须遵循的基本原则。

（2）依照法定的权限和程序的原则　国家机关应当在宪法和法律规定的范围内行使职权，立法活动也不例外。这是社会主义法治的一项重要原则。依法进行立法，即立法应当遵循法定权限和法定程序进行，不得随意立法。

（3）从国家整体利益出发，维护社会主义法制的统一和尊严的原则　我国是统一的多民族国家，食品立法活动应站在国家和全局利益的高度，从国家的整体利益出发，从人民长远的、根本的利益出发，防止出现只顾部门利益和地方保护主义的倾向，维护国家的整体利益，维护社会主义法制的统一和尊严。这是依法治国，建设社会主义法治国家的必然要求。

（4）坚持民主立法的原则　食品法律的制定要坚持群众路线，采取各种行之有效的措施，广泛听取人民群众的意见，集思广益，在充分民主的基础上高度集中。这样也有利于加强食品立法的民主性、科学性。广泛吸收广大人民群众参与食品立法工作，调动他们的积极性和主动性，不仅使食品立法更具民主性，而且有利于食品法律在现实生活中得到遵守。

（5）从实际出发的原则　食品法律法规的制定，最根本的就是从我国的国情出发，深入实际，调查研究，正确认识我国国情，充分考虑我国社会经济基础、生产力水平、各地的生活条件、饮食习惯、人员素质等状况，科学、合理地规定公民、法人和其他组织的权利与义务以及国家机关的权力与责任。坚持从实际出发，也应当注意在充分考虑我国的基本国情，

体现中国特色的前提下，适当借鉴、吸收外国及本国历史上食品立法的有益经验，注意与国际接轨。

（6）对人民健康高度负责的原则　健康是一项基本人权，保证食品质量与安全，防止食品污染和有害因素对人体健康的影响是判定和执行各项食品标准、管理办法的出发点。

食品的安全性是实现人的健康权利的保证，也是食品质量安全制度的重要基础。概括地说，食品安全有两方面的内容：第一，人人有获得食品安全性保护的权利。任何人不分种族、民族、性别、职业、社会出身、宗教信仰、受教育程度、财产状况等都有权获得食品安全性保护，同时他们依法所取得的食品安全性保护权益都受同等的法律保护。第二，人人有获得优质食品安全性保护的权利。这一权利要求食品安全性保护的质量水平应达到一定的专业标准。食品安全性保护的质量是每一个人关心的问题，但一般来说，消费者本人并不能全部判断食品安全性保护质量的高低、优劣，这就需要政府加以监督。

（7）预防为主的原则　食品污染和有害因素对人体所造成的危害，有些是急性的，如食物中毒等；也有些是慢性的，甚至是潜在的危害，如致癌、致畸、致突变等。急性的疾病，可以通过急救和治疗后使患者痊愈。而慢性的则很难治愈，甚至可以延及子孙后代，其后果不堪设想。所以，必须防患于未然，把食品的立法，放到以预防为主的方针上。

预防为主原则有以下几个基本含义：① 任何食品工作者都必须严格按照相应的规范标准实施生产，采取严格的生产程序，使生产出的食品达到质量和卫生都安全的标准；② 强调预防并不是轻视监督，它们之间并不矛盾，也不是分散的、互不通联的、彼此独立的两个系统，而是一个相辅相成的有机整体；③ 预防和监督都是保护健康的方法和手段。

（8）发挥中央和地方两方面积极性的原则　我国是一个地域辽阔、民族众多的国家，各地区、各民族的饮食习惯有很大的不同，并且食品生产、经营范围广，涉及面宽。因此，既不能强求一致性的规定，又要对直接危害人民健康的因素坚决制止；既要有中央的统一法制管理，又要有各地区、各民族由省、直辖市制定的具体办法，针对本地区的特点和各民族的风俗习惯，加强管理。总之，要充分发挥中央和地方两方面的积极性。

3.食品法律法规制定的依据
Basis for formulating food laws and regulations

（1）宪法是食品立法的法律依据　宪法是国家的根本大法，具有最高法律效力，是其他法律、法规的立法依据。宪法有关保护人民健康的规定是食品法律法规制定的来源和法律依据。

（2）保护人体健康是食品立法的思想依据　健康是人类生存与发展的基本条件，人民健康状况是衡量一个国家或地区的发展水平和文明程度的重要标志。国家的富强和民族的进步，包含着健康素质的提高。增进人民健康，提高全民族的健康素质，是社会经济发展和精神文明建设的重要目标，是人民生活达到小康水平的重要标志，也是促进经济和社会可持续发展的重要保障。

食品是人类生存和发展最重要的物质基础，食品的安全、卫生和必要的营养是食品的基本要求。防止食品污染和有害因素对人体的危害，做好食品安全，是预防疾病、保障人民生命安全与健康的重要措施。以食品生产经营和食品安全监督管理活动中产生的各种社会关系为调整对象的食品法律法规必然要把保护和增进人体健康作为其立法的思想依据、立法工作的出发点和落脚点。

法律赋予公民的权利是极其广泛的，其中生命健康权是公民最根本的权益，是行使其他权利的前提和基础。以保障人体健康为中心内容的食品法律法规，无论其以什么形式表现，也无论其调整的是哪一特定方面的社会关系，都必须坚持保护和增进人体健康这一思想依据。

（3）食品科学是食品立法的自然科学依据　食品行业是以生物学、化学、工程学、农学、畜牧学等为核心的科技密集型行业，现代食品行业是在现代自然科学及其应用工程技术高度发展的基础上展开的。因此食品立法工作在遵循法律科学的基础上，必须遵循食品科学的客观规律，也就是必须把化学、生物学、食品工程和食品技术知识等自然科学的基本规律作为食品法律法规制定的科学依据，使法学和食品科学紧密联系在一起，科学地立法，促进食品科技进步。只有这样才能达到有效保护人体健康的立法目的。

（4）社会经济条件是食品立法的物质基础　社会经济条件是食品法律法规制定的重要物质基础。改革开放以来，我国社会主义建设取得了巨大成就，生产力有了很大发展，综合国力不断增强，社会经济水平有了很大提高，为新时期的食品立法工作提供了牢固的物质基础。但我们也要看到，我国是发展中国家，与世界发达国家相比，我国的综合国力、生产力发展水平和人民生活水平都还有待进一步提高，地区间发展也不平衡，这些都是食品立法工作的制约因素。因此食品法律法规的制定必须着眼于我国的实际，正确处理好食品立法与现实条件、经济发展之间的关系，以适应社会主义市场经济的需要，达到满足人民群众日益增长的多层次的需求、保护人体健康、保障经济和社会可持续发展的目的。

（5）食品政策是食品立法的政策依据　食品政策是党领导国家食品工作的基本方法和手段。它以科学的世界观、方法论为理论基础，正确反映了食品科学的客观规律和社会经济与食品发展的客观要求，是对人民共同意志的高度概括和集中体现。食品立法以食品政策为指导，有助于使食品法律法规反映客观规律和社会发展要求，充分体现人民意志，使食品法律法规能够在现实生活中得到普遍遵守和贯彻，最终形成良好的食品法律秩序。因此，党的食品政策是食品法律法规的灵魂和依据，食品立法要体现党的政策的精神和内容。坚持以新时代中国特色社会主义思想为指引，奋力推动食品安全综合协调工作取得新进步、开创新局面，为全面建设社会主义现代化国家作出食品安全领域应有贡献。

此外，在食品立法过程中，我们应当体现和履行我国已参加的国际食品条约、惯例的有关规定。同时对外国食品法律、立法经验及立法技术加以研究、分析，对有益的地方进行借鉴参考，以使我国食品法律法规与国际接轨。

4.食品法律法规制定的程序
Procedures for formulating food laws and regulations

食品法律法规的制定程序是指有立法权的国家机关制定食品法律法规所必须遵循的方式、步骤、顺序等的总和。程序是立法质量的重要保证，是民主立法的保障。食品法律法规的制定必须依照法定程序进行。

（1）食品法律的制定程序　全国人大常委会制定食品法律的程序如下。

① 食品立法的准备　主要包括编制食品立法规划、做出食品立法决策、起草食品法律草案等。

② 食品法律草案的提出和审议　主要包括食品法律草案的提出和列入议程、听取食品法律草案说明、常委会会议审议或全国人大教科文卫委员会、法律委员会审议等。列入常委会会议议程的食品法律草案，全国人大教科文卫委员会、法律委员会和常委会工作机构应当听取各方面的意见。对于重要的食品法律草案，经委员长会议决定，可以将食品法律草案公

布，向社会征求意见。

③ 食品法律草案的表决、通过与公布 食品法律草案提请全国人大常委会审议后，由常委会全体会议投票表决，以全体组成人员的过半数通过，由国家主席以主席令的形式公布。

（2）食品行政法规的制定程序

① 立项 国务院的食品药品监督、卫生、检验检疫、进出口等行政管理部门根据社会发展状况，认为需要制定食品行政法规的，应当向国务院报请立项，由国务院法制局编制立法计划，报请国务院批准。

② 起草 起草工作由国务院组织，一般由业务主管部门具体承担起草任务。在起草过程中，应当广泛听取有关机关、组织和公民的意见。

③ 审查 业务主管部门有权向国务院提出食品行政法规草案，送国务院法制局进行审查。

④ 通过 国务院法制局对食品行政法规草案审查完毕后，向国务院提出审查报告和草案修改稿，提请国务院审议，由国务院常务会议或全体会议讨论通过或者总理批准。

⑤ 公布 食品行政法规由国务院总理签署国务院令公布。

⑥ 备案 食品行政法规公布后30日内报全国人大常委会备案。

（3）地方性食品法规、食品自治条例和单行条例的制定程序

① 地方性食品立法规划和计划的编制。

② 地方性食品法规草案的起草 享有地方立法权的地方人大常委会、教科文卫委员会或业务主管厅（局）负责起草地方性食品法规草案。

③ 地方性食品法规草案的提出 享有地方立法权的地方人大召开时，地方人大主席团、常委会、教科文卫委员会、本级人民政府以及10人以上代表联名，可以向本级人大提出地方性食品法规草案。人大闭会期间，常委会主任会议、教科文卫委员会、本级人民政府以及常委会组成人员5人以上联名，可以向本级人大常委会提出地方性食品法规草案。

④ 地方性食品法规草案的审议 向地方人大提出的地方性食品法规草案由人大会议审议，或者先交教科文卫委员会审议后提请人大会议审议；向地方人大常委会提出的地方性食品法规草案由常委会会议审议，或者先交教科文卫委员会审议后提请常委会会议审议。

⑤ 地方性食品法规草案的表决、通过、批准、公布与备案 地方性食品法规草案经地方人大、常委会表决，以全体代表、常委会全体组成人员的过半数通过，由有关机关依法公布，并在30日内报有关机关备案。

（4）食品规章的制定程序

① 食品部门规章的制定程序

起草：食品部门规章草案的起草工作以国务院食品管理部门的职能司为主、法制与监督司或政策法规司参与配合。起草时可以请食品专家、法律专家参加论证。

审查：食品部门规章草案一般由食品管理部门下属的业务主管司（局）在其职责范围内提出，提交法制与监督司或政策法规司审核。

决定：食品部门规章草案审核后，提交部（局）务会议讨论，决定通过。

公布：食品部门规章由部门首长签署命令予以公布。

备案：食品部门规章公布后30日内报国务院备案。

② 地方政府食品规章的制定程序

起草：地方政府食品规章草案由享有政府食品卫生规章制定权的地方食品行政部门负责起草。

审查：地方政府食品规章草案由地方食品行政部门在其职责范围内提出，送地方人民政

府法制局审核。

决定：地方政府食品规章草案经法制局审核后，提交政府常务会议或者全体会议讨论，决定通过。

公布：地方政府食品规章由省长、自治区主席或者直辖市市长签署命令予以公布，并在30日内报国务院备案。

5.食品安全监督管理
Supervision and administration of food safety

（1）食品安全监督管理的执行主体（部门）　2018年3月，国务院机构改革，将国家工商行政管理总局的职责、国家质量监督检验检疫总局的职责、国家食品药品监督管理总局的职责、国家发展和改革委员会的价格监督检查与反垄断执法职责、商务部的经营者集中反垄断执法以及国务院反垄断委员会办公室等职责整合，组建国家市场监督管理总局，作为国务院直属机构。同时，组建国家药品监督管理局，由国家市场监督管理总局管理，4月10日正式挂牌。国家药品监督管理局、国家知识产权局，由国家市场监督管理总局管理。将国家质量监督检验检疫总局的出入境检验检疫管理职责和队伍划入海关总署。保留国务院食品安全委员会、国务院反垄断委员会，具体工作由国家市场监督管理总局承担。国家认证认可监督管理委员会、国家标准化管理委员会职责划入国家市场监督管理总局，对外保留牌子。不再保留国家工商行政管理总局、国家质量监督检验检疫总局、国家食品药品监督管理总局。

其中涉及食品安全监督管理的部门有：

① 食品安全协调司　拟订推进食品安全战略的重大政策措施并组织实施。承担统筹协调食品全过程监管中的重大问题，推动健全食品安全跨地区跨部门协调联动机制工作。承办国务院食品安全委员会日常工作。

② 食品生产安全监督管理司　分析掌握生产领域食品安全形势，拟订食品生产监督管理和食品生产者落实主体责任的制度措施并组织实施。组织食盐生产质量安全监督管理工作。组织开展食品生产企业监督检查，组织查处相关重大违法行为。指导企业建立健全食品安全可追溯体系。

③ 食品经营安全监督管理司　分析掌握流通和餐饮服务领域食品安全形势，拟订食品流通、餐饮服务、市场销售食用农产品监督管理和食品经营者落实主体责任的制度措施，组织实施并指导开展监督检查工作。组织食盐经营质量安全监督管理工作。组织实施餐饮质量安全提升行动。指导重大活动食品安全保障工作。组织查处相关重大违法行为。

④ 特殊食品安全监督管理司　分析掌握保健食品、特殊医学用途配方食品和婴幼儿配方乳粉等特殊食品领域安全形势，拟订特殊食品注册、备案和监督管理的制度措施并组织实施。组织查处相关重大违法行为。

⑤ 食品安全抽检监测司　拟订全国食品安全监督抽检计划并组织实施，定期公布相关信息。督促指导不合格食品核查、处置、召回。组织开展食品安全评价性抽检、风险预警和风险交流。参与制定食品安全标准、食品安全风险监测计划，承担风险监测工作，组织排查风险隐患。

（2）食品安全监督管理的内容　这些内容在《食品安全法》中有明确规定，主要包括食品生产和加工，食品销售和餐饮服务，食品添加剂的生产经营，用于食品的包装材料、容器、洗涤剂、消毒剂和用于食品生产经营的工具、设备的生产经营，食品生产经营者使用食品添加剂、食品相关产品，食品的贮存和运输，以及对食品、食品添加剂、食品相关产品的安全管理。

（3）食品安全监督管理制度

① 食品生产许可制度　食品生产许可证制度是工业产品许可证制度的一个组成部分，是为保证食品的质量安全，由国家主管食品生产领域质量监督工作的行政部门制定并实施的一项旨在控制食品生产加工企业生产条件的监控制度，是国家食品安全监督制度中的根本制度。

② 食品质量监督抽查制度　国家对产品质量实行以抽查为主要方式的监督检查制度，对可能危及人体健康和人身、财产安全的产品，影响国计民生的重要工业产品以及消费者、有关组织反映有质量问题的产品进行抽查。监督抽查工作由国务院产品质量监督管理部门规划和组织。县级以上地方产品质量监督部门在本行政区域内也可以组织监督抽查。国家监督抽查的产品，地方不得另行重复抽查；上级监督抽查的产品，下级不得另行重复抽查。对依法进行的产品质量监督检查，生产者、销售者不得拒绝。国务院和省、自治区、直辖市人民政府的产品质量监督检查部门应当定期发布其监督抽查的产品的质量状况公告。抽查的样品应当在市场上或者企业成品仓库内的待销产品中随机抽取。根据监督抽查的需要，可以对产品进行检验。

目前，我国在食品抽查制度方面应加强以下两点：一是建立流通领域食品质量快速检测制度，由政府购置食品质量检测车，配备先进检测装备，实现对食品的一般质量问题进行现场快速实时检测；二是建立和完善流通领域商品质量监督抽检制度，由工商部门会同卫生、农业、质监等部门制订计划，对与人民群众生活密切相关的肉、菜、豆制品、水产品、熟食、饮料等重要食品定期进行质量抽检，及时发现和掌握市场商品质量动态，将不合格商品清出市场。

③ 缺陷食品召回制度　食品召回制度是指食品的生产商、进口商或者经销商在获悉其生产、进口或经销的食品存在可能危害消费者健康、安全的缺陷时，依法向政府部门报告，及时通知消费者，并从市场和消费者手中收回问题产品，予以更换、赔偿的积极有效的补救措施，以消除缺陷产品危害风险的制度。食品召回制度是食品监管中很重要的一环，也是食品监管中对发现问题食品的一个必要的处理环节。实施食品召回制度的目的就是及时收回缺陷食品，避免流入市场的缺陷食品对大众人身安全损害的发生或扩大，维护消费者的利益，这也直接影响到民众对食品监管体系的信任。

④ 定量包装商品计量监督管理办法　为了保护消费者和生产者、销售者的合法权益，规范定量包装商品的计量监督管理，根据《中华人民共和国计量法》（后文简称《计量法》）并参照国际通行规则，原国家质量监督检验检疫总局 2005 年 5 月 16 日审议通过了《定量包装商品计量监督管理办法》，并于 2006 年 1 月 1 日起开始执行。原国家技术监督局发布的《定量包装商品计量监督规定》同时废止。

本办法所称定量包装商品是指以销售为目的，在一定量限范围内具有统一的质量、体积、长度、面积、计数标注等标识内容的预包装商品。

⑤ 食品质量安全市场准入制度　食品质量安全市场准入制度是国家市场监督管理总局按照国务院批准的"三定"方案确定的职能，依据《产品质量法》《标准化法》《工业产品生产许可证试行条例》等法律、法规以及《国务院关于进一步加强产品质量工作若干问题的决定》的有关规定，为保证食品的质量安全，制定的对食品及其生产加工企业的监管制度，具备规定条件的生产者才允许进行生产经营活动、具备规定条件的食品才允许生产销售。因此，实行食品质量安全市场准入制度是一种政府行为，是一项行政许可制度。

食品质量安全市场准入制度包括三项具体内容：

a. 对食品生产企业实施生产许可证制度，对于具备基本生产条件、能够保证食品质量安全的企业，发放《食品生产许可证》，准予生产获证范围内的产品；未取得《食品生产许可证》的企业不准生产食品。

　　b. 对企业生产的食品实施强制检验制度，未经检验或经检验不合格的食品不准出厂销售。

　　c. 对实施食品生产许可证制度的产品实行市场准入标志制度，对检验合格的食品要加印(贴)市场准入标志（SC 标志），没有加贴 SC 标志的食品不准进入市场销售。

　　实行食品质量安全市场准入制度是提高食品质量、保证食品质量安全所采取的一项重要措施，是保证消费者安全健康的需要；是保证食品生产加工企业达到其生产食品安全的基本条件，强化食品生产法制管理的需要；是适应改革开放，创造良好经济运行环境的需要。

与本章内容相关的食品法律

　　1.《中华人民共和国宪法》（需自行下载学习）
　　2.《中华人民共和国立法法》（需自行下载学习）

复习思考题

　　1. 简述法律、法规和食品法律法规的概念。
　　2. 我国的立法程序是什么？请结合一项法律加以阐述。
　　3. 请简要阐述我国食品法律法规体系。
　　4. 请结合《中华人民共和国食品安全法》阐述我国食品法律法规的制定与监督管理机制。

第二章　我国的食品法律、法规

Food Laws and Regulations of China

本章课程目标和要求：

　　本章详细介绍了食品安全法的产生、颁布、主要内容、修订以及其他食品安全相关的法律法规知识。

　　通过本章的学习，能够熟练掌握食品安全法以及其他相关法律法规的各项内容，能够运用食品的法律、法规分析解决实际生活中遇到的食品安全问题。

第一节　食品安全法
Food Safety Law

一、我国食品卫生法律法规的发展进程
Developmental process of food hygiene laws and regulations of China

1. 20世纪50 ~ 60年代是起步阶段
1950—1960，Initial stage

在这个阶段，我国政府针对当时清凉饮食物引发肠道疾病、食用染料滥用的局面，颁布了相应的办法、条例：
1953 年《清凉饮食物管理暂行办法》
1960 年《食用合成染料管理办法》
1964 年《食品卫生管理试用条例》

2. 20世纪70 ~ 80年代是由单项管理向全面管理过渡的阶段
1970—1980，Transition stage from singleness to synthesis

人们的温饱得以解决，随着城乡饮食繁荣局面的出现，食品安全事故呈现出多样化的特点，我国食品卫生安全管理工作也随之由单项管理向全面管理过渡，食品卫生法于 1982 年应运而生。
1979 年《中华人民共和国食品卫生管理条例》
1982 年《中华人民共和国食品卫生法（试行）》
1995 年《中华人民共和国食品卫生法》正式实施

3. 20世纪90年代至今是法制化管理的新阶段
1990—Present，New stage of legal system management

随着人们生活水平的提高，社会公众对于食品安全的关注度也大大增强。食品安全关系到广大人民群众的身体健康和生命安全，关系到经济的健康发展和社会的稳定。国家高度重视食品安全，一直把打击制售假冒伪劣食品等违法犯罪活动作为整顿和规范市场经济秩序的重点，采取了一系列措施加强食品安全工作。我国先后颁布了《产品质量法》《农产品质量安全法》《动植物检疫法》《商品检验法》及其他相关法律法规，食品安全工作开始进入了法制化管理的阶段。但是，相关部门对食品安全的依法管理环节还相对薄弱，仍然存在一些法律监管盲区；现行不少法律法规制约性还不强，不能适应发展需要。食品安全监管远远滞后于食品工业的迅猛发展，从而导致近年来食品安全事件屡有发生。因此，必须加强和完善食品安全的依法管理，制定相关法律，使食品安全真正进入法治化轨道。在这样的背景下，制定专门的《食品安全法》，对食品生产各个环节加强监管成为当务之急。党的二十大报告将食品安全纳入国家安全体系，我国正在推动健全食品安全治理体系，加大综合协调力度，强化安全过程监管，全力保障人民食品安全。

二、食品安全法的颁布
Promulgation of food safety law of China

《中华人民共和国食品安全法》（以下简称《食品安全法》）已由中华人民共和国第十一

届全国人民代表大会常务委员会第七次会议于 2009 年 2 月 28 日通过，自 2009 年 6 月 1 日起施行，《中华人民共和国食品卫生法》同时废止。根据《中华人民共和国食品安全法》，2009 年 7 月 8 日国务院第 73 次常务会议通过《中华人民共和国食品安全法实施条例》，自公布之日起施行。2015 年 4 月 24 日第十二届全国人民代表大会常务委员会第十四次会议修订，自 2015 年 10 月 1 日起施行。2021 年 4 月 29 日第十三届全国人民代表大会常务委员会第二十八次会议《中华人民共和国食品安全法》进行了第二次修正。

《食品安全法》的立法宗旨是为保证食品安全，保障公众身体健康和生命安全。它充分体现了"以人为本、构建和谐社会"的立法理念，从"农田到餐桌"的全程监管和重在源头的监管理念，发挥消费者制衡作用的理念，以及加大违法成本的经济学理念。

三、《食品安全法》的主要内容
Contents of food safety law of China

1. 总则 General Provisions
2. 食品安全风险监测和评估 Surveillance and Assessment of Food Safety Risks
3. 食品安全标准 Food Safety Standards
4. 食品生产经营 Food Production and Trade
5. 食品检验 Food Inspection and Testing
6. 食品进出口 Food Import and Export
7. 食品安全事故处置 Response to Food Safety Incidents
8. 监督管理 Supervision and Administration
9. 法律责任 Legal Liabilities
10. 附则 Supplementary Provisions

具体内容详见《食品安全法》及第九章《食品安全法律法规应用分析》。

四、《食品安全法》的适用范围
Application scope of food safety law of China

在中华人民共和国境内从事下列活动，均应当遵守《食品安全法》。

1. 食品生产和加工（以下称食品生产），食品流通和餐饮服务（以下称食品经营）
Food production and processing（hereinafter referred to as "Food Production"）；food distribution and catering service（hereinafter referred to as "Food Trading"）

《食品安全法》规定，食品生产经营者应当依照法律、法规和食品安全标准从事生产经营活动，对社会和公众负责，保证食品安全，接受社会监督，承担社会责任。国务院质量监督、工商行政管理和国家食品药品监督管理部门依照本法和国务院规定的职责，分别对食品生产、食品流通、餐饮服务活动实施监督管理。

2. 食品添加剂的生产经营
Production and trading of food additives

国家对食品添加剂的生产实行许可制度；申请食品添加剂生产许可的条件、程序，按照国家有关工业产品生产许可证管理的规定执行；食品添加剂应当在技术上确有必要且经过风险评估证明安全可靠，方可列入允许使用的范围，国务院卫生行政部门应当根据技术必要性和食品安全风险评估结果，及时对食品添加剂的品种、使用范围、用量标准进行修订；食品添加剂应当有标签、说明书和包装。

3. 用于食品的包装材料、容器、洗涤剂、消毒剂和用于食品生产经营的工具、设备（以下称食品相关产品）的生产经营
Food packing materials，vessels，detergents and disinfectants，as well as utensils and equipment used in food production and trading（hereinafter referred to as "Food-Related Products"）

前已叙及，用于食品的包装材料和容器，是指包装、盛放食品或者食品添加剂用的纸、竹、木、金属、搪瓷、陶瓷、塑料、橡胶、天然纤维、化学纤维、玻璃等制品和直接接触食品或者食品添加剂的涂料；用于食品的洗涤剂、消毒剂，指直接用于洗涤或者消毒食品、食品生产经营的工具和设备或者食品包装材料和容器的物质；用于食品生产经营的工具、设备，指在食品或者食品添加剂生产、流通、使用过程中直接接触食品或者食品添加剂的机械、管道、传送带、容器、用具、餐具等。上述食品相关产品的生产经营应当遵守本法规定，依照食品安全标准对所生产的食品相关产品进行检验，检验合格后方可出厂或者销售。

4. 食品生产经营者使用食品添加剂、食品相关产品
Food additives and food-related products used by food producers and traders

食品生产者应当依照食品安全标准关于食品添加剂的品种、使用范围、用量的规定使用食品添加剂；不得在食品生产中使用食品添加剂以外的化学物质和其他可能危害人体健康的物质。食品生产者采购食品原料、食品添加剂、食品相关产品，应当查验供货者的许可证和产品合格证明文件；对无法提供合格证明文件的食品原料，应当依照食品安全标准进行检验；不得采购或者使用不符合食品安全标准的食品原料、食品添加剂、食品相关产品。

5. 对食品、食品添加剂和食品相关产品的安全管理
Safety management of food，food additives and food-related products

供食用的源于农业的初级产品（以下称食用农产品）的质量安全管理，遵守《中华人民共和国农产品质量安全法》的规定。但是，食用农产品的市场销售、有关质量安全标准的制定、有关安全信息的公布和本法对农业投入品做出规定的，应当遵守本法的规定。

五、《食品安全法》新规解读
Interpretation of the new food safety law of China

1. 瓜果蔬菜禁用剧毒高毒农药
Fruits and vegetables banned from highly toxic pesticide

新规：剧毒、高毒农药不得用于蔬菜、瓜果、茶叶和中草药材。鼓励和支持使用高效低毒低残留农药，加快淘汰剧毒、高毒农药。

解读：在此前的第二次审议中，有部分常委会组成人员建议明确全面淘汰剧毒、高毒农药。但由于全面淘汰剧毒、高毒农药尚不可行，全国人大法律委员会研究提出，当前应当加强对剧毒、高毒农药使用环节的管理，同时加快有关替代产品的研发推广。

2. 保健食品应标明不能代替药物
Health food must specify not to be used as substitute for medicines

新规：保健食品的标签、说明书应载明功效成分及其含量，不得涉及疾病预防、治疗功能，并声明" 本品不能代替药物"。

解读：鉴于我国添加中药材的保健食品较多，在前两次审议稿针对保健食品的原料、保健食品的注册和备案等方面做出规定的基础上，提交三审的草案再次加强了对保健食品标签、说明书的管理。这有利于整肃保健食品非法生产、非法经营、非法添加和非法宣传等乱象。

3.婴幼儿配方乳粉配方拟注册管理
Infant formula milk powder registration administration

新规：删去"不得以委托、贴牌方式生产婴幼儿配方乳粉"，保留"不得以分装方式生产婴幼儿配方乳粉"。

解读：对婴幼儿配方乳粉的配方实行备案管理。对此，国家市场监督管理总局提出，目前我国婴幼儿配方乳粉的配方过多过滥，全国有近1900个配方，平均每个企业有20多个配方，远高于国外这类企业一般只有2～3个配方的情况。为确保安全，建议实行注册管理。

4.医学食品应经监管部门注册
Medical food should register through regulators

新规：特殊医学用途配方食品应当经国务院食品药品监督管理部门注册。注册时，应当提交产品配方、生产工艺等，以及表明产品安全性、营养充足性和特殊医学用途临床效果的材料。

解读：特殊医学用途配方食品（简称医学食品）是适用于糖尿病、肾病等患有特定疾病人群的特殊食品，含有各种营养成分以及具有在临床上的营养支持作用。现行的食品安全法和修订草案二审稿没有对这类食品做出规定。

为保障特定疾病状态人群的膳食安全，一直以来，我国对这类食品按药品实行注册管理，目前共批准69个肠内营养制剂的药品批准文号。2013年，国家卫计委颁布了此类食品的国家标准，将其纳入食品范畴。

5.销售食用农产品不需取得许可
Sales of ediable agricultural products does not need official permission

新规：销售食用农产品，不需要取得许可。销售食用农产品的批发市场应对其抽样检验。

解读：从事食品销售，应当依法取得许可。但农民出售其自产的食用农产品，不需取得许可。对此，三审稿结合社会公众及相关部门反馈，将"农民个人销售其自产的食用农产品，不需要取得许可"，修改为"销售食用农产品，不需要取得许可"。

6.填补网购食品盲区
Fill the gap of food purchased online

消费者网购食品受侵害，网购平台提供者不能提供入网食品经营者的真实名称、地址和有效联系方式的，由平台提供者赔偿。

7.违法成本大幅提高
Substantial increase in illegal cost

对在食品中添加有毒有害物质等性质恶劣的违法行为，直接吊销许可证，并处最高为货值金额30倍的罚款；出具虚假检验报告被开除的食品检验机构人员，终身禁止从事食品检验工作。

第二节　产品质量法
Product Quality Law（PQL）

《中华人民共和国产品质量法》于 1993 年 2 月 22 日第七届全国人民代表大会常务委员会第三十次会议通过，根据 2000 年 7 月 8 日第九届全国人民代表大会常务委员会第十六次会议《关于修改〈中华人民共和国产品质量法〉的决定》第一次修正，根据 2009 年 8 月 27 日第十一届全国人民代表大会常务委员会第十次会议《关于修改部分法律的决定》第二次修正，根据 2018 年 12 月 29 日第十三届全国人民代表大会常务委员会第七次会议《关于修改〈中华人民共和国产品质量法〉等五部法律的决定》第三次修正。

一、产品质量法的调整对象
Regulated objects of PQL

任何法律都是调整一定社会关系的。从《产品质量法》的规定来看，它主要调整两种社会关系，既调整国家行政管理机关与产品的生产者、销售者之间的监督管理关系，又调整生产者、销售者与消费者之间的民事关系。1993 年 8 月由原国家技术监督局发布的《中华人民共和国产品质量法条文解释》界定的调整范围为："主要调整在产品生产、销售活动中发生的权利、义务、责任关系。"由此可见，《产品质量法》以调整生产者、销售者与消费者之间的民事关系为主，属于民法的特别法。本法所调整的民事关系，必须是发生在生产者、销售者与消费者之间的民事关系，而生产者之间、销售者之间及消费者之间发生的民事关系，应当由其他法律调整。具体调整对象如下所述。

1.产品质量监督管理关系
Product quality supervision and management

产品质量监督管理关系，即各级技术质量监督部门、工商行政管理部门在产品质量的监督检查、行使行政惩罚权时与市场经营主体所发生的法律关系。

2.产品质量责任关系
Product quality liability

产品质量责任关系，即因产品质量问题引起的消费者与生产者、销售者之间的法律关系，包括因产品缺陷导致的人身、财产损害在生产者、销售者、消费者之间所产生的损害赔偿法律关系。

3.产品质量检验、认证关系
Product quality inspection and certification

产品质量检验、认证关系，即因中介服务所产生的中介机构与市场经营主体之间的法律关系，及因产品质量检验和认证不实损害消费者利益而产生的法律关系。

二、产品质量法的适用范围
Application Scope of PQL

1.产品质量法适用的产品范围
Application scope of the product

《产品质量法》所称产品的范围，是指经过加工、制作、用于销售的产品。建筑工程产品不适用本法规定。本法第 73 条规定，军工产品质量监督管理办法，由国务院、中央军事委员会另行制定；因核设施、核产品造成损害的赔偿责任，法律、行政法规另有规定的，依照其规定。产品质量法适用的产品范围主要从以下几个方面理解。

（1）本法所称产品是指经过加工、制作，用于销售的产品　加工、制作是指改变原材料、毛坯或者半成品的形状、性质或表面状态，使之达到规定要求的各种工作的统称。加工方法的种类很多，分类方法各有不同，按加工工艺可分为切削加工、电加工、火焰加工、化学加工、焊接加工、激光（镭射）加工、超声波加工、热加工、食品加工、服装加工等。加工是产品产出的过程，产品质量的优劣，直接与加工制作有关。

根据本法的规定，产品必须具备两个条件：首先必须经过加工、制作。这就排除了未经加工过程的天然品，如原矿、原煤、原油及初级农产品等。其次必须用于销售。这是确立本法法律意义上产品的重要特征。不是为销售而加工制作的物品就不是本法所指的产品。

（2）本法所规定的产品不包括建设工程产品　建设工程是指工业建筑和民用建筑物的建造，为生产和生活提供不可缺少的场所。建设工程产品包括各种房屋、管道、采矿业建设工程，交通、水利、防空设施的建设工程、各种构筑物，为施工而进行建筑场地布置等。建设工程有自己的三个技术经济特点：一是单一性，即建筑物的造型结构、体积、面积，采用的建筑材料，是根据建筑单位提出的用途和要求进行设计与施工的；二是固定性，即建筑物都是固着在一定地点，不能随便移动；三是建设工程产品为一个体积庞大的整体产品，生产周期长，露天作业多，受自然条件影响大，属于不动产的范畴，难以与经过加工、制作的工业产品共同适用本法。为了与国际上大多数国家的产品规范和理论相衔接，也为了使国内产品责任之民事责任赔偿问题与国际产品规范保持一致，本法中所规定的产品不包括建设工程产品。建设工程的质量问题由《建筑法》和《建设工程质量管理条例》调整。

（3）经过加工、制作，用于销售的建筑材料、建筑构配件和设备适用本法　《产品质量法》规定："建设工程不适用本法规定；但是，建设工程使用的建筑材料、建筑构配件和设备，属于前款规定的产品范围的，适用本法规定。"在未形成整体的建设工程之前，建筑材料、建筑构配件和设备在生产和销售中与其他工业品的属性是相同的，因此，经过加工、制作，用于销售的建筑材料、建筑构配件和设备适用本法。

（4）本法规定不适用初级农产品　产品是指经过工业加工、手工制作等方式，获得的具有特定使用性能，用于销售的产品。原国家技术监督局发布的《中华人民共和国产品质量法条文解释》中指出："未经加工天然形成的物品，如原矿、原煤、石油、天然气等；以及初级农产品，如农、林、牧、渔等产品，不适用本法规定。"

（5）本法规定不适用军工产品　军工产品是指武器装备、弹药及其配套产品，包括专用的原材料、元器件。由于军工产品一般不进入市场销售，因此军工产品不适用本法。

（6）在中华人民共和国境内销售的属于本法所称产品范围的进口产品，适用本法的有关规定　对于进口产品的质量要求，往往都订有合同，应该首先适用合同调整质量。但是，合同约定的质量要求，不得与本法等法律规定的默示担保条件相抵触。对于进口产品还有一种特殊情况，即货物到达中国市场后，进口合同关系即不存在，再继续进行生产、销售的，属于本法的调整范围。出口转内销产品，也适用本法的规定。

值得注意的是，本法中所称的产品，包括药品、食品、计量器具等特殊产品。但是，本法与《药品管理法》《食品安全法》《计量法》有不同规定的，应当分别适用其规定。

2.产品质量法适用的主客体范围
Application scope of the subject and object

（1）主体的适用范围 Application scope of the subject　根据原国家技术监督局《中华人民

共和国产品质量法条文解释》规定："本法适用的主体为在中华人民共和国境内的公民，企业、事业单位，国家机关、社会组织以及个体工商业经营者等。企业包括国有企业、集体所有制企业、私营企业以及中外合资经营企业、中外合作经营企业和外资企业。个体工商业经营者包括个体工商户、个人合伙等。"由此可见，本法调整的主体，主要有以下三种：第一种是生产者、销售者；第二种是监督管理产品质量的行政机关及其从事产品质量监督管理工作的国家工作人员；第三种是消费者以及虽不是产品的消费者，但受到产品缺陷损害的人。

（2）客体的适用范围 Application scope of the object　产品质量是指国家有关法律、法规、质量标准以及合同规定的对产品适用性、安全性和其他特性的要求。根据"需要"是否符合法律的规定，是否满足用户、消费者的要求，以及符合、满足的程度，产品质量可分为合格与不合格两大类。其中，合格又分为符合国家质量标准、符合省部级质量标准、符合行业质量标准和符合企业自订质量标准四类。

不合格产品包括：① 瑕疵；② 缺陷；③ 劣质；④ 假冒。

产品在一定情况下，其生产者、仓储者、运输者、销售者应当依法承担产品质量责任，主要包括以下三种情形："第一，不符合国家有关法律、法规规定的质量要求的；第二，不符合合同约定的质量指标，不符合明示采用的产品标准、产品说明及以实物样品等方式表明的质量指标的；第三，产品存在缺陷，给用户、消费者造成损害的。"根据"从事产品生产、销售活动，必须遵守本法"的规定，本法只调整生产和销售这两个环节中的质量问题，仓储、运输过程中的质量问题不包括在内。因为在仓储、运输当中发生的产品质量问题，不和消费者发生直接关系。消费者发现购买的产品存在质量问题，即使这个质量问题是在运输和仓储过程中发生的，消费者也不可能直接向产品的承运人或者仓储的保管人查询，而是要向销售者、生产者要求赔偿。然后，生产者、销售者再向承运人或者仓储保管人追偿。产品在运输、仓储过程中发生的质量问题，主要表现为损坏、变质、污染。这类问题的处理一般在货物运输合同或者仓储保管合同中进行约定。没有约定或者约定不明确的，可以依照《合同法》处理。

《合同法》也涉及产品质量问题。依法成立并生效的合同中，有质量约定的，首先适用合同的约定；合同没有约定的，适用本法的规定，但是法律有强制规定的除外。简言之，凡是订有合同的，首先适用《合同法》的规定；《合同法》中没有规定的，适用本法。

3.产品质量法适用的空间范围
Spacial scale

产品质量法适用的空间范围是指法律在多大的地域范围内适用。本法规定：在中华人民共和国境内从事产品的生产、销售活动的，必须遵守本法。包括生产出口产品的生产者和销售进口产品的销售者。在中华人民共和国境外从事产品生产销售活动的，不适用本法，应当适用所在国家的法律。

三、产品质量监督管理制度
Supervision and management system of product quality

1.标准化管理制度
Standardized management system

《产品质量法》规定，产品质量应当检验合格，不得以不合格产品冒充合格产品。可能危及人体健康和人身、财产安全的工业产品，必须符合保障人体健康和人身、财产安全的国家标准、行业标准；未制定国家标准、行业标准的，必须符合保障人体健康和人身、财产安全的要求。禁止生产、销售不符合保障人体健康和人身、财产安全的标准和要求的工业产品。

2.企业质量体系认证制度
Enterprise quality accreditation system

（1）企业质量体系的概念　质量体系是指为实施质量管理所需的组织机构、职责、程序、过程和资源。质量体系按其建立的目的的不同而分为两种：一种是企业根据与需方签订的合同的要求建立起的质量体系，保证产品质量满足合同的要求，这种合同环境下的质量体系也称为质量保证体系；另一种则是企业出于自身的需要，为取得广大消费者对产品质量的信任，获得经济利益，赢得市场而根据市场的需要建立起的质量体系，这种在非合同环境条件下的质量体系称为质量管理体系。

（2）企业质量体系认证　企业质量体系认证是认证机构根据企业申请，对企业的产品质量保证能力和质量管理水平所进行的综合性检查和评定，并对符合质量体系认证标准的企业颁发认证证书的活动。

（3）企业质量体系认证制度　企业质量体系认证制度，是指国务院产品质量监督管理部门或者由它授权的部门认可的认证机构，依据国际通用的"质量管理和质量保证"系列标准，对企业的质量体系和质量保证能力进行审核，对合格者颁发企业质量体系认证证书，以资证明的制度。

企业质量体系认证制度是一种对产品质量进行科学管理的制度。它通过一定的方法和程序，把企业的质量保证工作加以标准化和制度化，以达到保证产品质量的目标。质量保证体系由国际标准化组织提出，在国际上已被广泛接受，如国际标准化组织的 ISO 9000 系列国际标准等，具有世界公认的通向国际市场的"通行证"性质。企业产品质量经认证后，可以提高企业信誉，增强市场竞争力。

《产品质量法》规定，国家根据国际通用的质量管理标准，推行企业质量体系认证制度。企业可以向国务院市场监督管理部门认可的或者国务院市场监督管理部门授权的部门认可的认证机构申请企业质量体系认证。经认证合格的，由认证机构颁发企业质量体系认证证书。

3.产品质量认证制度
Product quality accreditation system

产品质量认证制度是指用合格证书或合格标准证明某一产品或服务符合特定标准或其他技术规范的活动。产品质量认证分安全认证和合格认证。实行安全认证的产品，必须符合《产品质量法》《标准化法》的有关规定。实行合格认证的产品，必须符合《标准化法》规定的国家或者行业标准要求。未制定国家标准、行业标准的，以社会普遍公认的安全、卫生要求为依据。

企业根据自愿原则，可以向国务院市场监督管理部门或者国务院市场监督管理部门授权的部门认可的认证机构申请产品质量认证。经认证合格的，由认证机构颁发产品质量认证证书，准许企业在产品或者其包装上使用产品质量认证标志。

4.产品质量监督检查制度
Product quality supervision and inspection system

《产品质量法》规定，国家对产品质量实行以抽查为主要方式的监督检查制度，对可能危及人体健康和人身、财产安全的产品，影响国计民生的重要工业产品以及消费者、有关组织反映有质量问题的产品进行抽查。抽查的样品应当在市场上或者企业成品仓库内的待销产品中随机抽取。监督抽查工作由国务院市场监督管理部门规划和组织。县级以上地方市场监督管理部门在本行政区域内也可以组织监督抽查。法律对产品质量的监督检查另有规定的，依照有关法律的规定执行。

四、产品质量法律责任
Legal liability of product quality

产品质量法律责任指生产者、销售者以及对产品质量负有直接责任的责任者，因违反《产品质量法》规定的产品质量义务所承担的法律责任。

1.生产者的产品质量责任和义务
Liability and obligation of producers concerning product quality

（1）生产者应当对其生产的产品质量负责。

（2）产品及包装上的标识必须真实。产品包装上的标识内容有：产品质量检验合格证明，中文标明的产品名称、生产厂厂名和厂址，产品的特点和使用要求，生产日期和安全使用期或者失效日期，中文警示说明。

（3）不得生产国家明令淘汰的产品；不得伪造产地，不得伪造或者冒用他人的厂名、厂址；不得伪造或者冒用认证标志等质量标志；生产产品不得掺杂、掺假、以假充真、以次充好。

2.销售者的产品质量责任和义务
Liability and obligation of sellers concerning product quality

（1）应当建立并执行进货检查验收制度，保持销售产品的质量。

（2）执行产品质量标识制度。

（3）不得销售国家明令淘汰并停止销售的产品和失效、变质的产品；不得伪造产地，不得伪造或者冒用他人的厂名、厂址；不得伪造或者冒用认证标志等质量标志；销售产品不得掺杂、掺假，不得以假充真、以次充好，不得以不合格产品冒充合格产品。

3.产品质量的合同责任
Contractual liability of product quality

产品质量的合同责任，亦称瑕疵责任或瑕疵担保责任。它是指产品不具备应有的使用性能，不符合明示采用的质量标准，或不符合以产品说明、实物样品等方式表明的质量状况而产生的法律责任。

产品合同责任的具体责任形式有：负责修理、更换；给消费者、用户造成损害的，还应负责赔偿；销售者未按该规定给予修理、更换、退货或赔偿损失的，由市场监督管理部门责令改正。

4.侵权责任
Liability for tort

侵权责任也就是通常说的产品责任，是基于产品存在缺陷造成人身、缺陷产品以外的其他财产（以下简称他人财产）损害的，生产者应当承担赔偿责任。

（1）产品责任的归责原则　我国《产品质量法》规定，产品责任适用无过错责任原则。

（2）产品责任的构成要件　产品责任由以下3个要件构成：①产品有缺陷；②损害事实存在；③产品缺陷与损害事实之间有因果关系。

（3）产品责任的免除　生产者能够证明有下列情形之一的，不承担赔偿责任：①未将产品投入流通的；②产品投入流通时，引起损害的缺陷尚不存在的；③将产品投入流通时的科学技术水平尚不能发现缺陷的存在的。

（4）产品责任的诉讼时效　因产品存在缺陷造成损害要求赔偿的诉讼时效期间为二年，

自当事人知道或者应当知道其权益受到损害时起计算。因产品存在缺陷造成损害要求赔偿的请求权，在造成损害的缺陷产品交付最初消费者满十年丧失；但是尚未超过明示的安全使用期的除外。

5.纠纷处理
Dispute resolution

因产品质量发生民事纠纷时，当事人可以通过协商或者调解解决。当事人不愿通过协商、调解解决或者协商、调解不成的，可以根据当事人各方的协议向仲裁机构申请仲裁；当事人各方没有达成仲裁协议或者仲裁协议无效的，可以直接向人民法院起诉。

第三节　其他食品安全相关法律法规
Other Food Safety Laws and Regulations

一、农产品质量安全法
The Agricultural products quality and safety law of China

1.基本信息
Basic information

中华人民共和国主席令第四十九号，由中华人民共和国第十届全国人民代表大会常务委员会第二十一次会议于2006年4月29日通过《中华人民共和国农产品质量安全法》（简称《农产品质量安全法》），自2006年11月1日起施行。根据2018年10月26日第十三届全国人民代表大会常务委员会第六次会议《关于修改〈中华人民共和国野生动物保护法〉等十五部法律的决定》修正，2022年9月2日第十三届全国人民代表大会常务委员会第三十六次会议修订。为保障农产品质量安全，维护公众健康，促进农业和农村经济发展，制定本法。本法所称农产品，是指来源于农业的初级产品，即在农业活动中获得的植物、动物、微生物及其产品。本法所称农产品质量安全，是指农产品质量符合保障人的健康、安全的要求。全文共八章五十六条。

2.主要内容
Main contents

（1）明确农产品质量安全管理责任制度　对农产品的质量监管，实行由政府统一领导，农业主管部门依法监管，其他有关部门分工负责的管理体制。

（2）明确农产品质量安全风险分析评估制度　对农产品进行安全风险分析评估是保障农产品质量安全的基础性工作，也是有效防范农产品质量安全风险的重要途径。为此，《农产品质量安全法》第6条规定："国务院农业行政主管部门应当设立由有关方面专家组成的农产品质量安全风险评估专家委员会，对可能影响农产品质量安全的潜在危害进行风险分析和评估。国务院农业行政主管部门应当根据农产品质量安全风险评估结果采取相应的管理措施，并将农产品质量安全风险评估结果及时通报国务院有关部门。"

（3）明确农产品质量安全标准的强制实施制度　为确保农产品质量安全，《农产品质量安全法》建立了农产品质量安全标准强制实施制度，一是禁止生产、销售不符合国家规定的农产品质量安全标准的农产品，二是建立健全农产品质量安全标准体系。农产品质量安全标准是强制性的技术规范。

（4）明确农产品产地管理制度　为了加强农产品质量安全的源头管理，《农产品质量安全法》建立了农产品产地管理制度，一是规定农产品禁止生产区域，二是落实地方政府农产品基地建设责任，三是加强农产品产地环境保护。其中，本法第18条规定："禁止违反法律、法规的规定向农产品产地排放或者倾倒废水、废气、固体废物或者其他有毒有害物质。农业生产用水和用作肥料的固体废物，应当符合国家规定的标准。"第19条规定："农产品生产者应当合理使用化肥、农药、兽药、农用薄膜等化工产品，防止对农产品产地造成污染。"

（5）明确农产品包装标识管理制度　由于对农产品包装和标识缺少统一规定，难以对有质量问题的农产品进行及时追溯，造成监管"盲区"。对此，《农产品质量安全法》对农产品包装和标识管理作出了明确规定：一是明确农产品的包装和标识的要求，二是明确农产品使用包装材料的要求，三是明确销售农产品必须符合农产品质量安全标准。

（6）明确禁止销售农产品的范围　为了从源头上控制和保障农产品质量安全，杜绝不合格的农产品进入市场和家庭餐桌，损害人民群众的身体健康，《农产品质量安全法》第33条规定，有下列情形之一的农产品，不得销售：① 含有国家禁止使用的农药、兽药或者其他化学物质的；② 农药、兽药等化学物质残留或者含有的重金属等有毒有害物质不符合农产品质量安全标准的；③ 含有的致病性寄生虫、微生物或者生物毒素不符合农产品质量安全标准的；④ 使用的保鲜剂、防腐剂、添加剂等材料不符合国家有关强制性的技术规范的；⑤ 其他不符合农产品质量安全标准的。

（7）明确农产品质量安全监督检查制度　加强农产品质量安全监管检查，是预防和避免农产品质量安全事故发生的有效举措。

（8）明确法律责任　由于农产品质量安全问题层出不穷，对农产品质量安全的监管日渐成为社会关注的热点、难点问题。为此，《农产品质量安全法》加大了对农产品质量安全违法的处罚力度：一是明确农业主管部门的法律责任。本法第41条规定："县级以上人民政府农业行政主管部门在农产品质量安全监督管理中，发现有本法第三十三条所列情形之一的农产品，应当按照农产品质量安全责任追究制度的要求，查明责任人，依法予以处理或者提出处理建议。"二是明确行政机关和行政管理相对人的相关法律责任。本法第43条、第44条、第45条、第46条、第47条、第48条、第49条、第50条、第51条、第52条、第53条、第54条分别对监管人员责任、监测机构责任、产地污染责任、投入品使用责任、生产记录违法行为处罚、包装标识违法行为处罚、保鲜剂使用等违法行为处罚、农产品销售违法行为处罚、冒用标志行为处罚等内容进行了规定。

二、乳品质量安全监督管理条例
Regulations on supervision and administration of dairy quality and safety

1.基本信息
Basic information

　　中华人民共和国国务院第536号令，《乳品质量安全监督管理条例》于2008年10月6日国务院第28次常务会议通过，10月9日公布，自公布之日起施行。《乳品质量安全监督管理条例》的制定，进一步完善了乳品质量安全管理制度，加强了从奶畜养殖、生鲜乳收购到乳制品生产、乳制品销售等全过程的质量安全管理，加大了对违法生产经营行为的处罚力度，更好地保障了公众身体健康和生命安全，为确保乳品质量安全提供了有效的法律制度保障。

2.主要内容
Main contents

（1）条例对监管部门的职责和法律责任作了以下三个方面的规定：

一是明确监管部门的职责分工，并对监管部门的监督检查职责提出严格要求。条例规定，畜牧兽医部门负责奶畜饲养以及生鲜乳生产环节、收购环节的监督管理；质量监督检验检疫部门负责乳制品生产环节和乳品进出口环节的监督管理；工商管理部门负责乳制品销售环节的监督管理；食品药品监督部门负责乳制品餐饮服务环节的监督管理；卫生部门负责乳品质量安全监督管理的综合协调，组织查处食品安全重大事故，组织制定乳品质量安全国家标准。此外，条例规定，监管部门对乳品要定期监督抽查，公布举报方式和监管信息，并建立违法生产经营者"黑名单"制度。

二是严格领导责任。发生乳品质量安全事故，造成严重后果或者恶劣影响的，对有关人民政府、有关部门负有领导责任的负责人依法追究责任。

三是明确监管部门不履行职责的法律责任。监管部门不履行条例规定的职责、造成后果的，或者滥用职权、有其他渎职行为的，由监察机关或者任免机关对其主要负责人、直接负责的主管人员和其他直接责任人员给予记大过或者降级的处分；造成严重后果的，给予撤职或者开除的处分；构成犯罪的，依法追究刑事责任。

（2）条例对乳品质量安全国家标准所作规定：

一是明确标准的制定部门。条例规定，生鲜乳和乳制品应当符合乳品质量安全国家标准。乳品质量安全国家标准由国务院卫生主管部门组织制定。

二是对标准的及时完善、修订作了规范。条例规定，国务院卫生主管部门应当根据疾病信息和监督管理部门的监督管理信息等，对发现添加或者可能添加到乳品中的非食品用化学物质和其他可能危害人体健康的物质，立即组织进行风险评估，采取相应的监测、检测和监督措施，并根据风险监测和风险评估的结果及时组织修订标准。

三是规范标准的内容。条例规定，乳品质量安全国家标准应当包括乳品中的致病性微生物、农药残留、兽药残留、重金属以及其他危害人体健康物质的限量规定，乳品生产经营过程的卫生要求，通用的乳品检验方法与规程，与乳品安全有关的质量要求，以及其他需要制定为乳品质量安全国家标准的内容。

（3）条例对生产经营者不得从事的行为作了明确规定，并对违反禁止性规定的行为设定了法律责任。

一是禁止在生鲜乳生产、收购、贮存、运输、销售过程中添加任何物质，禁止在乳制品生产过程中添加非食品用化学物质或者其他可能危害人体健康的物质。对在生鲜乳收购、乳制品生产过程中加入非食品用化学物质或者其他可能危害人体健康的物质的，依照刑法第一百四十四条的规定，构成犯罪的，依法追究刑事责任，并由发证机关吊销许可证照；尚不构成犯罪的，由监管部门依据各自职责没收违法所得和违法生产的乳品，以及相关的工具、设备等物品，并处违法乳品货值金额 15 倍以上 30 倍以下罚款，由发证机关吊销许可证照；在婴幼儿奶粉生产过程中，加入非食品用化学物质和其他可能危害人体健康的物质的，从重处罚。

二是禁止在生产过程中使用不符合乳品质量安全国家标准的生鲜乳，禁止购进、销售过期、变质或者不符合乳品质量安全国家标准的乳制品。对生产、销售不符合乳品质量安全国家标准的乳制品，依照刑法第一百四十三条的规定，构成犯罪的，依法追究刑事责任，并由发证机关吊销许可证照；尚不构成犯罪的，由监管部门依据各自职责没收违法所得、违法乳制品和相关的工具、设备等物品，并处违法乳制品货值金额 10 倍以上 20 倍以下罚款，由发证机关吊销许可证照；生产、销售的婴幼儿奶粉营养成分不足、不符合国家乳品质量安全标准的，从重处罚。

三是禁止不符合条例规定的单位或者个人开办生鲜乳收购站、收购生鲜乳，禁止收购不符合乳品质量安全国家标准的生鲜乳。违反上述规定，由畜牧兽医主管部门没收违法所得、违法收购的生鲜乳和相关的设备、设施等物品，并处违法乳品货值金额 5 倍以上 10 倍以下罚款；有许可证照的，由发证机关吊销许可证照。

四是禁止未取得食品生产许可证的任何单位和个人从事乳制品生产，禁止购进、销售无质量合格证明、无标签或者标签残缺不清的乳制品；乳制品销售者不得伪造产地，不得伪造或者冒用他人的厂名、厂址，不得伪造或者冒用认证标志等质量标志。违反上述规定，乳制品生产企业和销售者未取得许可证，或者取得许可证后不按照法定条件、法定要求从事生产销售活动的，由质量监督部门、工商管理部门依照《国务院关于加强食品等产品安全监督管理的特别规定》等法律、行政法规的规定处罚。

（4）为确保婴幼儿奶粉质量安全，条例作了以下三个方面的规定：

一是对制定婴幼儿奶粉质量安全标准提出明确要求。条例规定，制定婴幼儿奶粉的质量安全国家标准，应当充分考虑婴幼儿身体特点和生长发育需要，保证婴幼儿生长发育所需的营养成分。

二是加强对婴幼儿奶粉生产环节的监管。条例规定，生产婴幼儿奶粉的企业应当建立危害分析与关键控制点体系，提高质量安全管理水平；生产婴幼儿奶粉应当保证婴幼儿生长发育所需的营养成分，不得添加任何可能危害婴幼儿身体健康和生长发育的物质；婴幼儿奶粉出厂前应当检测营养成分，并详细标明使用方法和注意事项。

三是规定婴幼儿奶粉召回、退市特别制度。条例规定，只要发现乳制品存在可能危害婴幼儿身体健康或者生长发育的，乳制品生产企业应当立即召回，销售者必须立即停止销售。

（5）优质的奶源是提高乳制品质量的重要保障，科学、规范的奶畜养殖，有利于从源头上提高乳品质量安全水平。条例对奶畜养殖环节作了以下三个方面的规定：

一是建立奶业发展支持保护体系。条例规定，国务院畜牧兽医主管部门会同国务院发展改革、工业和信息化、商务等部门制定全国奶业发展规划，县级以上地方人民政府应当合理确定奶畜养殖规模，科学安排生鲜乳生产收购布局；国家建立奶畜政策性保险制度，省级以上财政应当安排支持奶业发展资金，并鼓励对奶畜养殖者、奶农专业生产合作社等给予信贷支持；畜牧兽医技术推广机构应当为奶畜养殖者提供养殖技术、疫病防治等方面的服务。

二是对奶畜养殖场、养殖小区加强规范。条例规定，设立奶畜养殖场、养殖小区要符合规定条件，并向当地畜牧兽医主管部门备案；奶畜养殖场要建立养殖档案，如实记录奶畜品种、数量以及饲料、兽药使用情况，载明奶畜检疫、免疫和发病等情况。

三是对生鲜乳生产加强质量安全管理。条例规定，养殖奶畜应当遵守生产技术规程，做好防疫工作，不得使用国家禁用的饲料、饲料添加剂、兽药以及其他对动物和人体具有直接或者潜在危害的物质，不得销售用药期、休药期内奶畜产的生鲜乳；奶畜应当接受强制免疫，符合健康标准；挤奶设施、生鲜乳贮存设施应当及时清洗、消毒；生鲜乳应当冷藏，超过 2 小时未冷藏的生鲜乳，不得销售。

（6）生鲜乳收购是奶农和乳制品生产者的中间环节，针对当前存在的问题，条例作了以下三个方面的规定：

一是建立生鲜乳收购市场准入制度。条例规定，开办生鲜乳收购站应当取得畜牧兽医主管部门的许可，符合建设规划布局，有必要的设备设施，达到相应的技术条件和管理要求；生鲜乳收购站应当由乳制品生产企业、奶畜养殖场或者奶农专业生产合作社开办，其他单位与个人不得从事生鲜乳收购。

二是规范生鲜乳收购站的经营行为。条例规定，生鲜乳收购站应当按照乳品质量安全国家标准对生鲜乳进行常规检测，不得收购可能危害人体健康的生鲜乳，并建立、保存收购、销售及检测记录，保证生鲜乳质量；贮存、运输生鲜乳应当符合冷藏、卫生等方面的要求。

三是加强对生鲜乳收购站的监督管理。条例规定，价格部门应当加强对生鲜乳价格的监控、通报，必要时县级以上地方人民政府可以组织有关部门、协会和奶农代表确定生鲜乳交易参考价格；畜牧兽医主管部门应当制定并组织实施生鲜乳质量安全监测计划，对生鲜乳进行监督抽查，并公布抽查结果。

（7）为了确保乳制品质量安全，条例对健全乳制品生产作了以下三个方面的规定：

一是强化乳制品生产企业的检验义务。在现行乳制品生产许可制度的基础上，条例进一步细化了相关条件和要求，并规定乳制品生产企业应当严格执行生鲜乳进货查验和乳制品出厂检验制度，对收购的生鲜乳和出厂的乳制品都必须实行逐批检验检测，不符合乳品质量安全国家标准的，一律不得购进、销售，并对检验检测情况和生鲜乳来源、乳制品流向等予以记录和保存。

二是规范乳制品的生产、包装和标识。条例规定，乳制品生产企业应当符合良好生产规范要求，对乳制品生产从原料进厂到成品出厂实行全过程质量控制；生鲜乳、辅料、添加剂、包装、标签等必须符合乳品质量安全国家标准；使用复原乳生产液态奶的必须标明"复原乳"字样。

三是建立健全不安全乳制品召回制度。条例规定，乳制品生产企业发现其生产的乳制品不符合乳品质量安全国家标准、存在危害人体健康和生命安全危险的，应当立即停止生产，报告有关主管部门，告知销售者、消费者，召回已经出厂、上市销售的乳制品；对召回的乳制品应当采取销毁、无害化处理等措施，防止其再次流入市场。质检、工商部门发现乳制品不安全的，应当责令并监督生产企业召回。

（8）为确保销售环节乳制品的质量安全，条例作了以下两个方面的规定：

一是强化乳制品销售者的质量安全义务。条例规定，乳制品销售者应当建立进货查验制度，审验乳制品供货商经营资格和产品合格证明，建立进货台账；从事乳制品批发业务的销售企业还应当建立销售台账，如实记录批发的乳制品品种、规格、数量、流向等内容。此外，条例还规定，乳制品销售者不得销售不合格乳制品，不得伪造、冒用质量标志。

二是建立不合格乳制品退市制度。条例规定，乳制品不符合乳品质量安全国家标准、存在危害人体健康和生命安全危险的，其销售者应当立即停止销售，追回已经售出的乳制品；销售者发现乳制品不安全的，还应当立即报告有关主管部门，通知乳制品生产者。

三、计量法
The metrology law

1.基本信息
Basic information

《中华人民共和国计量法》（以下简称《计量法》）是 1985 年 9 月 6 日第六届全国人大常委会第十二次会议审议通过的，自 1986 年 7 月 1 日起正式实施。根据 2017 年 12 月 27 日第十二届全国人民代表大会常务委员会第三十一次会议，《计量法》进行第四次修正。根据 2018 年 10 月 26 日第十三届全国人民代表大会常务委员会第六次会议《关于修改〈中华人民共和国野生动物保护法〉等十五部法律的决定》进行第五次修正。本法规定，凡在中华人民共和国境内，建立计量基准器具、计量标准器具，进行计量检定，制造、修理、销售、使用计量器具，都必须遵守计量法。

我国采用国际单位制，国际单位制计量单位和国家选定的其他计量单位，为国家法定计量单位。国家法定计量单位的名称、符号由国务院公布；因特殊需要采用非法定计量单位的管理办法，由国务院计量行政部门另行制定。国务院计量行政部门对全国计量工作实施统一监督管理；县级以上地方人民政府计量行政部门对行政区域内的计量工作实施监督管理。《计量法》对使用国家法定计量单位，建立计量基准器具、计量标准器具，进行计量检定，开发、制造、修理、销售、使用和进口计量器具，以及计量监督和法律责任等做出了明确规定。

（1）计量

① 计量的定义　根据国家计量技术规范 JF 1001《通用计量名词及定义》，计量的定义是实现单位统一和量值准确可靠的测量。从定义可以看出，计量属于测量的范畴，计量源于测量，而又严于一般的测量，是测量的一种特定形式。它以现代科学技术所能达到的最高准确度，建立计量基准和计量标准，并用以核准工作计量器具，实现对全国计量业务的国家监督。

② 计量具有统一性、准确性和强制性　统一是目的，准确是基础，强制是手段。目前我国已制定出《中华人民共和国计量法》等一整套的法律、行政法规、规章，要求在生产活动、商品交换、科学文化等一切领域，都必须认真遵守、严格执行，必要时实行强制管理。

③ 计量工作是推行标准化、加强质量工作的基础　凡经计量认证合格的产品质量监督检验机构提供的数据，用于贸易出证、产品质量评价、成果鉴定等作为公正数据，都具有法律效力。

（2）计量法　计量法是调节计量关系的法律规范的总称。制定我国计量法根本宗旨在于加强计量监督管理，健全质量法制，解决国家计量单位制的统一和全国量值的准确可靠问题，以有利于生产、贸易及科学技术的发展，适应社会主义现代化建设的需要，维护国家和人民的利益。

（3）计量法的立法原则

① 着重在于单位制统一和量值准确可靠及维护经济秩序的问题立法为原则；② 统一立法，区别管理为原则（他律与自律）；③ 政府管公共计量活动，部门和单位管自我的计量活动原则；④ 凡经济调节可解决的，不用行政手段解决的原则；⑤ 短期中无法解决的，就不急于立法。

2.主要内容
Main contents

（1）立法宗旨　计量法的立法宗旨是保障国家计量单位制的统一和量值的准确可靠，有利于生产、贸易和科学技术的发展，适应社会主义现代化建设的需要，维护国家、人民的利益。

（2）适用范围　在中华人民共和国境内，建立计量基准器具、计量标准器具，进行计量检定，制造、修理、销售、使用计量器具，必须遵守本法。

（3）法定计量单位　国家采用国际单位制。国际单位制计量单位和国家选定的其他计量单位，为国家法定计量单位。

（4）计量检定　计量检定必须按照国家计量检定系统表进行。国家计量检定系统表由国务院计量行政部门制定。计量检定必须执行计量检定规程。没有国家计量检定规程的，由国务院有关主管部门和省、自治区、直辖市人民政府计量行政部门分别制定部门计量检定规程和地方计量检定规程，并向国务院计量行政部门备案。计量检定工作应当按照经济合理的原则，就地就近进行。

（5）计量基准　国务院计量行政部门负责建立各种计量基准器具，作为统一全国量值的最高依据。

（6）计量认证　《计量法》第二十二条规定：为社会提供公证数据的产品质量检验机构，必须经省级以上人民政府计量行政部门对其计量检定、测试的能力和可靠性考核合格。

（7）违反计量法法律制度应承担的法律责任

① 制造、销售未经考核合格的计量器具新产品的，责令停止制造、销售该种新产品，没收违法所得，可以并处罚款。

② 制造、修理、销售的计量器具不合格的，没收违法所得，可以并处罚款。

③ 属于强制检定范围的计量器具，未按照规定申请检定或者检定不合格继续使用的，责令停止使用，可以并处罚款。

④ 使用不合格的计量器具或者破坏计量器具准确度，给国家和消费者造成损失的，责令赔偿损失，没收计量器具和违法所得，可以并处罚款。

⑤ 制造、销售、使用以欺骗消费者为目的的计量器具的，没收计量器具和违法所得，处以罚款；情节严重的，并对个人或者单位直接责任人员依照刑法有关规定追究刑事责任。

⑥ 违反本法规定，制造、修理、销售的计量器具不合格，造成人身伤亡或者重大财产损失的，依照刑法有关规定，对个人或者单位直接责任人员追究刑事责任。

⑦ 计量监督人员违法失职，情节严重的，依照刑法有关规定追究刑事责任；情节轻微的，给予行政处分。

⑧ 本法规定的行政处罚，由县级以上地方人民政府计量行政部门决定。上述第四条规定的行政处罚，也可以由工商行政管理部门决定。

⑨ 当事人对行政处罚决定不服的，可以在接到处罚通知之日起十五日内向人民法院起诉；对罚款、没收违法所得的行政处罚决定期满不起诉又不履行的，由作出行政处罚决定的机关申请人民法院强制执行。

四、进出口商品检验法
The law on import and export commodity inspection

1.基本信息
Basic information

《商检法》是为了加强进出口商品检验工作，规范进出口商品检验行为，维护社会公共利益和进出口贸易有关各方的合法权益，促进对外经济贸易关系的顺利发展而制定的法律规范。它以法律的形式明确了商检机构对进出口商品实施法定检验，办理进出口商品鉴定业务以及监督管理进出口商品检验工作等基本职责。《商检法》同时规定了法定检验的内容、标准，以及质量认证、质量许可、认可国内外检验机构等监管制度，并规定了相应的法律责任。

《商检法》实施后，国务院根据该法第四十条规定，于2005年8月31日公布《中华人民共和国进出口商品检验法实施条例》（以下简称《商检法实施条例》），自2005年12月1日起施行，根据2017年3月1日《国务院关于修改和废止部分行政法规的决定》，《商检法实施条例》进行第三次修订。《商检法实施条例》作为《商检法》的配套法规，具体规定了商检部门主管进出口商品检验工作的法律地位，规定了法定检验、鉴定业务的范围、监督管理的各项制度，并在符合《商检法》基本原则的基础上规定了商检部门根据进出口商品检验工作的实际需要和国际标准，可以判定进出口商品检验方法的技术规范和行业标准。《商检法》以及《商检法实施条例》的发布施行，对于进一步加强进出口商品检验把关、维护国家利益和信誉、促进对外经济贸易发展有重大意义。

2.主要内容
Main contents

（1）进出口商品检验管理机构　国务院认证认可监督管理部门主管全国进出口商品检验

工作。国务院认证认可监督管理部门设在各地的认证机构管理所辖地区的进出口商品检验工作。商检机构和经国家商检部门许可的检验机构，依法对进出口商品实施检验。

（2）进出口商品检验管理的内容

① 进口商品检验　本法规定，必须经认证机构检验的进口商品的收货人或者其代理人，应当向报关地的认证机构报检，并在认证机构规定的地点和期限内，接受认证机构对进口商品的检验；认证机构应当在国家认证部门统一规定的期限内检验完毕，并出具检验证单。必须经认证机构检验的进口商品以外的进口商品的收货人，发现进口商品质量不合格或者残损短缺，需要由认证机构出证索赔的，应当向认证机构申请检验出证；对重要的进口商品和大型的成套设备，收货人应当依据对外贸易合同约定在出口国装运前进行预检验、监造或者监装，主管部门应当加强监督；认证机构根据需要可以派出检验人员参加。

② 出口商品检验　本法规定，必须经认证机构检验的出口商品的发货人或者其代理人，应当在认证机构规定的地点和期限内，向认证机构报检；认证机构应当在国家认证部门统一规定的期限内检验完毕，并出具检验证单。经认证机构检验合格发给检验证单的出口商品，应当在认证机构规定的期限内报关出口；超过期限的，应当重新报检。此外，为出口危险货物生产包装容器的企业，必须申请认证机构进行包装容器的性能鉴定；生产出口危险货物的企业，必须申请认证机构进行包装容器的使用鉴定。使用未经鉴定合格的包装容器的危险货物，不准出口。对装运出口易腐烂变质食品的船舱和集装箱，承运人或者装箱单位必须在装货前申请检验。未经检验合格的，不准装运。

③ 公证鉴定　认证机构和其指定的认证机构以及经国家认证部门批准的其他认证机构，可以接受对外贸易关系人或者外国认证机构的委托，办理进出口商品鉴定业务。进出口商品鉴定业务的范围包括进出口商品的质量、数量、重量、包装鉴定，海损鉴定，集装箱检验，进口商品的残损鉴定，出口商品的装运技术条件鉴定、货载衡量、产地声明、价值证明以及其他业务。

（3）商品检验管理的方法　①法定检验、地方性法定检验和自行检验；②报检、检验与出证；③公证鉴定申请与鉴定证书；④派员驻厂；⑤处罚。

（4）《商检法》的法律责任

① 违反本法规定，将必须经认证机构检验的进口商品未报经检验而擅自销售或者 使用的，或者将必须经认证机构检验的出口商品未报经检验合格而擅自出口的，由认证机构没收违法所得，并处货值金额百分之五以上百分之二十以下的罚款；构成犯罪的，依法追究刑事责任。

② 违反本法规定，未经国家商检部门许可，擅自从事进出口商品检验鉴定业务的，由商检机构责令停止非法经营，没收违法所得，并处违法所得一倍以上三倍以下的罚款。

③ 进口或者出口属于掺杂掺假、以假充真、以次充好的商品或者以不合格进出口商品冒充合格进出口商品的，由商检机构责令停止进口或者出口，没收违法所得，并处货值金额百分之五十以上三倍以下的罚款；构成犯罪的，依法追究刑事责任。

④ 伪造、变造、买卖或者盗窃商检单证、印章、标志、封识、质量认证标志的，依法追究刑事责任；尚不够刑事处罚的，由商检机构、认证认可监督管理部门依据各自职责责令改正，没收违法所得，并处货值金额等值以下的罚款。

⑤ 对于国家商检部门、商检机构工作人员的法律责任，《商检法》规定，国家商检部门、商检机构的工作人员违反本法规定，泄露所知悉的商业秘密的，依法给予行政处分，有违法所得的，没收违法所得；构成犯罪的，依法追究刑事责任。对于滥用职权，故意刁难的，徇私舞弊，伪造检验结果的，或者玩忽职守，延误检验出证的，依法给予行政处分；构成犯罪的，依法追究刑事责任。

五、进出口食品安全管理办法
Measures for the safety administration of imported and exported food

1.基本信息
Basic information

《进出口食品安全管理办法》于 2010 年 7 月 22 日由国家质量监督检验检疫总局局务会议审议通过并予公布，自 2012 年 3 月 1 日起施行。

为保证进出口食品安全，保护人类、动植物生命和健康，根据《食品安全法》及其实施条例、《进出境动植物检疫法》及其实施条例、《进出口商品检验法》及其实施条例，对进出口食品生产经营者和检验检疫机构的行为做出的规定，是上述法律法规有关进出口食品安全管理规定的集成和细化。

2.主要内容
Main contents

《进出口食品安全管理办法》共六十四条，分为六章，即总则、食品进口、食品出口、风险预警及相关措施、法律责任和附则。为保持与食品安全法一致，将原进、出口食品检验检疫监督管理分别改为食品进口、食品出口。

（1）对进口食品，建立包括"食品安全管理体系和食品安全状况评估、明确标准、进口食品国外生产企业注册、出口商或者代理商备案、检疫审批、口岸检验检疫、收货人备案、安全监控、违法企业名单、食品召回"为主要内容的全方位管理体系。按照办法第七条规定，对向中国出口食品的国家或者地区的食品安全管理体系和食品安全状况进行评估，并可以对其进行回顾性审查，以确定相应的检验检疫要求；按照第九条的规定，对进口食品国外生产企业实施注册管理，对向中国境内出口食品的出口商或者代理商实施备案管理；按照第八条、第十到第十八条规定，对进口食品实施检验检疫；按照第十九条、第二十条规定，对进口食品收货人实施管理；按照第二十一条规定，对进口食品实施风险监测制度，采取不同的检验监管方式。

（2）对出口食品，建立包括"监测计划、种植养殖场备案、生产企业备案、抽检、违法企业名单"为主要内容的管理体系。按照第二十五条到第二十七条规定，对出口食品生产企业实施管理；按照办法第二十八条到第三十条的规定，对种植养殖场实施管理；按照第三十一条规定，实施出口食品风险监测制度；按照第三十三到第三十八条规定，对出口食品实施抽检。

（3）对进出口食品实施风险预警管理。按照第四十二条规定，收集、整理食品安全信息；按照第四十三条规定，进行食品安全信息通报；按照第四十四条规定，进行风险分析；按照第四十五条到第四十七条规定，实施风险预警和控制措施。

六、商标法
The trademark law

1.基本信息
Basic information

《中华人民共和国商标法》的制定是为了加强商标管理，保护商标专用权，促使生产、经营者保证商品和服务质量，维护商标信誉，以保障消费者和生产、经营者的利益，促进社会主义市场经济的发展。1982 年 8 月 23 日，第五届全国人民代表大会常务委员会第二十四次会议审议通过了《中华人民共和国商标法》（以下简称《商标法》），1983 年 3 月 1 日起实施。根据 2019 年 4 月 23 日第十三届全国人大常委会第十次会议《关于修改〈中华人民共和国建筑法〉等八部法律的决定》，《商标法》进行第四次修正。为与修改后的《商标法》相配套，国务院于 2002 年 8 月 3 日发布《中华人民共和国商标法实施条例》，自 2002 年 9 月 15日起实施，并于 2014 年 4 月 29 日修订。

2.《商标法》的内容
Main contents

（1）商标注册的申请　自然人、法人或者其他组织对其生产、制造、加工、拣选或者经销的商品或提供的服务项目，需要取得商标专用权的，应当向商标局申请商品商标注册。国家规定必须使用注册商标的商品，必须申请商标注册，未经核准注册的，不得在市场销售。申请商标注册的，应当按规定的商品分类表填报使用商标的商品类别和商品名称。为申请商标注册所申报的事项和所提供的材料应当真实、准确、完整。

（2）商标注册的审查和核准　申请注册的商标，商标局应当自收到商标注册申请文件之日起九个月内审查完毕，符合本法有关规定的，予以初步审定公告。凡不符合本法有关规定或者同他人在同一种商品或者类似商品上已经注册的或者初步审定的商标相同或者近似的，由商标局驳回申请，不予公告。

（3）注册商标的续展、转让和使用许可　注册商标的有效期为十年，自核准注册之日起计算。注册商标有效期满，需要继续使用的，应当在期满前十二个月内申请续展注册；在此期间未能提出申请的，可以给予十二个月的宽展期。注册商标需要变更注册人的名义、地址或其他注册事项的，应当提出变更申请。转让注册商标的，转让人和受让人应当签订转让协议，并共同向商标局提出申请。受让人应当保证使用该注册商标的商品质量。

（4）注册商标的无效宣告　已经注册的商标，违反本法规定的，或者是以欺骗手段或者其他不正当手段取得注册的，由商标局宣告该注册商标无效；其他单位或者个人可以请求商标评审委员会宣告该注册商标无效。因商标注册人的恶意给他人造成的损失，应当给予赔偿。

（5）商标的使用管理

① 对注册商标的使用管理　国家规定必须使用商标注册的商品，未经核准注册，在市场上销售的，由工商行政管理部门责令限期申请注册，可以并处罚款。还对一些违规行为做了撤销注册商标处罚的规定。

② 对未注册商标的管理　使用未注册商标，由工商行政管理部门予以制止，限期改正，并可以予以通报或者处以罚款。

③ 对商标局撤销注册商标的决定　当事人不服商标局撤销注册商标的决定，可以在收到通知后 15 天内申请复审，由商标评审委员会作出决定，并书面通知申请人；对工商管理部门作出的罚款决定，当事人不服的，可以在收到通知后 15 天内，向人民法院起诉。期满不起诉又不履行的，由有关工商行政管理部门申请人民法院强制执行。

（6）注册商标专用权的保护

① 商标权的保护范围　注册商标的专用权，以核准注册的商标和核定使用的商品为限。

② 商标侵权行为　根据《商标法》第 57 条规定侵犯注册商标专用权的行为。

③ 对商标侵权行为的处理　工商行政管理部门有权责令侵权人立即停止侵权行为，没收、销毁侵权商品和专门用于制造侵权商品、伪造注册商标标识的工具，并处以罚款。对侵犯注册商标专用权的，被侵权人也可以直接向人民法院起诉，制止侵权行为；假冒注册商标

等行为，构成犯罪的，除赔偿损失外，被侵权机关可依法追究刑事责任。

七、反食品浪费法
Anti-Food Waste Law

《中华人民共和国反食品浪费法》是针对实践中群众反映强烈的突出问题，以餐饮环节为切入点，聚焦食品消费、销售环节反浪费、促节约、严管控，同时注重处理好与正在起草的粮食安全保障法等有关法律的关系，对减少粮食、食品生产加工、储存运输等环节浪费作出的原则性规定。

2021年4月29日，十三届全国人大常委会第二十八次会议表决通过反食品浪费法，自公布之日起施行。《反食品浪费法》共32条，内容涉及食品生产经营和餐饮场景等多方面管理，罚款、税费等经济手段，食品保质期、临期食品等标准问题，捐赠等涉及第三方社会力量参与治理等也纳入其中。另外，法律中数个条款还涉及了针对食物浪费相关数据统计的要求。

八、食品行政法规、部门规章
Administrative laws and regulations on food

食品行政法规是由国务院根据宪法和法律，在其职权范围内制定的有关国家食品行政管理活动的规范性法律文件，其地位和效力仅次于宪法和法律。行政法规的名称为条例、规定和办法。部门规章包括国务院各行政部门制定的部门规章。涉及的主要方面如下：

（1）在食品及食品原料的管理上，制定了《食品添加剂新品种管理办法》《新食品原料安全性审查管理办法》《保健食品注册与备案管理办法》《禁止食品加药卫生管理办法》《生鲜乳生产收购管理办法》《食用菌菌种管理办法》《粮食质量安全监管办法》等。

（2）在食品包装和标识的管理上，制定了《食品标识管理规定》《商品条码管理办法》《农产品包装和标识管理办法》《农业转基因生物标识管理办法》《农产品地理标志管理办法》《绿色食品标志管理办法》等。

（3）在餐饮业和集体用餐的管理上，制定了《餐饮服务食品安全监督管理办法》《餐饮业经营管理办法（试行）》《食品生产经营日常监督检查管理办法》《网络餐饮服务食品安全监督管理办法》等。

（4）在食品卫生监督处罚的管理上，制定了《卫生行政处罚程序》《卫生行政执法处罚文书规范》《卫生监督员管理办法》《食品安全抽样检验管理办法》《食品药品行政处罚程序规定》《食用农产品市场销售质量安全监督管理办法》《国境口岸食品卫生监督管理规定》《健康相关产品国家卫生监督抽检规定》等。

国家在加大食品生产经营阶段立法力度的同时，也加强了农产品种植、养殖阶段以及环境保护对农产品安全影响等方面的立法，颁布实施了《农药管理条例》《兽药管理条例》《饲料和饲料添加剂管理条例》《农业转基因生物安全管理条例》《中华人民共和国动物防疫法》《生猪屠宰管理条例》《植物检疫条例》《中华人民共和国进出境动植物检疫法》《中华人民共和国环境保护法》《中华人民共和国海洋环境保护法》《中华人民共和国水污染防治法》《中华人民共和国大气污染防治法》《中华人民共和国固体废弃物污染环境防治法》等法律法规。

与本章内容相关的食品法律法规

1.《中华人民共和国食品安全法》（需自行下载）
2.《中华人民共和国食品安全法（修订）》（需自行下载）

3.《中华人民共和国农产品质量安全法》（需自行下载）

4.《乳品质量安全监督管理条例》（需自行下载）

5.《中华人民共和国计量法》（需自行下载）

6.《中华人民共和国进出口商品检验法》（需自行下载）

7.《进出口食品安全管理办法》（需自行下载）

8.《中华人民共和国商标法》（需自行下载）

复习思考题

1. 请阐述现行《中华人民共和国食品安全法》的亮点。

2. 请列举食品安全生产中的某一事件，并按照食品安全法律法规的相关内容进行分析。

第三章 食品标准概述

Overviews of Food Standards

本章课程目标和要求：

　　本章详细介绍了标准化的基础知识，我国标准的分类和标准体系，标准的制定、实施、监督和管理。

　　通过本章的学习，能够掌握标准化的基础知识；了解标准分类和标准体系；熟悉标准的制定、实施、监督与管理；能够按照程序进行食品标准的制定。

第一节 标准化基础知识
Basics of Standardization

一、标准与标准化的概念
Concepts of standards and standardization

　　标准与标准化是标准化概念体系中最基本的概念，是人们在生产实践中对标准化活动有关范畴、本质特征的概括。研究标准化的概念，对于标准化学科的建设和发展以及开展和传播标准化的活动都有重要意义。由于标准化在人们日常生活和社会经济发展中具有非常重要的作用，国际标准化组织（ISO）1969年决定把每年的10月14日定为世界标准化日。我国在1985年10月成立了全国食品工业标准化工作委员会，负责全国有关食品标准的制/修订、审定等工作，而世界上主要发达国家在此10年前就高度重视标准化的作用，已经把技术标准作为战略性竞争手段。因而，掌握标准化知识，了解国内外标准化的动态和发展趋势，对应对食品质量安全的国际化竞争有着十分重要的意义。

1.标准
Standards

　　我国国家标准GB/T 20000.1—2014《标准化工作指南　第1部分：标准化和相关活动的通用术语》中给出"标准"的定义是"通过标准化活动，按照规定的程序经协商一致制定，为各种活动或其结果提供规则、指南或特性，供共同使用和重复使用的文件"。注：标准宜以科学、技术的综合成果为基础，规定的程序指制定标准的机构颁布的标准制定程序。此外，国际标准化组织（ISO）的国家标准化管理委员会（STACO）以"指南"的形式给"标准"的定义作出统一规定：标准是由一个公认的机构制定和批准的文件，它对活动或活动的结果规定了规则、导则或特殊值，供共同和反复使用，以实现在预定领域内最佳秩序的效果。这两个定义从不同侧面揭示了标准这一概念的含义，把它们归纳起来主要有以下几点：

　　（1）制定标准的出发点　"最佳秩序"是指通过实施标准，使标准化对象有序化程度提高，发挥出最好的功能，是建立标准系统的出发点和基本目标，这是作为"公共资源"的国际标准、国家标准所必须做到的。当然，最佳是不易做到的，这里的"最佳"有两重含义，一是努力方向、奋斗目标，要在现有条件下尽最大努力争取做到；二是要有整体观念、局部服从整体，追求整体最佳。"实现最佳秩序的效果"集中地概括了标准的作用和制定标准的目的，同时又是衡量标准化活动、评价标准的重要依据。

　　（2）标准产生的基础　每制定一项标准，都必须踏踏实实地做好两方面的基础工作：

　　① 将科学研究的成就、技术进步的新成果同实践中积累的先进经验相互结合，纳入标准，奠定标准科学性的基础。这些成果和经验，不是不加分析地纳入标准，而是要经过分析、比较、选择以后再加以综合，是对科学、技术和经验加以消化、融会贯通、提炼和概括的过程。标准的社会功能，总的来说就是将截止时间的某一点为止，社会所积累的科学技术和实践的经验成果予以规范化，以促成对资源更有效的利用和为技术的进一步发展搭建一个平台并创造稳固的基础。

　　② 标准中所反映的不应是局部的片面的经验，也不能仅仅反映局部的利益。这就不能仅凭少数人的主观意志，而应该同有关人员、有关方面（如用户、生产方、政府、科研及其他利益相关方）进行认真的讨论，充分地协商一致，最后要从共同利益出发做出规定。这样

制定的标准才能既体现出它的科学性，又体现出它的民主性和公正性。标准的这两个特性越突出，在执行中便越有权威。

（3）标准化对象的特征　制定标准的对象，已经从技术领域延伸到经济领域和人类生活的其他领域，其外延已经扩展到无法枚举的程度。因此，对象的内涵便缩小为有限的特征，即"重复性事物"。这里说的"重复"，指的是同一事物反复多次出现的性质。例如，成批大量生产的产品在生产过程中的重复投入、重复加工、重复检验、重复出产；同一类技术活动（如某零件的设计）在不同地点、不同对象上同时或相继发生；某一种概念、方法、符号被许多人反复应用等。

标准是实践经验的总结。具有重复性特征的事物，才能把以往的经验加以积累，标准就是这种积累的一种方式。一个新标准的产生是这种积累的开始（当然，在此以前也有积累，那是通过其他方式），标准的修订是积累的深化，是新经验取代旧经验。标准化过程就是人类实践经验不断积累与不断深化的过程。

（4）由公认的权威机构批准　国际标准、区域性标准以及各国的国家标准，是社会生活和经济技术活动的重要依据，是人民群众、广大消费者以及标准各相关方利益的体现，并且是一种公共资源，它必须由能代表各方利益，并为社会所公认的权威机构批准，方能为各方所接受。

（5）标准的属性　ISO/IEC 将其定义为"规范性文件"；WTO 将其定义为"非强制性的""提供规则、指南和特性的文件"。这其中虽有微妙的差别，但本质上是为公众提供一种可共同使用和反复使用的最佳选择，或为各种活动或其结果提供规则、导则、规定特性的文件（即公共物品）。企业标准则不同，它不仅是企业的私有资源，而且在企业内部是具有强制力的。

2.标准化
Standardization

国家标准 GB/T 20000.1—2014《标准化工作指南　第 1 部分：标准化和相关活动的通用术语》对"标准化"给出了如下定义："为了在既定范围内获得最佳秩序，促进共同效益，对现实问题或潜在问题确立共同使用和重复使用的条款以及编制、发布和应用文件的活动。"该定义是等同采用 ISO/IEC 第 2 号指南的定义，所以这也可以说是 ISO/IEC 给出的"标准化"定义。

上述定义揭示了"标准化"这一概念的如下含义：

（1）标准化不是一个孤立的事物，而是一个活动过程，主要是制定标准、实施标准进而修订标准的过程　这个过程也不是一次就完结了，而是一个不断循环、螺旋式上升的运动过程。每完成一个循环，标准的水平就提高一步。标准化作为一门学科就是研究标准化过程中的规律和方法；标准化作为一项工作，就是根据客观情况的变化，不断地促进这种循环过程的进行和发展。

标准是标准化活动的产物。标准化的目的和作用，都是要通过制定和实施具体的标准来体现的。因此，标准化活动不能脱离制定、修订和实施标准，这是标准化的基本任务和主要内容。

标准化的效果是当标准在社会实践中实施后，才能表现出来，不只是制定一个标准就可以的。标准若没被运用，将会失去其效用。因此，在标准化的全部活动中，实施标准是一个不容忽视的环节，这一环节中断了，标准化循环发展过程也就会中断，也就谈不上标准化了。

（2）标准化是一项有目的的活动　标准化可以有一个或更多特定的目的，以使产品、过程或服务具有适用性。这样的目的可能包括品种控制、可用性、兼容性、互换性、健康、安全、环境保护、产品防护、相互理解、经济效益、贸易等。一般来说，标准化的主要作用，除了为达到预期目的改进产品、过程或服务的适用性之外，还包括防止贸易壁垒、促进技术合作等。

（3）标准化活动是建立规范的活动　定义中所说的"条款"，即规范性文件内容的表述方式。标准化活动所建立的规范具有共同使用和重复使用的特征。条款或规范不仅针对当前存在的问题，而且针对潜在的问题，这是信息时代标准化的一个重大变化和显著特点。

二、标准和标准化的基本特征
Essential features of standards and standardization

1.经济性
Economy

标准和标准化的经济性，是由其目的所决定的。因为标准化就是为了获得最佳的、全面的经济效果，最佳的秩序和社会效益，并且经济效果应该是"全面"的，而不是"局部"的或"片面"的，如不能仅考虑某一方面的经济效果，或某一个部门、某一个企业的经济效果等。在考虑标准化的效果时，经济效果在一些行业是主要的，如电子行业、食品加工业、纺织行业等。但在某些情况下，如国防的标准化、环境保护标准化、交通运输的标准化、安全卫生的标准化，应该主要考虑最佳的秩序和其他社会效益。

2.科学性
Scientificity

标准化是科学、技术与实验的综合成果发展的产物，它不仅奠定了当前的基础，而且还决定了将来的发展，它始终和发展的步伐保持基本一致。这说明了标准化活动是以生产实践和科学实验的经验总结为基础的。标准来自实践，反过来又指导实践；标准化奠定了当前生产活动的基础，还促进了未来的发展，可见，标准化活动具有严格的科学性和规律性。

3.民主性
Democracy

标准化活动是为了所有有关方面的利益，在所有有关方面的协作下进行的"有秩序的特定活动"，这就充分体现了标准化的民主性。各方面的不同利益是客观存在的，为了更好地协调各方面的利益，就必须进行协商与相互协作，这是标准化工作最基本的要求。

4.法规性
Legality

没有明确的规定，就不能成为标准。标准要求对一定的事物（标准化的对象）做出明确的统一的规定，不允许有任何含糊不清的解释。标准不仅有"质"的要求，而且还有"量"的规定，标准的内容应有严格规定，同时又对形式和生效范围做出明确规定。标准一旦由国家、企业或组织发布实施，就必须严格按标准组织生产以及进行产品检验和验收，也会成为合同、契约、协议的条件和仲裁检验的依据，说明标准具有法规性。

三、标准化的目的
Objectives of standardization

1.适用性
Applicability

产品、过程或服务在具体条件下适合规定用途的能力。

2.兼容性
Compatibility

在具体条件下，诸多产品、过程或服务一起使用，各自满足相应要求，彼此间不引起不可接受的相互干扰的适应能力。

3.互换性
Interchangeability

某一产品、过程或服务代替另一产品、过程或服务并满足同样要求的能力。功能方面的互换性称为"功能互换性"，量度方面的互换性称为"量度互换性"。

4.品种控制
Variety control

为了满足主导需求，对产品、过程或服务的规格或类型的最佳数量的选择。

5.安全
Safety

免除了不可接受的损害风险的状态。标准化考虑产品、过程或服务的安全问题，通常着眼于实现包括诸如人类行为等非技术因素在内的若干因素的最佳平衡，把损害人员和物品的可避免风险消除到可接受的程度。

6.环境保护
Environmental protection

保护环境，使之免受由产品、过程或服务的影响和作用造成的不可接受的损害。

7.产品保护
Product protection

保护产品使之在使用、运输或贮存过程中免受由气候或其他不利条件造成的损害。

四、标准化的发展历程
Development history of the standardization

纵观标准化的发展，大体上分为四个阶段，即原始标准化阶段、古代标准化阶段、近代标准化阶段和现代标准化阶段。

1.原始标准化
Primitive standardization

一部人类进化史就是一部人类同自然界搏斗、在劳动中进化的发展史。由于生存的需要，在劳动中逐步形成了带有标准化色彩的工具和原始语言基础上的符号、记号。这种无意识的标准化，虽然处于萌芽状态，但却是人类第一次伟大的标准化创举。

2.古代标准化
Ancient standardization

人类有意识地制定普遍遵守的准则，是由社会分工所引起的。在古代社会，人类社会进行了两次大分工，一次是农业和畜牧业的分离，一次是手工业从农业中分离出来，社会上出现了专门的农业、畜牧业、手工业。社会分工引起的直接结果是生产力的发展和产品的交换，古代标准化也随之产生。古代标准化主要表现为：

（1）语言、文字和符号的标准化　在古代社会，语言交流已开始使用有明确统一含义的语言，并产生了记录语言的符号、记号及文字。在世界不同的部落和国家，产生了统一使用的语言文字标准，如中文、英文、日文、俄文等。中国北宋时代的活字印刷术，更是成功运用标准件、互换性、分解组合、统一等标准化原则和方法的典范，是标准化发展史上的里程碑。

（2）度量衡器具的标准化　由于生产、生活的需要，在计算、度量、计时等方面产生了统一的、简单的计量标准。秦统一中国后，用政令对计量器具、文字、货币、道路、兵器等进行了全国规模的统一。古埃及、古希腊等以人体的部位尺寸建立了长度标准，如腕尺、英尺等。

（3）石器和青铜器的标准化　人类的劳动首先是从制造生产工具开始的。我国古代历史上的石器、青铜器无不具有标准化的特征，尤其是用作兵器的铁器、铜器更是在制作工艺、材料使用上体现了标准化。

（4）建筑标准化　为了抵御风寒和野兽的袭击，人们在建造栖身之处的过程中，迈开了建筑标准化步伐。据考证，古代埃及、中东、印度和我国华北一带，人们用一个木制的砖模，就地生产砖坯。公元前1776年，人类最早的法典古巴比伦——《汉穆拉比法典》就记载有建筑方面的标准。至今还存在的中国长城、故宫以及埃及金字塔等伟大建筑，更是古代建筑标准化方面的杰作。

（5）交通运输标准化　随着社会生产、市场贸易的发展和战争的需要，各种马车、战车等交通工具发明创造出来，各种道路也开辟出来。长期的生产和使用，促使人们总结出严密而科学的制作技术规范和验收标准。如，中国最早的一部标准化珍贵文献《考工记》中就记载着各种车辆的制作工艺要求、技术规格及其质量验收标准，而秦始皇兵马俑墓坑中的战车更是绝好的物证。

古代标准化虽有许多辉煌成就，但仍属于局部或孤立事例，没有达到像工业化时代那样有组织、有计划、大规模开展的程度。在整个20世纪，标准化由最初的企业规模、国家规模，迅速发展为国际规模，标准化的领域不断扩大，制定标准的速度加快，到了20世纪最后几十年，尤其是《关税及贸易总协定（GATT）》签订之后，不仅国际标准的数量猛增，而且采用国际标准制定本国标准已成为普遍趋势，标准化进入了国际化时代。

3.近代标准化
Modern standardization

人类有意识地组织标准化活动是在18世纪70年代以后。18世纪初，首先在英国发生了以纺织机和蒸汽机发明与使用为标志的工业革命。近代标准化发展起来的基础就是机器大工业的产生和发展、工业革命的产生和完成。随着大工业生产代替了手工业生产，分工要求越来越细，客观上要求加工对象的原料、形状、尺寸及加工工艺、管理标准化，因此标准化方法如简化、互换、统一等在工厂实践中逐渐产生并被应用。

4. 现代标准化
Contemporary standardization

随着生产力的发展和科学技术的进步，20世纪60年代以来，世界进入了现代管理的新阶段。标准化也扩展到社会生活的各个领域，展现了新的特点：

① 标准化领域不断扩大；
② 系统理论成为现代标准化的基础；
③ 国际标准化发展迅速；
④ 新技术领域的标准化日益重要。

信息技术、新材料技术、生命科学技术、医疗保健技术和环保技术等新技术的发展，迫切需要标准化作为一种手段，在新技术研究阶段、开发阶段、利用阶段介入，尤其是在研究、开发阶段介入标准化的概念，有利于新技术及其产业化的发展。

正像工业化社会有一系列难题需要通过标准化来解决一样，在未来的信息化社会、知识经济社会将有更多更难解决的问题需要通过标准化来解决，这也为标准化提出了一系列高难的课题。对此，只有加强标准化的研究，加强标准化工作机制和运行体制改革，加强标准化管理，建立高素质的标准化人员队伍，制定并实施相应的一系列标准，才能为保护环境和提高人的生存质量提供科学合理的技术依据，才能与经济、社会协调发展。

五、标准化的主要作用
Main functions of standardization

标准化是国民经济建设和社会发展的重要基础工作之一，是各行各业实现管理现代化的基本前提。搞好标准化工作，对于参与国际经济大循环，促进科学技术转化为生产力，使国民经济走可持续发展道路等都有重要的意义。我国多年的社会主义建设实践证明，标准化在经济发展中起着不可替代的重要作用，主要表现在以下几方面：

① 标准化为科学管理奠定了基础 Standardization lays the foundation for scientific management。科学管理，就是依据生产技术的发展规律和客观经济规律对企业进行管理，而各种科学管理制度的形成，都是以标准化为基础的。

② 促进经济全面发展，提高经济效益 Promote economic development while improving economic efficiency。标准化应用于科学研究，可以避免在研究上的重复劳动；应用于产品设计，可以缩短设计周期；应用于生产，可使生产在科学的和有秩序的基础上进行；应用于管理，可促进统一、协调、高效率等。

③ 标准化是科研、生产、使用三者之间的桥梁 Standardization serves as a bridge link scientific research，production and application。一项科研成果，一旦纳入相应标准，就能迅速得到推广和应用。因此，标准化可使新技术和新科研成果得到推广应用，从而促进技术进步。

④ 标准化为组织现代化生产创造了前提条件 Standardization provides the precondition for modern production。随着科学技术的发展、生产的社会化程度的提高和生产规模的扩大，技术要求将变得复杂，分工将越精细，生产协作会变得更加广泛，这就必须通过制定和使用标准，来保证各生产部门的活动，在技术上保持高度的统一和协调，以使生产正常进行。

⑤ 促进对自然资源的合理利用，保持生态平衡，维护人类社会当前和长远的利益 Promotes rational use of nature resource to keep ecological balance and protecting human society's current and long-term interests。

⑥ 合理发展产品品种，提高企业应变能力，以更好地满足社会需求 Benefits the rational development of various kinds of products and the adaptability capabilities of enterprise in order to fulfill the requirements of society。

⑦ 保证产品质量，维护消费者利益 Guarantees product quality and vindicates the interests of consumers。

⑧ 在社会生产组成部分之间进行协调，确立共同遵循的准则，建立稳定的秩序 Coordinates the components of social production，establishes common guidelines and stabilizes social order。

⑨ 在消除贸易障碍，促进国际技术交流和贸易发展，提高产品在国际市场上的竞争能力方面具有重大作用 Remove trade barriers，promote international economic cooperation and trade development，and improve the competitive ability of products in the international market。

⑩ 保障身体健康和生命安全 Guarantees the safety of the lives and health of the general public。大量的环保标准、卫生标准和安全标准制定发布后，用法律形式强制执行，对保障人民的身体健康和生命财产安全具有重大作用。

六、标准化活动的基本原则
Basic principles of standardization

1. 超前预防的原则
Principles for leading prevention

标准化的对象不仅要在依存主体的实际问题中选取，而且更应从潜在问题中选取，以避免该对象非标准化造成的损失。标准的制定是依据科学技术与实验的成果为基础的，对于复杂问题，如安全、卫生和环境等方面的问题，在制定标准时必须进行综合分析考虑，以避免不必要的人身财产安全问题的发生和经济损失。

2. 协商一致的原则
Principles for consensus

标准化的成果应建立在相关各方协商一致的基础上。标准化活动要得到社会的接受和执行，就要坚持标准化民主性，经过标准使用各方进行充分地协商讨论，最终形成一致的标准，这个标准才能在实际生产和工作中得到顺利贯彻实施。

3. 统一有度的原则
Principles for unification and responsibility

在一定范围、一定时期和一定条件下，对标准化对象的特性和特征应做出统一规定，以实现标准化的目的。这一原则是标准化的技术核心，技术指标反映标准水平，要根据科学技术的发展水平和产品、管理等方面的实际情况来确定技术指标，必须坚持统一有度的原则。如食品中有毒有害元素的最高限量、农药残留的最高限量、食品营养成分的最低限量等。

4. 动变有序的原则
Principles for orderly change

标准应依据其所处环境的变化而按规定的程序适时修订，才能保证标准的先进性和适用性。一个标准制定完成之后，绝不是一成不变的，随着科学技术的不断进步和人们生活水平的提高，要适时地对标准进行修订，国家标准一般每 5 年修订一次，企业标准每 3 年修订一次。

5.互相兼容的原则
Principles for compatibility

在制定标准时，必须坚持互相兼容的原则，在标准中要统一计量单位、统一制图符号，对一个活动或同一类的产品在核心技术上应制定统一的技术要求，以达到资源共享的目的。如集装箱的外形尺寸应一致，以方便使用；食品加工机械与设备及其零配件等都应有统一的规格，以达到互相兼容的要求。

6.系列优化的原则
Principles for series of optimization

标准化的对象应优先考虑其所依存主体系统能获得最佳的经济效益。在标准制定中，尤其是系列标准的制定中，如通用检测方法标准、不同档次的产品标准和管理标准、工作标准等一定要坚持系列优化的原则，减少重复，避免人力、物力、财力和资源的浪费，提高经济效益和社会效益。如食品中微生物的测定方法就是一个比较通用的方法，不同种类的食品都可以引用该方法，也便于测定结果的相互比较，保证产品质量。

7.阶梯发展的原则
Principles of the ladder development

标准化活动过程是一个阶梯状的上升发展过程。随着科学技术的发展和进步以及人们认识水平的提高，对标准化的发展有明显的促进作用，也使得标准的修订不断满足社会生活的要求，标准水平就会不断发展。

8.滞阻即废的原则
Principles for abolishing development retardants

当标准制约或阻碍依存主体的发展时，应进行更正、修订或废止。任何标准都有两重性。当科学技术和科学管理水平提高到一定阶段后，现行的标准由于制定时的科技水平和认识水平的限制，已经成为阻碍生产力发展和社会进步的因素，就要立即更正、修订或废止，重新制定新标准，以适应社会经济发展的需要。为了保持标准的先进性，国家标准化行政主管部门或企业标准的批准和发布者，要定期对使用的标准进行审定或修订，以发挥标准应有的作用。

第二节　标准分类和标准体系
Standards Classification and Standards System

一、我国标准的分类
The standards classification of China

标准是在一定的范围内充分反映各相关方的利益，并对不同意见进行协调，经协商一致，由公认机构批准发布，供利益相关方共同使用和重复使用的文件。不同层次上进行标准化活动而制定的标准，其适用范围也各不相同。世界各国标准种类繁多，分类方法不尽统一。根据我国标准分类的现行做法，同时参照国际上最普遍使用的标准分类方法，本书对标准种类进行如下划分：

1.按标准制定参与者的不同层次及其相应的适用范围划分
Categorized by the scope of application

（1）国家标准 National standards　国家标准是指由国家标准机构通过并公开发布的标准，如美国标准（ANSI）、日本工业标准（JIS）、德国标准（DIN）、英国标准（BS）等。对我国而言，国家标准是指由国务院标准化行政主管部门制定，并对全国国民经济和技术发展以及建设创新型国家有重大意义，必须在全国范围内统一的标准。

（2）行业标准 Industry standards　行业标准是指在国家的某个行业通过并公开发布的标准。行业标准制定项目由行业标准归口的国务院有关行政部门统一管理，编制计划、组织制定、审批、编号、发布。行业标准发布后，行业标准归口的国务院有关行政主管部门按有关规定，应当向国务院标准化行政主管部门备案。行业标准不得与国家标准相抵触，行业标准之间应保持协调、统一，不得重复，同一标准化对象、同一主题内容，不得制定不同行业标准。在公布相应国家标准之后，该项行业标准即行废止。

西方发达国家的行业协会属于民间组织，它们制定的标准种类繁多、数量庞大，通常称为行业协会标准。

（3）地方标准 Local standards　地方标准是指在国家的某个地区通过并公开发布的标准。对我国而言，地方标准是指当没有国家标准和行业标准而又需要在省、自治区、直辖市范围内统一的下列要求，可以制定地方标准（含标准样品的制作）：工业产品的安全、卫生要求，食品卫生、环境保护、节约能源、种子等法律、法规规定的要求，以及其他法规规定的要求。

我国地方标准的制定项目由省、自治区、直辖市人民政府标准化行政主管部门统一编制计划、组织制定、审批、编号、发布。地方标准发布后，省、自治区、直辖市标准化行政主管部门按有关规定，应分别向国务院标准化行政主管部门和有关行政主管部门备案。在相应国家标准或行业标准发布后，该项地方标准即行废止。

（4）企业标准 Enterprise standards　针对企业范围内需要协调、统一的技术要求、管理要求和工作要求所制定的标准，称为企业标准。企业标准是由企业制定并由企业法人代表或其授权人批准、发布，由企业法定代表人授权的部门统一管理。作为企业生产和交货依据的企业产品标准发布后，企业应按有关规定及其隶属关系，报当地政府标准化行政主管部门和有关行政主管部门备案，经备案后，方可实施。

企业标准与国家标准有着本质的区别，首先，企业标准是企业独占的无形资产；其次，企业标准如何制定，在遵守法律的前提下，完全由企业自己决定；最后，企业标准采取什么形式、规定什么内容，以及标准制定的时机等，完全依据企业本身的需要和市场及客户的要求，由企业自己决定。

2.按标准化对象的基本属性划分
Categorized by the essential attributes of the standardization subject

按标准化对象的基本属性，标准分为技术标准、管理标准、工作标准。

（1）技术标准 Technical standards　技术标准是指对标准化领域中需要协调统一的技术事项所制定的标准。它是从事生产、技术、经营和管理的一种共同遵守的技术依据。技术标准的形式可以是用文字表达的标准文件以及标准样品实物。技术标准是标准体系的主体，种类繁多，按其标准化对象的特征和作用可分为以下几种：

① 基础标准　是具有广泛的适用范围或包含一个特定领域的通用条款的标准。基础标

准可直接应用，也可作为其他标准的基础。如标准化工作导则，包括标准的结构、文件格式要求、标准编写的基本规定和标准印刷的规定等，这些标准是标准化工作的指导性标准。

②产品标准　是规定一个产品或一类产品应满足的要求以确保其适用性的标准。产品标准的主要作用是规定产品的质量要求，包括性能要求、适应性要求、使用技术条件、检验方法、包装及运输要求等。它是产品生产、检验、验收、使用、维修和贸易洽谈的技术依据。

③工艺标准　是根据产品加工工艺的特点对产品的工艺方案、工艺过程的程序、工序操作要求、操作方法和检验方法、工艺装备和检测仪器等加以优化和统一后形成的标准。如工艺名词术语、工艺文件格式等。

④设计标准　是指为保证与提高产品设计质量而制定的技术标准。设计的质量从根本上决定产品的质量。设计标准通过规定设计的过程、程序、方法、技术手段，保证设计的质量。

⑤检验和试验标准　检验是指通过观察和判断，适当结合测量、试验所进行的符合性评价。检验的目的是判断是否合格。针对不同的检验对象，检验标准分为进货检验标准、工序检验标准、产品检验标准、设备安装交付验收标准、工程竣工验收标准等。

⑥信息标识、包装、搬运、储存、安装、交付、维修、服务标准。

⑦设备和工艺装备标准　设备和工艺装备标准是指针对产品制造过程中所使用的通用设备、专用工艺装备（包括刀具、夹具、模具、工位器具）、工具及其他生产器具的要求制定的技术标准。设备和工艺装备标准的作用主要是保证设备的加工精度，以满足产品质量要求，维护设备使之保持良好状态，以满足生产要求。

⑧基础设施和能源标准　是指对生产经营活动和产品质量特性起重要作用的基础设施，包括生产厂房、供电、供热、供水、供压缩空气、产品运输及储存设施等制定的技术标准。基础设施和能源标准的主要作用是保证生产技术条件、环境和能源满足产品生产的质量要求。

⑨安全、卫生、环保标准　是以保护人和动物的安全为目的而制定的标准。安全标准有两种形式：一种是独立制定的安全标准，另一种是在产品标准或其他标准中列出有关安全的要求和指标。其内容包括安全标志、安全色、劳动保护、安全规程、安全方面的质量要求、安全器械、试验方法等。

卫生标准是为保护人的健康，对食品、医药及其他方面的卫生要求制定的标准。其范围包括食品卫生标准、药物卫生标准、放射性卫生标准、劳动卫生标准、环境卫生标准等。

环境保护标准是为保护人类的发展和维护生态平衡，以围绕着人类的空间及其中可以直接、间接影响人类生产和发展的各种自然因素的总体为对象而制定的标准。环境标准是根据国家的环境政策和有关法令，在综合分析自然环境特征、控制环境污染的技术水平、经济条件和社会要求的基础上，规定环境中污染物的容许量和污染源排放污染物的数量和浓度等的技术要求。

（2）管理标准 Administrative standards　管理标准是指对标准化领域中需要协调统一的管理事项所制定的标准，主要包括技术管理、生产安全管理、质量管理、设备能源管理和劳动组织管理标准等。制定管理标准的目的是为了保证技术标准的贯彻执行，保证产品质量，提高经济效益，合理地组织、指挥生产和正确处理生产、交换、分配之间的相互关系，使各项管理工作合理化、规范化、制度化和高效化。管理标准可以按照管理的不同层次和标准适用范围划分为管理基础标准、技术管理标准、生产管理标准、质量管理标准、其他管理标准（有设备能源管理标准和劳动组织管理标准等）。

（3）工作标准 Working standards　工作标准是按工作岗位制定的有关工作质量的标准，是对工作的范围、构成、程序、要求、效果、检查方法等所做的规定，是具体指导某项工作或某个加工工序的工作规范和操作规程。工作标准一般分为专项管理业务工作标准、现场作业标准和工作程序标准三种。

3. 按法律约束力划分
Categorized by legal binding

（1）强制性标准和推荐性标准 Mandatory standards and recommended standards

① 强制性标准　根据我国标准化法的规定，强制性标准是指国家标准和行业标准中保障人体健康和人身、财产安全的标准，以及法律、行政法规规定强制执行的标准。此外，由省、自治区、直辖市标准化行政主管部门制定的工业产品的安全和卫生要求的地方标准，在本行政区域内是强制性标准。国家强制性标准的代号是"GB"，字母"GB"是国标两字汉语拼音首字母的大写。

我国《关于加强强制性标准管理的若干规定》中规定，只有在下述范围内需要强制执行的内容才能制定成强制性标准：a. 有关国家安全的技术要求；b. 保障人体健康和人身、财产安全的要求；c. 产品及产品生产、储运和使用中的安全、卫生、环境保护等技术要求；d. 工程建设的质量、安全、卫生、环境保护要求及国家需要控制的工程建设的其他要求；e. 污染物排放限值和环境质量要求；f. 保护动植物生命安全和健康的要求；g. 防止欺骗、保护消费者利益的要求；h. 维护国家经济秩序的重要产品的技术要求。强制性国家标准由国务院部际强制性国家标准审定委员会审定，由国务院标准化行政主管部门批准、发布。

从上述范围来看，目前我国的强制性标准属于《世界贸易组织贸易技术壁垒协议》（WTO/TBT 协议）中涉及的技术法规的范畴。按照国际规则，标准是不应该具有强制性的。我国加入 WTO 以后，国际上已经基本认可我国的强制性标准就是技术法规。

强制性标准具有法律属性，在一定范围内通过法律、行政法规等强制手段加以实施。强制性标准一经发布，凡从事科研、生产、经营的单位和个人，都必须严格执行，不符合强制性标准要求的产品，禁止生产、销售和进口。

② 推荐性标准　是指由标准化机构发布的由生产、使用等方面自愿采用的标准，国际上大多称为自愿性标准。推荐性标准是以科学、技术和经验的综合成果为基础，是在充分协商一致的基础上形成的，它所规定的技术内容和要求具有普遍指导作用，允许使用单位结合自己的实际情况，灵活加以选用。为了促进推荐性标准贯彻实施，国家通过市场的机制、政府的引导和法规的引用促使各有关单位执行。比如采取生产许可证制度、质量认证制度、产品质量等级评定、产品质量监督抽查等。国家推荐性标准的代号是"GB/T"，字母"T"表示"推荐"的意思。

在下列情况下推荐性标准必须执行：a. 法规引用的推荐性标准，在法规规定的范围内必须执行；b. 强制性标准引用的推荐性标准，在强制性标准适用的范围内必须执行；c. 企业使用的推荐性标准，在企业范围内必须执行；d. 经济合同中引用的推荐性标准，在合同约定的范围内必须执行；e. 在产品或其包装上标注的推荐性标准，则产品必须符合其标准；f. 获得认证并标示认证标志销售的产品，必须符合认证标准。

（2）世界贸易组织的技术法规和标准 Technical regulations and standards in WTO/TBT

在《世界贸易组织贸易技术壁垒协议》（WTO/TBT 协议）中，"技术法规"指强制性文件，"标准"仅指自愿性标准。"技术法规"体现国家对贸易的干预，"标准"则反映市场对贸易的要求。

① 技术法规　技术法规是指规定技术要求的法规，它或者直接规定技术要求，或者通过引用标准、技术规范或规程来规定技术要求，或者将标准、技术规范或规程的内容纳入法规中。技术法规可附带技术指导，列出为了符合法规要求可采取的某些途径，即权益性条款。

WTO/TBT 对"技术法规"的定义是："强制执行的规定产品特性或相应加工和生产方法（包括可适用的行政或管理规定在内）的文件。技术法规也可以包括或专门规定用于产品、加工或生产方法的术语、符号、包装、标志或标签要求。"

② 标准　WTO/TBT 对"标准"的定义是"由公认机构批准的、非强制性的、为了通用或反复使用的目的，为产品或相关加工和生产方法提供规则、指南或特性的文件。"标准也可以包括或专门规定用于产品、加工或生产方法的术语、符号、包装、标志或标签要求。

4.按信息载体划分
Categorized by information carrier

按标准信息载体，标准分为标准文件和标准样品。标准文件的作用主要是提出要求或作出规定，作为某一领域的共同准则；标准样品的作用主要是提供实物，作为质量检验、鉴定的对比依据，测量设备检定、校准的依据，以及作为判断测试数据准确性和精确度的依据。

（1）标准文件 Standards files

① 不同形式的文件　包括标准、技术规范、规程，以及技术报告、指南等。

② 不同介质的文件　标准文件有纸介质的文件和电子介质的文件。

（2）标准样品 Standards samples　标准样品是具有足够均匀的一种或多种化学的、物理的、生物学的、工程技术的或感官的等性能特征，经过技术鉴定，并附有说明有关性能数据证书的一批样品。标准样品作为实物形式的标准，按其权威性和适用范围分为内部标准样品和有证标准样品。

① 内部标准样品　内部标准样品是在企业、事业单位或其他组织内部使用的标准样品，其性质是一种实物形式的企业内控标准。例如，涂料生产企业用于控制各批产品色差的涂料标样就是一种内部标准样品。内部标准样品可以由组织自行研制，也可以从外部购买。

② 有证标准样品　有证标准样品是具有一种或多种性能特征，经过技术鉴定附有说明上述性能特征的证书，并经国家标准化管理机构批准的标准样品。有证标准样品的特点是经过国家标准化管理机构批准并发给证书，并由经过审核和准许的组织生产和销售。有证标准样品既广泛用于企业内部质量控制和产品出厂检验，又大量用于社会上或国际贸易中的质量检验、鉴定，测量设备检定、校准，以及环境监测等方面。

二、标准体系
Standards system

1.标准体系的定义
Concepts of standards system

标准体系的定义是一定范围内的标准按其内在联系形成的科学的有机整体。一个国家的标准体系包括国家标准体系、行业标准体系、专业标准体系与企业标准体系四个层次。

2.标准体系表
Standards system chart

标准体系表的定义是一定范围的标准体系内的标准，按一定形式排列起来的图表。它是标准体系的表达形式。标准体系表的组成单元是标准，而不是产品。

第一部分：全国通用综合性基础标准体系表。这是全国标准体系表的第一层次标准。

第二部分：各行业标准体系表。包括全国标准体系表的第二层次到第五层次。全国标准体系表第二层次到第五层次标准是：第二层次——行业基础标准，第三层次——专业基础标准，第四层次——门类通用标准，第五层次——产品、作业、管理标准。

第三部分：企业标准体系表。以技术标准为主体，包括管理标准和工作标准。

企业标准体系的组成标准包括企业所贯彻和采用的国际标准、国家标准、行业标准和地方标准以及本企业制定的企业标准。所有标准的形成都必须符合国家标准化法律法规和本企业标准化规定以及企业的质量方针目标。

第三节 标准的制定
Formulation of Standards

一、制定标准的一般程序
Procedures for formulating standards

标准的制定是指对需要制定为标准的项目，编制计划、组织草拟、审批、编号、批准发布、出版等活动。制定标准是一项涉及面广，技术性、政策性都很强的工作，必须以科学的态度，按照规定的程序进行。

1. 中国国家标准、行业标准和地方标准制定程序
Procedures for setting national，industrial and local standards

标准是技术法规，它的产生有着严格的程序管理。我国国家标准制定程序划分为9个阶段，即预备阶段、立项阶段、起草阶段、征求意见阶段、审查阶段、批准阶段、出版阶段、复审阶段、废止阶段。同时为适应经济的快速发展，缩短制定周期，除正常的标准制定程序外，还可采用快速程序。

（1）预备阶段　任何单位和个人均可提出国家标准制修订计划项目提案，有关行业主管部门或技术委员会（TC）对提案进行可行性研究，提出国家标准新工作项目建议，包括标准草案或标准大纲，如标准的名称和范围，标准的结构及其相互关系，制定该技术标准的依据、目的、意义及主要工作内容，国内外相应技术标准及有关科学技术成就的简要说明，工作步骤及计划进度、工作分工，制定过程中可能出现的问题和解决措施，经费预算等，交由技术委员会或主管部门审查上报。

（2）立项阶段　国家标准化管理委员会（SAC）对新工作项目建议进行汇总、审查和协调，确定国家标准新工作项目，确定的新工作项目列入《国家标准制修订项目计划》，并下达给负责起草单位，时间周期不超过三个月。

（3）起草阶段　国务院有关行政主管部门或技术委员会落实标准的负责起草单位。负责起草单位应指定项目负责人，组建标准起草工作组，工作组应由具有一定技术水平和实践经验，比较了解全面情况的标准化人员和生产、使用、科研等各有关方面的代表组成，起草国家标准征求意见稿，进行必要的调研和（或）试验验证，完成标准征求意见稿，时间周期不超过十个月。

（4）征求意见阶段　起草单位的技术负责人对标准征求意见稿进行审查，分发给主要的生产、经销、使用、科研、检验等有关单位征求意见，期限为两个月，修改标准草案征求意见稿，若回复意见要求对征求意见稿作重大修改，则应产生第二征求意见稿（甚至第三征求意见稿），重新征求意见，项目负责人要主动向有关部门提出延长或终止该项目计划的申请报告。

（5）审查阶段　由技术委员会或项目主管部门组织对标准草案送审稿进行审查，审查方式为会议审查（对技术经济意义重大、涉及面广、分歧意见较多的标准送审稿，以及强制性标准稿应采用会审方式）和信函审查（对比较成熟、无重大分歧意见的标准送审稿，可采用

函审方式）。在此阶段完成标准报批稿。

（6）批准阶段　任务是提供标准出版稿。主管部门对标准草案报批稿及报批材料进行程序、技术审核。国家标准技术审查机构对报批材料进行技术审查，在此基础上，对报批稿进行必要的协调和完善工作。若报批稿中存在重大技术方面或协调方面的问题，要退回部门或有关专业标准化技术委员会，限时解决问题后再报批，由国务院标准化主管部门批准、发布国家标准。

（7）出版阶段　任务是提供标准出版物。技术标准出版稿统一由指定的出版机构负责印刷、出版和发行。

（8）复审阶段　任务是定期复审。对实施周期达5年的标准进行复审，以确定是否确认（继续有效）、修改（通过技术勘误表或修改单）、修订（提交一个新工作项目建议，列入工作计划）或废止。

（9）废止阶段　对于复审后确定无存在必要的标准，经主管部门审核同意后予以废止。

以上九个阶段是制定国家标准和行业标准的正常程序。除此之外，还有制定国家标准的快速程序。快速程序是指在正常标准制定程序的基础上省略起草阶段或省略起草阶段和征求意见阶段的简化程序。对下列情况，制定国家标准可以采用快速程序：

① 对等同采用、修改采用国际标准或国外先进标准的标准制、修订项目，可直接由立项阶段进入征求意见阶段，省略起草阶段；

② 对现有国家标准的修订项目或我国其他各级标准的转化项目，可直接由立项阶段进入审查阶段，省略起草阶段和征求意见阶段。

2.企业标准的制定程序
Procedures for setting enterprises standards

制定企业标准的一般程序如下所述：

（1）调查研究，收集资料。

（2）起草标准草案（征求意见稿）　对搜集到的资料进行整理，必要时应进行试验验证，然后起草草案（征求意见稿）和编制说明、分析、对比、选优。

（3）征求意见，形成标准送审稿　将标准草案（征求意见稿）分发企业内有关部门（必要时分发企业外有关单位，特别是用户，征求意见），对收到的意见逐一分析研究，决定取舍后形成标准送审稿。

（4）审查标准，形成标准报批稿　根据标准的复杂程度、涉及面大小，可分别采取会议审查或者函审的方式审定。审查、审定通过后，起草单位应根据其具体的建议和意见，编写标准报批稿和在进行报批时需呈交的其他材料。

（5）标准的批准、发布与实施　企业标准由企业法人代表或授权的主管领导批准，由企业标准化管理部门编号、发布和实施。

（6）标准的备案　企业产品标准应按各省、自治区、直辖市人民政府的规定备案。

（7）企业标准的复审　标准应定期进行复审，复审周期一般不超过三年。

复审后的企业产品标准必须按有关规定重新进行备案。企业标准的备案不同省、市、自治区、直辖市有不同的规定。如在内蒙古自治区，食品企业应向自治区卫生健康委员会备案，备案时所需材料如下：

① 标准正式文本（一式八份）及电子文本；

② 标准编制说明（一式两份）；

③ 内蒙古自治区食品安全企业标准备案登记表（一式两份）；

④ 企业标准审定纪要及审定人员名单（一式两份）。

二、编写标准的基本原则
Basic principles for drafting standards

标准制定是指标准制定部门对需要制定为标准的项目编制计划、组织草拟、审批、编号、发布和出版等活动。标准制定是将科学、技术、管理的成果纳入标准的过程，也是集思广益、体现全局利益的过程。

制定标准应遵循以下基本原则：

① 贯彻国家有关法律法规和方针政策；

② 充分考虑使用要求，维护消费者利益；

③ 推广先进技术成果，提高经济效益，做到技术上先进、经济上合理；

④ 做到相关标准的协调配套；

⑤ 要有利于保障社会安全和人民身体健康，保护消费者利益，保护环境；

⑥ 积极采用国际标准和国外先进标准，有利于促进对外经济技术合作和发展对外贸易，有利于我国标准化与国际接轨。

三、编写标准的要求
Requirements for the drafting standards

标准编写人员，在起草标准之前，必须清楚了解制定标准必须遵循的基本原则及有关法规要求。只有这样才能使制定出的标准起到应有的作用。

1.基本要求
Basic requirements

（1）要保证标准在其范围规定的界限内按需要力求完整　标准的范围一章划清了标准所适用的界限，在标准所划定的界限内，必须对所需要的内容规定力求完整。不能只规定部分内容，其他需要规定的内容却没有规定进去。这样的标准，不利于实施和监督，也可以说是标准制定工作的一大失误。如产品标准不能与管理标准混为一谈。

（2）要清楚、准确，力求相互协调　标准的条文要做到逻辑性强，用词禁忌模棱两可，防止不同的人从不同的角度对标准内容产生不同的理解。起草标准时不仅要考虑标准本身要清楚、准确，还要考虑到与有关标准或一项标准的不同部分之间的相互协调。另外，还要考虑与国家有关法律法规或文件相协调。

（3）充分考虑最新技术水平　在制定标准时，必须充分考虑科学技术发展的最新水平之后来规定标准的各种内容。这里的充分考虑并不是要求标准中所有规定的各种指标或要求都是最新的、最高的。但是，应在对最新技术发展水平进行充分考虑、研究之后确定。如在20世纪60年代的情况下，六六六、DDT农药在控制农作物病虫害方面发挥了重要作用，提高了农作物产量。但随着科学技术的发展和进步，科学研究发现六六六、DDT的残留量对人体危害性很大，国家在1983年已经禁止在农产品上使用六六六、DDT等农药，因此，在农产品质量标准中应考虑其残留量的问题，确保农产品的安全，保护消费者的身心健康。

（4）为未来技术发展提供框架　起草标准时，不但要考虑当今的"最新技术水平"，还要为将来的技术发展提供框架和发展余地。只有这样才不会阻碍相应技术的发展，并能为标准化提供充分的发展空间。如在食品工业加工设备生产中要重点发展单元操作技术，避免大规模的专用技术，这对未来的食品工业发展有利。

（5）能被未参加标准编制的专业人员所理解　标准化工作人员、参与标准编制的人员，经过对标准草案的讨论，熟悉了标准规定的技术要求与内容，往往容易忽视标准中具体条文的措辞。有时，标准起草者认为表述得很清楚的内容，对未参加标准编制的人员，即使是相关专业人员也未必能准确理解，如果表述不清楚，就会造成误解。

2.标准编制的统一性
Unification of drafting standards

统一性是标准编写及表达方式的最基本要求。统一性是指在每项标准或每个系列标准内，标准的结构、文体和术语应保持一致。统一性强调的是内部的统一，即一项标准内部或一系列相关标准内部的统一。

① 系列标准或同一标准的各部分，其标准结构、文体和术语应保持一致。对于类似的条款，要用类似的措辞表述；对于相同的条款，要用相同的措辞表述。对于系列标准，其结构应尽可能相同，即章、条的编号应尽量相同。

② 在系列标准或同一标准的各部分，甚至扩大到同一各领域中的一个概念应用相同的术语表达，而尽可能避免使用同义词。每个明确的术语应尽可能只有唯一的含义。

统一性有利于人们对标准的理解、执行，更有利于标准文本的计算机自动化处理，甚至计算机辅助翻译更加方便和准确。

3.标准间的协调性
Coordination of drafting standards

协调性是针对标准之间的，它的目的是"达到所有的整体协调"。由于标准是一种成体系的技术文件，各有关标准之间存在着广泛的内在联系。各种标准之间只有相互协调、相辅相成，才能充分发挥标准系统的功能，获得良好的系统效应。要达到标准整体协调必须注意以下两个方面的问题。

（1）每项标准应遵循现有基础标准的有关条款，尤其涉及下列有关内容时　标准化术语，术语的原则和方法，量、单位及其符号，缩略语，参考文献，技术制图，图形符号。

（2）对于特定技术领域，还应考虑涉及如下内容的标准中的有关条款　极限和配合，尺寸公差和测量不确定度，优先数，统计方法，环境条件和有关试验，安全，化学。

4.不同语种的等效性
Equivalence of different languages standards

为了便于国际交往和对外技术交流，积极参与国际标准化工作，尤其是我国加入世界贸易组织后，用不同语种提供我国的标准已是必然趋势。特别是英文版本的我国标准将越来越多，在将我国标准作为国际标准提案时，还应该按照 ISO/IEC 导则规定的起草规则编写标准的英文版本。另外，随着社会经济的快速发展，还可能出版我国少数民族语种的版本。所以说，不同语种版本除包括标准的外文版之外，还包括少数民族版本，这些版本与中文版本应保证结构上和技术上的一致。

5.适应性
Adaptability

标准的适应性强调两方面的内容：

（1）标准内容应便于实施　组织实施标准是标准化三大任务之一。在标准的起草过程中，应时刻考虑到标准的实施问题。所制定的标准每个条款都应考虑到可操作性，要便于标准的实施。如果标准中有些内容要用于认证，则应将它们编制成单独的章、条或编制成单独的部分，这样也有利于标准的实施和监督。

（2）标准内容应易于被其他文件所引用　标准内容不但要便于实施，还要考虑到易于被其他标准、法律法规和规章所引用。例如在起草无标志的列项时，应考虑到这些列项是否会被其他标准所引用，如果可能就应该改为有标志的列项。同样对标准中的段，如果会被其他标准所引用，则应考虑改为条。

6.计划性
Planning

为保证一项标准或一系列标准的及时发布，制定标准时要严格按照标准的制定程序进行。针对某一个标准化对象制定标准之前，需要事先考虑标准结构的安排和内容划分，避免一边制定标准、一边确定结构和内容的情况发生。如制定的一项标准分为多个部分，则应将每部分的名称、内容、关系、顺序等事先做好安排。在制定的过程中不宜随意增加或删减内容，以保证标准的完整性和可操作性。

四、采用国际标准
Adoption of international standards

采用国际标准是指将国际标准的内容，经过分析研究和试验验证，等同或修改转化为我国标准（包括国家标准、行业标准、地方标准和企业标准），并按我国标准审批发布程序审批发布。

国际标准是指国际标准化组织（ISO）、国际电工委员会（IEC）和国际电信联盟（ITU）制定的标准，以及国际标准化组织确认并公布的其他国际组织制定的标准。

国际标准通常是反映全球工业界、研究人员、消费者和法规制定部门经验的结晶，包含了各国的共同需求，因此采用国际标准是消除贸易技术壁垒的重要基础之一，这一点已在WTO/TBT协议中被明确认可。采用国际标准是促进技术进步、提高产品质量、扩大对外开放、加快与国际准则或惯例接轨、发展社会主义市场经济的重要措施，在逐步完善我国社会主义市场经济体制和已加入世界贸易组织的今天，采用国际标准愈发成为我国标准化工作的当务之急，也是我国产品进入世界经济大循环的必由之路。

《中华人民共和国标准化法》中有"国家鼓励积极采用国际标准的规定"。原国家质量监督检验检疫总局于2001年11月21日第二次修订并颁布了《采用国际标准管理办法》，为了鼓励企业积极采用国际标准，引导企业将产品推向国内外市场，还颁布了《采用国际标准产品标志管理办法（试行）》，原国家经济贸易委员会、国家计划委员会、国家科学技术委员会和国家技术监督局联合颁布了《关于推进采用国际标准和国外先进标准的若干规定》，对采用国际标准的企业推出了一系列鼓励和优惠政策。

1.采用国际标准的原则与措施
Principles and measures for the adoption of international standards

（1）采用国际标准的原则　根据《采用国际标准管理办法》的规定，我国采用国际标准的原则如下所述：

① 采用国际标准，应当符合我国有关法律、法规，遵循国际惯例，做到技术先进、经济合理、安全可靠。

② 制定（包括修订）我国标准应当以相应国际标准（包括即将制定完成的国际标准）为基础。

a. 对于国际标准中通用的基础性标准、试验方法标准应当优先采用。

b. 采用国际标准中的安全标准、卫生标准、环保标准制定我国标准，应当以保障国家安全、防止欺骗、保护人体健康和人身财产安全、保护动植物的生命和健康、保护环境为正当目标；除非这些国际标准由于基本气候、地理因素或者基本的技术问题等原因而对我国无效或者不适用。

③ 采用国际标准时，应当尽可能等同采用国际标准。由于基本气候、地理因素或者基本的技术问题等原因对国际标准进行修改时，应当将与国际标准的差异控制在合理的、必要的并且是最小的范围之内。

④ 我国的一个标准应当尽可能采用一个国际标准。当我国一个标准必须采用几个国际标准时，应当说明该标准与所采用的国际标准的对应关系。

⑤ 采用国际标准制定我国标准，应当尽可能与相应国际标准的制定同步，并可以采用标准制定的快速程序。

⑥ 采用国际标准，应当同我国的技术引进、企业的技术改造、新产品开发、老产品改进相结合。

⑦ 采用国际标准的我国标准的制定、审批、编号、发布、出版、组织实施和监督，同我国其他标准一样，按我国有关法律、法规和规章规定执行。

⑧ 企业为了提高产品质量和技术水平，提高产品在国际市场上的竞争力，对于贸易需要的产品标准，如果没有相应的国际标准或者国际标准不适用时，可以采用国外先进标准。

（2）促进采用国际标准的措施

① 对于采用国际标准的重点产品，需要进行技术改造的，有关管理部门应当按国家技术改造的有关规定，优先纳入各级技术改造计划。在技术引进中，要优先引进有利于使产品质量和性能达到国际标准的技术设备及有关的技术文件。

② 对于国家重点工程项目，在采购原材料、配套设备、备品备件时，应当优先采购采用国际标准的产品。

③ 各级标准化管理部门应当及时为企业采用国际标准提供标准资料和咨询服务。各级科技和标准情报部门应当积极搜集、提供国际标准化的信息及有关资料，并开展咨询服务，为企业提供最新的标准信息。

④ 对采用国际标准的产品，按照《采用国际标准产品标志管理办法》的规定实行标志制度。

2.采用国际标准的程度和编写方法
The extent and methods of adopting of international standards

（1）采用国际标准的程度　我国标准采用国际标准的程度，分为等同采用和修改采用。

① 等同采用（identical，IDT）　指与国际标准在技术内容和文本结构上相同，或者与国际标准在技术内容上相同，只存在少量编辑性修改。

② 修改采用（modified，MOD）　指与国际标准之间存在技术性差异，并清楚地标明这些差异以及解释其产生的原因，允许包含编辑性修改。修改采用不包括只保留国际标准中少量或者不重要的条款的情况。修改采用时，我国标准与国际标准在文本结构上应当对应，只有在不影响与国际标准的内容和文本结构进行比较的情况下才允许改变文本结构。

（2）我国标准与国际标准的对应关系　除等同、修改外，还包括非等效。非等效不属于采用国际标准，只表明我国标准与相应国际标准有对应关系。非等效（not equivalent，NEQ）指与相应国际标准在技术内容和文本结构上不同，它们之间的差异没有被清楚地标明。非等效还包括在我国标准中只保留了少量或者不重要的国际标准条款的情况。以下介绍等同和修改。

① 等同　国家标准与相应的国际标准的一致性程度是"等同"时，应符合下列条件：国家标准与国际标准在技术内容和文本结构方面完全相同或者国家标准与国际标准在技术内容上相同，但可以包含下述在不变更标准技术内容条件下允许的编辑性修改：

——用小数点符号"."代替"，"；

——对印刷错误的改正或页码变化；

——从多语种出版的国际标准的版本中删除其中一种或几种语言文本；

——把国际标准的技术勘误或修正案并入文本中；

——为了与现有的系列标准一致而改变标准名称；

——用"本标准"代替"本国际标准"；

——增加资料性内容（例如，资料性附录，这样的附录不应变更、增加或删除国际标准的规定），典型的资料性内容包括对标准使用者的建议、培训指南或推荐的表格或报告；

——删除国际标准中资料性概述要素（包括封面、目次、前言和引言）；

——如果使用不同的计量单位制，为了提供参考，增加单位换算的内容。"反之亦然原则"（vice versa principle）适用。即国际标准可以接受的内容在国家标准中也可以接受，反之，国家标准的可以接受的内容在国际标准中也可以接受。因此，符合国家标准就意味着符合国际标准。注：文件版式的改变（例如，有关页码、字体和字号等的改变）尤其在使用计算机编辑的情况下均不影响一致性程度。

② 修改　国家标准与相应国际标准的一致性程度是"修改"时，应符合下列条件：国家标准与国际标准之间允许存在技术性差异，这些差异应清楚地标明并给出解释。国家标准在结构上与国际标准对应。只有在不影响对国家标准和国际标准的内容及结构进行比较的情况下，才允许对文本结构进行修改。

一个国家标准应尽可能仅采用一个国际标准。个别情况下，在一个国家标准中采用几个国际标准可能是适宜的，但这只有在使用列表形式对所做的修改做出标识和解释并很容易与相应国际标准做比较时，才是可行的。"修改"还可包括上述"等同"条件下的编辑性修改。"反之亦然原则"不适用。"修改"可包括如下情况：

—— "国家标准的内容少于相应的国际标准"。例如，国家标准不如国际标准的要求严格，仅采用国际标准中供选用的部分内容。

—— "国家标准的内容多于相应的国际标准"。例如，国家标准比国际标准的要求更加严格，增加了内容或种类，包括附加试验。

—— "国家标准更改了国际标准的一部分内容"。国家标准与国际标准的部分内容相同，但都含有与对方不同的要求。

—— "国家标准增加了另一种供选择的方案"。国家标准中增加了一个与相应的国际标准条款同等地位的条款，作为对该国际标准条款的另一种选择。

注：国家标准可能包括相应国际标准的全部内容，还包括不属于该国际标准的一部分附加技术内容。在这种情况下，即使没有对所包含的国际标准做任何修改，其一致性程度也只能是"修改"或是"非等效"。至于是"修改"还是"非等效"，这取决于技术性差异是否被清楚地标识和解释。

（3）采用国际标准的方法

① 总则

——采用国际标准时，应尽可能等同采用国际标准。出于正当理由对国际标准进行修改时，应把与国际标准的差异减到最小。当国家标准与国际标准存在差异时，应清楚地标识这些差异并说明产生这些差异的理由。

——在采用国际标准时，应按 GB/T 1.1 的规定编写我国标准。等同采用国际标准时，国家标准的文本结构应与被采用的国际标准一致。

——国家标准应在前言中陈述与相应国际标准的一致性程度、国际标准编号和国际标准名称的中文译名，并在括号内标明所采用的国际标准的语言文本。国家标准前言还应包括如下与采用国际标准有关的内容：采用国际标准方法的陈述；编辑性修改的详细内容；技术性差异和文本结构改变及其解释，或者指明将这些内容安排在附录中；增加的资料性内容的说明，或者指明将这些内容安排在附录中。

——当采用国际标准时，应把该国际标准已出版的全部修正案和技术勘误包括在国家标准内。国家标准前言中应包括国际标准的修正案和技术勘误以及标识方法的解释、修正案和技术勘误规定的标识方法。对于采用国际标准以后出版的修正案和技术勘误也宜尽快采用。

——随着标准电子版本的发展，可能出现本部分未包括的新的采用国际标准的方法，或与现有方法相结合的新方法。在使用新方法情况下，本部分中关于一致性程度的选择和标识的条款仍然适用。

② 翻译法　如果国家标准采用相应国际标准的译文，这种方法称作翻译法。采用翻译法的国家标准应包括前言，根据情况可包括引言。一般不保留国际标准的前言，只有在十分需要的情况下才可保留，并置于前言之后，冠名"（该国际标准的组织名称）前言"，例如"ISO 前言"；国际标准引言的适用内容应转化为国家标准的引言，不保留国际标准的引言。采用翻译法的国家标准如果需要增加资料性附录，应将这些附录置于国际标准的附录之后，并按条文中提及这些附录的先后次序编排附录的顺序。每个附录的编号由"附录 N"和随后表明顺序的大写拉丁字母组成，字母从"A"开始，例如："附录 NA""附录 NB"等。每个附录中章、图、表和数学公式的编号应重新从 1 开始，编号前应加上附录编号中表明国家性质和附录顺序的字母，字母后跟下脚点。例如：附录 NA 中的章用"NA.1""NA.2"等表示；图用"图 NA.1""图 NA.2"等表示。

使用中文出版的国家标准如声明与某国际标准"等同"，则符合该国家标准就视为符合原国际标准，"反之亦然原则"适用。"等同"条件下的编辑性修改应在国家标准前言中指出。以多语种出版的国家标准，应在前言中说明以中文文本为准。

③ 重新起草法　国家标准采用国际标准时，如果不是使用翻译法，则此方法称作重新起草。采用重新起草法的国家标准应包括前言，根据情况可包括引言；不应保留国际标准的前言或引言。国际标准被重新起草为国家标准，应在前言中说明此国家标准根据国际标准重新起草。如果有差异宜说明原因并按下述"技术性差异和编辑性修改的标识方法"中的方法对差异进行标识。

总之，采用国际标准的方法不是随心所欲的，其方法的选择应遵守以下两条：等同采用国际标准时，应采用翻译法；修改采用国际标准时，应采用重新起草法，并把差异在前言或附录中给出。

3.技术性差异和编辑性修改的标识方法
Marking method of technical differences and editorial changes

（1）总则

① 当技术性差异（及其原因）或编辑性修改很少时，宜将这些内容在前言中陈述。

② 当技术性差异（及其原因）或编辑性修改较多时，宜编排一个附录，陈述编辑性修改和技术性差异及其原因，并在前言中说明在正文中如何标识这些修改和差异。

在标准正文的页边空白处对应于有关修改的条文位置用垂直单线"｜"进行标识，而后将编辑性修改和技术性差异归纳在一起编排在一个附录中。在附录中，每一个修改都对应国际标准的某条文。

③ 建议技术性差异的描述以措辞"增加""代替"或"删除"为引导。

④ 当采用的国际标准有修正案和技术勘误时，应将这些修正案和技术勘误直接纳入正文中。这种经改动的内容应在正文中的页边空白处用垂直双线"‖"标识，以便与编辑性修改和技术性差异的标识（垂直单线"｜"）区分开。

（2）采用的国际标准引用了其他国际标准

① 如果采用的国际标准在规范性引用文件的一览表中引用了其他国际标准，则应核实这些引用的国际标准有无对应的国家标准或行业标准。根据核实结果做如下处理：

a. 若引用的国际标准已被等同或修改采用为国家标准或行业标准，应引用这些标准。

b. 如果引用的国际标准没有被等同或修改采用为国家标准或行业标准，应根据实际情况的需要选择引用：非等效的国家标准或行业标准；引用的国际标准；替代引用的国际标准且与其无对应关系的国家标准（或有效文件）。

② 引用的文件应在"规范性引用文件"一章中列出。引用与国际标准有对应关系的国家标准或文件，应按在国家标准上标识一致性程度的规定标识对应的国际标准的编号和一致性程度。

③ 如果用非等效的国家标准或与引用的国际标准无对应关系的国家标准（或有效文件）代替引用的国际标准，则应在前言中简要说明这些文件所引用的内容与相应国际标准的这部分内容的技术性差异。

④ 如果采用的国际标准在规范性引用文件中引用了其他国际标准的询问草案或最终草案，如果这些询问草案或最终草案适用，则我国标准可引用这些询问草案或最终草案。此时，如注日期引用，因为日期未定，所以用"——"代替"："和年号，在破折号后给出一个注有"将要出版"的脚注，并给出完整的名称。

4.一致性程度的标识方法
Marking methods to ensure consistency

（1）一致性程度及代号　国家标准与国际标准间一致性程度的标识应尽可能清楚。该标识还适用于标准目录和其他信息媒介上。

① 等同（identical）IDT　国家标准"等同"于国际标准，即国家标准与国际标准在技术内容和文本结构上完全相同；国家标准与国际标准在技术内容上相同，但可以包含规定的小的编辑性修改。"反之亦然原则"适用。

② 修改（modified）MOD　国家标准"修改"了相应的国际标准，即允许国家标准与国际标准存在技术性差异，并对技术性差异进行清楚的标识和解释。国家标准在结构上与相应国际标准相同，但如不影响对两个标准的内容进行比较，允许改变文本结构。"修改"的标准还可包括"等同"条件下的编辑性修改的内容。"反之亦然原则"不适用。

③ 非等效（not equivalent）NEQ　国家标准"非等效"于国际标准，即国家标准与相应的国际标准在技术内容和文本结构上不同，它们之间的差异也没有进行清楚的标识。这种一致性程度不属于采用国际标准。

（2）在国家标准上标识一致性程度的方法　与国际标准的一致性程度在标准中应标识在：①标准封面上的国家标准英文名称的下面；②"规范性引用文件"一章所列标准一览表中与国际标准有对应关系的国家标准名称后面；③有关"附录"所列标准一览表中与国际标准有对应关系的国家标准名称后面；④"参考文献"所列标准一览表中与国际标准有对应关系的国家标准名称后面。

在文中引用与国际标准有对应关系的国家标准时只使用国家标准编号。

标识一致性程度按照规定，在国家标准名称下面（封面上）或后面标识与国家标准对应的国际标准编号、该国际标准英文名称（仅在国家标准的英文名称与被采用的国际标准名称不一致时才标出）和一致性程度代号，并用圆括号括起（见示例1至示例3）。

在"规范性引用文件"和"参考文献"所列的标准中，对于不注日期引用的标准，应在其随后的括号中标识当前最新版本的该国家标准的编号、对应的国际标准编号、该国际标准英文名称（仅在国家标准的英文名称与被采用的国际标准名称不一致时才标出）和一致性程度代号（见示例4）。

示例 1：GB/T ×××××—1990/IEC 60068—1：1988 环境试验　第 1 部分：总则与指南（IEC 60068-1：1988，IDT）

示例 2：GB/T 20000.2—2001 标准化工作指南　第 2 部分：采用国际标准的规则（ISO/IEC Guide 21：1999，Adoption of International Standards as Regional or National Standards，MOD）

示例 3：GB/T ×××××—1997 潜水员用手表和配件（ISO 6425：1996，Divers，watches，NEQ）

示例 4：GB/T ××××× 面向国内市场的产品要求（GB/T ×××××—1999，ISO ×××××：1997，MOD）

（3）在一览表、目录和其他媒介上标识　在标准一览表、目录、年报、数据库和其他所有相关媒介上宜完整地标识与相应国际标准一致性程度的信息以备检索用。在各媒介上使用一致性程度代号时，应准确地遵照所规定的各代号的含义。在数据库中使用的标识一致性程度的格式还宜参考 ISONET 手册的有关内容。

5.采用国际标准的产品认可程序
Product approval procedure for adopting international standards

企业产品采用了国际标准或国外先进标准的，鼓励申报办理采用国际标准产品认可和采用国际标准产品标志备案，经采标认可的产品，可在相应的包装、标示、标签或产品说明书上印制采标标志图样。

（1）申报条件

① 产品按照采用国际标准或国外先进标准的我国标准（包括国家标准、行业标准、地方标准和企业标准）组织生产，或者产品质量达到国际同类先进产品实际水平的产品。

② 产品的各项质量要求稳定地达到所采用标准的规定，并具有批量生产的能力。

（2）认可程序

① 企业提出申请　企业申请，需提交以下申报资料（一式三份）：a.采用国际标准产品认可申请书；b.营业执照、组织机构代码证，执行标准登记证复印件；c.产品标准文本和采用证明材料；d.被采用的国际标准的原文本、译文本；e.产品有关技术标准（包括基础标准，原辅材料、外购件标准，检验方法标准，安全、卫生、环保标准等）目录；f.采用国际标准产品技术指标对比表；g.按标准规定由市级以上法定检测机构近一年内连续三次产品的抽样检验合格报告或有效期内的型式检验合格报告复印件；h.申报企业近期内连续三批产品的自检合格报告复印件。

② 资料审查　对申请企业提供的申报资料进行审查。审查不符合的，由企业重新填报；审查符合的，安排现场评审。

③ 现场审核程序　a.企业介绍公司情况；b.企业介绍采标情况；c.评审小组考察生产现场；d.评审小组考察检验和化验设施；e.抽查检验记录；f.抽查相关标准资料；g.评审小组讨论（企业人员回避）；h.评审组长宣布现场评审结论。

④ 上报审批　资料审查和现场审核通过的，申报资料和审核报告报省（自治区）、直辖市市场监督管理局审批。审批通过的，颁发《采用国际标准产品标志证书》。

五、标准的代号和编号
Code names and serial number of standards

1.中国标准文献分类
Classification of standards documents in China

我国标准文献的分类依据是《中国标准文献分类法》，这是一部标准文献专用的分类法。

其分类体系以专业划分为主，由一级类目和二级类目组成，一级类目的类号用除 I 和 O 以外的一位大写的英文字母表示，二级类目的类号是在一级类号后加两位阿拉伯数字组成，如 H59。一级类目下设有 24 个专业大类，每个大类有 100 个二级类目。

2.标准代号
Standards code names

目前，我国的国家标准化行政主管部门是中华人民共和国国家标准化管理委员会。国家标准化管理委员会是国务院授权履行行政管理职能、统一管理全国标准化工作的主管机构，正式成立于 2001 年 10 月。2018 年 3 月，根据第十三届全国人民代表大会第一次会议批准的国务院机构改革方案，将国家标准化管理委员会职责划入国家市场监督管理总局。

我国技术标准的代号规定为：标准代号 + 顺序号 + 年号（年代以 4 位阿拉伯数字表示），其中：国家标准代号为 GB，推荐性国家标准代号为 GB/T。

行业标准代号由两个汉语拼音字母组成。如中国轻工联合会标准代号为 QB、中国商业联合会标准代号为 SB、农业部标准代号为 NY 等，推荐性行业标准表示方法为在标准代号后加斜线加 T，如中国轻工联合会的推荐性标准的代号为 QB/T。

地方标准代号由 DB 和省、自治区、直辖市行政区代码前两位数字加斜线组成。如内蒙古自治区推荐性地方标准代号为 DB 15/T、广东省推荐性地方标准代号为 DB 44/T、陕西省推荐性标准的代号为 DB 61/T。

企业标准代号规定为以 Q 为分子，以企业区分号为分母来表示。如 Q/NYLA，NYLA 为内蒙古伊利实业集团股份有限公司。

3.标准编号
Standards serial numbers

标准的编号由标准代号、顺序号和年号三部分组成。如果国家标准、行业标准为强制性标准，则将标准代号中的"/T"删去即可。

第四节　标准的实施、监督与管理
Application，Supervision and Administration of Standards

一、管理体制
Management systems

1.标准化管理体制改革的原则
Principles of standardization management system reform

① 适应完善社会主义市场经济体制、推动经济结构战略性调整、保持国民经济持续快速健康发展和加入 WTO 后新形势的需要。

② 充分发挥企业在标准化工作中的重要作用，使企业成为标准化的主体。

③ 实现标准化管理体制由政府主导性向学术团体主导性过渡。

④ 转变政府职能，合理界定政策目标，依法管理，改进工作方式。

⑤ 基于我国的基本国情。

⑥ 既要分析研究 WTO 主要成员的标准体系、标准化管理体制、运行机制、标准化战略及其特点，吸收借鉴国外市场经济国家标准化管理的经验和做法，又要根据我国实际情况，解放思想，大胆试验，探索既适合国情又符合国际规则的标准化管理体制和运行机制。

⑦ 履行我国加入 WTO 的承诺，明确规定技术法规与制定标准的界限。

2.标准化管理体制
Standardization management system

国务院标准化行政主管部门统一管理全国标准化工作，履行下列职责：

① 组织贯彻国家有关标准化工作的法律、法规、方针、政策；

② 组织制定全国标准化工作规划、计划；

③ 组织制定国家标准；

④ 指导国务院有关行政主管部门和省、自治区、直辖市人民政府标准化行政主管部门的标准化工作，协调和处理有关标准化工作问题；

⑤ 组织实施标准；

⑥ 对标准的实施情况进行监督检查；

⑦ 统一管理全国的产品质量认证工作；

⑧ 统一负责对有关国际标准化组织的业务联系。

国务院有关行政主管部门分工管理本部门、本行业的标准化工作，履行下列职责：

① 贯彻国家标准化工作的法律、法规、方针、政策，并制定在本部门、本行业实施的具体办法；

② 制定本部门、本行业的标准化工作规划、计划；

③ 承担国家下达的草拟国家标准的任务，组织制定行业标准；

④ 指导省、自治区、直辖市有关行政主管部门的标准化工作；

⑤ 组织本部门、本行业实施标准；

⑥ 对标准实施情况进行监督检查；

⑦ 经国务院标准化行政主管部门授权，分工管理本行业的产品质量认证工作。

二、标准的监督管理
Supervision and administration of standards

标准的实施监督是国家行政机关对标准贯彻执行情况进行督促、检查、处理的活动，它是政府标准化行政主管部门、其他有关行政主管部门领导和管理标准化活动的重要手段，也是标准化工作任务之一。其目的是促进标准的贯彻和监督标准贯彻执行的效果，考核标准的先进性和合理性。通过标准实施的监督随时发现标准中存在的问题，为进一步修订标准提供有力的依据。

1.标准实施监督的必要性
Necessity of standards supervision and administration

① 可以督促企业严格执行标准；

② 可以发现企业违反标准的问题，并依法给予处罚，及时纠正违法行为，保护国家和人民的利益；

③ 可以检查标准的规定是否科学、合理，反馈标准中存在的问题，及时修订标准，以促进经济技术的发展。

2.实施监督的机构
Supervisory organization

县级以上人民政府标准化行政主管部门，可根据需要设置检验机构，或授权其他单位的检验机构，对产品是否符合标准进行检验监督。国家检验机构由国务院标准化行政主管部门会同国务院有关行政主管部门规划、审查。地方检验机构由省、自治区、直辖市人民政府标准化行政主管部门会同省级有关行政主管部门规划、审查。处理有关产品是否符合标准的争议，以上述检验机构的检验数据为准。

3.标准实施监督的对象
Supervisory objectives of standards implementation

对标准实施监督检查的对象和内容主要是指国家标准、行业标准、地方标准和企业标准的贯彻执行情况，具体来说主要包括以下内容：

① 强制性国家标准、行业标准和地方标准是标准实施监督的重点。

② 国家标准、行业标准中的推荐性标准，企业一经采用，作为组织生产或交货依据的，也将属于监督检查对象。

③ 无论是强制性标准还是推荐性标准，只要被指定为产品质量认证用标准的，也属于监督检查对象。

④ 企业已经申报备案的产品标准，也属于监督检查对象。

⑤ 企业在研制新产品、改进产品和进行技术改造活动中所采用的其他一些标准，也应属于监督检查对象。

4.标准实施的监督
Supervision of standards implementation

标准实施的监督除了标准化审查外，还有标准实施的检查、检验、验证、评审和审核等。检查一般包括检验、试验、验证、确认、鉴定、评审和审核等。

① 检验：是"通过观察和判断，适当时结合测量试验所进行的符合性评价"（ISO 9000：2000）。

② 试验：是"按照程序确定一个或多个特性"（ISO 9000）。

③ 验证：是"通过提供客观证据对规定要求已得到满足的认定"（ISO 9000）。

④ 确认：是"通过提供客观证据对特定的预期用途或应用要求已得到满意的认定"（ISO 9000）。

⑤ 鉴定：是"证实满足规定要求的能力的过程"（ISO 9000）。

⑥ 评审：是"为确定主题事项达到规定目标的适宜性、充分性和有效性而进行的活动"（ISO 9000）。

三、标准的宣贯与实施
Promulgation，implementation and application of standards

1.标准的宣贯
Promulgation and implementation of standards

宣贯就是宣传贯彻的意思，宣贯是标准实施过程中的一项重要工作。标准宣贯的主要形式有三种：①直接贯彻，就是对标准的条文不作任何压缩和补充，原原本本地进行贯彻；②压缩贯彻，即标准贯彻时，对标准的内容进行压缩与部分选用；③补充贯彻，即当标准的内容比较概括、标准中的指标不能满足需要时，对其内容和质量指标补充后再贯彻。例如技术标准的宣贯，主要包括以下内容：通过提供技术标准文本和有关的宣贯材料，使有关各方知道技术标准，了解技术标准，并能正确地认识和理解其中规定的内容和各项要求，同时做好技术咨询工作，解答各方面提出的问题；通过对各技术标准中各项重要内容及其实施意义的说明，使有关各方提高对实施技术标准意义的认识，取得各方的支持和理解；通过编写新旧技术标准内容对照表、新旧技术标准更替注意事项和参考资料，以及有关实施的一些合理化建议等，使有关各方做好各种准备，保证技术标准的顺利实施。技术标准宣贯的主要形式，除了编写、提供各类宣贯资料外，一般还采用举办不同类型培训班、组织召开宣贯会等。

2.标准的实施
Implementation of standards

标准的实施是指有组织、有计划、有措施地贯彻执行标准的活动，是标准制定部门、使用部门或企业将标准规定的内容贯彻到生产流通等领域中去的过程，它是标准化工作的任务之一，也是标准化工作的目的。

标准的贯彻实施大致上可以分为计划、准备、实施、检查验收、总结 5 个程序。

（1）计划　在实施标准之前，企业、单位应制定出"实施标准的工作计划"或"方案"。计划或方案的主要内容是贯彻标准的方式、内容、步骤、负责人员、起止时间、达到的要求和目标等。

（2）准备　贯彻标准的准备工作一般有 4 个方面，即：建立组织机构，明确专人负责；宣传讲解，提高认识；认真做好技术准备工作；充分做好物资供应。

（3）实施　实施标准就是把标准应用于生产实践中去。实施标准有完全实施、引用、选用、补充、配套、提高等方式。

① 完全实施　就是直接采用标准，全文照搬，毫无改动地贯彻实施。对重要的国家和行业基础标准、方法标准、安全标准、卫生标准、环境保护标准等强制性标准必须完全实施。

② 引用　凡认为适用于企业的推荐性标准，可以采取直接引用的形式进行贯彻实施，并在产品、包装或其说明上标注该项推荐性标准的标准编号。

③ 选用　选取标准中部分内容实施。

④ 补充　在不违背标准基本原则的前提下，企业可以以企业标准的形式对标准再做出一些必要的补充规定。如有些食品企业在贯彻食品产品标准时，补充了对原料的要求，对保证食品质量很有好处。

⑤ 配套　在贯彻某些标准时，地方或企业可制定这些标准的配套标准以及这些标准的使用方法等指导性技术文件，这些配套标准是为了更全面、更有效地贯彻标准。

⑥ 提高　为稳定地生产优质产品和提高市场竞争能力、出口创汇等，企业在贯彻某一项国家或行业产品标准时，可以以国家标准或国内外先进水平为目标，提高、加强标准中一些性能指标，或者自行制定比该产品标准水平更高的企业产品标准，在生产中实施。我国就有许多名牌优质食品的企业产品标准高于国家标准或国际标准水平，为企业赢得了良好信誉。

（4）检查验收　检查验收也是贯彻标准中的一项重要环节。检查应包括实施阶段的全过程。通过检查验收，找出标准实施中存在的问题，采取相应措施，继续贯彻实施标准，如此反复进行几次，就可以促进标准的全面贯彻。

（5）总结　总结包括技术上和贯彻方法上的总结及各种文件、资料的归类、整理、立卷归档工作，还应该对标准贯彻中发现的各种问题和意见进行整理、分析、归类，然后写出意见和建议，反馈给标准制（修）定部门。

应该注意的是，总结并不意味着标准贯彻的终止，只是完成一次贯彻标准的"PDCA 循环"，还应继续进行下次的 PDCA。总之，在标准的有效期内，应不断地实施，使标准贯彻得越来越全面、越来越深入，直到修订成新标准为止。

四、标准的修订
Amendments of standards

标准应依据其所处环境的变化，按规定的程序适时修订，才能保证标准的先进性。一个标准制定完成之后，绝不是一成不变的，当标准制约或阻碍依存主体的发展时，应进行更正、修订或废止。当科学技术和科学管理水平提高到一定阶段后，现行的标准由于制定时的科技水平和认识水平的限制，该标准已经成为阻碍生产力发展和社会进步的因素，就要立即更正、修订或废止，重新制定新标准，以适应社会经济发展的需要。

为了保持标准的先进性，国家标准化行政主管部门或企业标准的批准和发布者，要定期对使用的标准进行审定或修订，以发挥标准应有的作用。国家标准一般每五年修订一次，企业标准一般每三年修订一次。标准的制定是一个严肃的工作，在制定的过程中必须谨慎从事，充分论证，并要经过大量的实践和实验验证，不允许朝令夕改。例如：在有些情况下，如果过早地制定技术标准，可能因缺乏科学依据而脱离实际，甚至妨碍技术的发展；反之，如果错过时机，某种产品虽已大规模生产，但因缺乏统一的标准，在产品配套或其他方面造成损失或缺陷，再制定标准时，就会对技术标准的制定和实施带来许多困难，高新技术领域的许多产品都有这样的特点。因此，一定要加强项目论证，通过调查研究，掌握生产技术的发展动向和社会需求，不失时机地开展工作。技术标准制定后，应保持相对稳定。随着科学技术的发展，技术标准的作用会有所变化。因此，技术标准实施后，应当根据科学技术的发展和经济建设的需要尤其是市场和消费者要求的变化，适时进行复审，以确认技术标准继续有效或者予以修订、废止。

与本章内容相关的食品法律法规

1.《中华人民共和国标准化法》（需自行下载）
2.《采用国际标准产品标志管理办法（试行）》（需自行下载）

复习思考题

1. 我国标准的分类和标准体系是什么？
2. 如需制定一项食品国家标准，试简要阐述标准的制定程序。
3. 企业如需制定一项产品的企业标准，试简要阐述企业标准的制定程序。

第四章　我国的食品标准

Food Standards of China

本章课程目标和要求：

　　本章简要介绍了我国食品标准的概况，详细介绍了我国食品基础标准，系统介绍了我国食品安全卫生标准、食品检验方法标准及食品添加剂标准。

　　通过本章的学习系统地了解各种食品标准的具体内容，以便更好地运用到食品实际的生产和监管中。

第一节 我国食品标准概况
Overviews of Food Standards of China

一、食品标准
Food standards

1.我国食品标准介绍
Food products standards

　　食品标准是食品工业领域各类标准的总和，包括食品基础标准、食品产品标准、食品安全卫生标准、食品包装与标签标准、食品检验方法标准、食品管理标准以及食品添加剂标准等。食品标准是食品行业中的技术规范，涉及食品行业各个领域的不同方面，它从多方面规定了食品的技术要求、抽样检验规则、标志、标签、包装、运输、贮存等。食品标准是食品安全卫生的重要保证，是国家标准的重要组成部分。食品标准是国家管理食品行业的依据，是企业科学管理的基础。

　　在20世纪八九十年代，许多发达国家已经采用国际标准，某些标准甚至高于现行的CAC标准水平，而我国国家标准覆盖面还不够，标准化工作也有差距。我国食品标准制定的依据是《中华人民共和国食品安全法》《中华人民共和国标准化法》以及有关国际组织的规定和实际生产技术经验等。近几年来，我国不断地清理现行食品标准，解决标准之间的交叉、重复和矛盾问题，加快食品标准的制（修）订工作，截至2017年，对我国现行有效的食品标准进行收集整理，共收集到覆盖食品及相关产品现行有效的国家标准7493项、行业标准14876项。

　　同时，为了进一步解决我国现行的食品安全标准重叠交叉、缺乏统一的问题，经过四次审议的《中华人民共和国食品安全法》（简称《食品安全法》）于2009年6月1日正式施行，明确建立了统一的食品安全国家标准，实现了从食品卫生向食品安全的转变。《中华人民共和国食品安全法》已由中华人民共和国第十二届全国人民代表大会常务委员会第十四次会议于2015年4月24日修订通过，并将修订后的《中华人民共和国食品安全法》公布，自2015年10月1日起施行。现行的《食品安全法》是根据2018年12月29日第十三届全国人民代表大会常务委员会第七次会议《关于修改〈中华人民共和国产品质量法〉等五部法律的决定》修正。

　　《食品安全法》第五条规定："国务院设立食品安全委员会，其职责由国务院规定。国务院食品安全监督管理部门依照本法和国务院规定的职责，对食品生产经营活动实施监督管理。国务院卫生行政部门依照本法和国务院规定的职责，组织开展食品安全风险监测和风险评估，会同国务院食品安全监督管理部门制定并公布食品安全国家标准。国务院其他有关部门依照本法和国务院规定的职责，承担有关食品安全工作。"《食品安全法》中第二十五条规定："食品安全标准是强制执行的标准。除食品安全标准外，不得制定其他食品强制性标准。"《食品安全法》中明确规定了食品安全标准的主要内容。

2.我国食品标准分类
Classification of food standards in China

　　（1）按照实施范围分类 Categorized by scope of application　我国食品标准按实施范围分

类可分为：国家标准、行业标准、地方标准和企业标准。

对需要在全国范围内统一的技术要求，应当制定国家标准。其编号由国家标准代号（GB 或 GB/T）、发布顺序号和发布年号三个部分组成，如 GB/T 5835—2009《干制红枣》（代替 GB/T 5835—1986《红枣》）。

对没有国家标准而又需要在全国某个行业范围内统一的技术要求，可以制定行业标准。目前，已批准了 67 个行业标准代号，轻工行业标准代号为"QB"，轻工行业标准如 QB/T 2829—2006《螺旋藻碘盐》等；水产行业标准代号为"SC"，水产行业标准如 SC/T 3040—2008《水产品中三氯杀螨醇残留量的测定 气相色谱法》、SC/T 1102—2008《虾类性状测定》、SC/T 1103—2008《松浦鲤》等。

对没有国家标准和行业标准而又需要在省、自治区、直辖市范围内统一的工业产品的安全和卫生要求，可以制定地方标准。地方标准代号是由"DB"加上行政区划代码前两位数字，再加上斜线和 T 组成推荐性地方标准，如 DB31/T 388—2007《食品冷链物流技术与规范》（上海），不加斜线和 T 为强制性地方标准。

企业生产的产品没有相应国家标准或行业标准或地方标准时，应当制定企业标准，作为组织生产的依据。若已有相应的国家标准或行业标准或地方标准时，企业在不违反相应强制性标准的前提下，可以制定在企业内部适用、充分反映市场和消费者要求的企业标准。

（2）按照法律约束性分类 Categorized by legal binding　我国食品标准中国家标准和行业标准按法律约束性可分为强制性标准和推荐性标准。

强制性标准指具有法律属性，在一定范围内通过法律、行政法规等强制手段加以实施的标准。强制性国家标准如 GB 7718—2011《食品安全国家标准　预包装食品标签通则》，该标准代替 GB 7718—2004《预包装食品标签通则》。

推荐性国家标准不具有强制性，任何单位均有权决定是否采用，违反这类标准，不构成经济或法律方面的责任。应当指出的是，推荐性标准一经接受并采用，或各方商定同意纳入商品经济合同中，就成为各方必须共同遵守的技术依据，具有法律上的约束性。推荐性标准如 GB/T 5835—2009《干制红枣》、GB/T 5461—2016《食用盐》等。

我国强制性标准属于技术法规的范畴，推荐性标准在一定情况下可以转化为强制性标准。

（3）按内容分类 Categorized by content

① 食品工业基础及相关标准；

② 食品卫生标准；

③ 产品标准；

④ 食品包装材料及容器标准；

⑤ 食品添加剂标准；

⑥ 食品检验方法标准；

⑦ 各类食品卫生管理办法。

（4）按标准的作用范围分类 Categorized by action range

① 技术标准（Technical standard）　食品工业基础及相关标准中涉及技术的部分标准，如产品标准、食品检验方法标准等。

② 管理标准（Administrative standard）　主要包括技术管理、生产管理、经营管理等，如 ISO 9001、ISO 9002 质量管理标准。

③ 工作标准（Duty standard）　具体岗位的员工在工作时的准则。

3.我国食品标准存在的问题
Issues in Chinese food standards

经过各部门的多年努力，截至 2019 年年底，我国已经形成了一个较为完整的适应我国食品工业发展的标准体系。该体系将强制性标准与推荐性标准相结合，国家标准、行业标准、地方标准、企业标准相配套，基本满足了食品安全控制与管理的目标和要求，与国际标准体系基本协调一致。

但随着食品工业的发展和人民生活水平的提高，食品标准化工作面临着严峻的挑战，暴露出诸多亟待解决的问题，目前主要表现在标准水平较低、缺乏统一、采标率低、时效性差以及体系不合理等方面。

（1）食品标准体系存在不统一、交叉、重复、相互矛盾等问题　我国现行食品标准虽由国家标准化管理委员会统一发布，但标准起草部门众多，加之审查把关程度有限，致使我国的食品标准不够协调，国家标准之间不统一、层次不清，存在着交叉、矛盾和重复等不协调问题。在同一类标准之间、同一标准内也存在不统一的问题，如在 GB 2760—2014 中，对白砂糖中二氧化硫的限量在 A1 表及 A3 表中的要求前后矛盾；如在采用 SB/T 10379—2012《速冻调制食品》判定速冻调理肉制品过氧化值项目时，SB/T 10379—2012 中规定过氧化值应符合 GB 19295 的限量要求，GB 19295—2011《食品安全国家标准　速冻面米制品》中规定，该标准适用于预包装速冻面米制品，标准适用范围不包括速冻调理肉制品。

同一产品有几个标准、同一项目检验方法不同的指标要求不同，不仅给实际操作带来困难，而且也无法适应目前食品的生产及市场监管需要。

（2）食品标准体系重安全，轻品质　我国食品标准中关注的重点集中在安全指标方面，污染物、兽药农药残留、微生物指标是各类标准的必备项目，而对反映食品质量的品质指标，标准规定较少。如现在市场上的蜂蜜产品良莠不齐，但是根据现有的标准无法评价其品质，更无法辨其真伪。

（3）部分重要标准短缺　我国食品生产、加工和流通环节所涉及的品种标准、产地环境标准、生产过程控制标准、产品标准、加工过程控制标准以及物流标准的配套性虽已有所改善，但整体而言，各标准体系的配套仍需继续完善，部分重要的项目没有规定指标要求或适合的检验方法。

（4）标准复审和修订工作相对滞后　《中华人民共和国标准化法实施条例》第二十条规定：标准复审周期一般不超过 5 年。而现行国家标准标龄普遍偏长，平均标龄已超过 10 年，有的甚至 20 年。一般来说，国家标准修订周期不超过 3 年，即使已完成修订的国家标准中，按规定时间修订的不到 1/10，有的标准制定、修订周期长达 10 年。如现在还在使用的国家食品标准中有的还是 20 世纪 90 年代制定的，距今已有二十余年。以肉及肉制品相关标准为例，2000 年之前发布的现行有效的标准有 GB 14891.6—1994《辐照猪肉卫生标准》、GB 14891.7—1997《辐照冷冻包装畜禽肉类卫生标准》、NY 67—1988《鲜肥肝》、SB/T 10004—1992《中国火腿》、GB 14891.1—1997《辐照熟畜肉类卫生标准》等，该类标准的技术内容既不能及时反映市场需求的变化，也难以体现科技发展和技术进步。对于这类标准应尽快纳入修改计划。

（5）部分标准及项目的风险评估工作不到位　磷酸盐、亚硝酸盐、硼砂等，因在食品中存在本底，且缺少权威有效的风险评估，使消费者关注的项目无法对其做出合格与否的判定。此外，部分方法标准的适用范围也因缺少完整的风险评估，使得该方法"在理论与实践中均可行，但在法律层面上不适用"。如 GB/T 22286—2008《动物源性食品中多种 β- 受体激动剂残留量的测定　液相色谱串联质谱法》，该标准适用于猪肉及猪肝中 β- 受体激动剂残留量的测定，但是对于牛肉等动物源食品，该方法从原理及操作上均可行，但因标准的规定是限定猪肉及猪肝，该标准方法在食品安全抽检中无法应用于其他动物源食品中 β- 受体激动剂残留量的测定。目前，我国标准中因评估、验证不到位造成的标准适用范围受限的还比较多。

二、食品产品标准
Food products standards

食品产品标准是为保证食品的食用价值，对食品必须达到的某些或全部要求所做的规定。截至目前，收集到的覆盖食品及相关产品的现行有效国家标准有 7400 多项，行业标准 14000 多项，包括豆制品类、果类及制品、茶叶及饮料、乳制品、果冻及巧克力、禽畜肉及蛋制品、水产品、调味品、粮油及制品、蔬菜及制品、罐头食品、焙烤食品、糖果发酵制品、饮料酒、软饮料及冷冻食品等主要产品都有国家标准或行业标准，涉及动物性食品、植物性食品、婴幼儿食品、辐照食品、食品添加剂、食品容器、包装材料等食品或食品相关产品如食品用工具设备、食品用洗涤剂和消毒剂等。

判定食品质量是否符合规定性要求的唯一依据就是食品产品标准。如果产品出现不符合标准特别是不符合国家强制性标准，就可以判定为不合格。标准名称应反映食品的真实属性，当国家标准或行业标准已经规定了某种食品的一个或几个名称时，应选用其中一个，或等效的名称。根据《加强食品质量安全监督管理工作实施意见》的有关规定，食品生产加工企业必须按照合法有效的产品标准组织生产，不得无标生产。食品质量必须符合相应的强制性标准以及企业明示采用的标准和各项质量要求。企业采用的企业标准不允许低于强制性国家标准的要求，且应在质量技术管理部门进行备案，否则，该企业标准无效；对于具体的产品其执行的标准有所不同。

食品产品标准的主要内容包括：相关术语和定义、产品分类、技术要求（感官指标、理化指标、污染物指标和微生物指标等）以及各种技术要求的检验方法、检验规则和标签与标志、包装、贮存、运输等方面的要求。

如 GB/T 23596—2009《海苔》，该标准规定了海苔的上述相关要求，适用于海苔产品的生产、流通和监督检验。

又如 NY/T 843—2015《绿色食品 畜禽肉制品》，该标准规定了绿色食品畜禽肉制品的上述相关要求。

其中，技术要求是食品产品标准的核心内容。凡列入标准中的技术要求应该是决定产品质量和使用性能的主要指标，而这些指标又是可以测定或验证的。这些指标主要包括：感官指标、理化指标、污染物指标、微生物指标。

（1）感官指标　一般对产品的色泽、组织状态、滋味与气味等感官性能做出要求。

如 GB/T 23596—2009《海苔》中规定产品色泽应具有品种应有的色泽，其中烤紫菜应呈绿色；滋味和口感具有品种固有的香脆滋味。

（2）理化指标　如 GB/T 23596—2009《海苔》中规定产品水分含量 ≤ 5%，当然不同的食品标准根据食品的特点有不同的理化指标要求，如固形物含量、食盐含量、蛋白质含量、总糖含量等。

（3）污染物指标　主要包括食品中有害元素的限定，如砷、锡、铅、铜、汞的规定及食品中农药残留量最大限量指标。

如 GB/T 23596—2009《海苔》中规定产品中铅（Pb）/（mg/kg）、无机砷 /（mg/kg）、甲基汞（以鲜重计）/（mg/kg）及多氯联苯应符合 GB 19643 的规定。

（4）微生物指标　微生物指标一般包括菌落总数、大肠菌群、致病菌（不得检出），有的还包括霉菌指标。如 GB/T 23596—2009《海苔》中规定产品中大肠菌群 /（MPN/100g）、霉菌（CFU/g）、致病菌（沙门菌、副溶血性弧菌、金黄色葡萄球菌、志贺菌）应符合 GB

19643 的规定。另外值得注意的是，凡在标准中规定的感官指标、理化指标、污染物指标和微生物指标均需规定相应的检测方法及检验规则（检验分类、抽样方法和判定规则等）。

食品产品标准虽然包括很多种，但大多数为行业标准，如绿色食品、有机食品等。绿色食品产品标准是衡量绿色食品最终产品质量的指标尺度。绿色食品最终产品必须符合相应的产品标准，这些标准是依据绿色食品卫生标准并参照国家、行业的相关标准及国际标准制定的，它虽然与普通食品的国家标准一样，规定了食品的外观品质、营养品质和卫生品质等内容，但其卫生品质要求高于国家现行标准，有些还增加了检测项目，主要表现在对农药残留和重金属的检测项目种类多、指标严，这在本书第七章将有详细介绍。

绿色食品卫生标准一般分为三部分：农药残留、有害金属和细菌，技术标准有两项内容，一是生产绿色食品的肥料、农药、兽药、水产养殖用药、食品添加剂、饲料添加剂使用准则，二是依据这些"准则"制定的包括农产品种植、畜禽养殖、水产养殖和食品加工等的生产操作规程。

第二节　食品基础标准及相关标准
The Basic Standards and Relevant Standards of Food

在一定范围内作为其他标准的基础并普遍使用，具有广泛指导意义的标准，称为基础标准。基础标准按其性质和作用的不同，一般分为以下几种：①概念和符号标准；②精度和互换性标准；③实现系列化和保证配套关系的标准；④结构要素标准；⑤产品质量保证和环境条件标准；⑥安全、卫生和环境保护标准；⑦管理标准；⑧量和单位。

一、名词术语类、图形符号、代号类标准
Terminology, graphic symbols and code name standards

名词术语类标准是以各种专用术语为对象所制定的标准。术语标准中一般规定术语、定义（或解释性说明）和外文对应的词等。图形符号、代号类标准是以表示事物和概念的各种符号代号为对象制定的标准，称为符号代号标准。这种符号和代号具有准确、简明和不易混淆等特点。

GB/T 15091—1994《食品工业基本术语》规定了食品工业常用的基本术语，具体内容包括：一般术语、产品术语、质量、营养及卫生术语等。本标准适用于食品工业生产、科研、教学及其他有关领域。

各类食品工业的名词术语标准如：GB/T 12140—2007《糕点术语》、GB/T 31120—2014《糖果术语》、GB/T 19480—2009《肉与肉制品术语》、GB/T 30765—2014《粮油名词术语 原粮油料形态学和结构学》、GB/T 15109—2008《白酒工业术语》、SB/T 10295—1999《调味品名词术语综合》、GB/T 20573—2006《蜜蜂产品术语》、GB/T 12728—2006《食用菌术语》、GB/T 14487—2017《茶叶感官审评术语》、GB/T 19420—2003《制盐工业术语》等。

名词术语类主要规定专用名词术语及定义，如 GB/T 30765—2014《粮油名词术语 原粮油料形态学和结构学》规定了粮食、油料、油脂产品、副产品及下脚料等的名词术语和定义，该标准适用于粮食及有关行业教学、科研、生产、加工、经营及管理等领域。

食品的图形符号、代号标准如 GB/T 13385—2008《包装图样要求》、GB/T 12529.1—2008《粮油工业用图形符号、代号 第 1 部分：通用部分》、GB/T 12529.2—2008《粮油工业

用图形符号、代号 第 2 部分：碾米工业》、GB/T 12529.3—2008《粮油工业用图形符号、代号 第 3 部分：制粉工业》、GB/T 12529.4—2008《粮油工业用图形符号、代号 第 4 部分：油脂工业》等，以及 QB/T 2683—2005《罐头食品代号的标示要求》等。

二、食品分类标准
Food classification standards

食品分类标准是对食品大类产品进行分类规范的标准。国家食品分类标准主要包括 GB/T 7635.1—2002《全国主要产品分类与代码 第 1 部分：可运输产品》及加工食品分类标准。

1. GB/T 7635.1—2002《全国主要产品分类与代码 第 1 部分：可运输产品》
General standards for national product classification and code part 1: transportation products (GB/T 7635.1—2002)

GB/T 7635—2002 标准分类编码体系为层次结构，由五层代码组成：第一层有 5 个大部类（分别是第 0、1、2、3、4 大部类）；第二层有 39 个部类；第三层有 185 个大类；第四层有 715 个中类；第五层有 538 个小类，并列入 1482 个类目。

加工食品划分在第 0 大部类"农林（牧）渔业产品；药品"，第 2 大部类"加工食品、饮料和烟草；纺织品、服装和皮革制品"，共 5 个部类，22 个大类，1269 种。第 0 大部类共包括 2 个部类（第 01 部类：种植业产品；第 02 部类：活的动物和动物产品）3 个大类（蔬菜；水果和坚果；其他动物产品及动物副产品），116 种加工食品。

第 2 大部类共包括 4 个部类（第 21 部类：肉、水产品、水果、蔬菜、油脂等类加工品；第 22 部类：乳制品；第 23 部类：谷物碾磨加工品、淀粉和淀粉制品，其他食品；第 24 部类：饮料）19 个大类（肉和肉类加工品；加工和保藏的鱼等水产品及其制品；加工或保藏的蔬菜；果汁和蔬菜汁；加工和保藏的水果和坚果；动、植物油脂；经处理的液体乳和奶油；其他乳制品；谷物碾磨加工品；淀粉和淀粉制品，不另分类的淀粉糖和糖浆；烘焙食品；糖；可可、巧克力、糖果及蜜饯；通心粉、面条和类似的谷物粉制品等；不另分类的食品；乙醇，蒸馏酒、利口酒和其他含酒精饮料；葡萄酒、果酒和药酒；麦芽酒和麦芽；软饮料，瓶装矿泉水），1153 种加工食品。

2. 加工食品分类标准介绍
Processed food classification standards

我国现有的加工食品分类标准已制定的有：GB/T 8887—2009《淀粉分类》、GB/T 10784—2006《罐头食品分类》、GB/T 10789—2015《饮料通则》、GB/T 30590—2014《冷冻饮品分类》、GB 2760 分类系统里的 07.02.01 中式糕点（月饼除外）《中式糕点分类》、SB/T 10171—1993《腐乳分类》、SB/T 10172—1993《酱的分类》、SB/T 10173—1993《酱油分类》、SB/T 10174—1993《食醋的分类》、SB/T 10297—1999《酱腌菜分类》、GB/T 21725—2017《天然香辛料 分类》、GB/T 20903—2007《调味品分类》等，有些还在制定中。

《食品安全法》中第三十五条规定："国家对食品生产经营实行许可制度。从事食品生产、食品销售、餐饮服务，应当依法取得许可。"自 2020 年 3 月 1 日起，《食品生产许可证》中"食品生产许可品种明细表"按照新修订《食品生产许可分类目录》（具体见附录）填写。

三、食品标签标准
Food label standards

食品标签国家强制性标准是食品行业重要的基础标准之一，为了进一步规范食品标签，给以消费者最大程度的知情权，国家标准化管理委员会批准发布了 GB 7718—2011《食品安全国家标准　预包装食品标签通则》和 GB 13432—2013《食品安全国家标准　预包装特殊膳食用食品标签》两项国家强制性标准。GB 7718—2011《食品安全国家标准　预包装食品标签通则》是对《食品标签通用标准》的第三次修订；GB 13432—2013《食品安全国家标准　预包装特殊膳食用食品标签》是对《特殊营养食品标签》实施后进行的第二次修订。

GB 7718—2011 与 GB 7718—2004《预包装食品标签通则》的不同表现在几个方面：修改了适用范围；修改了预包装食品和生产日期的定义，增加了规格的定义，取消了保存期的定义；修改了食品添加剂的标示方式；增加了规格的标示方式；修改了生产者、经销者的名称、地址和联系方式的标示方式；修改了强制标示内容的文字、符号、数字的高度不小于 1.8mm 时的包装物或包装容器的最大表面面积；增加了食品中可能含有致敏物质时的推荐标示要求。

1. GB 7718—2011《食品安全国家标准　预包装食品标签通则》
General standards for the labeling of prepackaged foods

预包装食品是指经预先定量包装好，或装入（灌入）容器中，向消费者直接提供的食品。GB 7718—2011 中所指的预包装食品是指预先定量包装或者制作在包装材料和容器中的食品，包括预先定量包装以及预先定量制作在包装材料和容器中并且在一定量限范围内具有统一的质量或体积标识的食品；非定量包装的预包装食品如商店称量销售的简易包装水果、蔬菜、水产食品、肉类等不受 GB 7718—2011 的调整和约束。GB 7718—2011 也不适用不直接销售给消费者的食品行业使用的原料、辅料以及半成品之类，即使其具有包装。

（1）必须标注的内容　《中华人民共和国产品质量法》和国家标准《食品安全国家标准　预包装食品标签通则》（GB 7718）规定的食品标签必须标注的内容如下所述。

① 食品名称

a. 应在食品标签的醒目位置，清晰地标示反映食品真实属性的专用名称。

b. 当国家标准、行业标准或地方标准中已规定了某食品的一个或几个名称时，应选用其中的一个，或等效的名称。

c. 无国家标准、行业标准或地方标准规定的名称时，应使用不使消费者误解或混淆的常用名称或通俗名称。

d. 标示"新创名称""奇特名称""音译名称""牌号名称""地区俚语名称"或"商标名称"时，应在所示名称的同一展示版面标示规定的名称。"新创名称"是指历史上从未出现而又令人费解的名称，如：果珍——速溶橙味固体饮料。"奇特名称"是指脱离食品范畴、稀奇古怪的名称，如：力多精——含铁质初生婴儿配方奶粉。

e. 当"新创名称""奇特名称""音译名称""牌号名称""地区俚语名称"或"商标名称"含有易使人误解食品属性的文字或术语（词语）时，应在所示名称的同一展示版面邻近部位使用同一字号标示食品真实属性的专用名称。

f. 当食品真实属性的专用名称因字号或字体颜色不同易使人误解食品属性时，也应使用同一字号及同一字体颜色标示食品真实属性的专用名称。

g. 为不使消费者误解或混淆食品的真实属性、物理状态或制作方法，可以在食品名称前或食品名称后附加相应的词或短语。如干燥的、浓缩的、复原的、熏制的、油炸的、粉末的、粒状的等。

② 配料表

a. 预包装食品的标签上应标示配料表，配料表中的各种配料应按食品名称的要求标示具体名称，食品添加剂按照要求标示名称。

b. 配料表应以"配料"或"配料表"为引导词。

c. 各种配料应按制造或加工食品时加入量的递减顺序——排列；加入量不超过 2% 的配

料可以不按递减顺序排列。

d. 如果某种配料是由两种或两种以上的其他配料构成的复合配料（不包括复合食品添加剂），应在配料表中标示复合配料的名称，随后将复合配料的原始配料在括号内按加入量的递减顺序标示。当某种复合配料已有国家标准、行业标准或地方标准，且其加入量小于食品总量的 25% 时，不需要标示复合配料的原始配料。

e. 在食品制造或加工过程中，加入的水应在配料表中标示。在加工过程中已挥发的水或其他挥发性配料不需要标示。

f. 可食用的包装物也应在配料表中标示原始配料，国家另有法律法规规定的除外。如可食用的胶囊、糖果的糯米纸。

g. 各种植物油或精炼植物油（不包括橄榄油）标示为"植物油"或"精炼植物油"，如经过氢化处理，应标示为"氢化"或"部分氢化"；各种淀粉（不包括化学改性淀粉）标示为"淀粉"；加入量不超过 2% 的各种香辛料或香辛料浸出物（单一的或合计的）标示为"香辛料""香辛料类"或"复合香辛料"；胶基糖果的各种胶基物质制剂标示为"胶姆糖基础剂""胶基"；添加量不超过 10% 的各种果脯蜜饯水果标示为"蜜饯""果脯"；食用香精、香料标示为"食用香精""食用香料""食用香精香料"。

③ 配料的定量标示

a. 如果在食品标签或食品说明书上特别强调添加了或含有一种或多种有价值、有特性的配料或成分，应标示所强调配料或成分的添加量或在成品中的含量。

b. 如果在食品的标签上特别强调一种或多种配料或成分的含量较低或无时，应标示所强调配料或成分在成品中的含量。

c. 食品名称中提及的某种配料或成分而未在标签上特别强调，不需要标示该种配料或成分的添加量或在成品中的含量。

④ 净含量和规格

a. 净含量的标示应由净含量、数字和法定计量单位组成。如"净含量 450g"，或"净含量 450 克"。

b. 应依据法定计量单位，按以下形式标示包装物（容器）中食品的净含量：

ⓐ 液态食品，用体积升（L）(l)、毫升（mL）(ml)，或用质量克（g）、千克（kg）；

ⓑ 固态食品，用质量克（g）、千克（kg）；

ⓒ 半固态或黏性食品，用质量克（g）、千克（kg）或体积升（L）(l)、毫升（mL）(ml)。

c. 净含量应与食品名称在包装物或容器的同一展示版面标示。

d. 容器中含有固、液两相物质的食品，且固相物质为主要食品配料时，除标示净含量外，还应以质量或质量分数的形式标示沥干物（固形物）的含量。

e. 同一预包装内含有多个单件预包装食品时，大包装在标示净含量的同时还应标示规格。不包括大包装内非单件销售小包装，如小块糖果。

f. 规格的标示应由单件预包装食品净含量和件数组成，或只标示件数，可不标示"规格"二字。单件预包装食品的规格即指净含量。

⑤ 生产者、经销者的名称、地址和联系方式 生产者名称和地址应当是依法登记注册、能够承担产品安全质量责任的生产者的名称、地址。有下列情形之一的，应按下列要求予以标示。

a. 依法独立承担法律责任的集团公司、集团公司的子公司，应标示各自的名称和地址。

b. 不能依法独立承担法律责任的集团公司的分公司或集团公司的生产基地，应标示集团公司和分公司（生产基地）的名称、地址；或仅标示集团公司的名称、地址及产地，产地应当按照行政区划标注到地市级地域。

c. 受其他单位委托加工预包装食品的，应标示委托单位和受委托单位的名称和地址；或仅标示委托单位的名称和地址及产地，产地应当按照行政区划标注到地市级地域。

依法承担法律责任的生产者或经销者的联系方式应标示以下至少一项内容：电话、传真、网络联系方式等，或与地址一并标示的邮政地址。进口预包装食品应标示原产国国名或地区区名，以及在中国依法登记注册的代理商、进口商或经销者的名称、地址和联系方式，可不标示生产者的名称、地址和联系方式。

⑥ 日期标示和贮存条件　应清晰标示预包装食品的生产日期和保质期。如日期标示采用"见包装物某部位"的形式，应标示所在包装物的具体部位。日期标示不得另外加贴、补印或篡改。当同一预包装内含有多个标示了生产日期及保质期的单件预包装食品时，外包装上标示的保质期应按最早到期的单件食品的保质期计算。外包装上标示的生产日期应为最早生产的单件食品的生产日期，或外包装形成销售单元的日期；也可在外包装上分别标示各单件装食品的生产日期和保质期。应按年、月、日的顺序标示日期，如果不按此顺序标示，应注明日期标示顺序。预包装食品标签应标示贮存条件。

⑦ 食品生产许可证编号　预包装食品标签应标示食品生产许可证编号的，标示形式按照相关规定执行。在国内生产并在国内销售的预包装食品（不包括进口预包装食品）应标示产品所执行的标准代号和顺序号。

⑧ 其他标示内容（辐照食品、转基因食品）　经电离辐射线或电离能量处理过的食品，应在食品名称附近标示"辐照食品"。经电离辐射线或电离能量处理过的任何配料，应在配料表中标明。转基因食品的标示应符合相关法律、法规的规定。特殊膳食类食品和专供婴幼儿的主辅类食品，应当标示主要营养成分及其含量，标示方式按照 GB 13432 执行。其他预包装食品如需标示营养标签，标示方式参照相关法规标准执行。食品所执行的相应产品标准已明确规定质量（品质）等级的，应标示质量（品质）等级。

（2）标示内容的豁免　下列预包装食品可以免除标示保质期：酒精度大于等于 10% 的饮料酒，食醋，食用盐，固态食糖类，味精。当预包装食品包装物或包装容器的最大表面面积小于 10cm² 时，可以只标示产品名称、净含量、生产者（或经销商）的名称和地址。

（3）推荐标示内容

① 批号　根据产品需要，可以标示产品的批号。

② 食用方法　根据产品需要，可以标示容器的开启方法、食用方法、烹调方法、复水再制方法等对消费者有帮助的说明。

③ 致敏物质　以下食品及其制品可能导致过敏反应，如果用作配料，宜在配料表中使用易辨识的名称，或在配料表邻近位置加以提示：a. 含有麸质的谷物及其制品（如小麦、黑麦、大麦、燕麦、斯佩耳特小麦或它们的杂交品系）；b. 甲壳纲类动物及其制品（如虾、龙虾、蟹等）；c. 鱼类及其制品；d. 蛋类及其制品；e. 花生及其制品；f. 大豆及其制品；g. 乳及乳制品（包括乳糖）；h. 坚果及其果仁类制品。如加工过程中可能带入上述食品或其制品，宜在配料表邻近位置加以提示。

2. GB 13432—2013《食品安全国家标准　预包装特殊膳食用食品标签》
General standards for the labeling of prepackaged foods for special dietary uses

为确保特殊膳食用食品标签标准与现行特殊膳食用食品产品标准和相关标准相衔接，根据《食品安全法》和《食品安全国家标准管理办法》修订了原《预包装特殊膳食用食品标签通则》（GB 13432—2004）（以下简称 GB 13432—2004）。特殊膳食用食品是指为满足特殊的身体或生理状况和（或）满足疾病、紊乱等状态下的特殊膳食需求，专门加工或配方的食品，主要包括婴幼儿配方食品、婴幼儿辅助食品、特殊医学用途配方食品以及其他特殊膳食用食品。这类食品的适宜人群、营养素和（或）其他营养成分的含量要求等有一定特殊性，对其标签内容如能量和营养成分、食用方法、适宜人群的标示等有特殊要求。

（1）基本要求　预包装特殊膳食用食品的标签应符合 GB 7718 规定的基本要求的内容，还应符合以下要求：

① 不应涉及疾病预防、治疗功能。

② 应符合预包装特殊膳食用食品相应产品标准中标签、说明书的有关规定。

③不应对 0 ～ 6 月龄婴儿配方食品中的必需成分进行含量声称和功能声称。

（2）强制标示内容

① 食品名称　只有符合定义的食品才可以在名称中使用"特殊膳食用食品"或相应的描述产品特殊性的名称。

② 能量和营养成分的标示　标示能量、蛋白质、脂肪、碳水化合物和钠，以及相应产品标准中要求的其他营养成分及其含量。如果产品根据相关法规或标准添加了可选择性成分或强化了某些物质，则还应标示这些成分及其含量。

③ 食用方法和适宜人群　应标示预包装特殊膳食用食品的食用方法、每日或每餐食用量，必要时应标示调配方法或复水再制方法；应标示预包装特殊膳食用食品的适宜人群，对于特殊医学用途婴儿配方食品和特殊医学用途配方食品，适宜人群按产品标准要求标示。

④ 贮存条件　应在标签上标明预包装特殊膳食用食品的贮存条件，必要时应标明开封后的贮存条件；如果开封后的预包装特殊膳食用食品不宜贮存或不宜在原包装容器内贮存，应向消费者特别提示。

（3）可选择标示内容

① 能量和营养成分占推荐摄入量或适宜摄入量的质量百分比　在标示能量值和营养成分含量值的同时，可依据适宜人群，标示每 100g（克）和（或）每 100mL（毫升）和（或）每份食品中的能量和营养成分含量占《中国居民膳食营养素参考摄入量》中的推荐摄入量（RNI）或适宜摄入量（AI）的质量百分比。无推荐摄入量（RNI）或适宜摄入量（AI）的营养成分，可不标示质量百分比，或者用"—"等方式标示。

② 能量和营养成分的含量声称　能量或营养成分在产品中的含量达到相应产品标准的最小值或允许强化的最低值时，可进行含量声称。某营养成分在产品标准中无最小值要求或无最低强化量要求的，应提供其他国家和（或）国际组织允许对该营养成分进行含量声称的依据。含量声称用语包括"含有""提供""来源""含""有"等。

③ 能量和营养成分的功能声称　符合含量声称要求的预包装特殊膳食用食品，可对能量和（或）营养成分进行功能声称。功能声称的用语应选择使用 GB 28050 中规定的功能声称标准用语。对于 GB 28050 中没有列出功能声称标准用语的营养成分，应提供其他国家和（或）国际组织关于该物质功能声称用语的依据。

（4）标示内容的豁免　当预包装特殊膳食用食品包装物或包装容器的最大表面面积小于 10cm² 时，可只标示产品名称、净含量、生产者（或经销者）的名称和地址、生产日期和保质期。

四、食品检验规则、食品标示、物流标准
Food inspection rules，food marks and logistics standards

在所有的食品产品中都包含食品检验规则、食品标示标志、标签、包装、运输、贮存等要求，如 GB/T 23596—2009《海苔》、QB/T 2829—2006《螺旋藻碘盐》、SC/T 1103—2008《松浦鲤》等。

但还有很多食品标准将检验规则、标志、标签、包装、运输、贮存等内容合并在一起作为单独标准，如：GB/T 10346—2006《白酒检验规则和标志、包装、运输、贮存》等。

还有一些食品标准将检验规则单列作为一个单独标准，如 SB/T 10214—1994《酱腌菜检验规则》等。

有的食品标准是单独的食品物流标准，如 DB33/T 732—2016《杨梅鲜果物流操作规程》、DB31/T 388—2007《食品冷链物流技术与规范》、SN/T 2123—2008《出入境动物检疫实验样品采集、运输和保存规范》、NY/T 1395—2007《香蕉包装、贮存与运输技术规程》、SN/T 1883.2—2007《进出口肉类储运卫生规范　第2部分：肉类运输》、SN/T 1884.2—2007《进出口水果储运卫生规范　第2部分：水果运输》、GB/T 20372—2006《花椰菜　冷藏和冷藏运输指南》等。

1. 食品检验规则和食品标示标志
Food inspection rules and food markings

（1）食品检验规则　食品检验规则的主要内容应包括：检验分类、组批规则、抽样方法、判定原则和复检规则。

① 检验分类　与其他产品的检验分类相似，食品的检验分类一般分为型式检验和出厂检验。

型式检验是对产品进行全面考核，即对本标准规定的全部要求进行检验。一般情况下企业一个季度进行一次型式检验。

食品出厂检验项目包括：包装、标志、净容量、感官要求和理化要求。

② 组批规则　组批规则首先规定检验批次。

③ 抽样方法　一般根据食品特点，参考 GB/T 13393—2008《验收抽样检验导则》编制具体的、适合的抽样方案，规定抽样条件、抽样方法、抽取样品的数量，易变质的产品应规定储存样品的容器及保管条件。

④ 判定原则和复检规则　判定原则和复检规则一般明确规定这批产品在什么情况下判定为合格，在什么情况下判定为不合格。如 GB/T 23596—2009《海苔》中的判定规则为：a. 检验结果全部项目符合本标准规定时，该批产品为合格品。b. 检验结果中若有一项或一项以上不符合本标准规定时，可以在原批次产品中抽取双倍样品复检一次，复检结果全部符合本标准规定时，判定该批产品为合格品。若复检结果中仍有一项指标不合格，则判定该批产品为不合格品。当然，不同食品有不同的判定规则。

（2）食品标示标志　表明产品基本情况的一组文字符号或图案，称为产品的标志。食品标志是产品的"标识"，它包括标签、图形、文字和符号。

产品标志应符合《中华人民共和国产品质量法》《中华人民共和国消费者权益保护法》《食品标识管理规定》等法律法规和强制性标准的规定，一般可直接引用 GB 7718—2011《食品安全国家标准　预包装食品标签通则》、GB 13432—2013《食品安全国家标准　预包装特殊膳食用食品标签》。

食品标示的主要内容为：食品或者其包装上应当附加标识，但是按法律、行政法规规定可以不附加标识的食品除外；应当标注食品名称；应当标注食品的产地；应当标注生产者的名称和地址；应当清晰地标注食品的生产日期和保质期；定量包装食品标识应当标注净含量，对含有固、液两相物质的食品，除标示净含量外，还应当标示沥干物（固形物）的含量；应当标注食品的配料清单；应当标注企业所执行的国家标准、行业标准、地方标准号或者经备案的企业标准号；食品执行的标准明确要求标注食品的质量等级、加工工艺的，应当相应地予以标明；实施生产许可证管理的食品，食品标识应当标注食品生产许可证编号；混装非食用产品易造成误食，使用不当，容易造成人身伤害的，应当在其标识上标注警示标志或者中文警示说明；食品在其名称或者说明中标注"营养""强化"字样的，应当按照国家标准有关规定，标注该食品的营养素和热量，并符合国家标准规定的定量标示。

2.物流标准
Logistics standards

食品物流就是食品流通，但随着经济的发展，它所指的范围非常广泛，包括食品运输、储存、配送、装卸、保管、物流信息管理等一系列活动。

食品物流相对于其他行业物流而言，具有其突出的特点：一是为了保证食品的营养成分和食品安全性，食品物流要求高度清洁卫生，同时对物流设备和工作人员有较高要求；二是由于食品具有特定的保鲜期和保质期，食品物流对产品交货时间即前置期有严格标准；三是食品物流对外界环境有特殊要求，比如适宜的温度和湿度；四是生鲜食品和冷冻食品在食品消费中占有很大比重，所以食品物流必须有相应的冷链。

冷链是为保持新鲜食品及冷冻食品等的品质，使其在从生产到消费的过程中，始终处于低温状态的配有专门设备设施的物流网络。冷链物流泛指冷藏冷冻类物品在生产、储藏、运输、销售到消费前的各个环节中始终处于规定的低温环境下，以保证物品质量和性能的一项系统工程。食品冷链由冷冻加工、冷冻储藏、冷藏运输及配送、冷冻销售四个方面构成。由于食品冷链是以保证易腐食品品质为目的，以保持低温环境为核心要求的供应链系统，所以它比一般常温物流系统的要求更高，也更加复杂。

随着人们物质生活水平的不断提高和对食品安全的日益重视，近年来我国冷链食品物流的需求不断增大，2007年10月1日起上海实施国内首个食品冷链物流地方标准DB31/T 388—2007《食品冷链物流技术与规范》，该标准明确规定了食品冷链物流所涉运输、储存、装卸、配送、销售等各环节温度控制指标，还增加了卫生管理要求。如标准规定，液体奶类（饮料）装车前须将厢体内温度预冷到15℃，运输途中产品温度不高于10℃；提货单位委托冷链配送企业承运时，在承运配送合同中，必须明确商品的温度要求；冷冻、冷藏食品出库或到达接受方时，冷冻产品应在15min内、冷藏产品应在30min内装卸完毕。

五、食品加工操作技术规程标准
The technical regulations standards of food processing operations

食品加工操作技术规程标准如NY/T 1606—2008《马铃薯种薯生产技术操作规程》、GB/T 17236—2019《畜禽屠宰操作规程 生猪》、DB51/T 876—2009《康砖茶加工技术规程》、NY/T 5245—2004《无公害食品 茉莉花茶加工技术规程》、NY/T 5198—2002《有机茶加工技术规程》等。

第三节 食品安全卫生标准
Food Safety Hygiene Standards

一、食品卫生标准
Food hygiene standards

食品卫生标准是对食品原料及其生产、经营、加工、销售等环节中可能引起疾病发生与发展的各种危害因素，为保证食品安全所作具有卫生学意义的技术规定。制定食品卫生标准的目的是防止食品污染，预防食源性疾病，保障人民健康，保护并促进公平的贸易，维护社会稳定，推动社会发展。食品卫生标准包括安全、营养和保健三个方面。这些规定通过技术研究，按照一定的程序进行审查，由国家主管部门批准，以特定的形式发布。目前我国已制订完成四百多项食品卫生标准，包括食品中环境污染物、真菌毒素、农药残留、微生物污染等的允许限量，食品添加剂以及营养相关要求等的基础标准；包装材料的卫生要求；食品企业通用卫生规范和各类食品企业的卫生规范；理化检验方法、微生物检验方法、毒理学安全评价程序和方法等的方法标准以及食物中毒诊断标准等，基本覆盖了食品从原料到产品中涉及健康危害的各种卫生安全指标，也覆盖了食品生产经营各个环节的卫生要求，形成了一套符合要求的食品卫生标准体系。这些卫生标准由基础（通用）标准、产品标准、生产企业卫生规范和检验方法标准（含诊断技术标准）组成。

食品卫生标准是食品卫生法律体系的重要组成部分，它保证了法律体系的系统性和完整性，是实施食品卫生法律法规的技术保障。食品卫生标准的制定与实施，有效地保障了食品的卫生质量，降低了食源性疾病的发生，提高了国民的身体素质。在日益增加的食品国际贸易中，食品卫生标准也对有效地阻止国外低劣食品进入中国市场、防止我国消费者遭受健康和经济权益损害、维护国家的主权与利益，起到了重要的技术保障作用。

1.我国食品卫生标准的主要内容
Main contents

我国食品卫生标准的主要内容包括食品安全和营养两方面的技术要求。

（1）食品安全要求 Food safety requirements

① 食品及其相关产品中有毒有害物质的限量要求，包括物理性、化学性、生物性的各种有毒有害物，如重金属元素、农药、兽药、真菌毒素、致病性微生物等；

② 食品腐败变质的控制要求，如各类食品的感官指标以及酸度、挥发性盐基氮、酸价等；

③ 食品生物性污染的指标，如菌落总数、大肠菌群、致病菌等；

④ 食品以及食品添加剂生产经营过程的卫生要求；食品添加剂的使用要求。

（2）营养要求 Nutritional requirements　包括婴幼儿配方食品的营养素种类与含量要求。

2.我国食品卫生标准的主要指标
Key indicators of food hygiene standards in China

我国食品卫生标准的指标一般包括感官标准、理化标准和微生物标准三个部分，此外还包括相应指标的检验方法。

（1）感官指标 Sensory indicators　规定食品的色泽、气味和组织形态。

（2）理化指标 Physicochemical indicators

① 食品中重金属元素限量指标　如砷、锡、铅、铜、汞的规定。

② 食品中农药残留量最大限量指标。

③ 食品中有毒有害物质　食品中天然有毒成分、生物性毒素（如霉菌毒素、细菌毒素等）、亚硝酸盐等限量指标。

（3）微生物指标 Microbiological indicators　包括菌落总数、大肠菌群和致病菌三项指标，有的还包括霉菌指标。

3.我国食品卫生标准的类别
Categories of food hygiene standards in China

（1）食品卫生基础标准 The basic standards of food hygiene　食品卫生基础标准是在一个

标准文件中，以食品中的有害物质（农药、污染物）或特定物质（食品添加剂、营养强化剂）为对象，对不同食品所作的技术规定。食品卫生基础标准包括以下内容。

① 食品中污染物限量国家标准　食品中的污染物是食品在从生产（包括农作物种植、动物饲养和兽医用药）、加工、包装、贮存、运输、销售，直至食用等过程中产生的或由环境污染带入的、非有意加入的化学性危害物质。食品中污染物限量是指污染物在食品原料和（或）食品成品可食用部分中允许的最大含量水平。2017 年 3 月 17 日发布的《食品安全国家标准　食品中污染物限量》（GB 2762—2017），该标准于 2017 年 9 月 17 日正式实施。该标准规定了食品中铅、镉、汞、砷、锡、镍、铬、亚硝酸盐、硝酸盐、苯并 [a] 芘、N- 二甲基亚硝胺、多氯联苯、3-氯 -1，2-丙二醇的限量指标。

② 食品中天然毒素、真菌毒素限量标准　真菌毒素是真菌在生长敏殖过程中产生的次生有毒代谢产物。真菌毒素限量指标主要为：食品中黄曲霉毒素 B_1、黄曲霉毒素 M_1、脱氧雪腐镰刀菌烯醇、展青霉素、赭曲霉毒素 A 及玉米赤霉烯酮的限量指标。2017 年 3 月 17 日发布的《食品安全国家标准　食品中真菌毒素限量》（GB 2761—2017），于同年 9 月 17 日正式实施。

③ 农药最大残留限量标准　2019 年 8 月 15 日国家卫生健康委员会、农业农村部、国家市场监督管理总局发布了《食品安全国家标准　食品中农药最大残留限量》（GB 2763—2019），于 2020 年 2 月 15 日正式实施。本标准规定了食品中 483 种农药 7107 项最大残留限量。

④ 食品添加剂、营养强化剂使用国家安全标准　食品添加剂是为改善食品品质和色、香、味，以及为防腐、保鲜和加工工艺的需要而加入食品中的人工合成或者天然物质。食品用香料、胶基糖果中基础剂物质、食品工业用加工助剂也包括在内。2014 年 12 月 24 日，原国家卫生和计划生育委员会发布了《食品安全国家标准　食品添加剂使用标准》（GB 2760—2014），于 2015 年 5 月 24 日正式实施。该标准规定了食品添加剂的使用原则、允许使用的食品添加剂品种、使用范围及最大使用量或残留量。

⑤ 预包装食品、特殊膳食用食品标签通则　我国的预包装食品、特殊膳食用食品标签通则为 GB 7718—2011《食品安全国家标准　预包装食品标签通则》，代替了 GB 7718—2004《预包装食品标签通则》。该标准适用于直接提供给消费者的预包装食品标签和非直接提供给消费者的预包装食品标签，不适用于为预包装食品在储藏运输过程中提供保护的食品储运包装标签、散装食品和现制现售食品的标识。

该标准与 GB 7718—2004 相比，主要变化如下：

——修改了适用范围；

——修改了预包装食品和生产日期的定义，增加了规格的定义，取消了保存期的定义；

——修改了食品添加剂的标示方式；

——增加了规格的标示方式；

——修改了生产者、经销者的名称、地址和联系方式的标示方式；

——修改了强制标示内容的文字、符号、数字的高度不小于 1.8mm 时的包装物或包装容器的最大表面面积；

——增加了食品中可能含有致敏物质时的推荐标示要求；

——修改了附录 A 中最大表面面积的计算方法；

——增加了附录 B 和附录 C。

《食品安全法》实施以来，我国发布实施了《食品安全国家标准　预包装食品标签通则》（GB 7718—2011）和《食品安全国家标准　预包装食品营养标签通则》（GB 28050—2011）等食品安全基础标准，以及《食品安全国家标准　婴儿配方食品》（GB 10765—2010）、《食品

安全国家标准 较大婴儿和幼儿配方食品》（GB 10767—2010）、《特殊医学用途婴儿配方食品通则》（GB 25596—2010）、《食品安全国家标准 特殊医学用途配方食品通则》（GB 29922—2013）等特殊膳食用食品产品标准。为确保特殊膳食用食品标签标准与现行特殊膳食用食品产品标准和相关标准相衔接，根据《食品安全法》和《食品安全国家标准管理办法》，原国家卫生和计划生育委员会组织修订了原《预包装特殊膳食食品标签通则》（GB 13432—2004），新发布的《食品安全国家标准 预包装特殊膳食用食品标签》（GB 13432—2013）于2015 年 7 月 1 日起施行。

（2）食品（产品）卫生标准 Food（products）hygiene standards 食品卫生标准是规定食品卫生质量水平的规范性文件。其基本内容是针对人食用的各类食品或其中的单项有害物质分别规定了各自的质量和容许量，称为食品卫生质量指标（indicator of food hygiene quality）。

质量指标主要包括：

① 感官指标，食品的色、香、味；

② 细菌及其他生物指标，有食品菌落总数、食品大肠菌群最近似数、各种致病菌；

③ 毒理学指标，即各种化学污染物、食品添加剂、食品产生的有毒化学物质、食品中天然有毒成分、生物性毒素（如霉菌毒素、细菌毒素等）以及污染食品中的放射性核素等在食品中的容许量；

④ 间接反映食品卫生质量可能发生变化的指标，如粮食、奶粉中的水分含量等；

⑤ 商品规格质量指标。

（3）食品接触材料卫生标准 Food contact materials hygienic standards 食品容器及包装材料卫生标准包括食品包装材料、原料卫生标准以及洗涤剂、消毒剂卫生标准等。

为了保护消费者的健康安全，规范食品包装行业的健康发展，原国家质量监督检验检疫总局、中国国家标准化管理委员会于 2008 年发布了《食品容器、包装材料用添加剂使用卫生标准》（GB 9685—2008），且该标准已于 2016 年变更为 GB 9685—2016《食品安全国家标准 食品接触材料及制品用添加剂使用标准》。

本标准规定了食品接触材料以及制品用添加剂的使用原则、允许使用的添加剂品种、使用范围、最大使用量、特定迁移限量或最大残留量、特定迁移总量限量及其他限制性要求。此外，本标准也包括了食品接触材料及制品加工过程中所使用的部分基础聚合物的单体或聚合反应的其他起始物。

（4）食品卫生规范 Food hygienic specifications 国家卫生和计划生育委员会经食品安全国家标准审评委员会审查通过，于 2013 年 5 月发布《食品安全国家标准 食品生产通用卫生规范》（GB 14881—2013）。该标准规定了食品生产过程中原料采购、加工、包装、贮存和运输等环节的场所、设施、人员的基本要求和管理准则。本标准适用于各类食品的生产，如确有必要制定某类食品生产的专项卫生规范，应当以本标准作为基础。

食品生产通用卫生规范为保证食品卫生奠定了坚实的基础，在应用时，应根据实际情况结合具体的卫生操作规范和微生物标准指南配合使用。食品生产通用卫生规范是食品由初级生产到最终消费的食品链，指明了每个环节的卫生关键控制措施。它推荐了一种基于HACCP 为基础的方法，提高了食品的安全性。通用卫生规范中所述的控制措施是保证食品食用的安全性和适宜性的国际公认重要方法，可用于政府、企业（包括初级生产者、加工和制造商、食品服务商及零售商）和消费者。

一般的食品卫生规范包括 HACCP、食品企业通用卫生规范、良好卫生规范等，属于食品卫生标准中的食品生产安全控制标准，将在食品生产安全控制标准中详细介绍。

（5）食品测定方法标准 Food assay method standards 包括食品卫生理化检验方法、食品卫生微生物检验方法、食品毒理学安全评价程序、保健食品功能检验方法等。

二、食品生产安全控制标准
Food production safety control standards

1.食品良好操作规范
Good food manufacturing practice

食品良好操作规范（GMP）是为保障食品安全、质量而制定的贯穿食品生产全过程的一系列措施、方法和技术要求，是生产符合食品标准要求的食品必须遵循的、政府制定颁布的强制性食品生产、贮存等方面的卫生法规与标准。它要求食品生产企业应具备良好的生产设备、合理的生产过程、完善的质量管理和严格的检测系统，确保终产品的质量符合标准。GMP 中最关键的内容是卫生标准操作程序（SSOP），主要强调预防食品生产车间、环境、人员以及与食品接触的器具、设备中可能存在的危害及其防治措施。

我国目前颁布了 GB 17405—1998《保健食品良好生产规范》、GB 17404—2016《食品安全国家标准　膨化食品生产卫生规范》、GB 12693—2010《食品安全国家标准　乳制品良好生产规范》、GB 12695—2016《食品安全国家标准　饮料生产卫生规范》等食品的 GMP 标准。

2.食品企业生产卫生规范
Food enterprises hygienic production specifications

食品企业生产卫生规范是为保证食品安全而对食品企业生产经营条件，包括选址、设计、厂房建筑、设备、工艺流程、操作人员等方面的卫生要求做出的规定，是政府对企业的最低要求。国家对食品企业颁布了通用卫生规范和各类食品企业卫生规范，这是食品生产企业组织生产、进行自身卫生管理的重要法规。这部规范，我国是作为国家标准颁布的，因此亦作为我国卫生标准的组成部分。

卫生控制程序（SCP）和良好操作规范（GMP）共同作为 HACCP 的基础，没有适当的 GMP 为基础，工厂不会成功地实施 HACCP。

3.危害分析与关键控制点（HACCP）体系
Hazard analysis and critical control points（HACCP）

食品链中众多环节影响到食品的安全，其中加工环节受污染的可能性也较大，生产过程安全控制不容忽视。

HACCP 体系通过控制食品原料、加工（制造）和贮运销售过程可能发生的关键点，采取有效的纠正措施，将危害预防、消除或降低到消费者可接受水平，以确保食品加工者能为消费者提供更安全的食品。HACCP 体系是一个以预防食品安全为基础的食品安全生产、质量控制的保证体系。HACCP 的控制系统着眼于预防而不是依靠终产品的检验来保证食品的安全。另外，HACCP 体系必须建立在良好操作规范（GMP）和卫生控制程序（SCP）的基础上，即 HACCP 不是孤立的体系，要使 HACCP 发挥作用，它必须建立在其他食品安全计划的基础上，包括 GMP 和 SCP。该体系提供了一种系统、科学、严谨、适应性强的控制生物、化学和物理性食品危害的手段。

为促进我国食品卫生状况的改善，预防和控制各种有害因素对食品的污染，保证产品卫生安全，原卫生部组织制定了 GB/T 19538—2004《危害分析与关键控制点（HACCP）体系及其应用指南》，要求各地卫生行政部门结合当地实际，积极鼓励并指导食品企业实施该指南。此外，近几年我国还颁布了许多 HACCP 标准，如 GB/T 27341—2009《危害分析与关键控制点（HACCP）体系　食品生产企业通用要求》、GB/T 19537—2004《蔬菜加工企业 HACCP 体系审核指南》、GB/T 27342—2009《危害分析与关键控制点（HACCP）体系　乳制品生产企业要求》、GB/T 22656—2008《调味品生产 HACCP 应用规范》、NY/T 1570—2007《乳制品加工 HACCP 准则》、GB/T 20809—2006《肉制品生产 HACCP 应用规范》、GB/T 19838—2005《水产品危害分析与关键控制点（HACCP）体系及其应用指南》等。

4.食物中毒诊断标准
Food poisoning diagnosis standards

我国的食物中毒诊断标准主要包括食物中毒诊断标准及技术处理原则和各类食物中毒诊断标准及处理原则。中华人民共和国国家标准（GB 14938—1994）规定了食物中毒诊断标准及技术处理总则，适用于食物中毒。但该标准已于 2017 年废止，目前有相关卫生组织拓建标准可作为依据。

5.食品毒理学安全评价程序与方法
Food hygiene toxicology safety evaluation procedures and methods

毒理学安全性评价是通过动物试验和对人群的观察，阐明某种化学物质的毒性及其潜在的危害，以便对人类使用该物质的安全性作出评价，并为确定安全作用条件、制订预防措施决策提供依据的过程。我国食品卫生毒理学安全评价程序与方法包括食品安全性毒理学评价程序，食品毒理学实验室操作规范，急性毒性试验，蓄积毒性和致突变试验，亚慢性毒性（包括繁殖、致畸）试验和代谢试验，以及慢性毒性（包括致癌）试验等。

第四节 食品检验方法标准
Food Inspection Method Standards

一、食品检验方法标准概况
Introduction of food inspection method standards

在食品卫生标准中所规定的每个项目，为保证检验结果对评价食品卫生质量有可比性、准确性和统一性，使之具有科学的评价意义，都必须规定统一的检验方法和条件。食品检验就是依据一系列不同的标准，对食品质量进行检测、评价。食品检验方法标准是对食品的质量进行测定、试验所做的统一规定，包括感官检验方法、食品卫生理化检验方法、食品卫生微生物检验方法、食品毒理学安全评价程序、保健食品功能检验方法等。不同的食品有不同的质量要求，每项要求有相应的检测方法。

我国卫生部专门颁布了食品安全国家标准，明确了"食品卫生检验方法"，包括食品理化检验方法标准（GB/T 5009）、食品微生物学检验方法标准（GB 4789）、食品放射性物质检验方法标准（GB 14883）和食品安全性毒理学评价程序标准（GB 15193）。重新分类整合后的现行检测方法标准，构建了科学、合理、有效的食品检测方法标准体系，在监测和试验工作中必须按照这些规定的方法和程序进行，才能使所得结果作为评价的依据。

二、食品卫生微生物学检验标准
Food hygienic microbiological inspection standards

在不同标准中要对相应指标做出明确规定。食品卫生微生物学检验方法标准主要包括：

总则、菌落总数、大肠菌群测定、各种致病菌的检验、产毒霉菌的鉴定、各类食品中微生物的检验等。

我国食品卫生微生物学检验方法标准 GB 4789 规定了食品微生物学检验基本原则和要求，对方法原理、实验仪器及设备、试剂耗材、检验程序与操作步骤、结果判读和报告要求均进行了明确。具体包括实验室检验人员、环境设施、实验设备、检验用品、培养基和试剂、质控菌株等实验室基本条件；采样原则、采样方案、采样方法、样品标记、样品贮运等样品采集规范；样品处理、样品检验等检验要求；实验室生物安全、质量控制等生物安全和质量控制；检验过程中观察到的现象、结果和数据等信息记录和报告编制；检验后样品的处理。

三、食品卫生理化检验方法标准
Food hygiene physical and chemical inspections standards

我国食品卫生理化检验方法标准（GB 5009）规定了食品卫生检验方法理化部分的基本原则和要求，明确了食品常规理化检验、食品基本成分测定、食品添加剂和营养强化剂测定方法、重金属、有毒有害毒素、食品添加剂、金属离子、农药残留、兽药残留、不同食品卫生标准分析方法、食品容器与包装材料卫生标准分析方法等的检测方法标准。具体包括称取、准确称取、衡量、量取、吸取、准确度、空白试验等检验方法的一般要求，检验方法的选择要求，试剂要求及其溶液浓度基本表示方法，仪器设备要求，样品及其检验，分析结果的表述等。

第五节　食品添加剂标准
Food Additive Standards

食品添加剂是指为改善食品品质和色、香、味，以及为防腐、保鲜和加工工艺的需要而加入食品中的人工合成或者天然物质。食品用香料、胶基糖果中基础剂物质、食品工业用加工助剂也包括在内。食品添加剂对提高食品的营养价值，对于食品的保鲜以及新产品的开发等诸多方面，都发挥着极为重要的作用。食品添加剂普遍应用于食品生产中，它是食品生产加工过程中使用的重要物质，是现代食品工业的重要组成部分，对食品工业发展和保障食品安全具有重要作用。它的安全合理使用直接关系到食品的安全。在食品添加剂的使用中，除保证其发挥应有的功能和作用外，最重要的是应保证食品的安全卫生。

一、内容
Contents

为了规范食品添加剂的使用、保障食品添加剂使用的安全性，中华人民共和国国家卫生健康委员会根据《中华人民共和国食品安全法》的有关规定，制定颁布了 GB 2760—2014《食品安全国家标准 食品添加剂使用标准》（以下简称《食品添加剂使用标准》）。该标准规定了食品中允许使用的添加剂品种，并详细规定了使用范围、使用量。该标准于 2014 年 12 月 24 日发布，自 2015 年 5 月 24 日起开始实施。《食品添加剂使用标准》规定了食品添加剂的使用原则、允许使用的食品添加剂品种、使用范围及最大使用量或残留量。每一食品类别规定了相应的允许使用的食品添加剂及使用量。该标准适用于所有的食品添加剂生产、经营和使用者。

新标准修订过程中充分比较和吸收了国际食品法典委员会（CAC）和美国、欧盟、加拿大、澳大利亚等国家和地区的先进成果，广泛征求了有关专家和部门、行业协会及企业的意见，系统开展了食品添加剂监测和风险评估，提高了标准的适用性和先进性；建立了适用于食品添加剂使用的食品分类系统，使标准的操作性进一步增强。目前市场上存在的所有食品都能方便地找到可以对应使用的添加剂和使用要求，便于企业依法组织生产、有关部门监管以及社会监督。

新标准的食品添加剂品种比原来的品种有所增加，其中有些标准是原来没有的，主要参照了国际标准制定，原则、程序等都已经和国际接轨。新标准覆盖所有食品，对食品添加剂明确分类，并规定使用范围。

1. GB 2760—2014与GB 2760—2011的区别
Differences between GB 2760—2014 and GB 2760—2011

GB 2760—2014 与 GB 2760—2011 相比，主要变化如下：

——增加了部分食品添加剂规定。

——将食品营养强化剂和胶基糖果中基础剂物质及其配料名单调整由其他相关标准进行规定。

——修改了 3.4 带入原则，增加了 3.4.2。

——修改了附录 A "食品添加剂的使用规定"。

——修改了附录 B 食品用香料、香精的使用规定。

——修改了附录 C 食品工业用加工助剂（以下简称"加工助剂"）使用规定。

——删除了附录 D 胶基糖果中基础剂物质及其配料名单。

——修改了附录 F 食品分类系统。

——增加了附录 F "附录 A 中食品添加剂使用规定索引"。

修订后的标准充分借鉴和参照了国际食品添加剂法典标准的框架，在添加剂的使用原则、分类系统的设置等方面的表述，都尽可能与国际标准接轨。

2. 食品添加剂的使用原则
Principles of using food additives

GB 2760—2014《食品添加剂使用标准》规定了食品添加剂的使用原则。

（1）食品添加剂使用的基本要求

a. 不应对人体产生任何健康危害；

b. 不应掩盖食品腐败变质；

c. 不应掩盖食品本身或加工过程中的质量缺陷或以掺杂、掺假、伪造为目的而使用食品添加剂；

d. 不应降低食品本身的营养价值；

e. 在达到预期效果的前提下尽可能降低在食品中的使用量。

（2）在下列情况下可使用食品添加剂

a. 保持或提高食品本身的营养价值；

b. 作为某些特殊膳食用食品的必要配料或成分；

c. 提高食品的质量和稳定性，改进其感官特性；

d. 便于食品的生产、加工、包装、运输或者贮藏。

（3）食品添加剂质量标准　按照 GB 2760—2014 使用的食品添加剂应当符合相应的质

量规格要求。

（4）带入原则　在下列情况下食品添加剂可以通过食品配料（含食品添加剂）带入食品中：

a. 根据本标准，食品配料中允许使用该食品添加剂；

b. 食品配料中该添加剂的用量不应超过允许的最大使用量；

c. 应在正常生产工艺条件下使用这些配料，并且食品中该添加剂的含量不应超过由配料带入的水平；

d. 由配料带入食品中的该添加剂的含量应明显低于直接将其添加到该食品中通常所需要的水平。

当某食品配料作为特定终产品的原料时，批准用于上述特定终产品的添加剂允许添加到这些食品配料中，同时该添加剂在终产品中的量应符合本标准的要求。在所述特定食品配料的标签上应明确标示该食品配料用于上述特定食品的生产。

3. 食品添加剂的类别
Food additives classification

GB 2760—2014《食品添加剂使用标准》全面整合了 1996 年以来卫生部公布的添加剂名单，根据食品添加剂常用的功能，将添加剂分为 22 类，并从食品添加剂品种出发，规定了各种食品添加剂的使用范围和使用量。这 22 类添加剂分别如下所述。

酸度调节剂：用以维持或改变食品酸碱度的物质。

抗结剂：用于防止颗粒或粉状食品聚集结块，保持其松散或自由流动的物质。

消泡剂：在食品加工过程中降低表面张力，消除泡沫的物质。

抗氧化剂：能防止或延缓油脂或食品成分氧化分解、变质，提高食品稳定性的物质。

漂白剂：能够破坏、抑制食品的发色因素，使其褪色或使食品免于褐变的物质。

膨松剂：在食品加工过程中加入的、能使产品发起形成致密多孔组织，从而使制品具有膨松、柔软或酥脆的物质。

胶基糖果中基础剂物质：赋予胶基糖果起泡、增塑、耐咀嚼等作用的物质。

着色剂：赋予食品色泽和改善食品色泽的物质。

护色剂：能与肉及肉制品中呈色物质发生作用，使之在食品加工、保藏等过程中不致分解、破坏，呈现良好色泽的物质。

乳化剂：能改善乳化体中各种构成相之间的表面张力，形成均匀分散体或乳化体的物质。

酶制剂：由动物或植物的可食或非可食部分直接提取，或由传统或通过基因修饰的微生物（包括但不限于细菌、放线菌、真菌菌种）发酵、提取制得，用于食品加工，具有特殊催化功能的生物制品。

增味剂：补充或增强食品原有风味的物质。

面粉处理剂：促进面粉的熟化和提高制品质量的物质。

被膜剂：涂抹于食品外表，起保质、保鲜、上光、防止水分蒸发等作用的物质。

水分保持剂：有助于保持食品中水分而加入的物质。

防腐剂：防止食品腐败变质、延长食品储存期的物质。

稳定剂和凝固剂：使食品结构稳定或使食品组织结构不变，增强黏性固形物的物质。

甜味剂：赋予食品甜味的物质。

增稠剂：可以提高食品的黏稠度或形成凝胶，从而改变食品的物理性状，赋予食品黏润、适宜的口感，并兼有乳化、稳定或使呈悬浮状态作用的物质。

食品用香料：能够用于调配食品香精，并使食品增香的物质。

食品工业用加工助剂：有助于食品加工能顺利进行的各种物质，与食品本身无关。如助滤、澄清、吸附、脱模、脱色、脱皮、提取溶剂等。

其他：上述功能类别中不能涵盖的其他功能。

4. 食品分类系统
Food classification system

GB 2760—2014《食品添加剂使用标准》在附录E中划分食物类别，以行业分类标准（或标准体系表）作为重要参考，共分16大类，大类基础上细分为亚类、次亚类，编号3位到10位数。该分类系统包含了最大可能完整的食物类别，包括那些不允许使用添加剂的品种。每一食品类别规定了相应的允许使用的食品添加剂及使用量。这16大类食品为：

01.0 乳及乳制品（13.0 特殊膳食用食品涉及品种除外）

02.0 脂肪，油和乳化脂肪制品

03.0 冷冻饮品

04.0 水果、蔬菜（包括块根类）、豆类、食用菌、藻类、坚果以及籽类等

05.0 可可制品、巧克力和巧克力制品（包括代可可脂巧克力及制品）以及糖果

06.0 粮食和粮食制品，包括大米、面粉、杂粮、块根植物、豆类和玉米提取的淀粉等（不包括 07.0 类焙烤制品）

07.0 焙烤食品

08.0 肉及肉制品

09.0 水产及其制品（包括鱼类、甲壳类、贝类、软体类、棘皮类等水产及其加工制品等）

10.0 蛋及蛋制品

11.0 甜味料，包括蜂蜜

12.0 调味品

13.0 特殊膳食用食品

14.0 饮料类

15.0 酒类

16.0 其他类（01.0 ～ 15.0 除外）

5. 食品营养强化剂
Food enrichment

食品营养强化、平衡膳食 / 膳食多样化、应用营养素补充剂是世界卫生组织推荐的改善人群微量营养素缺乏的三种主要措施。食品营养强化是在现代营养科学的指导下，根据不同地区、不同人群的营养缺乏状况和营养需要，以及为弥补食品在正常加工、储存时造成的营养素损失，在食品中选择性地加入一种或者多种微量营养素或其他营养物质。食品营养强化不需要改变人们的饮食习惯就可以增加人群对某些营养素的摄入量，从而达到纠正或预防人群微量营养素缺乏的目的。食品营养强化的优点在于，既能覆盖较大范围的人群，又能在短时间内收效，而且花费不多，是经济、便捷的营养改善方式，在世界范围内广泛应用。

国际社会十分重视食品营养强化工作。国际食品法典委员会（CAC）1987 年制定了《食品中必需营养素添加通则》，为各国的营养强化政策提供指导。在 CAC 原则的指导下，各国通过相关法规来规范本国的食品强化。美国制定了一系列食品营养强化标准，实施联邦法规第 21 卷 104 部分（21 CFR Part 104）中"营养强化政策"，对食品生产单位进行指导。欧盟2006 年 12 月发布了 1925/2006《食品中维生素、矿物质及其他特定物质的添加法令》，旨在

避免由于各成员国对于食品中营养素强化量不一致而造成的贸易影响。其他国家也通过标准或管理规范等途径对食品营养强化进行管理。

《食品营养强化剂使用卫生标准》（GB 14880—1994）自 1994 年发布以来，对规范我国的食品营养强化、指导生产单位生产起到了积极作用，此外，卫生部继续以公告的形式增补和扩大新批准的营养素品种和使用范围，实现对该标准的动态管理。《食品安全国家标准　食品营养强化剂使用标准》（GB 14880—2012）是对《食品营养强化剂使用卫生标准》（GB 14880—1994）中营养强化剂的使用规定和历年卫生部批准的食品营养强化剂使用情况进行汇总、梳理以及科学分类，主要修订原则如下：以风险评估为基础，确保标准的科学性；充分借鉴国际和发达国家的法规标准和管理模式；坚持公开、透明的原则，广泛听取各方意见；重点解决基础标准与产品标准间的矛盾、重复、不协调等问题；兼顾行业现状和发展需要，确保标准实施的可行性。

该标准经食品安全国家标准审评委员会第六次主任会议审查通过，于 2012 年 3 月 15 日公布，自 2013 年 1 月 1 日正式施行。该标准是食品安全国家标准中的基础标准，旨在规范我国食品生产单位的营养强化行为。该标准属于强制执行的标准，其强制性体现在一旦生产单位在食品中进行营养强化，则必须符合本标准的相关要求（包括营养强化剂的允许使用品种、使用范围、使用量、可使用的营养素化合物来源等），但是生产单位可以自愿选择是否在产品中强化相应的营养素。

该标准包括正文和四个附录。正文包括了范围、术语和定义、营养强化的主要目的、使用营养强化剂的要求、可强化食品类别的选择要求、营养强化剂的使用规定、食品类别（名称）说明和营养强化剂质量标准八个部分。四个附录则对允许使用的营养强化剂品种、使用范围及使用量，允许使用的营养强化剂化合物来源，允许用于特殊膳食用食品的营养强化剂及化合物来源，以及食品类别（名称）四个不同方面进行了规定。

新标准与旧标准相比的主要变化有：

（1）标准名称改为《食品安全国家标准　食品营养强化剂使用标准》；

（2）增加了卫生部 1997～2012 年 1 号公告及《食品添加剂使用卫生标准》（GB 2760—1996）附录 B 中营养强化剂的相关规定；

（3）增加或规范了营养强化剂、营养素、其他营养成分、特殊膳食用食品的术语和定义；

（4）增加了营养强化的主要目的、使用营养强化剂的要求和可强化食品类别的选择要求；

（5）在风险评估的基础上，结合本标准的食品类别（名称），调整、合并了部分营养强化剂的使用品种、使用范围和使用量，删除了部分不适宜强化的食品类别；

（6）列出了允许使用的营养强化剂化合物来源名单；

（7）增加了可用于特殊膳食用食品的营养强化剂化合物来源名单和部分营养成分的使用范围和使用量；

（8）增加了食品类别（名称）说明；

（9）删除了原标准中附录 A "食品营养强化剂使用卫生标准实施细则"；

（10）保健食品中营养强化剂的使用和食用盐中碘的使用，按相关国家标准或法规管理。

二、我国食品添加剂标准分类
Classification of food additive standards of China

我国的食品添加剂标准有分类标准、产品标准及食品添加剂检验方法标准、食品添加剂标准等，其中最重要的是食品添加剂标准。

分类标准如 GB/T 21725—2017《天然香辛料　分类》；产品标准非常多，如 GB 1886.25—2016《食品安全国家标准 食品添加剂　柠檬酸钠》等。

检验方法标准如 GB 5009.75—2014《食品安全国家标准 食品添加剂中铅的测定》、GB 5009.76—2014《食品安全国家标准 食品添加剂中砷的测定》、GB 5009.28—2016《食品安全国家标准 食品中苯甲酸、山梨酸和糖精钠的测定》、GB/T 5009.30—2003《食品中叔丁基羟基茴香醚（BHA）与 2,6- 二叔丁基对甲酚 (BHT) 的测定》等。食品添加剂标准如 GB 2760—2014《食品安全国家标准 食品添加剂使用标准》。

与本章内容相关的食品法律法规

1.《食品安全国家标准 食品生产通用卫生规范》（需下载）
2.《食品安全国家标准 食品营养强化剂使用标准》（需下载）

复习思考题

1. 简述食品标准和食品产品标准的概念和分类。
2. 试阐述食品生产企业如何应用《食品安全国家标准 食品生产通用卫生规范》完善企业生产。

第五章 国际食品标准与法规

International Food Standards and Regulations

本章课程目标和要求：

本章系统介绍了国际食品法典的相关内容，详细介绍了国际标准化组织（ISO）及世界卫生组织、联合国粮食及农业组织和世界贸易组织，简要介绍了美国、日本、欧盟等的食品法律法规。

通过本章的学习能够熟练掌握国际食品法典、国际标准化组织的相关情况；熟悉其他国际组织；了解发达国家食品标准与法规；能够更好地与国际食品标准和法规对接和应用。

第一节　国际食品法典
Codex Alimentarius

一、国际食品法典的发展历史
Development history of the Codex Alimentarius

　　食品法典是拉丁词汇的意译，即涉及食品的一套标准和法规。它的演变历史可以追溯到古代。早期的世界历史文献显示，一些当权者采用编纂法规的形式来保护消费者不会受到食品销售中不良行为的侵害，如小亚细亚的板片上记载了用以确定正确称量和度量谷物的方法；埃及的书卷中描述了某些食品的标识；在古雅典，人们需检验啤酒和葡萄酒的纯度和卫生；而古罗马人有一套组织完善的国家食品管理系统，保护消费者不会受到掺假或不良食品的伤害。在中世纪的欧洲，一些国家通过了各种有关蛋、香肠、奶酪、啤酒、葡萄酒和面包质量和安全的规定。这些古代条例有的至今仍存在。

　　19 世纪下半叶，食品化学成为一门重要学科，人们开始掌握各种技术，可根据食物简单成分的化学参数来确定某种食品的纯度。1867 ~ 1918 年，奥匈帝国时期，世界上第一部包含各种类型食品的标准及产品规定的全集——《奥匈食品法典（Codex Alimentarius Austriacus）》形成了。尽管它还缺乏法律效力，但在法庭上需要确定某产品特性时，它可作为参考依据。今天，"食品法典"一词就是来源于奥匈帝国的这部法规。

　　20 世纪早期，食品贸易者开始担心由于各国同时而又单独制定互不相同的食品标准和法规体系，不可避免地会带来贸易上的障碍。为了解决这个问题，他们组成各种贸易团体，给政府施压，要求协调不同的食品标准，以促进那些符合规定的质量和安全要求的食品的正常贸易。成立于 1903 年的国际乳品联合会（International Dairy Federation，IDF）就是这样一个组织，它从事着国际乳与乳制品的标准化工作，是后来成立食品法典委员会（Codex Alimentarius Commision，CAC）以及制定其制标程序的推动力量。

　　与此同时，随着食品科技的迅速发展，一些更为灵敏的分析手段出现，人们对食品的营养、质量和对健康危害的认识也飞速发展。起初，消费者的担心还仅仅是"看得见"的方面——不够分量、大小不一、误导性的标识或是质量差等；但后来他们关注的包括了"看不见"的方面——不能通过感官确定的健康危害，例如微生物、农药残留、环境污染物以及食品添加剂等。随着各种国际和国内消费者组织的涌现，世界各国政府面临不断增加的压力，要求它们保护人们免受质次和有害食品的影响。

　　自 20 世纪 40 年代后期成立了联合国粮农组织（FAO）和世界卫生组织（WHO）之后，有关食品法规的发展方向成为国际社会关注的要点。从事食品经营和贸易的人员、消费者以及各方专家越来越寄希望于 FAO 和 WHO 能作为"领头羊"，理顺各种阻碍贸易而且不能为消费者提供充分健康保障的错综复杂的食品法规。1953 年，WHO 的主管机构——世界卫生大会提出，食品中广泛使用化学物质已成为新的公共卫生问题，因此建议两个组织应开展有关研究，其中一项是将食品添加剂的使用作为研究的重点。于是，1955 年 FAO 和 WHO 召开了第一次食品添加剂联合会议。这次会议决定成立 FAO/WHO 食品添加剂联合专家委员会（JECFA），这是 FAO 和 WHO 首次就食品安全标准问题进行研究合作。与此同时，一些国际非政府组织（NGO）建立了许多产品专业委员会，它们也在认真研究某一食品类别的标准，如果汁、速冻蔬菜水果以及乳品等，其工作成为日后成立的相关食品法典产品委员会的基础，有些非政府委员会则直接演变为某一法典委员会。

1960 年 10 月，第一届 FAO 欧洲地区会议提出了一个被广泛认同的观点："作为保护消费者健康、确保食品质量和减少贸易壁垒的重要手段，特别是在迅速形成的欧洲共同市场的形势下，需要就基本食品标准及有关问题（包括标签要求、检验方法等）达成国际协定。"此次会议还认为："协调各种组织不断增加的食品标准计划将是十分重要的问题。"此次地区会议过去四个月后，FAO 开始与 WHO、欧洲经济委员会（ECE）、经济合作与发展组织（OECD）以及欧洲食品法典理事会共同讨论有关建立一个国际食品标准计划的意向。

1961 年 11 月，FAO 第 11 次会议通过决议决定成立食品法典委员会，并敦促 WHO 尽快共同建立 FAO/WHO 联合食品标准计划。1962 年，FAO/WHO 联合食品标准会议召开，决定成立一个国际食品法典委员会实施该计划，共同制定食品法典。1963 年 5 月，世界卫生大会第 16 次会议批准成立国际食品法典委员会（CAC），并通过了委员会章程，世界上第一个政府间协调国际食品标准法规的国际组织成立了，其宗旨是保护消费者健康和促进国际间食品贸易公平。

至此，世界上第一个政府间协调国际食品标准法规的国际组织——国际食品法典委员会（CAC）成立了，其宗旨是保护消费者健康和促进国际间公平食品贸易。在其成立的五十余年来，食品法典标准在诸多方面发挥着重要作用，取得了显著成就。

在过去的五十余年间，CAC 遵循联合国粮农组织和世界卫生组织的良好传统，持续促进食品科学技术方面的研究和讨论，将全球的食品安全意识提升到前所未有的高度。目前，国际食品法典委员会已成为全球消费者、食品生产者和加工者、各国食品管理机构和国际食品贸易重要的基本参照标准，食品法典也对食品生产、加工者的观念和消费者的意识已产生了巨大影响，并对保护公众健康和维护公平食品贸易做出了巨大贡献。

二、国际食品法典委员会
Codex Alimentarius Commission（CAC）

1. 食品法典委员会简介
Brief introduction

国际食品法典委员会（CAC）是 FAO 和 WHO 于 1963 年建立的以保障消费者健康和食品贸易公平为宗旨的一个政府间协调食品标准的国际组织，受 FAO 和 WHO 领导。委员会的章程和规则的制定、修订均需经这两个组织批准。

CAC 目前已有 188 个成员国、1 个成员组织（欧盟）、58 个国际政府间组织、163 个非政府组织、16 个联合国机构和 237 个法典观察员，其成员国覆盖了世界人口的 99%，并且发展中国家的数目迅速增长并占绝大多数，这些事实进一步表明 CAC 在全世界的影响越来越大。食品法典委员会（简称食典委）成员资格向对国际食品标准有兴趣的粮农组织和世卫组织的所有成员国和准成员开放，属于粮农组织或世卫组织成员的区域经济一体化组织也可以成为成员并适用专门规则，非食典委成员的所有粮农组织或世卫组织成员国或准成员可根据申请以观察员身份参加食典委及其下属机构的各届会议和专题会议，非粮农组织或世卫组织成员国或准成员的联合国成员可申请以观察员身份受邀参加食典委会议。

CAC 作为一个单一的国际组织，一贯致力于在全球范围内推广食品安全的观念和知识，关注并促进消费者保护。委员会每两年开一次大会，在粮农组织总部所在地罗马和世界卫生组织总部所在地日内瓦之间轮换进行。每个成员国的首要义务是出席大会会议，各成员国政府委派官员召集组成本国代表团，代表团成员包括企业代表、消费者组织、学术研究机构的代表等，非委员会成员国的国家有时也可以观察员的身份出席会议。

大多数国际政府组织和国际非政府组织均可作为观察员列席委员会大会。与各成员国所不同的是，"观察员"不具备大会通过决议的最终表决权，除此之外，食品法典委员会允许观察员随时提出他们的观点。

为便于成员国间的联系和接触，委员会与各国政府合作，设立了法典咨询点，很多成员国设立了本国的法典委员会以协调国家间的各项活动。

委员会成立以来，食品法典的制定工作得到了稳步发展并引起广泛关注，发展中国家也积极参与并成立国家级联络及管理机构。经过了二十几年的工作实践，我国已全面参与了国际法典工作的相关事务，在多项标准的制修订工作中突显了我国的作用，逐渐得到了国际社会的认可。我国于2006年成功申请成为国际食品添加剂法典委员会（CCFA）主持国政府，2011年成为代表亚洲区域的执委会成员，2019年至今，自中国担任CCFA主持国以来已经举办了13次国际食品添加剂法典委员会会议。

2. CAC组织和管理
Organization and administration of CAC

食品法典委员会（CAC）的组织机构包括全体成员国大会、常设秘书处、执行委员会和附属技术机构（各类分委员会）。

（1）全体成员国大会 Conference of all member nations　食品法典委员会（CAC）主要的决策机构是全体成员国大会，审议并通过国际食品法典标准和其他相关事项。委员会的日常工作由在罗马粮农组织总部的一个由6名专业人员和7名支持人员组成的常设秘书处来承担。食品法典委员会秘书处负责简洁陈述FAO/WHO标准的进展、为委员会提供行政支持以及与会员国食品法典联络处联系。

委员会从其成员中选举出一名主席和三名副主席，每两年换届一次。在主席缺席的情况下，由副主席主持委员会的会议，并视委员会工作的需要情况行使其他职能。这些被选出的官员，为委员会的一个普通会期（两年）提供服务，并可连任两届。

（2）执行委员会 Executive Committee　CAC下设执行委员会，在CAC全体成员国大会休会期间，执行委员会代表委员会开展工作、行使职权。执行委员会由主席和副主席连同委员会选出的七名成员组成，非洲、亚洲、欧洲、拉美和加勒比、近东、北美以及西南太平洋各一人。

（3）附属技术机构 Subsidiary technology body　CAC的技术附属机构是CAC国际标准制定的实体机构，这些附属机构分成综合主题委员会（General Subject Committees）、商品委员会（Commodity Committees）、区域协调委员会（FAO/WHO Coordinating Committees）和政府间特设工作组（Ad Hoc Intergovernmental Task Forces）四类。每类委员会下设具体专业委员会，目前共有29个附属机构（委员会），其中4个委员会暂停工作，CAC标准通过这29个附属机构制定完成。综合主题委员会负责拟订有关适用于所有食品的食品安全和消费者健康保护通用原则的标准，商品委员会（纵向）负责拟定有关特定商品的标准，区域协调委员会负责处理区域性事务。目前8个综合主题委员会包括：农药残留（主持国荷兰）、食品进口和出口验证体系（主持国澳大利亚）、食品中兽药残留（主持国美国）、专用饮食营养和食品（主持国德国）、食品标识（主持国加拿大）、分析和抽样方法（主持国匈牙利）、通用准则（主持国法国）及食品卫生（主持国美国），2006年7月5日在瑞士日内瓦举行的国际食品法典委员会第29届会议上，我国成功当选为国际食品添加剂法典委员会主持国，这是自1963年国际食品法典委员会成立以来，我国首次担任其附属委员会的主持国。11个商品委员会包括：水果和蔬菜制品（主持国美国），油脂（主持国英国），新鲜水果和蔬菜（主持国墨西哥），可可制品和巧克力（主持国瑞士），鱼和鱼产品（主持国挪威），乳和乳制品（主持国新西兰），肉类和家禽卫生（主持国新西兰），天然矿泉水（主持国瑞士），糖料（主持国英国），谷物、豆类和豆类植物（主持国美国），植物蛋白质（主持国加拿大）。有非洲、亚洲、欧洲、拉美和加勒比、近东、北美和西南太平洋6个区域协调委员会。

所有这些委员会都是政府间的标准协调机构，每个分委员会由一个成员国主持，主持国根据需要每一年或两年召开一次会议，都有广泛代表性的国家参与，一些法典分委员会的与会国几乎与CAC全体会议一样庞大。在获得每个区域多数成员支持的基础上，委员会为六个地理区域的每个区域任命协调员，区域协调员最多能连任两个任期。他们的作用是协助和协调区域协调委员会制订提交给委员会的草案性标准、准则及建议工作。他们还负责向执行委员会和委员会反映其区域成员国以及得到承认的区域性政府间组织和非政府组织对目前正讨论中事项的意见，协调员以观察员身份参加执行委员会。所有分委员会和协调委员会的报告需提交CAC大会审议讨论。区域、商品以及综合主题的各个委员会的经费开支全部或部分由东道国负担，但行政管理的费用仍由食品法典委员会秘书处支持，成员国负担自身参加会议的费用。除此之外，委员会成立政府间特设工作组（而非食品法典的委员会），以作为一种精简委员会组织结构的手段，并借此提高附属机构的运行效率。政府间特设工作组的职权范围在起始时就予以规定，且仅限于某一即期性任务。特设工作组的期限是预设的，而且通常不应超过5年。食品法典的分委员会和特别工作组负责草拟提交给委员会的标准，无论其是拟作全球使用的还是供特定区域或国家使用的。在食品法典内对标准草案及相关文件的解释工作由附属机构承担。食品法典的组织机构被假定为是互相联系的，每个成员国内部有相应的行政管理机构。食品法典委员会与成员国主要的机构接触渠道就是各国家的法典联络处。根据法典程序手册，法典联络处的核心职能包括：充当食品法典秘书处与成员国之间的联系纽带，并协调国家一级与食品法典有关的所有活动。理想的情况是，食品法典联络处支持一个国家委员会，其机构能反映出国家立法、政府行政管理机构以及已建立起的程序及惯例。

（4）联合专家委员会 Joint Expert Committee　FAO/WHO食品添加剂联合专家委员会（JECFA）和农药残留联席会议（JMPR）等，是由粮农组织和世界卫生组织共同资助和管理的两个专家委员会。JECFA和JMPR虽然不是食品法典委员会组织结构中的正式组成部分，但都为制订食品法典标准所需的信息提供独立的专家科学建议。食品添加剂和污染物联合专家委员会（JECFA）负责食品添加剂、污染物、兽药残留，农药残留联席会议（JMPR）负责农药残留。微生物风险评估联席会议是一个新的小组，仍被称作"联合专家磋商会"，而不是一个正式的委员会，负责微生物风险评估，其他专家磋商会可根据需要建立。委员会和专家磋商会由粮农组织和世界卫生组织提供经费和管理，独立于食品法典委员会。食品添加剂和污染物联合专家委员会（JECFA）和农药残留联席会议（JMPR）在粮农组织和世界卫生组织中都有各自的联合秘书处。

3. CAC的战略目标
Strategic planning of CAC

CAC的战略目标是达到对消费者最高水平的保护，包括食品安全和质量。其具体目标为：建立良好的法规框架、促进科学原则与风险分析获得最广泛一致的应用、促进食品法典和多边法规基本原则及公约的衔接和促进CAC标准在国家和国际间都能获得最广泛的应用。

4. CAC的主要职能
Main function of CAC

保护消费者健康和确保公正的食品贸易，促进国际组织、政府和非政府机构在制定食品标准方面的协调一致，通过或与适宜的组织一起决定、发起和指导食品标准的制定工作，解决将那些由其他组织制定的国际标准纳入CAC标准体系，以及修订已出版的标准。

三、国际食品法典概述
Overviews of the Codex Alimentarius

1.标准制定原则和协商一致决策
Principles of standard formulation and consultative consensus

CAC 法典标准制定遵循下列原则：

① 保护消费者健康 Protecting consumers health；

② 促进公正的国际食品贸易 Promoting fair international food trade；

③以科学危险性评价（定性与定量）为基础：食品添加剂联合专家委员会（JECFA），农药残留联席会议（JMPR），食品微生物危害危险性评估专家咨询组（JEMRA）Based on scientific hazard assessment：JECFA，JMPR，JEMRA；

④ 考虑其他合理因素：经济、不同地区和国家的情况等 A consideration of other reasonable factors：economies and different regional and national circumstances。

CAC 标准是基于协商一致的决策，CAC 程序手册规定"委员会应作一切努力以协商一致方式通过或修改标准达成协议。只有在这种达成一致意见的努力失败的情况下，通过标准的决定才可通过投票作出"。要求委员会采用一种"积极达成一致"的程序，确保会议的充分讨论，出现不同意见时组织有关方面举行非正式会议（会议参加权对各利益方和观察员开放，以确保透明度），重新定义审议中的主题事项的范围，以去掉无法达成共识的议题，强调有关事项不提交给委员会，直至达成一致。

2.标准制定程序
Procedures for standards formulation

（1）一般制定程序 Ordinary procedures　CAC 按照严密、公开和透明的程序开展法典标准的制修订工作，通过一个设计高度完备的八步骤程序来进行标准的制定和通过。

步骤 1：参照"确定工作重点的标准"，委员会决定应拟订一项标准和应由哪个附属委员会或其他机构承担此项工作。

步骤 2：秘书处或委员会安排准备"标准草案"建议稿的起草工作。对于农药或兽药的最大残留限量标准，考虑专家委员会（食品添加剂和污染物联合专家委员会、农药残留联席会议等）的科学意见。如涉及乳及乳制品标准，则考虑国际乳品业联合会的意见。

步骤 3：将"标准草案"建议稿分发给成员国和观察员征求意见。

步骤 4：委员会考虑这些意见并决定修改"标准草案"建议稿。

步骤 5：该"标准草案"建议稿提交食品法典委员会或执行委员会，由其通过后成为一项标准草案，并考虑成员国就拟议标准草案对其经济利益的影响所提意见。

步骤 6 和 7：重复步骤 3 和 4，进行第二轮的磋商和由有关的委员会进行修改。

步骤 8：由委员会通过，草案即成为一项法典标准。

（2）加速制定程序 Accelerated procedures　必要时可以采用一项加速程序，主要由步骤1～5 组成，其最后为文本通过成为一项食品法典标准。这一般是发现立即需要某一项标准时，和 / 或在对审议中的问题已有广泛共识时才采用。委员会、执行委员会或附属机构（取决于委员会或执行委员会随后进行的确认）根据表决的三分之二多数票可采用加速制定程序。

3.法典目标
CAC objectives

纵观世界，越来越多的消费者和政府部门开始了解食品的质量和安全问题，认识到选择食品的必要性。目前消费者通常会要求其政府采取立法的措施，确保只有具备一定质量的安全食品才能销售，而且要将食源性健康危害降至最低水平。CAC 通过制定法典标准和对所有有关问题进行探讨，大大地促使食品问题作为一项实质内容列入政府的议事日程。

（1）加强对消费者保护 Enhancing consumers protection　CAC 普遍认同的工作原则是确保人们有权获得安全、高质量和适宜食用的食品。食源性疾病是最令人烦恼的，因为它重则致命，同时还有其他后果。食源性疾病爆发会损害食品贸易和旅游业，出现收入减少、失业和各种诉讼。低质量的食品还会损害供应商在国际和国内的商业信誉，而食物腐败除会造成浪费外，还会严重影响食品贸易和消费者的信心。

近年来，联合国大会、FAO/WHO 关于食品标准、食品中化学品和食品贸易研讨会（与 GATT 合作）、FAO/WHO 国际营养会议以及 FAO 食品高峰会议等都积极敦促各成员采取措施保障食品的安全和质量。CAC 首当其冲成为完成这一使命的重要国际机构，通过其制定的一套系统的食品安全质量标准、法规，指导各国建立科学有效的食品管理体系，加强对消费者健康的保护。

（2）促进广泛的社会参与 Promoting extensive social participation　CAC 的任务随着法典的制定不断发展。制定一部食品法典不仅是紧迫的，而且由于科学研究和产品开发的不断延续，它也是无止境的。为使食品标准的制定和所形成的体系更为可信和具权威性，要求进行广泛的咨询，收集和评估资料，然后确认最终的结果，有时还要在同样具有科学合理性的不同观点之间提出客观的权衡意见。

制定标准以保护消费者健康、维护食品的公平销售、促进贸易发展，这是一个需要有涉及食品的多学科专家以及消费者组织、食品生产加工企业、食品管理部门和贸易者共同完成的过程。随着越来越多的人参与到标准的制定过程，食品法典（包括有关的规定和建议）就包含着更广泛的领域，CAC 的工作也更加为人们所知，其影响也就不断加强和扩大。

（3）形成一部科学性的标准 The formation of the scientific standards　食品法典本身是一项伟大的成就。尽管它是非常重要的，但如果认为它是 CAC 工作的唯一成果就错了。随着食品法典的制定，另一项重要成就是唤起全球社会认识到食物危害的危险以及食品质量的重要性，从而了解制定标准的意义。CAC 通过提供一个有关食品问题的国际联络中心和对话论坛来发挥其重要的作用。CAC 在制定标准和操作规范的过程中，出版了众多享有盛誉的科学文章，召开了各种专家咨询会和由食品和其他有关领域精英人士参加的国际会议。世界各国的反响是建立长期有效的食品法律体系和以法典为基础的标准体系，以及建立和加强食品管理机构，以监测这些规定的实施情况。现在，食品法典已享有作为国际参考基准的良好盛誉。

（4）促进国际食品公平贸易 Encouraging fair international food trade　协调各国食品法规，使之与国际标准和建议接轨，这是世界贸易组织（WTO）有关协定的重要条款。由于国际食品法典在科学性、权威性和协调性方面有着独树一帜的地位，因而可作为 WTO 有关食品贸易方面重要的参考基准。各国食品标准法规如无特殊理由应与 CAC 制定的法典标准相一致，只有这样，才能消除不必要的贸易技术壁垒，保护各国消费者利益。

4.标准制定覆盖范围
Scope of the standards

食品法典是国际公认的一本由委员会采纳并以一种统一形式提出的国际食品标准汇集。食品法典委员会的程序手册中指出："食品法典包括预期出售给消费者的所有主要食品的标准，无论是加工的、半加工的还是未加工的食品。食品法典包括食品卫生、食品添加剂、农药残留、污染物、标签及其说明以及分析和取样方法等方面的规定。食品法典标准包括对食品的各种要求，旨在确保消费者获得的食品完好、有益健康、没有掺假，标签及描述正确。"

食品法典目前制订的范围如下所述：

① 有关存在于食品中的农药残留、添加剂、污染物（包括微生物污染物）最高限量的食品安全标准；

② 关于过程及程序以准则形式出现的标准（如业务守则、危害分析与关键控制点）；

③ 可能与健康有关的标识标准（如过敏原、营养标识），用以保护消费者免受欺诈（如重量及标准、日期标记），或供消费者参考（如清真、有机标识）；

④ 商品 / 产品标准，此类标准是明确说明该商品是什么（如沙丁鱼），或它如何制作以及它可能包含什么（如切达干酪、腌牛肉）；

⑤ 作为经常按特性分级的商品标准一部分的质量标识（如不同种类芦笋的颜色）。

5. 法典标准体系模式
Standard system model

标准体系结构模式采用横向的通用原则标准［也就是由综合主题（横向）委员会负责拟订有关适用于所有食品的食品安全和消费者健康保护通用原则的标准］和纵向特定商品标准［由商品委员会（纵向）负责拟定有关特定商品的标准］相结合的网格状结构。

标准体系内容结构有下列要素架构：横向的通用标准包括食品卫生（包括卫生操作规范）、食品添加剂、农药残留、污染物、标签及其说明，以及分析和取样方法等方面的规定；纵向的产品标准涉及水果、蔬菜、肉和肉制品、鱼和鱼制品、谷物及其制品、豆类及其制品、植物蛋白、油脂及制品、婴儿配方食品、糖、可可制品、巧克力、果汁及瓶装饮料、食用冰等 14 类产品。食品法典的各卷标准分别用英文、法文和西班牙文出版，各个标准均可在相关网站阅览。

6. 食品法典的内容
Contents of Codex Alimentarius

（1）第一卷第一部分：一般要求

（2）第一卷第二部分：一般要求（食品卫生）

（3）第二卷第一部分：食品中的农药残留（一般描述）

（4）第二卷第二部分：食品中的农药残留（最大残留限量）

（5）第三卷：食品中的兽药残留

（6）第四卷：特殊功用食品（包括婴儿和儿童食品）

（7）第五卷第一部分：速冻水果和蔬菜的加工过程

（8）第五卷第二部分：新鲜水果和蔬菜

（9）第六卷：果汁

（10）第七卷：谷类、豆类（豆荚）及其派生产品和植物蛋白质

（11）第八卷：脂肪和油脂及相关产品

（12）第九卷：鱼和鱼类产品

（13）第十卷：肉和肉制品；汤和肉汤

（14）第十一卷：糖、可可产品、巧克力和各类不同产品

（15）第十二卷：乳及乳制品

（16）第十三卷：取样和分析方法

各卷包括了一般原则、一般标准、定义、法典、货物标准、分析方法和推荐性技术标准等内容，每卷所列内容都按一定顺序排列以便于参考。如第一卷第一部分一般要求内容如下：

① 食品法典的一般要求

② 叙述食品法典的目的

③ 地方法典在国际食品贸易中的作用

④ 食品标签

⑤ 食品添加剂——包括食品添加剂的一般标准

⑥ 食品的污染物——包括食品污染物和毒素的一般标准

⑦ 辐射食品

⑧ 进出口食品检验和出证系统

7. 成员国家对法典标准的接受
Acceptance of member countries

制定食品标准是保护消费者健康和最大可能地方便国际贸易的先决条件，基于此，乌拉圭回合动植物检疫与卫生措施协议（Agreement on Sanitary and Phytosanitary measures，SPS Aareement）和技术性贸易壁垒协议（Technical Barriers to Trade，TBT）均鼓励采用一致的国际食品标准。只有在所有国家都采纳相同的标准时，才能达到保护消费者和方便贸易的目的。食品法典的一般准则指明成员国应"接受"法典标准，接受的程度可略有不同，这取决于该标准是商品标准、一般标准或是关于农药残留、兽药残留、食品添加剂问题方面的标准。然而，准则一般提倡成员国最大限度地接受法典标准；同时，在一般准则中对接受的方法也有明确规定，不同成员国的接受方法也由法典委员会按一般准则根据具体情况而定。而全球性对法典所有活动所产生的浓厚兴趣，清楚地表明了法典的运作规则在全球得到了普遍接受，在保护消费者和方便国际贸易方面的进程趋于一致。然而在实际操作中，很多国家很难从法律观念上来接受法典标准。法律制度、政治制度和行政体制的差异，有时还受国家态度的影响及权力至上观念的存在阻碍了法典标准被接受和趋于一致性的进程。

尽管有很多困难，但在方便贸易的强大国际动力的推动下，各成员国标准与法典标准趋于一致的工作取得了巨大进展。调整本国食品标准和部分相关标准（尤其是那些与安全有关的标准），特别是在一些不可见的指标方面，如添加剂、污染物和残留等，使其与食品法典标准一致的国家在不断增加。

四、粮农组织，世界卫生组织和法典关系
Relationship between Food Agricultural Organization（FAO），World Health Organization（WHO）and Codex

粮农组织和世界卫生组织充实了委员会的大量工作，并取得了显著效果。要采纳法典标准，成员国家首先需要有相应的法律，也要设立一定的技术和行政机构来实施履行。多年来，粮农组织和世界卫生组织做了大量努力，通过工业化国家提供的财政和技术支持，对发展中国家提供援助，取得明显成效。对发展中国家的援助包括以下几方面：

① 建立和加强发展中国家食品控制系统，包括食品法规的制定和修订，以期按照法典标准建立食品标准；

② 召开包括粮农组织/世界卫生组织食品添加剂联合专家委员会和农药残留联席会议在内的专家会议，向食品法典委员会提出建议；

③ 指导食品加工工厂并举办培训，不仅传递了与食品控制相关的信息、知识和技术，而且加深了发展中国家对食品法典和委员会工作情况的了解；

④ 提高实验检测和食品检验能力；

⑤ 提供与消费者健康保护和确保安全食品生产经营活动有关的食品控制的全方位培训；

⑥ 向与法典活动有关的各类会议和专题讨论会呈递食品安全质量措施报告；

⑦ 扩展对与法典活动直接相关事项指导的范围，比如应用生物工程技术对食品生产的

安全评估；

  ⑧ 制定和出版一些与食品质量和安全体系运行及相关提议有关的手册和范文；

  ⑨ 帮助和加强对已建立起来的食品控制机构所必需的技术和管理水平的培训，以确保食品控制机构的有效运行；

  ⑩ 制定有关食品检验、质量和安全保证的培训手册，特别是关于食品生产企业危害分析与关键控制点（HACCP）系统的应用。

五、中国CAC工作开展的现状
Current development of CAC in China

  食品法典明确要求一个国家作为CAC成员国必须设立一个联络点，同时建议设立国家一级的CAC委员会。中国于1964年颁布食品卫生管理条例，到1995年全国人大颁布实施中华人民共和国食品卫生法，于2009年颁布食品安全法（已分别于2015年和2018年进行了两次修订），使我国食品卫生监督管理纳入了法制化的管理轨道。我国几十年来积累了许多食品卫生管理经验，建立了食品卫生管理机构及法律法规，制定了食品安全标准。

  1986年，中华人民共和国正式成为CAC成员国。自加入食品法典委员会以来，特别是加入世界贸易组织后，中国卫生部积极参与食品法典委员会工作，并不断加强参与和研究的力度。我国的CAC联络点在农业部，其作用相当于一座桥梁，它连接CAC总部和国家一级的各项活动。联络点接受来自位于罗马的CAC总部的所有信息，也要搜集有关方面的评论并将之返回CAC总部。

  1999年5月，新的CAC协调小组由卫生部、农业部、国家质量技术监督局、国家出入境检验检疫局、外经贸部、国家石油和化学工业局、原国家轻工局、原国家内贸局、国家粮食储备局及全国供销总社10家成员单位组成。组长负责国内的组织和协调工作，副组长负责对外联络。多年来，CAC协调小组和成员单位在各自范围内加强了食品法典的工作，研究国际食品法典标准，了解并参与标准的制定，召开了HACCP、危险性等级分析和GMP等各类研讨会，也代表中国政府参加了CAC成员国大会和各类法典会议30多次，加强了与FAO、WHO以及其他成员国的联系。2004年，CAC协调小组更名为"中国食品法典委员会"，包括9个成员单位：原卫生部、农业部、国家质检总局、国家食品药品监督管理局、国家食品工业管理中心、国家粮食局、中国商业联合会、商务部和全国供销总社。

  中国食品法典委员会秘书处设在国家卫生健康委员会，由国家食品安全风险评估中心承担具体工作；联络处设在农业部，由科技发展中心承担具体工作；还包括成员单位（与CAC各委员会对应的牵头单位和参加单位）及专家组。

  目前，中国作为发展中国家的重要代表，正承担着多项国际食品法典标准的制定工作。2002年，中国首次牵头了《预防和降低树果中黄曲霉毒素污染的生产规范》，已于2005年发布。2004～2008年，中国积极参与了《婴幼儿配方粉卫生操作规范》的制定，为合理制定婴儿及较大婴儿配方粉中阪崎肠杆菌的限量标准做出了积极的努力。2005年，中国主动提出制定亚洲区域标准《非发酵豆制品》，用于协调豆腐等豆类食品的区域贸易，已经取得了重要进展。2007年和2009年，中国分别提出修订茶叶中的硫丹、氯氰菊酯和稻米中乙酰甲胺磷及其代谢产物甲胺磷的农药残留限量标准，已上升为国际食品法典标准。2010年，中国与澳大利亚共同牵头农药残留分析方法电子工作组，制定了《农药残留测定结果不确定度评估导则》法典标准。2011年，中国牵头了《预防和降低大米中砷污染操作规范》的制定，得到了法典成员的普遍关注和广泛参与，该项标准将作为国际食品法典控制食品污染物的重要规范之一。2012年起，中国作为国际食品法典执委，代表亚洲和发展中国家参与了2014～2019年国际食品法典战略规划，在促进发展中国家参与法典工作、提高法典标准的科学水平等方面提出了很多意见和建议。

中国作为唯一承担 2 个国际食品法典专业委员会主持国的发展中国家，目前已经成功主持了 7 届国际食品添加剂法典委员会会议和 6 届国际食品法典农药残留委员会会议，对国际食品法典食品添加剂和农药残留标准的制定做出了重要贡献。随着中国继续承担这两个法典委员会的主持国工作，将对体现中国积极承担国际义务、参与食品安全国际事务、提高中国的国际影响力和促进我国的食品进出口贸易发挥积极的作用。

经过了近三十年的工作实践，我国参与法典工作已逐渐从被动转为主动，在酱油中"氯丙醇"限量、食品添加剂法典标准中"豆制品分类"等多项工作中突显了我国的作用，逐渐得到了国际社会的认可。中国 2006 年成功申请成为国际食品添加剂法典委员会（CCFA）和国际食品法典农药残留委员会（CCPR）主持国。2011 年当选为 CAC 执委，代表亚洲区域参加执委会的工作。

2006 年 9 月，第 28 届国际食品法典水产品及水产加工品委员会大会在北京召开。大会主要讨论了水产品及水产加工品领域相关的国际标准、准则和操作指南等议题。第一届食品污染物法典委员会会议于 2007 年 4 月在北京召开。2007 ～ 2009 年，第 39 ～ 41 届国际食品法典农药残留委员会（CCPR）会议分别在北京、杭州和北京召开。2013 年 3 月，《中国食品安全国家标准食品中农药最大残留限量》（GB 2763—2012）正式实施。作为国际食品法典农药残留委员会主席国，中国政府在标准制定过程中，严格遵照和借鉴国际食品法典评估原则，在符合中国农业生产实际和公众消费特点的情况下，努力推进与国际食品法典标准的同步协调发展。2019 年 4 月，国际食品法典农药残留委员会（CCPR）第 51 届年会在澳门开幕。

对国际食品法典工作的积极、广泛参与，带动了中国食品安全标准制修订水平的提高。2018 年修订的《食品安全法》提出的食品安全国家标准制定原则就充分采纳了国际食品法典关于按照风险分析原则制定食品标准的意见。自新《食品安全法》修订实施以来，我国本着保护消费者健康的根本宗旨，以风险评估为科学基础，充分考虑食品行业的健康发展，制定和颁布了一大批食品安全国家标准。截至 2017 年，国家卫计委着力构建以食品安全风险监测和风险评估为科学基础的食品安全标准体系。历时 7 年建立起现行的食品安全标准体系，完成了 5000 项标准清理整合，有效解决了以往食品标准间矛盾、交叉、重复等问题；补充制 / 修订一大批监管重点、产业发展亟须的重金属污染、有机污染物、婴幼儿配方食品、特殊医学用途配方食品等食品安全国家标准；形成包括通用标准、产品标准、生产经营规范标准、检验方法标准等四大类的食品安全国家标准。目前，我国共有现行食品安全国家标准1900 余项，涉及食品安全指标两万多项，标准体系与国际基本接轨，主要指标与发达国家基本相当，覆盖人民群众日常消费的所有食品品种。

根据 WTO 的 SPS 协定，世贸组织成员不得在缺乏风险评估依据的情况下制定严于国际标准的食品安全标准。我国在加入世贸组织并遵守世贸准则方面做出了很大努力，特别是以国际食品法典标准作为我国标准的重要参考。据法典委员会成立 40 周年的评估报告显示，包括欧盟、日本、美国在内的许多发达国家和地区，在制定本地标准时采纳法典标准的比例（20% ～ 30%）远低于发展中国家（50% 左右）。因此，单纯将我国食品标准的数量或者限量指标与法典现行标准相比较，并不能全面反映出我国食品安全标准的科学性。

随着我国参与国际标准制定工作的愈加深入，标准制修订的科学水平逐步提高，一些重要的基础标准也越来越与国际食品法典标准接轨。以《食品安全国家标准 食品添加剂使用标准》（GB 2760）为例，我国标准的框架、体例、格式与《国际食品法典食品添加剂通用标准》（GSFA）基本相同。标准中关于食品添加剂的使用原则的要求与 GSFA 的要求也基本一致，即在确保食品安全的前提下，任何食品添加剂的使用应有充分的技术必要性；此外，食品添加剂在食品中的使用还应符合食品良好生产规范的要求，在满足工艺需要的情况下，尽可能降低在食品中的用量。

　　中国为国际食品法典工作做出了贡献，国际食品法典标准促进了中国食品安全发展。我国 CAC 工作已经取得一定成果，但也存在很多不足，需要进一步提高认识，加强食品法典工作，完善我国食品法典协调组织，更多地采用国际法典标准准则及建议，参与食品法典领域的国际合作。

第二节　国际标准化组织
International Organization for Standardization（ISO）

　　国际标准化组织（International Organization for Standardization，ISO）是当今世界上最大、最权威的标准化机构，是非政府性的由各国标准化团体组成的世界性联合会。其宗旨是在全球范围内促进标准化工作的发展，以利于国际资源的交流和合理配置，扩大各国科学技术和经济领域的合作，其主要活动是制定国际标准。

　　中国是 ISO 始创成员国之一，也是最初的 5 个常任理事国之一。1978 年 9 月中国以中国标准化协会名义参加 ISO，1985 年改由中国国家标准局参加，1989 年又改由中国国家技术监督局参加。2001 年机构改革后，国家标准委（Standardization Administration of China，SAC）代表中国参加该组织的活动。

一、ISO 概况
Overviews of the ISO

　　国际标准化活动最早开始于电子领域，于 1906 年成立了世界上最早的国际标准化机构——国际电工委员会（IEC）。其他技术领域的工作原先由成立于 1926 年的国家标准化协会的国际联盟（International Standardization Association，ISA）承担，重点在于机械工程方面。1946 年 10 月 14 ～ 26 日，中、英、美、法、苏等二十五个国家的六十四名代表集合于伦敦，正式表决通过建立国际标准化组织。1947 年 2 月 23 日，ISO 章程得到 15 个国家标准化机构的认可，国际标准化组织宣告正式成立，其总部设在瑞士的日内瓦。ISO 于 1951 年发布了第一个标准——工业长度测量用标准参考温度。

　　"ISO" 并不是首字母缩写，而是一个词，它来源于希腊语，意为 "相等"。从 "相等" 到 "标准"，内涵上的联系使 "ISO" 成为组织的名称。按照 ISO 章程，其成员分为成员团体和通信成员。团体成员是指最有代表性的全国标准化机构，且每一个国家只能有一个机构代表其国家参加 ISO。通信成员是指尚未建立全国标准化机构的发展中国家（或地区）。通信成员不参加 ISO 技术工作，但可了解 ISO 的工作进展情况，待条件成熟，可转为团体成员。ISO 的工作语言是英语、法语和俄语。ISO 的主要出版物有：《ISO 国际标准》《ISO 技术报告》《ISO 标准目录》《ISO 通报》《ISO 年刊》《ISO 联络机构》《国际标准关键词索引》。ISO 目前共有成员团体 163 个，其中正式成员 114 个、通信成员 45 个、捐助成员 4 个；技术组织 3368 个，其中技术委员会 224 个、分委员会 513 个、工作组 2544 个、临时专题小组 87 个。ISO 的财政经费主要用于中央秘书处的活动和各技术委员会秘书处的技术工作。其财政来源主要来自成员团体的会费（60%）和每年标准及其他出版物的发行收入（40%）。成员团体的会费由分摊给它们的单位数和每个单位的金额（以瑞士法郎计算）决定，每个成员团体的会费单位数根据该国的国民生产总值（GNP）和进出口额来定，每个财政年度的单位值由理事会决定。

二、ISO 组织机构
Organizational structure of the ISO

ISO 的组织机构包括全体大会、主要官员、成员团体、通信成员、捐助成员、政策发展委员会、理事会、ISO 中央秘书处、特别咨询组、技术管理局、标样委员会、技术咨询组、技术委员会等。

1. 全体大会
The General Assembly

全体大会由官员和各成员团体指定的代表组成，通信成员和捐助成员可以观察员身份参加全体大会。它一般每年举行一次，其议事日程包括 ISO 年度报告、ISO 有关财政和战略规划及司库关于中央秘书处的财政状况报告。全体大会由主席主持，全体大会建立咨询委员会，称为全体大会的政策发展委员会，它对全体成员团体和通信成员开放。

2. 理事会
Council

理事会由主要官员和 20 个选举出的成员团体组成，负责 ISO 的日常运行。理事会任命司库、12 个技术管理局的成员、政策发展委员会的主席，决定中央秘书处每年的预算。

理事会下设四个政策发展委员会，分别是：

合格评定委员会（CASCO），主要制订有关产品认证、质量体系认证、实验室认可和审核员注册等方面的准则；

消费者政策委员会（COPOLCO），主要制订指导消费者利用标准保护自身利益的指南；

情报服务委员会（INFCO），下设一个情报网（ISONET），将各国的标准化情报工作连接起来，向各界用户提供信息服务；

发展委员会（DEVCO），是一个专门从事帮助发展中国家工作的机构，管理 ISO 发展计划，提供经费和专家，帮助发展中国家推进标准化工作。

3. 技术工作
Technical Management Board

ISO 技术工作是高度分散的，ISO 通过它的 3183 个技术机构开展技术活动。其中技术委员会（简称 TC）共 208 个，分技术委员会（简称 SC）共 531 个，工作组（WG）2378 个，特别工作组 66 个。在这些委员会中，世界范围内的工业界代表、研究机构、政府权威、消费团体和国际组织都作为对等合作者共同讨论全球的标准化问题。管理一个技术委员会的主要责任由一个 ISO 成员团体（诸如 AFNOR、ANSI、BSI、CSBTS、DIN 等）担任，该成员团体负责日常秘书工作，并指定一至两人具体负责技术和管理工作，委员会主席协助成员达成一致意见。

每个成员团体都可参加它所感兴趣的课题的委员会，与 ISO 有联系的国际组织、政府或非政府组织都可参与工作。ISO 在电气标准化方面与国际电工委员会（IEC）有紧密联系，ISO 和 IEC 不是联合国机构，但它们与联合国的许多专门机构保持技术联络关系。ISO 和 IEC 有约 1000 个专业技术委员会和分委员会，各会员国以国家为单位参加这些技术委员会和分委员会的活动。ISO 和 IEC 还有约 3000 个工作组，ISO、IEC 每年制订和修订 1000 个国际标准。此外，ISO 还与 450 个国际和区域的组织在标准方面有联络关系，特别与国际电信联盟（ITU）有密切联系。在 ISO/IEC 系统之外的国际标准机构共有 28 个。每个机构都在某一领域制订一些国际标准，通常它们在联合国控制之下。ISO/IEC 制订 85% 的国际标准，剩下的 15% 由这 28 个其他国际标准机构制订。

三、国际标准的形成过程
Stages of the development of international standards

一个国际标准是 ISO 成员团体达成共识的结果，它可能被各个国家等同或等效采用而成为该国的国家标准。国际标准由技术委员会（TC）和分技术委员会（SC）经过以下六个阶段形成。

第一阶段：申请阶段；第二阶段：预备阶段；第三阶段：委员会阶段；第四阶段：审查阶段；第五阶段：批准阶段；第六阶段：发布阶段。

若在开始阶段得到的文件比较成熟，则可省略其中的一些阶段。例如某标准文本是由 ISO 认可的其他国际标准化团体所起草，则可直接提交批准，而无须经历前几个阶段。截止到 2008 年 12 月 31 日，ISO 已制定出国际标准共 17765 个，主要涉及各行各业各种产品（包括服务产品、知识产品等）的技术规范。

ISO 制定出来的国际标准除了有规范的名称之外，还有编号，编号的格式是：ISO ＋标准号＋［杠＋分标准号］＋冒号＋发布年号（方括号中的内容可有可无），例如：ISO/IEC 27001：2013、ISO 9001：2015 等，分别是某一个标准的编号。

四、ISO 标准的修订
Revision of ISO standards

ISO 标准化组织为保证标准的持续适宜性会定期对标准进行修订和改版，改版周期通常为 6 ～ 8 年。每次改版都会给出过渡时限。例如，ISO 9001 自 1987 年诞生以来，已经经历了 4 次改版：

第一次改版发生在 1994 年，它沿用了质量保证的概念，传统制造业烙印仍较明显。

第二次改版是在 2000 年，不论是从理念、结构还是内涵，这都是一次重大的变化，标准引入了以顾客为关注焦点、过程方法等基本理念，从系统的角度实现了从质量保证到质量管理的升华，也淡化了原有的制造业的痕迹，具备了更强的适用性。

第三次改版是在 2008 年，形成了标准的第四个也就是现行有效的版本，这次改版被定义为一次编辑性修改，并未发生显著变化。

第四次就是现在正在采用的 2015 版本，这次改版在结构、质量手册、风险等方面都发生了变化。

2015 年国际标准化组织对常用标准进行了再次修订，其中包括 ISO 14001 环境管理体系、ISO 9001 质量管理体系标准。2018 年，国际标准化组织发布 ISO 45001 职业健康安全管理体系取代了 OHSAS 18001，使之适用范围更广泛。以上三个体系采用相同的高级结构，共 10 个章节，明确风险和机遇的管理，弱化了文化的要求，通过确定组织内外部环境、职责、风险控制、资源支持、运行、绩效测量和改进来实现。

五、ISO 标准的应用
Application of ISO standards

标准的制定是为了规范应用，ISO 认证初期被作为贸易壁垒的一种，随后越来越多的组织感受到了通过建立体系规范管理带来的益处，所以开始广泛运用，并有很多企业通过认证，获得了体系证书。

认证机构通过文件审核和现场审核与诊断等方式判定组织是否符合ISO标准的要求，以此为依据推荐组织注册，并发放体系证书以证实组织的体系符合性。目前较为通用的认证有ISO 9001质量管理体系、ISO 14001环境管理体系、ISO 45001职业健康安全管理体系、ISO 27001信息安全管理体系、ISO 22000食品安全管理体系、ISO 13485医疗器械质量管理体系等。国内认证机构所使用的标准通常是将ISO标准等同采用转化为国内标准的，比如GB/T（国标推荐采用）19001：2016 idt ISO 9001：2015。

但也有一些标准未经等同转化，也可以在国内做认证并取得证书。这就要求国内的认证机构经过授权才能获得发放相关证书的权利。

六、体系认证流程及意义
System certification process and significance

各体系通用认证流程：体系诊断—体系流程建立—保持体系运行记录三个月以上—申请认证—通过现场审核—获得体系证书。

每个体系制定的初衷不尽相同，但是关注的侧重点有很大差异，以下介绍一些常用体系的相关内容。

1. ISO 9000认证的概述
Summary of ISO 9000 certification

（1）ISO 9000的特点 "ISO 9000"不是指一个标准，而是一族标准的统称。它包含ISO 9000：2015质量管理体系——基础和术语；ISO 9001：2015质量管理体系——要求；ISO 9004：2009质量管理体系——业绩改进指南；ISO 19011：2011质量和环境管理体系审核指南。

上述标准中的ISO 9001：2015《质量管理体系——要求》通常用于企业建立质量管理体系并申请认证之用。它主要通过对申请认证组织的质量管理体系提出各项要求来规范组织的质量管理体系。

ISO 9001侧重点在于质量管理，这个标准可以应用在各行各业，很多认证都是在此标准上进行的。例如IATF 16949就是在ISO 9001的基础上提出汽车行业的特定要求，IECQ QC 080000则是在ISO 9001的基础上增加有害物质的管控要求等。

（2）ISO 9000标准的意义 ISO 9000标准诞生于市场经济环境，总结了经济发达国家企业的先进管理经验，为广大企业完善管理、提高产品/服务质量提供了科学的指南，同时为企业走向国际市场找到了"共同语言"。ISO 9000系列标准明确了市场经济条件下顾客对企业共同的基本要求。企业通过贯彻这一系列标准，实施质量体系认证，证实其有能力满足顾客的要求，提供合格的产品/服务。这对规范企业的市场行为，保护消费者的合法权益发挥了积极作用。ISO 9000系列标准是经济发达国家企业科学管理经验的总结，通过贯标与认证，企业能够找到一条加快经营机制转换、强化技术基础与完善内部管理的有效途径，主要体现在以下几个方面：

① 企业的市场意识与质量意识得到增强 通过贯标与认证，引导企业树立"以满足顾客要求为经营宗旨，以产品/服务质量为本，以竞争为手段，向市场要效益"的经营理念。

② 稳定和提高产品/服务质量 通过贯标与认证，企业对影响产品/服务的各种因素与各个环节进行持续有效的控制，稳定并提高了产品/服务的质量。

③ 提高整体的管理水平 通过贯标与认证，使企业全体员工的质量意识与管理意识得到增强；明确了各项管理职责和工作程序，各项工作有章可循；通过内部审核与管理评审，及时发现问题，加以改进，使企业建立自我完善与自我改进的机制。

④ 增强市场竞争能力　通过贯标与认证，企业一方面向市场证实自身有能力满足顾客的要求，提供合格的产品 / 服务，另一方面产品 / 服务的质量也确实能够得到稳定与提高，这就增强了企业的市场竞争能力。

⑤ 为实施全面的科学管理奠定基础　通过贯标与认证，员工的管理素质得到提高，企业规范管理的意识得到增强，并建立起自我发现问题、自我改进与自我完善的机制，为企业实施全面的科学管理（例如财务、行政、营销管理等）奠定基础。

ISO 9000 系列标准是由国际标准化组织（ISO）发布的国际标准，是百年工业化进程中质量管理经验的科学总结，已被世界各国广泛采用和认同。由第三方独立且公正的认证机构对企业实施质量体系认证，可以有效避免不同顾客对企业能力的重复评定，减轻了企业负担，提高了经济贸易效率。同时，国内的企业贯彻 ISO 9000 标准，按照国际通行的原则和方式来经营与管理企业，这有助于树立国内企业"按规则办事，尤其是按国际规则办事"的形象，符合我国加入 WTO 的基本原则，为企业对外经济与技术合作的顺利进行营造了一个良好的环境。

2. ISO 14000 认证的概述
Summary of ISO 14000 certification

与 ISO 9000 族标准类似，ISO 14000 也不是单独一个标准，而是一系列标准。ISO 14000 环境管理系列标准是国际标准化组织（ISO）第 207 技术委员会（ISO/TC 207）组织编制的环境管理体系标准，其标准号从 14001 ～ 14100，共 100 个，统称为 ISO 14000 系列标准。

（1）ISO 14000 的特点

① 注重体系的完整性，是一套科学的环境管理体系。

② 强调对法律法规的符合性，但对环境行为不作具体规定。

③ 要求对组织的活动进行全过程控制。

④ 广泛适用于各类组织。

⑤ 与 ISO 9000 标准有很强的兼容性。

ISO 14000 标准与 ISO 9000 标准有以下异同点：

首先，两套标准都是 ISO 组织制订的针对管理方面的标准，都是国际贸易中消除贸易壁垒的有效手段。其次，两套标准的要素有相同或相似之处。再次，两套标准最大的区别在于面向的对象不同，ISO 9000 标准是对顾客承诺，ISO 14000 标准是面向政府、社会和众多相关方（包括股东、贷款方、保险公司等）；ISO 9000 标准缺乏行之有效的外部监督机制，而实施 ISO 14000 标准的同时，就要接受政府、执法当局、社会公众和各相关方的监督。最后，在体系中，两套标准部分内容和体系在思路上有着质的不同，包括环境因素识别、重要环境因素评价与控制。ISO 14000 适用于环境法律、法规的识别、获取、遵循状况评价和跟踪最新法规，环境目标指标方案的制订和实施完成，以期达到预防污染、节能降耗、提高资源能源利用率，最终达到环境行为的持续改进目的。

（2）实施 ISO 14000 的意义

① 增强企业竞争力，扩大市场份额。

② 树立优秀企业形象。

③ 改进产品性能，制造"绿色产品"。

④ 改革工艺设备，实现节能降耗。

⑤ 污染预防，环境保护。

⑥ 避免因环境问题所造成的经济损失。

⑦ 提高员工环保素质。

⑧ 提高企业内部管理水平。

⑨ 减少环境风险，实现企业永续经营。

（3）我国实施 ISO 14000 系列标准应注意的问题

① 实施 ISO 14000 系列标准，要以中国国家和地方环境保护法律法规、标准、规章制度以及各级行政管理部门有关环境保护的决定为依据。

② 实施 ISO 14000 系列标准，要与全过程污染控制、清洁生产及企业管理相结合，在企业管理过程中体现防治污染。

③ 实施 ISO 14000 系列标准，要与现行的各项环境管理制度相结合，要把有关制度的基本要求纳入环境管理体系之中，从而使 ISO 14000 系列标准的实施更具有中国特色，符合中国国情。

④ 实施 ISO 14000 系列标准，认证机构、咨询机构应按有关规定和各自职能分别开展相应工作。

⑤ 要加强环境管理体系认证人员和咨询人员的培训，提高环境管理体系咨询，审核认证工作的质量，为改善中国环境管理状况、获得国际认可创造条件。

⑥ 加强对认证工作的监督。

3. ISO 22000 标准的概述

Summary of ISO 22000

随着经济全球化的发展、社会文明程度的提高，人们越来越关注食品的安全问题；要求生产、操作和供应食品的组织，证明自己有能力控制食品安全危害和那些影响食品安全的因素。顾客的期望、社会的责任，使食品生产、操作和供应的组织逐渐认识到，应当有标准来指导操作、保障、评价食品安全管理，这种对标准的呼唤，促使 ISO 22000：2005《食品安全管理体系 要求》标准的产生。

ISO 正在开发更多的相关 ISO 22000 标准，这些标准将被称为 ISO 22000 系列标准。现阶段，有以下 ISO 22000 系列标准：

ISO 22000：食品安全管理体系 食品链中任何组织的要求

ISO 22001：ISO 9001：2000 的应用指南 食品和饮料业（代替：ISO 15161：2001）

ISO / TS 22002：食品安全 第 1 部分：食品制造业的前提方案

ISO TS 22003：食品安全管理体系的食品安全管理体系审核和认证的机构

ISO TS 22004：食品安全管理体系 ISO 22000：2005 的应用指南

ISO 22005：在饲料和食品链的可追溯性 系统的设计与实施的通用原则和基本要求

ISO 22006：质量管理体系 ISO 9001：2000 认证的作物生产上的应用指南 ISO 22000：2005 标准既是描述食品安全管理体系要求的使用指导标准，又是可供食品生产、操作和供应的组织认证和注册的依据。ISO 22000：2005 表达了食品安全管理中的共性要求，而不是针对食品链中任何一类组织的特定要求。该标准适用于在食品链中所有希望建立保证食品安全体系的组织，无论其规模、类型和其所提供的产品。它适用于农产品生产厂商、动物饲料生产厂商、食品生产厂商、批发商和零售商，也适用于与食品有关的设备供应厂商、物流供应商、包装材料供应厂商、农业化学品和食品添加剂供应厂商，以及涉及食品的服务供应商和餐厅。

ISO 22000：2005 将 HACCP（危害分析和关键控制点）原理作为方法应用于整个体系；明确了危害分析作为安全食品实现的核心，并将国际食品法典委员会（CAC）所制定的预备步骤中的产品特性、预期用途、流程图、加工步骤和控制措施和沟通作为危害分析及其更新的输入；同时将 HACCP 计划及其前提条件 - 前提方案动态、均衡地结合。本标准可以与其他管理标准相整合，如质量管理体系标准和环境管理体系标准等。

（1）ISO 22000 的特点

①统一和整合了国际上相关的自愿性标准；

②遵守并应用 HACCP 的 7 项原则建立了食品安全管理体系，囊括了 HACCP 的所有要求；

③既是建立和实施食品安全管理体系的指导性标准，同时也是审核所依据的标准，可用于内审、第二方认证和第三方注册认证；

④将 HACCP 与必备方案，如卫生操作标准程序（SSOP）和良好生产规范（GMP）等结合，从不同方面来控制食品危害；

⑤提供了一个全球交流 HACCP 概念、传递食品安全信息的机制。

（2）ISO 22000 标准的意义

①与贸易伙伴进行有组织的、有针对性的沟通。

②在组织内部及食品链中实现资源利用最优化。

③减少冗余的系统审计，从而节约资源。

④加强计划性，减少过程后的检验。

⑤有效和动态地进行食品安全风险控制；一个企业在质量上有四个层次：Quality Vision（观点）、Quality Mission（使命）、Quality Policy（政策）、Quality Objective（目标），这是由远而近、由虚变实的过程，这些都是企业行为。

⑥所有的控制措施都将进行风险分析。

⑦对必备方案进行系统化管理。

⑧关注最终结果，该标准适用范围广泛。

⑨可以作为决策的有效依据。

⑩聚焦于对必要问题的控制。

（3）ISO 22000 推行的难点　ISO 22000：2005 是由 ISO/TC 34 农产食品技术委员会制定的一套专用于食品链内的食品安全管理体系，食品安全与消费环节（由消费者摄入）食源性危害的存在状况有关。由于食品链的任何环节均可能引入食品安全危害，必须对整个食品链进行充分控制。因此，食品安全必须通过食品链中所有参与方的共同努力来保证。

食品链中的组织包括：饲料生产者、初级生产者，以及食品生产制造者、运输和仓储经营者，零售分包商、餐饮服务与经营者（包括与其密切相关的其他组织，如设备、包装材料、清洁剂、添加剂和辅料的生产者），也包括相关服务提供者等。

为了确保整个食品链直至最终消费的食品安全，规定了食品安全管理体系的要求。该体系结合了下列公认的关键要素：

相互沟通；

体系管理；

前提方案：

HACCP 原理。

为了确保食品链每个环节所有相关的食品危害均得到识别和充分控制，整个食品链中内外各组织的沟通必不可少。因此，食品链中的上游和下游组织之间均需要沟通。尤其对于已确定的危害和采取的控制措施，整个食品链中内外各组织应与顾客和供方进行沟通，这将有助于明确顾客和供方的要求（如在可行性、需求和对终产品的影响方面）。

为了确保整个食品链中的组织之间进行有效的相互沟通，向最终消费者提供安全的食品，食品链中各组织的角色和地位的确定是必不可少的，以确保整个供应链组织间有效的互动沟通，以提供给最终消费者安全的食品。

ISO 22000 可以独立于其他管理体系标准，或集成于现有管理体系的要求。

ISO 22000 标准在整合了 HACCP（危害分析与关键控制点）原理和国际食品法典委员

会（CAC）制定的 HACCP 实施步骤的基础上，明确提出了建立前提方案（即 GMP）的要求。由于危害分析有助于建立有效的控制措施组合，所以它是建立有效的食品安全管理体系的关键。要求对食品链内合理预期发生的所有危害，包括与各种生产过程工艺和所用设备设施有关的危害，进行识别和评价，因此，对于已确定的危害是否需要组织控制，提供了判断并形成文件的方法。在危害分析过程中，组织应通过组合前提方案、操作性前提方案和 HACCP 计划，选择和确定危害控制的方法。

第三节　其他国际组织
Other International Organizations

一、世界卫生组织
World Health Organization

世界卫生组织（简称"世卫组织"，WHO）是联合国下属的一个专门机构，只有主权国家才能参加，是国际上最大的政府间卫生组织，截至 2015 年有 194 个会员国。1946 年国际卫生大会通过了《世界卫生组织组织法》，1948 年 4 月 7 日世界卫生组织宣布成立，同时每年的 4 月 7 日成为了全球性的"世界卫生日"。

1.概述
Overviews

世界卫生组织的前身可以追溯到 1907 年成立于巴黎的国际公共卫生局和 1920 年成立于日内瓦的国际联盟卫生组织。后来，经联合国经社理事会决定，64 个国家的代表于 1946 年 7 月在纽约举行了一次国际卫生会议，签署了《世界卫生组织组织法》。1948 年 4 月 7 日，该法得到 26 个联合国会员国批准后生效，同年 6 月 24 日，世界卫生组织在日内瓦召开的第一届世界卫生大会上正式成立，总部设在瑞士日内瓦。

世界卫生组织的宗旨是使全世界人民获得尽可能高水平的健康。该组织给健康下的定义为"身体、精神及社会活动中的完美状态"。世卫组织的主要职能包括：促进流行病和地方病的防治，提供和改进公共卫生、疾病医疗和有关事项的教学与训练，推动确定生物制品的国际标准。

世界卫生组织是联合国系统内卫生问题的指导和协调机构。它负责对全球卫生事务提供领导，拟定卫生研究议程，制定规范和标准，阐明以证据为基础的政策方案，向各国提供技术支持，以及监测和评估卫生趋势。

来自 150 多个国家、地区和地方的 7000 多人，在 150 个国家、地区和地方办事处、6 个区域办事处以及瑞士日内瓦总部为本组织工作。除了医生、公共卫生专家、科学家和流行病学家之外，世卫组织工作人员还包括受过培训能够掌管行政、财务和信息系统的人员，以及卫生统计学、经济学和紧急援救方面的专家。

2.会徽
The WHO emblem

世界卫生组织会徽是由 1948 年第一届世界卫生大会选定的。该会徽由一条蛇盘绕的权杖所覆盖的联合国标志组成。"蛇绕拐杖"——医学的标志和徽记，人们称之为"蛇徽"。希腊是蛇徽的发源地。它起源于埃斯科拉庇俄斯的故事，古希腊人将其尊崇为医神，其治病涉及蛇的使用。从古到今，蛇徽遍布希腊各地。到了近代，美国、英国、加拿大、德国以及联合国世界卫生组织都用蛇徽作为自己的医学标志，20世纪50年代前中国中华医学会的会徽上也有蛇徽，1948年4月出版的《中华医学杂志》，其封面就是一个赫然醒目的蛇徽。

3.组织机构
Organizational structure

（1）世界卫生组织大会 Assembly　它是世卫组织的最高权力机构，每年5月在日内瓦召开一次。主要任务是审议总干事的工作报告、规划预算、接纳新会员国和讨论其他重要议题。执委会是世界卫生大会的执行机构，负责执行大会的决议、政策和委托的任务，它由32位有资格的卫生领域的技术专家组成，每位成员均由其所在的成员国选派，由世界卫生大会批准，任期三年，每年改选三分之一。根据世界卫生组织的君子协定，联合国安理会5个常任理事国是必然的执委成员国，但席位第三年后轮空一年。

（2）执行委员会 Executive Board　为 WHO 最高执行机构，每年举行两次全体会议。

（3）秘书处 Secretariat　为 WHO 常设机构，下设非洲、美洲、欧洲、东地中海、东南亚、西太平洋6个地区办事处。

4.规划和经费
Programmes and funding

WHO 的工作规划分为中期和年度规划。

WHO 的经费来源：一是会员国交纳的会费，构成"正常预算"；二是泛美卫生组织、促进组织志愿基金、儿童基金会、控制药品滥用基金、环境规划署、紧急活动和难民事物告急专员署、救灾署、世界银行等提供的专款及其他收入。

5.职能
Functions

世卫组织通过其核心职能来实现其目标：
① 就对卫生至关重要的事项提供领导并在需要联合行动时参加伙伴关系；
② 制定研究议程，促进开发、传播和应用具有价值的知识；
③ 制定规范和标准并促进和监测其实施；
④ 阐明合乎伦理并以证据为基础的政策方案；
⑤ 提供技术支持，促进变革并发展可持续的机构能力；
⑥ 监测卫生情况并评估卫生趋势。
这些核心职能载于第十一个工作总规划，它为全组织范围工作规划、预算、资源和成果提供了框架。该规划以"参与卫生工作"为标题，涵盖从2006年到2015年十年时间。

6.参与成员国
Member countries

所有接受世界卫生组织宪章的联合国成员国都可以成为该组织的成员。其他国家在其申请经世界卫生大会简单的投票表决多数通过后，就可以成为世界卫生组织的成员国。在国际关系事务中不能承担责任的地区，根据世界卫生组织成员国或其他能够对该地区的国际关系承担责任的权威基于该地区自身利益制定的申请，该地区可以作为预备成员进入世界卫生组织。世界卫生组织 194 个会员国按照区域分布划分。

7.组织出版物
Publications

主要出版物有：《世界卫生组织月报》，每年 6 期，用英、法、阿、俄文四种语言出版；《疫情周报》，用英、法文出版；《世界卫生统计》，季刊，用英、法、中、阿拉伯、俄、西班牙文出版；《世界卫生》，月刊，用英、法、俄、西、德、葡、阿文出版。

二、联合国粮食及农业组织
Food and Agriculture Organization of the United Nations（FAO）

1.概述
Overviews

联合国粮食及农业组织（FAO，简称粮农组织）在美国前总统罗斯福的倡议下，于 1943 年开始筹建，于 1945 年 10 月 16 日在加拿大魁北克宣告成立。粮农组织是战后成立最早的国际组织。1946 年，粮农组织与联合国签订协议，并经两机构大会批准，成为联合国系统内的一个专门机构。

FAO 的宗旨是提高各国人民的营养水平和生活水准，提高所有粮农产品的生产和分配效率，改善农村人口的生活状况，促进农村经济的发展，并最终消除饥饿和贫困。实现人人粮食安全是粮农组织努力的核心——确保人们正常获得积极健康生活所需的足够的优质食物。

FAO 总体工作计划由分摊会费和自愿捐款提供资金支持。各成员国根据两年一度的粮农组织大会确定的数额缴纳分摊会费。FAO 在 2012 ～ 2013 年计划预算总额为 24 亿美元，其中 42% 来自成员国的分摊会费，58% 则来自成员和其他合作伙伴的自愿捐款。

2.组织机构
Organizational structure

作为一个政府间组织，FAO 拥有 194 个成员国、2 个准成员和 1 个成员组织，即欧洲联盟。各成员国政府通过大会、理事会行使其权力。两年一度的大会是成员国行使决策权的最高权力机构。大会的主要职责是选举总干事、接纳新成员、批准工作计划和预算、选举理事国、修改章程和规则，并就其他重大问题作出决定，交由秘书处贯彻执行。

大会休会期间，由 49 个成员国组成的理事会在大会赋予的权力范围内处理和决定有关问题。理事会下设 8 个委员会：计划、财政、章法、农业、渔业、林业、商品问题和世界粮食安全委员会。自 1973 年恢复我国在粮农组织的合法席位后，中国就一直是该组织的理事国。

FAO 在总干事领导下，由秘书处负责执行大会和理事会决议，并负责处理日常工作。粮农组织由七个部组成：农业及消费者保护部，经济及社会部，渔业及水产养殖部，林业部，综合服务、人力资源及财务部，自然资源管理及环境部，技术合作部。

除了位于罗马的总部之外，FAO 在 130 多个国家设有代表机构。这一权力下放网络包括 5 个区域办事处、10 个分区域办事处、2 个多学科小组、74 个建制完善的驻国家办事处（不包括设在区域和分区域办事处内的国家办事处）、8 个配备技术官员 / 粮农组织代表的办事处，另有 38 个国家由兼任代表负责。此外，FAO 在发达国家设有 5 个联络处和 4 个信息办公室。

3.战略目标
Strategic objectives

① 为消除饥饿、粮食不安全和营养不良做贡献；

② 以可持续方式增加并改善农业、林业和渔业产品及服务；

③ 减少农村贫困；

④ 推动地方、国家和国际各级建立包容性更强和效率更高的农业和粮食系统；

⑤ 增强生计对威胁和危机的抵御能力。

4.活动领域
Activities areas

（1）使人们能够获得信息　粮农组织发挥了智囊团的作用，利用工作人员——农艺学家、林业工作者、渔业和畜牧业专家、营养学家、社会科学家、经济学家、统计员和其他专业人员的专业知识，收集和分析有助于发展的资料。每个月有 100 万人次访问粮农组织的网站，查询技术文件或了解其与农民开展的工作。粮农组织还出版数以百计的新闻通讯、报告和书籍，发行少量杂志，制作许多只读光盘和主持几十个电子论坛。

（2）分享政策专业知识　粮农组织向各成员国提供在设计农业政策和规划、拟订有效法律及制订实现乡村发展和脱贫目标的国家战略方面多年积累的经验。

（3）为各国提供一个会议场所　任何一天都有来自全球的几十位决策者和专家在总部或粮农组织的实地办事处召开会议，就重大的粮食和农业问题达成一致意见。作为一个中立的论坛，粮农组织提供了富国和穷国能够为达成共识而走到一起的氛围。

（4）将知识送到实地　粮农组织渊博的知识在世界各地数以千计的项目中受到检验，为确保这些项目达到目标，粮农组织从工业化国家、开发银行和其他来源筹集并管理数以百万美元计的资金。粮农组织提供技术诀窍，在少数情形下也能够成为有限资金的来源。在出现危机的情况下，粮农组织会同世界粮食计划署以及其他人道主义机构并肩工作，保护农村人民的生计并帮助他们重建家园。

5.工作重点
Work focus

粮农组织早期着重粮农生产和贸易的情报信息工作。以后逐渐将工作重点转向帮助发展中国家制定农业发展政策和战略以及为发展中国家提供技术援助。

（1）为消除饥饿、粮食不安全和营养不良做贡献　FAO 面临的挑战：虽然世界完全有能力生产出足够粮食来养活所有人，但是尽管过去二十年已取得进展，仍有 8.7 亿人长期遭受饥饿。据估计，有 1.71 亿五岁以下儿童长期营养不良（发育迟缓），近 1.04 亿低体重，约5500 万患有急性营养不良（消瘦）。

（2）以可持续方式增加并改善农业、林业和渔业产品及服务　世界人口预计将于 2050年增至 90 亿，而最高的人口增长率预计将会出现在严重依赖农业（种植、畜牧、林业和渔业）且粮食不安全发生率较高的地区。农业部门的增长是减轻贫困和实现粮食安全的最有效途径之一。

（3）减少农村贫困　世界上大多数贫困人口生活在农村地区。饥饿和粮食不安全是农村贫困首当其冲的表现。因此，减少农村贫困已成为粮农组织的中心任务，大量农村人口已在近几十年摆脱了贫困。1990 年，发展中国家有 54% 的农村人口日均生活费用不足 1.25 美元，属于极端贫困人口；到 2010 年，这一比例已降至 35%。但农村贫困仍是一个普遍现象，特别是在南亚和非洲，这些地区在改善农村生计方面取得的进展也最为有限。

（4）推动地方、国家和国际各级建立包容性更强和效率更高的农业和粮食系统　随着全球化不断加深，农业将不再是一个独立的部门。相反，它将成为一体化价值链的一个组成环节。这条价值链延伸至上下游，包括从生产到加工、销售的全过程，在当今已成为一个高度集中、一体化、全球化的整体。对于很多发展中国家的小农和农业生产者而言，这是一项巨大挑战，即便是经济效率最高的小农也可能很容易被排挤出这条价值链的关键环节。

（5）增强生计对灾害的抵御能力　每年，成百上千万以作物、家畜、鱼类、森林及其他自然资源为基础进行生产、销售和消费的人们遭受各种灾害和危机的影响。这些灾害和危机可能突如其来，如地震或暴力政变，也可能缓慢来袭，如干旱—洪水的周期性出现。它们有时单独发生，一场灾害引发另一场灾害，有时多重灾害同时发生，在相互影响下后果不断升级、扩大。这些紧急事件对地方、国家，甚至区域、全球的粮食生产和粮食获取带来了极大威胁。

6.主题
Themes

FAO 的工作主题代表其全力从事的主要计划领域与其战略目标一致，主要包括：财务及投资、减少粮食损耗及浪费、全球远景、治理及协作、预防风险及预警、农村机构及组织、社会保护、南 - 南合作、标准和规范及可持续农业生产。

三、世界贸易组织
World Trade Organization（WTO）

1.概述
Overviews

世界贸易组织（WTO）是一个独立于联合国的永久性国际组织，它的前身是 1947 年订立的关税及贸易总协定，于 1995 年 1 月 1 日正式开始运作，负责管理世界经济和贸易秩序，总部设在瑞士日内瓦莱蒙湖畔。1996 年 1 月 1 日，它正式取代关贸总协定临时机构。世贸组织是具有法人地位的国际组织，在调解成员争端方面具有更高的权威性。与关贸总协定相比，世贸组织涵盖货物贸易、服务贸易以及知识产权贸易，而关贸总协定只适用于商品货物贸易。世贸组织与世界银行、国际货币基金组织一起，并称为当今世界经济体制的"三大支柱"。目前，世贸组织的贸易量已占世界贸易的 95% 以上。其宗旨是促进经济和贸易发展，以提高生活水平、保证充分就业、保障实际收入和有效需求的增长；根据可持续发展的目标合理利用世界资源、扩大货物和服务的生产；达成互惠互利的协议，大幅度削减和取消关税及其他贸易壁垒并消除国际贸易中的歧视待遇。截至 2020 年，该组织有成员 164 个。

WTO 作为正式的国际贸易组织在法律上与联合国等国际组织处于平等地位，它的职责范围除了关贸总协定原有的组织实施多边贸易协议以及提供多边贸易谈判场所和作为一个论坛之外，还负责定期审议其成员的贸易政策和统一处理成员之间产生的贸易争端，并负责加强同国际货币基金组织和世界银行的合作，以实现全球经济决策的一致性。WTO 协议的范围包括从农业到纺织品与服装，从服务业到政府采购，从原产地规则到知识产权等多项内容。

2.组织机构
Organizational structure

WTO 的组织机构分以下三个层次：

（1）最高层是部长会议 Ministerial Conference　这是 WTO 体系的最高决策机构，至少每两年召开一次会议。下设总理事会和秘书处，负责世贸组织日常会议和工作。

（2）其次是总理事会 General council　总理事会也是贸易政策审核机构，在发生贸易争端时，总理事会起争端裁决的作用，相当于国际法庭。总理事会设有货物贸易、非货物贸易（服务贸易）、知识产权三个理事会和贸易与发展、预算两个委员会。总理事会还下设贸易政策核查机构，它监督着各个委员会并负责起草国家政策评估报告。政策评估报告对美国、欧盟、日本、加拿大每两年起草一份，对最发达的十六个国家每四年一次，对发展中国家每六年一次。

（3）第三层是理事会和各专门委员会 Council and specialized committees　理事会有 3 个，它们分别是货物贸易理事会、知识产权贸易理事会和服务贸易理事会。各专门委员会有贸易和环境委员会、贸易和发展委员会、地区贸易委员会、付款限制平衡委员会、预算财务和行政委员会，以及接纳新成员工作组、贸易和投资关系工作组、政府采购透明性工作组。在货物贸易理事会中，设有市场准入委员会、农业委员会、动植物检疫委员会（SPS）、贸易技术壁垒委员会（TBT）、补偿和补贴委员会、海关许可委员会、原产地原则委员会、进口许可证委员会、贸易投资方法委员会、安全委员会、纺织品监管工作组、国营贸易企业工作组和装船前检验工作组。在服务贸易理事会中，设有金融服务委员会、特别承诺委员会、专业服务工作组和服务贸易总协定规则工作组。

WTO 的各个成员有权参加上述工作机构的会议，位于日内瓦的 WTO 总部承担这些机构的秘书处的日常工作，每个成员都有固定的部门代表其政府参加 WTO 的工作并负责有关文件的处理。通过这些机制，WTO 将全世界的贸易组织和个人联在一起，形成一个巨大的工作网。

世贸组织成员分四类：发达成员、发展中成员、转轨经济体成员和最不发达成员。2001年 12 月 11 日，中国正式加入世界贸易组织，成为其第 143 个成员。

3.基本原则
Basic principles

WTO 协定覆盖范围广阔，它涉及农业、纺织品、服装、银行业务、电信、政府采购、工业标准、食品卫生条例和知识产权等领域。但无论是哪一个领域，其所遵循的基本原则都是一致的，这些原则构成了国际贸易体系的基础。世贸组织的基本原则体现在它的各项协议、协定之中，主要有：

（1）无歧视待遇原则　也称无差别待遇原则。指一缔约方在实施某种限制或禁止措施时，不得对其他缔约方实施歧视性待遇。任何一方不得给予另一方特别的贸易优惠或歧视。该原则涉及关税削减、非关税壁垒的消除、进口配额限制、许可证颁发、输出入手续、原产地标记、国内税负、出口补贴、与贸易有关的投资措施等领域。

最惠国待遇原则　指 WTO 成员一方给予任何第三方的优惠和豁免，将自动地给予各成员方。该原则涉及一切与进出口有关的关税削减，与进出口有关的规则和程序、国内税费及征收办法、数量限制、销售、储运、知识产权保护等领域。

国民待遇原则　指缔约方之间相互保证给予另一方的自然人、法人和商船在本国境内享有与本国自然人、法人和商船同等的待遇。该原则适用于与贸易有关的关税减让、国内税费征收、营销活动、政府采购、投资措施、知识产权保护、出入境以及公民法律地位等领域。

（2）贸易自由化原则　指通过限制和取消一切妨碍和阻止国际贸易开展与进行的所有障碍，包括法律、法规、政策和措施等，促进贸易的自由发展。该原则主要是通过关税减让、取消非关税壁垒来实现的。

（3）透明度原则　指缔约方有效实施的关于影响进出口货物的销售、分配、运输、保险、仓储、检验、展览、加工、混合或使用的法令、条例，与一般援引的司法判决及行政决定，以及一缔约方政府或政府机构与另一缔约方政府或政府机构之间缔结的影响国际贸易政策的现行规定，必须迅速公布。该原则适用于各成员方之间的货物贸易、技术贸易、服务贸易，与贸易有关的投资措施，知识产权保护，以及法律规范和贸易投资政策的公布程序等领域。

要求各成员将其实施的有关对外贸易的各项法律、法规、行政规章和司法判决等迅速予以公布，以使其他成员政府和贸易经营者很快熟悉；各成员政府之间或政府机构之间签署的影响国际贸易政策的协定和条约也应加以公布；各成员应在其境内统一、公正和合理地实施各项法律、法规、行政规章、司法判决等。

（4）市场准入原则　指一国允许外国的货物、劳务与资本参与国内市场的程度。该原则在 WTO 现在达成的有关协议中，主要涉及关税减让、纺织品和服装、农产品贸易、热带产品和自然资源产品、服务贸易以及非关税壁垒的消除等领域。

（5）互惠原则　指两国互相给予对方以贸易上的优惠待遇。该原则的适用随着关贸总协定的历次谈判及其向 WTO 的演变而逐步扩大，现已涉及纺织品和服装、热带产品、自然资源产品、农产品、服务贸易以及知识产权保护等领域。

（6）对发展中国家和最不发达国家优惠待遇原则　是指如果发展中国家在实施 WTO 协议时需要一定的时间和物质准备，可享受一定期限的过渡期优惠待遇。这是关贸总协定和 WTO 考虑到发展中国家经济发展水平和经济利益而给予的差别和更加优惠的待遇，是对 WTO 无差别待遇原则的一种例外。

（7）公正、平等处理贸易争端原则　指在调解争端时，要以成员方之间在地位对等基础上的协议为前提。调解人通常由总干事来担任。普遍适用。

可以通过美国、欧盟牛肉争端案例来了解一下 WTO 协议是如何解决技术法规的问题的。事实上，在 WTO 框架下，主要有两个这方面的协议，一个是《技术性贸易壁垒协议》，一个是《实施动植物检疫措施协议》，简称 TBT 协议和 SPS 协议。

自 1981 年开始，欧盟相继通过一系列指令，对于农场牲畜使用激素物质问题进行严格管制，并禁止使用激素添加剂的牛肉进口到欧盟市场。1996 年 1 月 26 日，美国以欧盟的措施违反 SPS 协议等理由提出与欧盟进行磋商，在协商未果的情况下，请求成立专家组进行裁决。1996 年 7 月，加拿大也就同样的问题提出成立专家组的请求。为此，争端解决机构成立了由相同三名专家组成的专家组分别对美国和加拿大的申诉进行审理，并于 1997 年 8 月 18 日同时分发了两份专家组报告。随后，欧盟、美国和加拿大分别对专家组报告提出上诉。1998 年 1 月 16 日，上诉机构做出裁决，修改了专家组报告的一些内容。1998 年 2 月 13 日，争端解决机构通过了上诉机构报告和经修改的专家组报告，要求欧盟修改其被上诉庭和专家组确认的违反 SPS 协议的措施。该案案情复杂，牵涉到 SPS 协议的适用程序和实体规则等多方面问题，具有很强的借鉴意义。

先由起诉方美国和加拿大提出初步证据，证明欧盟措施不符合 SPS 协议的规定，之后举证责任转移给欧盟。但在具体审理过程中，则更加强调了作为采取 SPS 措施的一方，即欧盟的举证责任。

一国采取的卫生与植物卫生措施应以国际标准、准则和建议为依据，而如果一国采取高于国际标准保护水平的措施，则需遵守协议第 5 条各款的规定。为此，专家组首先考察欧盟采取的措施是否以国际标准为依据，在得出否定的结论后，专家组就欧盟采取的高于国际标准保护水平的措施是否符合第 5 条各款的要求进行了重点考察和分析。

最终专家组裁定欧盟的措施没有以风险评估为依据，其在实施它认为适当的卫生保护水平时，在不同情况下存在任意的或不合理的差异，这种差别构成对国际贸易的歧视或变相限制，欧盟的措施违反了 SPS 协议规定。

国际食品标准与法规主要是由上述国际机构制定颁布的，所以深入了解各国际组织及其颁布的各项标准法规对食品质量安全专业的学生来说具有重要意义。

第四节 发达国家和地区食品标准与法规
Food Standards, Laws and Regulations in the Developed Countries

了解和研究美国、日本和欧盟等发达国家和地区所实施的技术法规和各种认证制度及其对我国的影响，对协调我国贸易与环境政策，促进对外贸易可持续发展具有重要意义。

一、美国食品标准与法规
Food standards and regulations in the United States

美国经济实力居世界首位，市场容量大，进口范围广，对商品质量要求高，市场变化快，销售季节性强，是我国主要的贸易伙伴。

1.标准体制的特点
Characteristics of the standards system

美国是一个技术法规和标准的大国，美国标准体制的一个特点是技术法规和标准多。它制定的包括技术法规和政府采购细则在内的标准有5万多个；私营标准机构、专业学会、行业协会等非政府机构制定的标准也在4万个以上，其中不包括一些行业标准。美国法规在世界上是比较健全和完善的，它是由联邦政府各部门颁布的综合性的长期使用的法典，按照政治、经济、工农业、贸易等各方面分为50卷，共140余册。每卷根据发布的部门不同分为不同的章，每章再根据法规的特定内容细分为不同的部分。

美国标准体制的第二个特点是其结构的分散化。联邦政府负责制定一些强制性的标准，主要涉及制造业、交通、食品和药品等。此外，相当多的标准，特别是行业标准，是由工业界等自愿参加制定和采用的，美国的私营标准机构就有400多个。美国国家标准协会是协调者，协会本身并不制定标准。也就是说，实际上美国并没有一个公共或私营机构主导标准的制定和推广。美国标准体制的分散化，导致了一些美国标准存在贸易保护主义色彩。因为标准制定的分散化为标准的制定提供了多样化渠道，使制定者能根据一些特殊要求作出灵活反应，及时从标准角度出台限制性措施。

美国标准体制的第三个特点是合格评定系统既分散又复杂。美国普遍采用所谓"第三方评定"，其合格评定系统的主体是专门从事测试认证的独立实验室，美国独立实验委员会有400多个会员，其中如美国保险商实验室（UL）是美国著名的安全评定机构，美国的一些大连锁店基本上不销售未取得UL安全认证的电器。在这种分散的合格评定结构中，美国政府部门的作用是认定和核准各独立实验室的资格，或指定某些实验室作为某行业合格评定的特许实验室，使得这些实验室颁发的证书具有行业认证效力。综上所述，美国的技术法规和标准不但多、要求高，而且评定系统很复杂。

2.美国食品安全法律体系
Food safety legal system in the USA

美国是一个十分重视食品安全的国家，有关食品安全的法律法规在美国非常繁多，如

《联邦食品、药品和化妆品法》《食品质量保护法》和《公共卫生服务法》等。这些法律法规覆盖了所有食品和相关产品，并且为食品安全制定了非常具体的标准以及监管程序。在美国，如果食品不符合安全标准，就不允许其上市销售。

国会颁布的食品安全法令对执法机构广泛授权，但同时也限制了其执法行为。法令的唯一目的就是为达到特定的目标，食品安全机构依据法令发布特定的法规，进行特定的指导，采取特定的措施。当必须强调新技术、新产品和健康风险时，执法机构有充分的灵活性对法规进行修改和补充，而不需要制定新的法令。

食品安全管理相关的执法机构主要包括：卫生与人类服务部（Department of Health and Human Service，DHHS）的食品及药物管理局（Food and Drug Administration，FDA）、疾病预防控制中心（Centers for Disease Control and Prevention，CDC）、农业部（U.S. Department of Agriculture，USDA）的食品安全和监督署（Food Safety and Inspection Service，FSIS）、动植物卫生监督署（Animal and Plant Health Inspection Service，APHIS）、环境保护局（Environmental Protection Agency，EPA）、美国海关服务局（Department of Treasury's Customs Service，DTCS）等。这些联邦管理机构分工合作确保美国市场上的所有产品符合美国法律法规。

食品及药物管理局（FDA）负责管理除肉、禽、蛋品以外的食品安全及标识；农业部的食品安全和监督署（FSIS）负责管理肉、禽、蛋品的安全及标识；环境保护局负责食品中杀虫剂残留的管理；动植物卫生监督署（APHIS）的职责是防止动植物产品中的病虫害；疾病预防控制中心（CDC）负责食源性疾病的监测与控制。这些机构分别制定相关食品安全问题的法规和标准。

除以上机构外，还有许多机构通过其研究、教育、监测、预防、制标等工作协助食品安全工作，主要包括：国立卫生研究院（National Institutes of Health，NIH），进行食品安全研究；农业部下属的农业研究署（Agricultural Research Service，ARS），开展农产品方面的研究；美国农业部联合研究教育服务局（Cooperative State Research，Education，and Extension Service，CSREES），对农场主和消费者就有关食品安全实施研究和教育计划；此外还有Agricultural Marketing Service（AMS）、Economic Research Service（ERS）、Grain Inspection Packers and Stockyard Administration（GIPSA）、U.S. Codex office、Department of Commerce's National Marine Fisheries Service（NMFS）等。

在"美国联邦法规汇编"中，与食品相关的法规和标准主要集中在第7、9、21部分，规定的内容十分广泛，如添加剂使用的管理、食品标签、良好生产规范（GMP）、危害分析与关键控制点（HACCP）、具体食品类别的规定等。

美国联邦贸易委员会（FTC）是执行多种反托拉斯和保护消费者法律的联邦机构。FTC的目的是确保国家市场行为具有竞争性且繁荣、高效地发展，不受不合理的约束。FTC也通过消除不合理的和欺骗性的条例或规章来确保和促进市场运营的顺畅。一般而言，FTC的工作主要是阻止可能给消费者带来危害的行为。当国会、行政机构或其他的独立机构以及州和地方政府商议政策需要时，FTC会提供相关资料。联邦贸易委员会可以通过不同的方式进行调查。来自消费者信件、商人或国会的要求或者是关于消费者和经济问题的文章都可能使联邦贸易委员会采取行动。这种调查可以是公开的也可以是非公开的，但一般来说，联邦贸易委员会的调查都是非公开的，目的是为了保护公司和调查本身。

如果联邦贸易委员会认为某公司有违反法规的情况发生时，它首先要同公司签署一份协议书，然后获得公司的自愿合作。公司签订此协议书时，不用承认违反了法规，但必须同意停止这种令消费者投诉的有争议的行为。如果双方达不成一个一致的协议，联邦贸易委员会就会提交或提出一个管理上的投诉。管理上的投诉一旦被提交或提出，就像在法官面前进行开庭审讯一样：要提交证据、听取证词、询问证人和交叉询问证人。一旦发现有违法行为，就会下达一个禁令或提出其他比较合适的说法，由法官做出的最初决定应能反映整个委员会的意愿。审判的最终结果应该由委员会来做出，同时反映出美国地区法院的意愿。如果委员会处在被支持的立场，联邦贸易委员会可能会在法庭上要求一定的消费者赔偿。相反，如果这个公司曾经违反过法律，联邦贸易委员会同样也会要求民事赔偿或提出禁令。在一些情况下，联邦贸易委员会直接到法院申请禁令、民事赔偿或消费者赔偿，这种情况通常发生在正在进行的消费者欺骗行为或诈骗案中。通过直接去法院申请禁令或赔偿，联邦贸易委员会能够在更多的消费者上当受骗之前，阻止欺骗行为的发生。

美国实行多部分联合监管制度，在地方、州和全国的每一个层次监督食品的原料采集、生产、流通、销售、企业售后行为等各个环节。地方卫生局和联邦政府的许多部门都派遣流行病学专家、微生物学家、食品检查员以及其他食品科研专家，采取专业人员进驻食品加工厂、饲养场等方式，对食品供应的各个环节进行全方位监管，构成了覆盖全国的联合监管体系。联邦和地方食品安全执法机构则通过签署协议、人员培训交流等方式加强相互之间的协调和联络。与这种监管体系相对应的是涵盖食品产业各个环节、数量很多的法律和产业标准。

美国食品行业标准和相关法律的制定，是建立在先进的食品科研水平和每年投入数亿美元科研经费的基础上。依托先进的技术手段和多年的资料积累，美国在食品危险性评估控制技术、新产品安全性评估方面取得了长足的进展。

科学的行业标准和法规为食品安全打下了坚实的基础，违反这些标准和法律会受到严惩。在美国，从事食品生产、销售的企业一般都是实力雄厚的大企业，企业行为都非常规范。食品企业一旦被发现违反法律，会面临严厉的处罚和数目惊人的罚款。

3. 美国的食品法规
Food safety laws and regulations in the USA

美国食品有不少进口自世界各地，但也无一例外都用统一的格式标明营养成分、食用期限、可快速追查产品来源的编号、生产地区、厂家等。肉类、海鲜等食品则有黑体"警告"二字打头的警示性标签，说明如果保存或加工不当可能滋生致病微生物。一些常用的调料或者食用油则用标签提醒消费者，产品的维生素 C、维生素 A、钙和铁等成分含量很少或者没有。这些警示标签和营养声明在字体大小、格式、印刷上都是整齐划一，印刷在包装袋的显著位置，它们的背后是美国食品产业严格的安全标准。美国人在日常生活中对食品安全的信任度很高，这种安全感来源于时刻高效运转的联合监管体系、完备的法律法规、先进的检测手段、完备的安全评估技术以及每年数亿美元的科研投入。

美国食品安全授权法令主要包括：美国食品、药品和化妆品管理法（Federal Food, Drugs, and Cosmetic Act, FFDCA），美国肉类检查法（Federal Meat Inspection Act, FMIA），禽类产品检查法（Poultry Products Inspection Act, PPIA），蛋类产品检查法（Egg Products Inspection Act, EPIA），食品质量保护法（Food Quality Protection Act, FQPA），公共卫生服务法（Public Health Service Act），膳食补充剂与健康教育法（Dietary Supplement and Health Education Act, DSHEA）。

2011 年 1 月 4 日，时任美国总统奥巴马签署了《FDA 食品安全现代化法》（Food Safety Modernization Act, FSMA）。该法对 1938 年通过的《联邦食品、药品及化妆品法》进行了大规模修订，可以说是过去七十多年来美国在食品安全监管体系领域改革力度最大的一次。

在美国立法机关看来，如果全球食物链中的每个生产者对存在致病风险的环节认真对待并且承担起真正的责任，食源性疾病在很大程度上是可以预防、避免的。根据新法，FDA 将拥有更多保证食品安全的预防性举措以及更加清晰的监管架构来改善以往食品安全领域监管之不足。具体说来，在食品安全监管领域，该法在以下五个主要方面进一步加强了监管，对相关监管机构的权力进行了重新整合，并且在一些领域进行了制度创新。

（1）食品安全预防控制方面　该法首次明确 FDA 在食品供应方面拥有广泛的预防性控制措施，并且有权进行立法。

（2）对食品生产企业的检查和执法　该法认为对食品生产、加工、包装、储存设施进行检查是让食品生产企业对其生产的食品安全卫生承担起责任的重要途径，因此，该法明确规定 FDA 对所有食品生产企业设施进行检查的频率应当不断提高。这种检查包括对出口美国的食品生产、加工企业。对国内存在高风险的美国食品加工、生产企业，法律规定新法实施后 FDA 将至少每 5 年要进行 1 次检查；对国内不认为存在高风险的食品生产、加工企业，至少在新法颁布实施后，每 7 年要进行 1 次检查；对于出口美国的外国食品生产、加工企业，新法规定 FDA 局长必须在新法实施后一年内视察的外国食品生产、加工企业不少于 600 家，并且在此后 5 年时间内，每一年视察的外国食品生产、加工企业总数至少是前一年的 2 倍以上。在过去，FDA 极少对一些食品生产、加工企业及农场进行检查，最多每 10 年对一些食品生产、加工企业进行巡视，而更多的食品加工厂则是从来没有进行过巡视；此外，新法规定 FDA 在对这些企业进行检查、运用监测资源时，要注意采用以监测风险为工作基础，在进行检查时尽量采用创新手段。

（3）进口食品安全方面　向美国出口食品的国家多达 150 个，根据新法，FDA 拥有确保进口食品达到美国标准、确保对美国消费者来说是安全的权力。首先，该法第一次规定，食品进口商必须确保他们的外国食品供应商拥有足够的预防性控制措施来保证食品安全；其次，FDA 将授权第三方稽查机构或人士来证实外国食品生产企业的设备达到美国的食品安全标准。对于存在高风险的食品，FDA 有权要求相关进口食品在进入美国境内时具备可信赖的第三方认可证明。此外，为了对外国食品出口企业进行检查，法律还配套了一些另外的资源。对于那些拒绝接受美国检查的外国食品出口企业，其出口到美国的食品 FDA 将有权拒绝其进入美国国境。

（4）问题食品及时应对方面　该法首次规定，FDA 对所有问题食品都有权进行强制召回。不过，FDA 期望仅在食品生产企业很大程度上没有按规定遵守自愿召回问题食品时才动用。

（5）加强国内食品安全监管机构的合作方面　该法对目前美国联邦、各州、地方、领地、部落地区食品安全监管机构之间及其与外国食品安全监管之间的合作重要性给予了前所未有的充分重视，其目的只有一个：确保公共健康目标的实现。例如，该法第二编第 209 章就明确要求 FDA 加强对联邦各州、地方、领地及部落地区食品安全官员的技能培训。

关于食品安全体系的完善，为了尽快建立起以预防为主的新的食品安全体系，该法明确要求一些监管机构尽快行动起来，就新授予的权力准备更加详细的管理规定及指导性文件。比如该法对于如何实施问题食品强制召回权就有非常详细的要求，同时要求监管机构在实施这些新的要求时广泛采用所有利益相关者的建议。

综合考察新法，可以发现该法将 FDA 推到了预防食品安全问题发生的最前线，使得 FDA 对食品安全的管理领域扩大至 80%（不包括由美国农业部管理的肉类和家禽产品），比如新法授权 FDA 就食品供应领域制定综合性的、以科学为基础的预防性控制措施，如前面提及的问题食品强制召回权，以及扩大 FDA 在食品产销及使用记录方面的权力等。根据该法，食品企业必须落实 FDA 制定的强制性预防措施，并且要执行强制性的农产品安全标准。在农产品安全领域，FDA 将起草一套规则，就水果及蔬菜的安全生产和收获制定最低标准的科学标准，与此同时，还就涉及食品生产的土地改良、工人的健康及卫生、食品包装、温度控制、水利用等其他问题制定统一操作规范。对于食品企业来说，它们将必须制定书面的预防性安全控制方案，该方案必须涉及对相关安全控制措施落实的监督，还必须明确必要时该食品企业可以采取的整改行动。

美国食品安全法规实施的特点如下所述：

（1）立法执法各司其职　　美国政府的三个法规机构——立法、司法和执法，在确保美国食品与包装安全中各司其职。国会发布法令，确保食品供应的安全，从而在国家水平上建立对公众的保护。执法部门和机构通过颁布法规负责法令的实施，这些法规在"联邦登记"（Federal Register，FR）中颁布，公众可得到这些法规的电子版。

（2）科学决策、权利分开　　美国食品安全体系的特点是以科学为基础的决策，权利和决策分开，美国食品安全法律授权之下的机构所做出的决策在法庭解决争端时有法律效力。

（3）授权执法、即时修改　　美国的食品法包括食品、药品和保健品法以及包装和标签法，并被列入联邦法规第21章。整个食品工业都必须了解并自愿遵守。建立食品法律法规的目的是保证食品符合微生物指标、物理指标和化学指标；保证市场竞争正当、公平。

美国大部分食品法的精髓来自1938年建立的FFDCA（《联邦食品、药品及化妆品法》），至今仍在不断地修订。按时间顺序美国食品法的发展过程如下：

1906年：纯净食品及药品法规

1938年：FDCA

1957年：家禽产品检验法规

1958年：FDCA中增添食品添加剂法规

1959年：FDCA中增添食用色素法规

1966年：食品包装及标签法规

1969年：白宫关于食品、营养与健康的研讨会

1970年：蛋的检验法规

1977年：美国参议院特别委员会关于营养与人类需求方面的美国膳食目标

1990年：营养标签与教育法

1991年：美国工业奖励法

2002年：公共健康安全生物恐怖主义预防法

2011年，时任美国总统的奥巴马正式签署了国会两院通过的《食品及药物管理局食品安全现代化法》（简称《食品安全现代化法》）。

除此之外还有许多附加法规，如联邦肉类检查规范，农业部食品安全和检察署负责实施本法规，对动物、屠宰条件、肉类加工设备进行强制性检查，肉类及肉制品必须加盖"美国农业部检查通过"章方可进入州际贸易市场。本法规也适用于进口肉类及其制品，联邦家禽产品检查法规，联邦贸易委托法规，婴儿食品配方法规，营养标识和教育法规等。

二、日本食品标准与法规
Food standards and regulations in Japan

日本的技术法规和标准多而严，而且往往与国际通行标准不一致。日本市场规模大、消费水平高，对商品质量要求高，市场日趋开放，进口的制成品比重也在提高。一种产品要进入日本市场，不仅要符合国际标准，还必须符合日本标准，日本对进口商品在品质、形状、尺寸和检验方法上均有特定标准。例如，对入境的农产品，首先由农林水产省的动物检疫所对具有食品性质的农产品以食品的角度进行卫生防疫检查。日本进口商品规格标准中有一种是任意型规格，即在日本消费者心目中自然形成的产品成分、规格、形状等。日本对绿色产

品格外重视，通过立法手段，制定了严格的强制性技术标准，包括绿色环境标志、绿色包装制度和绿色卫生检疫制度等。进口产品不仅要求质量符合标准，而且生产、运输、消费及废弃物处理过程也要符合环保要求，对生态环境和人类健康均无损害。在包装制度方面，要求产品包装必须有利于回收处理，且不能对环境产生污染。在绿色卫生检疫制度方面，日本对食品药品的安全检查卫生标准十分敏感，尤其对农药残留、放射性残留、重金属含量的要求严格。

1. 日本食品卫生法规
Food hygiene laws and regulations in Japan

日本 1947 年制定了《食品卫生法》，1948 年制定了《食品卫生法实施规则》，1953 年颁布了《食品卫生法实施令》。《食品卫生法》是食品卫生管理的根本大法和基础，在本法中，明确规定禁止销售的有：腐烂、变质或未熟的食品；含有或附着有毒、有害物质，疑为有害物质的食品；病原微生物污染或疑为污染而可能危及人体健康的食品；混入或加入异物、杂质或其他原因而危及人体健康的食品；病死畜禽肉；未附有出口国政府签发兽医证的畜禽肉、内脏及制品（火腿、腊肠、腊肉）；未经证实以作为食品添加剂为目的的化学合成品及含有此成分的制剂、食品；有毒器具；以及新开发的尚未证实对人体无害的食品，并对违禁者制定了处罚措施。所有食品和添加剂，必须在洁净卫生状态下进行采集、生产、加工、使用、烹调、储藏、搬运和陈列。

除《食品卫生法》外，与此相关的主要法规还有《产品责任法（PL 法）》《食品卫生小六法》《屠宰场法》《禽类屠宰及检验法》《关于死毙牲畜处理场法》《自来水法》《水质污染防止法》《植物检疫法》《保健所法》《营养改善法》《营养师法》《厨师法》《糕点卫生师法》《生活消费用品安全法》《家庭用品品质标示法》《关于限制含有有害物质的家庭用品的法律》《关于化学物质的审查及对其制造等进行限制的法律》《计量法》《关于农林产品规格化及品质标示合理化的法律》，主要规格标准还有日本农林规格（JAS）、食品卫生检查指针、卫生试验法注解、残留农药分析、食品添加剂等的规格标准、在食品或添加剂的制造过程中防止混入有毒有害载体的措施标准、关于奶制品成分规格的省令、标签内容的规定、行业自定标准，与进出口食品有关的还有输出入贸易法、关税法等。

2003 年，在历时两个多月的国会审议之后，《食品安全基本法》于 5 月 23 日公布，自 7 月 1 日起施行。《食品安全基本法》由两大支柱构成：第一支柱是明示确保食品安全的指针（基本理念、相关主体的责任和作用以及政策制定的基本方针），所以该法是"基本法"；第二支柱是在内阁府下设置了食品安全委员会。该法是日本确保食品安全的基本法律，确立了保护国民健康至关重要、从农场到餐桌全过程确保食品安全、将对国民健康的不良影响防患于未然的三大基本理念，规定了中央、地方公共团体、生产者、运输者、销售者、经营者和消费者各自的责任，建立了食品影响人身健康的风险评估制度，设立了下辖于内阁府的食品安全委员会专门组织。该法为日本食品安全体制提供了可靠的法律保障，试图以科学知识为依靠恢复消费者的信心。

厚生劳动省于 2003 年修订了食品卫生法，并以该修订案为依据，开始在农业化学品残留管理引入"肯定列表制度"（Positive List System）。这是日本为加强食品（包括可食用农产品）中农业化学品（包括农药、兽药和饲料添加剂）残留管理而制定的一项新制度。该制度要求：食品中农业化学品含量不得超过最大残留限量标准；对于未制定最大残留限量标准的农业化学品，其在食品中的含量不得超过"一律标准"，即 0.01mg/kg。该制度于 2006 年 5 月 29 日起执行。

2. 日本食品卫生管理体制
Food hygiene management systems in Japan

日本的食品卫生监督管理由中央和地方两级政府共同承担，中央政府负责有关法律规章的制定、进口食品的检疫检验管理、国际性事务及合作；地方政府负责国内食品卫生及进口食品在国内加工、使用、市场销售的监管和检验。

（1）对饮食业、食品加工业等涉及公共卫生行业的设施和设备制定必要的标准　此标准类似于我国国家商检局颁布的出口食品厂、库注册卫生要求和实施细则，对企业周围的环境、车间布局、建筑结构、工艺流程、卫生设施、设备、加工人员、工器具的卫生、质量保证体系等都有明确的规定，并实施许可证制度，未取得卫生许可证一律不准营业。日本新制定的国家标准有 90% 以上采用国际标准化组织等的标准，但是仍有不少技术规定和标准与国际通行标准不一致。如日本要求进口化妆品与其指定的化妆品成分标准（JSCL）、添加剂标准（JSFA）和药理标准（JP）一致，只要其中一项不符合要求，产品就不能进入市场。

日本对很多产品的技术标准要求是强制性的，进口货物入境时须经日本检验官员的判定。另外，日本对商品规格要求很严，如果产品不满足相关规格标准，也不可能进入日本市场。

（2）监督检查　在各级政府卫生机构中设立食品卫生监查员，监查员必须具有规定的学历并经过专门培训，由厚生劳动大臣或都道府县知事任命，负责对营业设施和加工厂进行监督检查；经营、加工企业要配置食品卫生管理员负责对营业或制造、加工过程中的卫生状况进行监督管理。

设立规定的试验室，以对产品进行必要的理化、细菌、农药残留等项目的实验室检验，结果单需保存三年。

对于违反卫生规格标准加工、制造、使用和销售无合格证的产品时，或就其设施、设备，担心其以后制造的产品还会继续出现危害人身安全时，或认为必要时，卫生主管机构就可进行强制性检查；对于同类产品的生产或销售企业，经营者在接到卫生当局采取必要措施的通知后，应在规定的不超过 2 个月期限内，进行全面自查并申请接受检查。

（3）卫生管理　在日本设有许多大型食品批发市场，一些中小型批发市场及零售商的货源主要来自大型批发市场。因此，管理好大型批发市场的食品卫生就能有效地保障人民的生命健康。在大型食品批发市场设立食品卫生检查所也便于检验人员及时对进出的食品进行监督检验，如东京中心批发市场的食品卫生检验人员昼夜不停地对进场交易的水产品、肉类、蔬菜、瓜果等鲜活商品进行检查，不良商品不准进场。在每天正常营业时，检查人员进行实验室检验，如生物学检查和理化检查等。

3. 日本食品卫生管理机构
Food hygiene management organizations in Japan

（1）厚生劳动省 Ministry of Health, Labor and Welfare　厚生省，原日本政府部门之一，最早设置于 1938 年，2001 年已与劳动省合并，并改组为厚生劳动省（Ministry of Health, Labor and Welfare）。厚生劳动省作为保障和提高国民生活，提高和改善社会福利、社会保障、公共卫生，改善劳动条件以及劳动者的劳动环境，确保就业，从而促进经济发展的行政部门，当威胁国民生命、健康安全的食品问题可能发生时，厚生劳动省就要采取措施预防损害健康的事故发生、防止其扩大，并采取相应的措施。

厚生劳动省是日本负责医疗卫生和社会保障的主要部门，厚生劳动省设有 11 个局，主要负责日本的国民健康、医疗保险、医疗服务，提供药品和食品安全、社会保险和社会保障、劳动就业、弱势群体社会救助等职责。厚生劳动省还设有 7 个部门，在卫生领域，其涵盖了我们的国家卫生和计划生育委员会、国家市场监督管理总局、国家医疗保障局的医疗服务和药品价格管理、人力资源和社会保障部的医疗保险、民政部的医疗救助、国家市场监督管理总局的国境卫生检疫等部门的相关职能。这样的职能设置，可以使主管部门能够通盘考虑卫生系统的供需双方、筹资水平和费用控制、投资与成本等各方面的情况，形成整体方案。

厚生劳动省医药食品局内设食品安全部，该部是政府在食品安全行政部门的风险管理机构。其工作内容是根据食品安全委员会的风险评估，制定食品、食品添加剂、残留农药等的规格和标准；并通过全国的地方自治体或检疫所，对食品加工场的卫生、食品（包括进口食品）的质量安全进行监督检查；收集国民的意见和建议，为进一步完善政策和措施提出合理化建议。

（2）农林水产省 Ministry of Agriculture, Forestry and Fisheries 农林水产省是负责食品的风险管理，保障农产品、水产品卫生安全的行政组织，主要负责生鲜农产品及其粗加工产品的安全性，侧重于农产品的生产和加工阶段。农林水产省的立场主要是振兴产业，通过保护生产者的利益来提高食品的安全性，他们的主要依据是《农药取缔法》和《饲料安全法》等法规。

日本农林水产省的主要职能是：① 促进农林水产业的稳定发展，进一步发挥农林水产业的作用；② 保障农产品的正常供给，不断提高国民的生活水平；③ 推动农林牧渔业及农村、山村、渔村的经济、文化建设与振兴；④ 保证国家的产业政策、区域政策、高技术开发及国际合作政策的实施。

食品流通局负责农产品流通和消费、食品工业的监督指导以及参与制定有关农产品的价格政策等。日本农林水产省负责水产品质量及安全卫生的机构是水产厅和消费安全局。水产厅负责水产品的经营、加工与流通、资源的保护和管理、渔业生产的监督和管理等，侧重于行业生产管理。消费安全局主要负责产品标识、价格对策、水产品质量安全、水产养殖用药的使用、水产品生产过程风险管理和风险通报等，侧重于消费者利益保护。农林水产省内还设立了"食品安全危机管理小组"，该小组主要由消费安全局负责食品安全的官员组成，其主要职能是制定并指导实施重大食品安全事件对策。

（3）食品安全委员会 Food Safety Commission 2003 年 7 月 1 日，根据《食品安全基本法》的规定，食品安全委员会（简称"食安会"）正式成立，隶属于内阁府。

食品安全委员会既是食品安全风险的监测部门，又是农林水产省和厚生劳动省的协调部门，它统一了三个各有分工的部门，同时又不使其失去工作的独立性，它们组成了日本食品管理机构既独立分工又相互合作的体系。该会是直属内阁的主要承担食品安全风险评估和部门之间协调职能的食品管理机构，主要职能包括实施食品安全风险评估、对风险管理部门进行政策指导和监督、风险信息沟通和信息公开。

《食品安全基本法》对食品安全委员会的职责作了详细的规定，其职责权限主要包括风险评估、提供咨询、调查审议、风险沟通和应对危机几个方面。

① 风险评估 所谓风险评估（risk assessment），是指"对摄取含有危害的食品有多大的概率、在多大程度上会对人身健康造成不良影响进行科学评估。例如，对于残留农药和食品添加剂，根据动物的毒性试验结果，推定人一生中每日摄取不会对人身健康造成不良影响的量（日摄取容许量，ADI），然后再设定这样的标准"。

以往，风险评估与风险管理浑然一体。在设置食品安全委员会之后，明确区分了风险评估与风险管理，使风险的评估与管理相分离，由食品安全委员会进行一元化的风险评估，而由厚生劳动省和农林水产省等其他规制机关进行风险管理，这是日本食品安全行政的一项重要改革。在风险评估机关上存在着两种类型：一个是英国型或一体型，由同一个机关同时实施风险评估和风险管理；另一个是法国型或分离型，即由不同的机关分别实施风险评估和风险管理。是一体型好还是分离型好，取决于各国自身的状况。如果拥有决定风险管理政策权限的组织不能听取风险评估的科学家的意见，就将两者分离，使风险评估机关独立出来，明确风险管理的政策责任是有必要的。在日本，行政常常无视、轻视科学家的警告，为此有必要将加工风险评估机关独立出来，并赋予其对风险管理机关的劝告权。日本的分离型风险评估机关是基于其自身行政的历史而作出的选择。

食品安全委员会所进行的风险评估，又称之为"食品影响健康评价"，即根据科学知识，对食品本身含有或加入到食品中的影响人身健康的生物学的、化学的、物理上的因素和状态进行评价，看其是否影响人身健康以及影响的程度，这是食品安全委员会最重要的职责。食品安全委员会应根据有关机关的要求或者主动对食品影响健康进行评价，然后根据评价的结果，通过内阁总理大臣，劝告相关各个大臣所应采取的食品安全政策；基于评价的结果，监督所采取政策的实施状况，在必要时，可通过内阁总理大臣劝告相关的各个大臣，相关各个大臣应向委员会报告其就劝告所采取的措施。这种两种劝告以及在劝告之后的监督的职权，使得食品安全委员会又区别于一般的审议会，使得食品安全委员会事实上拥有与各省厅的调整功能。因而，对委员会的公共性进行分析是重要的。

食品安全委员会的风险评估分为两种：一种是强制性评估，另一种是任意性评估。前者诸如根据《食品安全法》《农药取缔法》等法律制定或修改相关规格、标准等措施时，应当听取食品安全委员会的意见；其他没有法律规定的情形，相关大臣在必要时可以请求食品安全委员会提供意见。

② 提供咨询　政府应就实施食品安全诸项政策所采取的措施，制定措施实施的基本事项。内阁总理大臣应在制定基本事项的提案前，听取食品安全委员会的意见，等待内阁会议的决定。食品安全委员会应向内阁总理大臣陈述意见。

相关各个大臣认为对制定食品安全政策有必要的，可以听取委员会的意见；但在食品影响健康评价中，则应当听取委员会的意见。只有在委员会认为从政策的内容看进行食品影响健康评价明显没有必要，或者相关各个大臣认为需紧急防止、抑制对人身健康产生不良影响而不能事前进行食品影响健康评价的，才能不事前听取委员会的意见；但在紧急事态之后，相关各个大臣应在制定食品安全政策后的一定期间内向委员会报告，听取委员会的意见。

③ 调查审议　食品安全委员会应调查审议食品安全政策的重要事项，在必要时，向相关行政机关的首长陈述意见。为了实施评价等活动，还应进行必要的科学调查研究。委员会认为对其完成所管事务有必要的，可要求相关行政机关首长提供资料、表明意见、进行说明以及提供其他必要的帮助；可委托独立行政法人、一般社团法人、一般财团法人、企业以及其他民间团体、都道府县的试验研究机关和有学识经验者进行必要的调查。

④ 风险沟通　所谓风险沟通（risk communication），是指"在风险分析的整个过程中，风险管理机关、风险评估机关、消费者、生产者、企业、流通、零售等相关主体从各自不同的立场相互交换信息和意见。风险沟通可以加深对应予讨论的风险特性及其影响的相关知识的了解，使风险管理和风险评估有效地发挥功能"。

风险管理是以存在食品风险为前提的，食品安全政策应该以指向这种风险管理的思路来制定。政策制定时形成社会的合意是十分重要的，应该听取国民对政策的意见，确保整个过程的公正性和透明性。风险沟通是食品安全委员会工作的一个重点，对于风险评估的内容等信息，通过各种形式与消费者、食品关联企业等广泛交换信息和意见。委员会还要调整相关行政机关的事务，促进与相关的关系人之间交换信息和意见。

从现行法上看，风险沟通的方式主要有两种，其一是自上而下的传达，其二是自下而上的主张。当然，现实中的方式更加多元化，其中圆桌方式的效果较好，由发生风险的生产加工者、受到风险的消费者、管理风险的行政管理者、危害的研究者、风险评估专家等参与讨论，比较容易形成合意。当然，圆桌方式的适用范围也是有限的。

委员会进行风险沟通的方法多种多样：委员会的会议原则公开，会议分发的资料、议事录等在委员会的网页上登载，对风险评估终结的案件募集国民的意见，在全国各地召开意见交流会、食品安全监督员会议，发行手册、传单、用语集、机关杂志《食品安全》，发送电子杂志，召集食品安全电话会议等。

⑤ 应对危机　在发生紧急事态时，政府要作为一个整体迅速、适当地应对，防止危害扩大或者再次发生，因而也就有必要收集国内外的信息，趁早把握事态的发展情况，要求相关各省迅速应对，并以易于理解的方式向国民提供信息。根据《食品安全基本法》的规定，为了应对造成或可能造成食品安全重大损害的紧急事态，委员会在必要时可请求相关行政机关的试验研究机关为食品影响健康评价实施必要的调查、分析和检查，还可依法向相关各个大臣提出请求。

为了应对紧急情况，日本政府可成立紧急应对总部。这是一个临时性的机构。总部由以下人员组成：a. 食品安全担当大臣，如其联络不上，则为奉大臣之命掌管政策、规划的内阁府副大臣；b. 厚生劳动大臣；c. 农林水产大臣；d. 食品安全委员会委员长；e. 其他食品安全担当大臣认为必要的相关大臣等。食品安全担当大臣为总部长，其他为总部员。由总部长根据事态的实际情况在总部员中指定副总部长。总部设置之后，即迅速召开紧急应对总部会议，由总部长负责召集、主持会议决定应对之策。总部会议可以根据需要要求总部员以外的人出席。

总部设事务局，由其负责处理总部会议的一般事务，事务局由风险管理机关协助食品安全委员会事务局组成。总部事务局长由食品安全委员会事务局长担任，局员由信息·紧急应对科长以及总部事务局长招集的食品安全委员会事务局员担任。总部事务局的设置场所原则上在食品安全委员会事务局内。事务局具体负责收集紧急事态的信息，交换食品安全委员会和风险管理机关的信息，提供紧急应对总部进展的信息，负责总部会议召开的会务以及其他必要的事务。总部事务局长为了有效处理上述事务，可设置不同职能的班（综合班、信息班、宣传班等）。

在发生紧急事态时，食品安全担当大臣根据食品安全委员会的报告或者风险管理机关（即厚生劳动省、农林水产省、环境省等确保食品安全进行风险管理的行政机关）的请求，可自主作出判断，若认为有必要以阁僚级综合应对，则可以指示食品安全担当室迅速实施紧急协议。担当室根据食品安全担当大臣的指示，迅速通过食品安全委员会和风险管理机关的信息联络窗口，要求食品安全委员会和风险管理机关联络信息，调整实施紧急协议。在总部会议召开的同时，召开部局长级的食品安全行政相关府省联络会议。

对于紧急协议的方法，原则上由食品安全担当大臣与相关各个大臣、食品安全委员会委员长汇集在一起，就设置紧急应对总部的必要性达成协议。如果相关人员汇集到一起有困难，在食品安全担当大臣认为有必要时，可通过食品安全委员会和风险管理机关的信息联络窗口，了解相关各个大臣和食品安全委员会对设置紧急应对总部的意见，然后以相对较为宽松的方式达成协议，设置紧急应对总部。紧急应对总部主要负责以下事项：① 决定政府整体的应对之策；② 综合调整食品安全委员会与风险管理机关的对策；③ 信息的收集与共享；④ 通过新闻媒体、政府公报、因特网等手段给国民提供信息；⑤ 其他认为必要的事项。总部长根据总部会议审议的结果，综合考虑紧急事态的缓和情况，可解散紧急应对总部。

4.日本国内食品卫生检验和管理
Domestic food hygiene inspection and management in Japan

日本国内的食品检验和管理，在厚生省、农林水产省等中央政府机构领导下由地方政府卫生机构完成，其组织机构包括以下几种：

（1）食品保健课　负责对营业场所考核、颁发营业许可证，食品规格标准的制定，食品中毒的预防、食品卫生行政事务的管理。

（2）食品环境指导监督课　负责大规模食品制造、销售场所的监视指导；食肉卫生检查所进行牲畜及肉类的检查。

（3）卫生研究所　负责对食品进行化验，并对卫生指标如微生物、农药残留、兽药残留、重金属等进行调查研究。

（4）保健所　负责对饮食店、食品贩卖店等的营业许可、监视指导。

（5）市场卫生检查所　是政府设在大型批发市场的检验机构，负责批发市场的食品卫生监视指导、试验检查。其主要职能如下述：

① 监视指导　对违反卫生规定和不良的食品进行监督管理。

② 试验检查　对食品进行新鲜度、毒性、微生物、农药和兽药残留的实验室检验。

③ 调查研究　对水产品、水果蔬菜的产地和生长期间施药情况及各种食品的卫生进行实地调查。

④ 卫生教育　定期对经营者培训，为普通消费者普及卫生知识提供咨询。

三、欧盟食品标准与法规
Food standards and regulations in the European Union

欧盟的技术法规和标准历史长、要求严，并且由分散走向统一。

1.食品安全法律体系
Food safety legal system

欧盟已经建立了一套比较完善的食品安全技术法规和标准体系，该体系以深入到食品生产全过程的法律法规为主，辅之以严密的食品标准，具有强制性、实用性和修订及时的特点。欧盟委员会制定的有关食品安全方面的法规数量较多，贯穿于整个标准体系的每一个部分。由于技术法规具有立法性，在保证产品的安全性及环保要求方面具有强制性和权威性，因此技术法规是对企业行为起到指引作用的一个主要法律规范。欧盟技术标准是为了通用或反复使用的，由公认的机构批准，供共同和反复使用的非强制性实施的文件是对技术法规的有效补充。尽管从理论上讲，技术标准本身不具备强制执行的性质，但一旦与技术法规相配套而成为市场准入的必备条件后，其强制性质也就不言而喻了。

由于农药和杀虫剂的使用管理缺乏协调性，2004年底欧盟委员会通过了在欧盟范围内对植物源和动物源产品中的农药残留允许最高含量进行统一的建议，该建议使得现行的规定趋于一致和简便化。在指令草案生效的过程中，对农药最高含量经历短暂的"启动期"后将得到统一，并且今后只能在欧洲的层面上加以确定。同年年底，欧洲议会和欧盟理事会通过了欧盟关于统一限定动植物产品中杀虫剂最高残留量的修改法规。新法规中增加的主要内容之一是对同类杀虫剂使用累积残留作出了明确规定，即不但要求对某一种杀虫剂残留进行限量，而且要对同一产品中同类杀虫剂的残留进行累积限量。新法规不但可以加强在该领域的统一管理，也将促进欧盟范围内的食品流通。

为保证消费者买到放心食品，欧盟还改进了一些食品的标签内容，使之更加全面。消费者从标签上便可对所购食品的来源及加工过程一目了然。如2002年开始执行的牛肉标签新规定，就要求标明包括牛的出生地、育肥地、个体号（表明肉类产品与家畜个体间的联系）、屠宰地和分割地等情况。

在食品添加剂的使用上，欧盟也正在酝酿修订新规则，以降低硝酸盐和亚硝酸盐的含量，减少肉类食品中的可致癌物。欧盟科技人员经过长期跟踪研究，正在酝酿统一限定食品中的多环芳香烃含量，以减少食物中的致癌因素，改变目前各成员国各自有各自暂行标准的局面。此外，用于食品凝胶成型的添加剂也将在欧盟内进一步受到限制。目前，欧洲食品安全局下属的营养产品、营养及致敏科学组通过一项规定，要求必须在食品标签上列明该食品所含各类致敏物。

欧盟近年在食品安全方面的措施有很多。欧洲食品安全局（EFSA）成立时间虽不长，但已成为欧盟内最有实力的机构之一。欧盟最新出台的 6 类规定，对食品生产厂家的生产、投放市场的卫生条件、厂库设备条件、工作人员的健康及着装、食品加工与包装、保鲜与运输及产品卫生的监控等各个环节，都提出了十分严格的要求。综上所述，欧盟近几年将进一步统一规定，加强食品卫生安全管理。

自 2002 年欧盟食品安全局成立以来，欧盟食品安全的立法和监督体系不断完善。尤其是 2006 年开始实施《欧盟食品及饲料安全管理法规》以来，政策调整、标准修正的力度不断加大。近年来，欧盟不断补充出台相关食品法规，完善食品安全法律体系，主要涉及以下几方面：

（1）食品及饲料安全　欧盟 2006 年颁布了《欧盟食品及饲料安全管理法规》，以提高欧盟对食品及饲料的监督管理能力，为欧盟消费者提供更加安全的食品。新法简化并加强了欧盟监管体系并赋予欧委会全新的管理手段，以保障欧盟实行更高的食品安全标准。新法赋予欧委会采取临时强制性措施的权力，以保护人民健康、动物卫生及生存环境。该法案特别要求第三国输欧食品必须符合欧盟相关标准。

（2）添加剂、调料及经放射线照射的食品安全　相关添加剂、调料必须符合欧盟标准，包括其所含的着色剂、增甜剂等添加剂。欧盟还建立了经放射线照射的食品目录，并加强了对天然矿泉水构成成分的检查。

（3）欧盟食品和饲料快速预警系统（RASFF）　该预警系统的建立为欧盟成员国提供了交流的有效途径。任何一个成员国发现任何与食品及饲料安全有关的信息都可上报欧委会，欧委会在进行相关调查后，有权采取紧急措施，包括暂停该类食品进口。该系统定期（每周一期）发布预警及信息通报，将不符合欧盟标准的相关食品公布于世，预警范围包括来自欧盟成员国及非欧盟国家的各类食品。

（4）针对非欧盟成员国的规定　欧盟声明尊重在 WTO 框架下签订的《实施动植物检疫措施协议》及《技术性贸易壁垒协议》。但如果国际标准与欧盟标准相比不能提供高标准人类健康保证，则国际标准只作参考。非欧盟国家输欧食品必须遵守欧盟颁布的相关法规。

2.欧盟食品安全管理机构
Food safety management organizations in the European Union

（1）欧洲食品安全局　欧洲食品安全局（European Food Safety Authority，EFSA）于 2002 年成立。其职能是在欧盟范围内制定科学的食品法规，从根本上保证食品政策的正确性及可实施性。该局相对独立，不受欧盟委员会及各成员国管辖，负责对输欧食品的安全性进行监控、跟踪和分析并提供科学的建议。该机构的建立完善了欧盟的食品安全监控体系，为欧盟对内逐渐统一各种食品安全标准、对外逐步标准化各项管理制度提供了科学依据。

（2）欧盟食品和兽医办公室　该机构归欧盟委员会管辖，负责监督各成员国执行欧盟相关法规情况及第三国输欧食品安全情况，是欧委会的执行机构。该办公室可用听证会和现场调查的方式对成员国及第三国相关产品甚至整体法规和管理体系进行调查，并将结果和意见报告给欧委会、各成员国及公众。该机构的主要职责正在从单一的调查管理转向对成员国食品安全体系做全面的评估。

3.欧盟食品标准与法规
Food standards and regulations in the European Union

（1）欧盟白皮书　欧盟委员会于 2000 年 1 月 12 日在布鲁塞尔正式发表了食品安全白皮书。欧盟食品安全白皮书长达 52 页，包括执行摘要和 9 章的内容，用 116 项条款对食品安全问题进行了详细阐述，制订了一套连贯和透明的法规，提高了欧盟食品安全科学咨询体系的能力。白皮书提出了一项根本改革，就是食品法以控制"从农田到餐桌"全过程为基础，包括普通动物饲养、动物健康与保健、污染物和农药残留、新型食品、添加剂、香精、包装、辐射、饲料生产、农场主和食品生产者的责任，以及各种农田控制措施等。在此体系框架中，法规制度清晰明了，易于理解，便于所有执行者实施。同时，它要求各成员国权威机构加强工作，以保证法规能可靠、切实地执行。

白皮书中的一个重要内容是建立欧洲食品管理局，主要负责食品风险评估和食品安全议题交流；设立食品安全程序，规定了一个综合的涵盖整个食品链的安全保护措施；并建立一个对所有饲料和食品在紧急情况下的综合快速预警机制。欧洲食品管理局由管理委员会、行政主任、咨询论坛、科学委员会和 8 个专门科学小组组成。另外，白皮书还介绍了食品安全法规、食品安全控制、消费者信息、国际范围等几个方面的内容。白皮书中各项建议所提的标准较高，在各个层次上具有较高透明度，便于所有执行者实施，并向消费者提供对欧盟食品安全政策的最基本保证，是欧盟食品安全法律的核心。

（2）178/2002 号法令　178/2002 号法令是 2002 年 1 月 28 日颁布的，主要拟订了食品法律的一般原则和要求、建立 EFSA 和拟订食品安全事务的程序，是欧盟的又一个重要法规。178/2002 号法令包含 5 章 65 项条款。范围和定义部分主要阐述法令的目标和范围，界定食品、食品法律、食品商业、饲料、风险、风险分析等 20 多个概念。一般食品法律部分主要规定食品法律的一般原则、透明原则、食品贸易的一般原则、食品法律的一般要求等。EFSA 部分详述 EFSA 的任务和使命、组织机构、操作规程，EFSA 的独立性、透明性、保密性和交流性，EFSA 财政条款，以及 EFSA 其他条款等方面。快速预警系统、危机管理和紧急事件部分主要阐述了快速预警系统的建立和实施、紧急事件处理方式和危机管理程序。程序和最终条款主要规定委员会的职责、调节程序及一些补充条款。

（3）其他欧盟食品安全法律法规　欧盟现有主要的农产品（食品）质量安全方面的法律有《通用食品法》《食品卫生法》《添加剂、调料、包装和放射性食物的法规》等，另外还有一些由欧洲议会、欧盟理事会、欧委会单独或共同批准，在《官方公报》公告的一系列 EC、EEC 指令，有关于动物饲料安全法律的、关于动物卫生法律的、关于化学品安全法律的、关于食品添加剂与调味品法律的、关于与食品接触的物料法律的、关于转基因食品与饲料法律的、关于辐照食物法律的等。

（4）欧盟食品安全法案　一项由 84 条法律建议组成的食品安全行动计划于 2003 年 1 月 1 日开始全面启动，标志着统一的欧盟食品安全法将全面实施。欧盟国家内统一的食品安全法案的措施主要包括如下内容：

① 建立欧盟统一、独立的食品管理机构，为食品安全提供科学的、独立的、透明的意见，实施快速预警系统和危险通告；

② 完善食品安全各个环节，强化从农业生产到消费整个过程的监控体系；

③ 各国建立国家级食品安全的监控制度；

④ 建立同消费者及其他有关方（包括食品输出国）的对话制度。

欧盟食品安全法案的基本原则是：第一，由于欧盟内一部分国家已实行无签证的制度，必须建立全面统一的食品安全原则；第二，明确食品生产和消费过程中各当事人责任，并采取一定的措施保障食品安全；第三，对动植物食品的成分必须有可追溯性和检验手段及法定依据；第四，对各种食品实行风险分析评估制度及采用有效的监管和信息交流；第五，建立对食品安全的科学建议的独立性、权威性及透明度原则；第六，对食品安全的风险管理建立防范预警体系。为了实施和贯彻上述原则和措施，欧盟决定建立独立的食品管理机构。欧盟食品安全行动计划的新的法律框架已经构建，一整套严密的、清晰的食品安全法规，将明确欧盟各国食品法共同原则，将食品安全作为欧盟食品法的主要目的，各国尚存的未被统一或有矛盾的食品法案将被限制在这统一法律的框架内。

在食品安全的监管方面，欧盟将制定监管规定，将监管工作渗透到食品生产的各个环节，强制企业承担遵守食品安全法规的责任。国家机关必须负责对此监管，欧盟的食品安全专业委员会和兽医办公室进行合作共同实施检查和监管。欧盟还明确建立全面监管体系和统一的质量标准。

为强化食品安全风险防范，必须保证消费者的知情权和选择权，主要途径包括：对食品安全风险报道必须及时、透明，并建立与消费者的信息反馈体系；要重视消除消费者的忧虑，为之提供食品安全全面咨询；提供专家与消费者的对话平台，方便消费者国际间对话；欧盟强化对易伤害群体（老、弱、孕、残）的食品安全风险交流；强制实行标签制度，让消费者在知情情况下选择食品。除标签制度法律化外，欧盟还要求供应商和生产商在食品上标明所有成分，而不允许只注明如大于 25% 的成分标示。欧盟还将审核有关功效注明（例如营养品对正常身体器官功能的益处）和营养标准（例如食品中某项营养成分的有无及含量）及适当使用方法。消费者的知情范围除生物、化学和物理营养成分以外，还应该涉及食品的营养价值。欧盟将低糖食品、补充食品及高营养食品作为推荐标准。

该项食品安全行动将强化国际食品健康标准，规定了进口食品及动植物食品至少要达到欧盟内部生产的同样卫生标准。欧盟出口产品的安全标准也要达到欧盟内销产品水平，并与第三世界国家建立多边和双边的协议，强调采纳欧盟标准的重要性。

4.食品安全法规新规定
New food safety regulations

（1）针对食品标签的新规定 从 2008 年初开始，欧盟委员会、欧洲议会及欧盟理事会等机构一直在酝酿讨论制定一个适用于欧盟范围内食品标签的法规，目的是使食品标签更简洁的同时，还能提供明确的食品信息，以便消费者做出明智的购买选择。经过长期的争论和多次修改，2010 年 3 月该法规草案终于公布。其主要内容包括：将能量值、脂肪、碳水化合物、糖分及盐等作为强制性信息列于标签上；能量及营养含量应以 100g 或 100mL 为单位；肉类、家禽、新鲜水果及蔬菜须加贴原产国标签；建议包装上所有字母的字体不小于 3mm，以确保其清晰可读性；食品中若含有纳米材料，则必须注明其成分及含量。另外，为使业界有足够的时间来适应新规，实行三年过渡期，于 2013 年正式生效。

（2）欧盟有机食品新规 2007 年 6 月，欧盟出台了针对有机食品的新规，新规 2009 年 1 月起生效。该法规定了有机食品生产的目标、原则及通用规则。其主要内容包括：只有超过 95% 的成分是有机的食品才能标注"有机（organic）"标识；在有机食品生产中，禁止使用转基因成分（GMO）；非欧盟国家输欧有机产品必须符合欧盟相关法规，如第三国生产条件不能完全适用欧盟的生产和控制规则，则须经过欧盟授权的检测机构认证方可出口欧洲。此外，2010 年 2 月 8 日欧盟委员会宣布，经投票获胜的"欧洲叶"（Euro-Leaf）标志成为欧盟有机产品标识，自 2010 年 7 月 1 日起正式使用。

（3）对食品中黄曲霉毒素、硫、镉、三聚氰胺及尼古丁等有害人体健康物质的限值新规定 近年来，欧盟不断提高对输欧食品安全性的要求，并加大检测力度。例如，2010 年 2 月欧盟发布条例修订食品中黄曲霉毒素最大限量值，总体上降低了其在各种食品中的含量限值；2010 年 4 月欧盟宣布将食品中三聚氰胺含量由 5mg/kg 降至 0.2mg/kg，并加大对输欧乳制品的检测力度。对我国影响尤为严重的是欧盟对野生牛肝菌中尼古丁含量的限值调整，2009 年欧盟加大了对野生牛肝菌中尼古丁含量的检测力度，规定按 0.01mg/kg 限量值进行判定，造成我国输欧牛肝菌贸易实质上停止。此外，欧盟还规定相关输欧风险食品入关 24h 之前必须向有关部门申报，并提供进口许可证明。入关审查期最长可达 30 天，通过严格检查后方可入关。

（4）转基因产品新规　欧盟非常重视转基因食品的安全性，出于保障公民身体健康的考虑，长期以来并不鼓励生产和进口转基因食品，1998 ～ 2002 年欧盟甚至出台了对所有转基因产品的临时禁令。经过多年科学论证，欧盟业界近年来逐渐认可了转基因技术，并批准了转基因玉米、油菜及烟草等作物的种植。同时欧盟还解除了一些转基因产品的进口禁令，并于 2009 年先后批准了加拿大转基因油菜籽及美国转基因玉米的进口。然而欧盟对我国转基因产品的歧视仍未消除，2008 年 4 月起，欧盟要求我国所有输欧大米制品必须接受其认可实验室的检验，并加附未含"BT63"（我国研制的转基因水稻）的卫生证书方可出口欧洲。

与本章内容相关的食品法律法规

《国际食品法典》（需下载）

复习思考题

1. 试阐述 ISO 体系认证流程及意义。
2. 试根据所学知识论述食品企业应该如何更好地与国际食品法律法规接轨。

第六章　认证与计量认证

Certification and Metrology Accreditation

本章课程目标和要求：

　　本章系统介绍了认证与计量认证的基本概念、程序和评审准则。

　　通过本章的学习能够掌握认证与计量认证的基本概念；了解认证与计量认证的发展概况；熟悉计量认证的程序和评审准则。

第一节　认证、计量认证基础概念
Basic Concepts of Certification and Metrology Accreditation

一、认证
Certification

1.认证概念
Concept of certification

　　"认证"一词的英文原意是指一种出具证明文件的行动，也是一种信用保证形式。按照国际标准化组织（ISO）和国际电工委员会（IEC）的定义，认证是指由国家认可的认证机构证明一个组织的产品、服务、管理体系符合相关标准、技术规范或其强制性要求的合格评定活动。《中华人民共和国认证认可条例》中规定：认证是指由认证机构证明产品、服务、管理体系符合相关技术规范、相关技术规范的强制性要求或者标准的合格评定活动。

2.质量认证
Quality certification

　　质量认证又称合格认证，国际标准化组织（ISO）在 ISO 导则 2—1991《标准化、认证与试验室认可的一般术语及其定义》中，将"合格认证"定义为："第三方依据程序对产品、过程或服务符合规定的要求给予书面的保证（合格证书）。"

　　由上述定义可知，质量认证具有以下几点含义：

　　① 认证的对象是产品和质量体系（过程或服务），前者称产品认证，后者称体系认证。而产品认证又可分为安全认证和合格认证两种，安全认证是依据强制性标准实行强制性认证；合格认证是依据产品技术条件等推荐性标准实行自愿性认证。

　　② 认证的基础是"规定的要求"。"规定的要求"是指国家标准或行业标准。无论实行哪一种认证或对哪一类产品进行认证，都必须要有适用的标准。

　　③ 认证是第三方从事的活动。通常将产品的生产企业称作"第一方"，如食品、饲料、农产品等生产企业。将产品的购买使用者称为"第二方"，如广大食品或农产品消费者。在质量认证活动中，第三方是独立、公正的机构，与第一方、第二方在行政上无隶属关系，在经济上无利害关系。

　　④ 认证活动是依据程序而开展的，是一种科学、规范、正规的活动。从企业申请到认证机构受理，从对企业质量体系审核到对认证产品的型式检验，从认证的批准到认证后的监督，这中间的每一项活动如何开展，认证机构都有明确的要求和严格的规定。

　　⑤ 取得质量认证资格的证明方式是认证机构向企业颁发认证证书和认证标志。其中认证标志只有产品认证才有，认证标志可用于产品上，以便为认证产品做更广泛的宣传。

　　（1）产品认证 Product certification　产品认证也称为产品质量认证。是根据产品标准和相应技术要求，经认证机构确定，并通过颁发认证证书和认证标志来证明某一产品符合相应标准和相应技术要求的活动。

　　从上述的定义中，可将产品认证的内涵归纳为：

　　① 产品认证的对象是产品。这里所指的产品可以指广义的产品，但一般是针对有形产品而言。

②产品认证的依据是产品标准。这里的产品标准应是符合有关规范（如 ISO/IEC 指南 7《关于制定用于合格评定标准的指南》），由国际 / 国家标准化机构制定发布的，同时被认证机构采纳的产品标准、技术规范等。

③产品认证的主体是第三方。

④产品认证的获准表示是认证证书和认证标志。

在产品认证中，合格认证又称作自愿性产品认证，而安全认证又称作强制性认证，具体介绍如下。

①自愿性产品认证 Voluntary product certification 是企业根据自愿原则向国家认证认可监督管理部门批准的认证机构提出产品认证申请，由认证机构依据认证基本规范、认证规则和技术标准进行的合格评定。经认证合格的，由认证机构颁发产品认证证书，准许企业在产品或者其包装上使用产品认证标志。

国推自愿认证指由国家认证认可行业管理部门制定相应的认证制度，经批准并具有资质的认证机构按照"统一的认证标准、实施规则和认证程序"开展实施的认证项目。

在农产品、食品方面，产品认证主要有：绿色食品认证、有机食品认证及饲料产品认证，具体内容第七章详解。

饲料产品认证是指企业自愿申请，认证机构对饲料和饲料添加剂产品及其生产过程按照有关标准或者技术规范要求进行合格评定的活动。饲料产品认证的对象，包括单一饲料、添加剂预混合饲料、浓缩饲料、配合饲料、精料补充料等饲料产品及营养性饲料添加剂和一般饲料添加剂等饲料添加剂产品（以下简称饲料产品），共 58 个产品单元。饲料产品认证对饲料生产企业应用危害分析与关键控制点（HACCP）原理的质量管理体系及产品质量、安全提出了要求，通过对企业进行现场检查和产品检验等活动，对饲料生产企业持续稳定提供符合相关法规要求的饲料产品的能力及饲料产品质量、安全等方面做出的一种评价活动。饲料产品认证过程，包括认证的申请、产品抽样检测、企业现场检查、认证结果评价与批准、获证后的跟踪监督检查等活动。认证模式为：产品抽样检验 + 企业现场检查 + 获证后的跟踪监督检查。认证证书有效期为 3 年，认证机构通过获证后跟踪检查来确保饲料产品质量的持续符合性。

有机产品是指有机生产、有机加工的供人类消费、动物食用的产品。其中，有机生产是指遵照特定的生产原则，在生产中不采用基因工程获得的生物及其产物，不使用化学合成的农药、化肥、生长调节剂、饲料添加剂等物质，遵循自然规律和生态学原理，协调种植业和养殖业的平衡，保持生产体系持续稳定的一种农业生产方式。有机加工是指主要使用有机配料，加工过程中不采用基因工程获得的生物及其产物，尽可能减少使用化学合成的添加剂、加工助剂、染料等投入品，最大程度地保持产品的营养成分和 / 或原有属性的一种加工方式。有机产品包括有机植物、动物、微生物产品、有机食品、饲料和纺织品等。中国有机产品的认证以 GB/T 19630—2019《有机产品 生产、加工、标识与管理体系要求》为标准具体实施。认证过程包括申请、受理、检查的准备和实施、认证决定以及认证后的管理等活动。认证证书有效期为 1 年。

2005 年 12 月 31 日起，原国家质检总局、国家标准化委员会先后联合制定、修订并发布了 GB/T 20014.1 ～ 27《良好农业规范》国家标准，并于 2006 年 5 月 1 日起先后正式实施。2006 年 1 月，国家认监委制定了《良好农业规范认证实施规则（试行）》，并指定中国质量认证中心（CQC）等认证机构作为试点，在种植、养殖行业全面开展 CHINAGAP 认证，提高我国初级农产品质量安全。2015 年 5 月 25 日，国家认监委正式发布《良好农业规范认证实施规则》和《良好农业规范认证目录》，对良好农业规范认证实施和认证范围进行了明确。CHINAGAP 标准涉及食品安全、环境保护、员工健康安全和福利、动物健康安全和福利等方面的内容，是结合中国国情，根据中国的法律法规，参照 EUREPGAP 的有关标准制定的用来认证安全和可持续发展农业的规范性标准。获得 CHINAGAP 认证证书将与 EUREPGAP 直接进行互认，将积极促进获证企业农产品、食品出口欧洲，认证证书有效期为 1 年。

② 强制性产品认证 Compulsory products certification　强制性产品认证制度是各国政府为保护广大消费者人身安全，保护动植物生命安全，保护环境、保护国家安全，依照法律法规实施的一种产品合格评定制度。根据强制性产品认证的产品目录和实施强制性产品认证程序，对列入目录中的产品实施强制性的检测和审核。强制性产品认证中由国家公布统一的目录，确定统一使用的国家标准、技术规则和实施程序，制定统一的标志，规定统一的收费标准。凡列入目录内的产品，必须经国家指定的认证机构认证合格，取得相关证书并加施认证标志后，才能出厂、进口、销售和在经营服务场所使用。

中国强制性产品认证，又名中国强制认证（china compulsory certification，CCC，也可简称为"3C"标志），是中华人民共和国实施的国家标准，由原国家质量监督检验检疫总局（AQSIQ）及中国国家认证认可监督管理委员会（CNCA）根据 2001 年 12 月 3 日公布的《强制性产品认证管理规定》（国家质量监督检验检疫总局令第 5 号）制定，CNCA 执行，于 2002 年 5 月 1 日起实施。根据国务院授权新成立的国家"认监委"的工作职能，实施强制性的产品认证制度，这一制度要求产品认证必须按照 ISO/IEC 导则 65 认可评定，并应得到政府的授权。认监委对产品强制性认证，将启用新的统一的"中国认证"标志（CCC 标志），实行内外一致的新的认证收费标准，进一步整顿和规范市场。原国家质检总局已授权中国质量认证中心（CQC）开展产品认证（CCC 标志）的有关工作。同时，CQC 按照 ISO/IEC 导则 65 评定认可开展非强制性产品认证。CQC 是原国家质检总局根据《中华人民共和国进出口商品检验法》及其《实施条例》设置的具有第三方公正性质的专业认证机构，现已加入了国际认证联盟（IQNet）和国际电工委员会电工产品合格测试与认证组织（IECEE）并成为中国国家认证机构。

国家建立强制性产品认证制度的法律依据有《中华人民共和国产品质量法》《中华人民共和国进出口商品检验法》《中华人民共和国标准化法》《中华人民共和国进出口商品检验法实施条例》《中华人民共和国产品质量认证管理条例》等。

（2）质量体系认证 Quality systems certification　质量体系认证是指依据国际通用的"认证证书的形式，证明企业的质量体系和质量保证能力符合相应要求的活动，诸如 ISO 9000 质量管理和质量保证"系列国际标准，经过认证机构对企业的质量体系进行审核，并颁发质量管理体系认证、ISO 14000 环境管理体系认证、OHSMS 职业健康安全管理体系认证、SA8000 社会道德责任认证和 FSMS 食品安全管理体系认证等证明。

① 质量体系认证的对象是企业。即企业质量体系中影响持续按需方要求提供产品或服务能力的某些要素，可以概括为企业质量保证体系的质量保证能力。

② 质量体系认证的依据，是国际通用的质量管理标准—ISO 9000 系列国际标准。该标准已等同采用为我国国家标准《质量管理和质量保证》族标准 GB/T 19000——ISO 9000。

③ 质量体系认证是第三方从事的活动。即指由独立于第一方（供方）和第二方（需方）之外的，与第一方、第二方既无行政上隶属关系，又无经济上利害关系的第三方实施认证活动。

④ 质量体系认证坚持企业自愿申请的原则。

二、计量及计量认证
Metrology and metrology accreditation

1.计量
Metrology

计量在中华人民共和国计量技术规范《通用计量术语及定义》中被定义为"实现单位

统一、量值准确可靠的活动"，包括科学技术上的、法律法规上的和行政管理上的活动。

计量具有准确性、一致性、溯源性及法制性四个特点。

（1）准确性　是指测量结果与被测量真值的一致程度。由于实际上不存在完全准确无误的测量，因此在给出量值的同时，必须给出适应于应用目的或实际需要的不确定度或误差范围。否则所进行的测量的质量（品质）无从判断，量值也就不具备充分的实用价值。所谓量值的准确，即是在一定的不确定度、误差极限或允许误差范围内的准确。

（2）一致性　是指在统一计量单位的基础上，无论在何时、何地，采用何种方法，使用何种计量器具以及由何人测量，只要符合有关的要求，其测量结果就应在给定的区间内一致。也就是说，测量结果应是可重复、可再现（复现）、可比较的。换言之，量值是确实可靠的，计量的核心实质上是对测量结果及其有效性、可靠性的确认，否则，计量就失去其社会意义。计量的一致性不仅限于国内，也适用于国际。

（3）溯源性　是指任何一个测量结果或计量标准的值，都能通过一条具有规定不确定度的连续比较链，与计量基准联系起来。这种特性使所有的同种量值，都可以按这条比较链通过校准向测量的源头追溯，也就是溯源到同一个计量基准（国家基准或国际基准），从而使准确性和一致性得到技术保证。否则，量值出于多源或多头，必然会在技术上和管理上造成混乱。所谓"量值溯源"，是指自下而上通过不间断的校准而构成溯源体系；而"量值传递"则是自上而下通过逐级检定而构成检定系统。

（4）法制性　来自于计量的社会性，因为量值的准确可靠不仅依赖于科学技术手段，还要有相应的法律、法规和行政管理。特别是对国计民生有明显影响，涉及公众利益和可持续发展或需要特殊信任的领域，必须由政府主导建立起法制保障。否则，量值的准确性、一致性及溯源性就不可能实现，计量的作用也难以发挥。

计量不同于一般的测量，测量是为确定量值而进行的全部操作，一般不具备、也不必具备计量的四个特点。所以，计量属于测量而又严于一般的测量，在这个意义上可以狭义地认为，计量是与测量结果置信度有关的、与不确定度联系在一起的规范化的测量。随着科技、经济和社会的发展，对单位统一、量值准确可靠的要求越来越高，计量的作用也就越显重要。

2.计量认证
Metrology accreditation

（1）计量认证的定义及性质　计量认证是指由政府计量行政部门对第三方产品合格认证机构或其他技术机构的检定、测试能力和可靠性的认证。我国的计量认证行政主管部门为国家市场监管总局（原国家质量技术监督局）认证与实验室评审管理司。计量认证是依据《中华人民共和国计量法》，该法第二十二条规定"为社会提供公证数据的产品质量检验机构，必须经省级以上人民政府计量行政部门对其计量检定、测试的能力和可靠性考核合格"。在《中华人民共和国计量法实施细则》第二十九、三十、三十一、三十二、三十三条中进一步明确规定计量认证是对检测机构的法制性强制考核，是政府权威部门对检测机构进行规定类型检测所给予的正式承认。由于在《中华人民共和国计量法实施细则》中将这种考核称为"计量认证"，于是"计量认证"的名称沿用至今。

计量检测机构所提供的计量检测数据准确可靠与否，不仅影响到国家和消费者的利益，对于食品来说，检验机构提供的数据，直接关系到消费者的健康与生命安全，而且在某种程度上关系到企业的生产方向和发展，甚至直接影响到我国对外贸易的信誉。

（2）CMA计量认证　CMA是"China Metrology Accreditation"的缩写，中文含义为"中

国计量认证"。它是根据中华人民共和国计量法的规定，由省级以上人民政府计量行政部门对检测机构的检测能力及可靠性进行的一种全面的认证及评价。这种认证对象是所有对社会出具公正数据的产品质量监督检验机构及其他各类实验室，如各种产品质量监督检验站、环境检测站、疾病预防控制中心等。取得计量认证合格证书的检测机构，允许其在检验报告上使用 CMA 标记；有 CMA 标记的检验报告可用于产品质量评价、成果及司法鉴定，具有法律效力。

（3）计量认证的分级与实施　我国的计量认证分为两级实施，一级为国家级，国家认证认可监督管理委员会负责全国范围的计量认证/审查认可（验收）的组织实施；另一级为省级，省级市场监督管理部门负责本行政区域内的计量认证/审查认可（验收）的组织实施，具体工作由计量认证办公室（计量处）承办。不论是国家级还是省级认证，对通过认证的检测机构资格在全国均同样具有法定效力，不存在办理部门不同效力不同的差异。

（4）计量认证的特点　由于计量认证的目的是要监督考核质检机构的计量检测工作质量，促进质检机构提供准确可靠的检验数据，在全国范围内保证计量检测数据一致、准确，保护国家、消费者和生产厂的利益；同时有利于质检机构提高工作质量，树立其产品检验工作的信誉，为获得国际上承认的检测数据，促进商品出口创汇创造条件。因此计量认证有以下特点：

① 是人民政府计量行政部门依法进行的考核，不同于其他行政管理范围内所进行的考核，其对象是为社会提供公证数据的产品质量检验机构。

② 坚持专家评审，具有权威性。计量认证管理办法指出："被认证的质检机构，其计量检测数据在贸易出证、产品质量评价、科学成果鉴定中作为公证数据具有法律效力。"通过计量认证，可树立这些单位的权威地位。而这种地位的建立，不是通过行政授权而是由计量检测专家和本行业的产品质量检测专家共同组成的评审组进行评审考核，从技术上、管理上被承认，因此具有权威性。

③ 采取考核与帮、促相结合的工作方法。由于产品检测是计量技术的具体应用，因此计量部门不仅要根据《计量法》从考核入手，考核其计量检测能力和可靠性，还应帮助申请认证单位解决如何达到计量认证合格标准，即在计量认证过程中，帮助其解决具体的技术问题。如"质量管理手册"的编写；计量检测仪器设备的检定溯源；指导专用仪器设备校验方法、检验规范的制定；从计量学角度考虑如何提高计量检测工作质量问题等。

④ 坚持程序管理和规范管理相结合的要求。计量认证从准备、申请、考核、发证及认证后的监督全过程都要按国家市场监督管理总局计量司制定的程序和规范要求进行，并且要按相应的规范要求达标。

⑤ 计量认证是技术考核和管理工作考核相结合。计量检测本身包括了技术和管理两个方面的工作内容，计量是基础，管理是手段。计量认证考核既包括了仪器设备、人员操作技能、工作环境等技术性考核，还包括了组织机构、质量保证体系、各项规章制度等管理性的考核。只有处理好管理和技术的辩证关系，才能保证其计量的准确、可靠、公正，达到计量认证的目的。

⑥ 计量认证是第三方认证，具有第三方公正性。计量认证考核是政府计量行政部门组织评审，即指定所属的计量检定技术机构或授权的技术机构或组织由评审员组成专家评审组进行。它们既不是这些质检机构的主管部门，又不是使用这些质检机构的单位。因此是具有公正性的第三方认证。

（5）计量认证与国家实验室认可　计量认证是法制计量管理的重要工作内容之一，对检测机构来说，就是检测机构进入检测服务市场的强制性核准制度，只有具备计量认证资质、取得计量认证法定地位的机构，才能为社会提供检测服务。国家实验室认可是与国外实验室认可制度一致的，是自愿申请的能力认可活动。通过国家实验室认可的检测技术机构，证明其符合国际上通行的校准与检测实验室能力的通用要求。

第二节　认证与计量认证的发展概况
Development Profile of Certification and Metrology Accreditation

一、国际认证发展概况
Overviews of international certification

世界上实行认证最早的国家是英国。1903 年，英国工程标准委员会首创用于符合标准的标志"BS"标志或称"风筝标志"，后来该标志按英国 1922 年的商标法注册，成为世界上第一个受法律保护的认证标志。

随着市场经济和国际贸易的发展，质量认证制度从 20 世纪 30 年代开始快速发展，到 50 年代，所有工业化国家基本上都开展了质量认证活动。从 70 年代起发展中国家也普遍开始推行质量认证制度，使质量认证制度进入了一个新的阶段，出现了跨国界建立起的若干区域认证制度和国际认证制度，打破了关税壁垒，促进了国际贸易的发展。

在激烈的商品竞争中，用户已经不仅仅满足于对产品质量进行评价，同时也要求对生产厂的质量体系进行评价。在这种形势下，国际标准化组织（ISO）于 1970 年成立了认证委员会（CertRCO），后改为合格评定委员会（CASCO），主要负责质量认证指南的制定和国际互认的推进工作。它的主要任务是：研究关于产品、加工、服务和质量体系符合适用标准或其他技术规范的评定方法；制定有关产品认证、检验和检查的国际指南，制定有关质量体系、检验机构、检查机构和认证机构的评定和认可的国际指南；促进国家和区域合格评定制度的相互承认和认可，并在检验、检查、认证、评定和有关工作中，促进采用适用的国际标准。CASCO 为了开展和指导国家、区域和国际认证、实验室认可和质量体系评定活动，先后制定了合格评定指南 20 余个，由 ISO 和 IEC（国际电工委员会）联合发布。其中与质量体系认证有关的国际指南有：ISO/IEC 指南 61《认证注册机构评定和认可制度的基本要求》、ISO/IEC 指南 62《质量体系评定和认证/注册机构的基本要求》。英国于 1979 年开始实行质量体系认证，依据的标准是 BS5750 的三种质量保证规范。与此同时，美国标准协会也发布了 ANSI/ASQCZ 1.15《质量体系通用指南》；加拿大标准协会发布了 Z 299 质量保证系列标准；法国标准化协会发布了 NFX50-110《企业质量管理体系指南》。

为了能在全世界更好地开展质量管理和质量保证活动，国际标准化组织（ISO）于 1979 年 9 月决定成立质量管理和质量保证技术委员会 ISO/TC176，负责制定有关质量管理和质量保证的国际标准。1987 年 3 月，ISO/TC176 在总结世界各国，特别是工业发达国家质量管理实践经验的基础上制定了举世瞩目的 ISO 9000 系列标准，并在国际上掀起了"ISO 9000 热"。目前，全世界已有近 100 个国家和地区正在积极推行 ISO 9000 国际标准，约有 40 个品质体系认可机构，认可了约 300 家品质体系认证机构，20 多万家企业取得了 ISO 9000 品质体系认证证书。

国际检测实验室认证制度起始于 20 世纪 40 年代。1946 年澳大利亚建立了全国测试机构协会（NATA）负责澳大利亚全国检测实验室认证工作，是国际上最早建立检测实验室认证体系的国家。随着科学技术的进步、生产力水平的提高和国际间交往的日益频繁，特别是国际贸易的扩大，检测实验室认证制度给人们带来了可观的经济效益和社会效益，因而国际检测实验室认证工作得到迅速发展，受到了各国政府和民间组织的关注。20世纪70年代中期后，一些经济、技术发达的国家先后建立了全国性的检测实验室认证体系，正式确立了检测实验室认证制度。1976～1982年，美国、前苏联、英国、法国、加拿大纷纷在国内筹建检测实验室认证组织。为了适应世界范围内检测实验室认证制度发展，国际标准化组织（ISO）于1970年成立认证委员会，秘书处设在瑞士。认证委员会是国际标准化组织理事会下设的九个咨询委员会之一。随之，世界上出现了一个定期协商性质的国际实验室认可会议（ILAC），它是交流和讨论国家实验室认证和国际组织实验室认证问题的国际论坛。1980年，我国以观察员的身份参加了在巴黎召开的第四次国际实验室认证会议，1981年在墨西哥城举行的第五次国际认证会议上，我国作为正式成员国参加了会议。

目前比较权威的认证机构介绍如下。

1. 美国保险商试验所
Underwriter Laboratories Inc.，UL

美国保险商试验所（Underwriter Laboratories Inc.，UL）是美国最有权威的，也是世界上从事安全试验和鉴定的较大的民间机构之一。它是一个独立的、非营利的、为公共安全做试验的专业机构。它采用科学的测试方法来研究确定各种材料、装置、产品、设备、建筑等对生命、财产有无危害和危害的程度；确定、编写、发行相应的标准和有助于减少及防止造成生命财产受到损失的资料，同时开展实情调研业务。

2. SGS
Societe Generale de Surveillance S.A.

SGS是Societe Generale de Surveillance S.A.的简称，译为"瑞士通用公证行"。它创建于1878年，是目前世界上最大、资格最老的民间第三方从事产品质量控制和技术鉴定的跨国公司之一。其总部设在日内瓦，在世界各地设有1800家分支机构和专业实验室以及具有59000多名专业技术人员，在142个国家开展产品质检、监控和保证活动。

3. CE认证
CE certification

CE认证，是构成欧洲指令核心的"主要要求"，即只限于产品不危及人类、动物和货品的安全方面的基本安全要求，而不是一般质量要求，协调指令只规定主要要求，一般指令要求是标准的任务。因此准确的含义是：CE标志是安全合格标志而非质量合格标志。

CE标志是一种安全认证标志，被视为制造商打开并进入欧洲市场的护照。在欧盟市场CE标志属强制性认证标志，不论是欧盟内部企业生产的产品，还是其他国家生产的产品，要想在欧盟市场上自由流通，就必须加贴CE标志，以表明产品符合欧盟《技术协调与标准化新方法》指令的基本要求。这是欧盟法律对产品提出的一种强制性要求。

4. GS认证
GS certification

GS标志是德国安全认证标志，它是德国劳工部授权由特殊的TUV法人机构实施的一种在世界各地进行产品销售的欧洲认证标志。GS 标志虽然不是法律强制要求，但是它确实能在产品发生故障而造成意外事故时，使制造商受到严格的德国（欧洲）产品安全法的约束，所以 GS 标志是强有力的市场工具，能增强顾客的信心及购买欲望，通常 GS 认证产品销售单价更高而且更加畅销。

5. ETL 认证
ETL certification

ETL SEMKO 是 Intertek Testing Services 有限公司的一部分，该公司是世界上最大的产品和日用品检验组织之一，在北美、欧洲、亚洲的 93 个国家中拥有 240 家实验室、469 间办公室。ETL SEMKO 提供了对产品安全性的检测和认证、EMC 检测、产品性能检测，同时提供对诸如医药、HVAC、器具、电信、航空、自动化、半导体、建材、能源生成系统等多种行业的质量管理系统的注册。

任何电气、机械或机电产品只要带有 ETL 检验标志就表明它是经过测试符合相关的业界标准。每个行业都有不同的测试标准，所以对特定产品的要求一定要向专业人员咨询。ETL 检验标志在电缆产品中广泛应用，表明通过了有关测试。

在美国大多数地区，电气产品的批准是强制的。ETL 是指 ETL 测试实验室公司（ETL Testing Laboratories Inc）。ETL 的列名产品是由"有司法权主管机关"（Authorities Having Jurisdiction）承认的，可认为"已批准"。

6. Nordic 认证
Nordic certification

Nordic 认证是北欧四国认证。

北欧四国是指挪威、瑞典、芬兰、丹麦。该四国的认证机构之间订立了协议，互相认可彼此的测试结果。换言之，只要您的产品获得其中北欧四国中任何一个国家的认证，如果您还需要其余 3 个国家的认证，您不需要再提供产品进行检测，就可以轻易地取得证书。

北欧四国认证分别是指 NDMKO（挪威电器标准协会）、SEMKO（瑞典电器标准协会）、DEMKO（丹麦电器标准协会）和 FIMKO（芬兰电器标准协会）认证。其中，具有 NEMKO 标志代表该产品经过了挪威认证的一系列安全测试，以确保产品能经受住物理损耗、燃烧和电子冲击。NEMKO 标志在评测后 10 年内有效，过了有效期则必须重新进行测试。具有 SEMKO 标志说明该产品与欧洲标准一致。

北欧四国安全认证主要用于工业设备、机械设备、通信设备、电气产品、个人防护用具等家用产品。

① FIMKO　芬兰电气检测所（Finland Electrical Testing Institute）认可 CB 证书及其附件，与包括芬兰国家差异的测试报告，发证前需要的工厂检查（一般不需要事后工厂监督检查），对产品实行抽样监督复查，FI-Mark 标志包含 IEC 或 CEE 安全标准的内容和 CISPR 出版物的要求，FI-Mark 标志对于 CB 体系所包括的电工产品是强制性的。

② NEMKO　挪威电气设备检验批准委员会，认可 CB 证书及其附件，与包括挪威国家差异的测试报告，不需要进行工厂检查，在挪威市场采用强制性登记注册制度，实行市场抽样监督，除非因故提前取消，证书 10 年内有效。NEMKO 标志是认可标志，自愿检测制度正在替代强制性检测，N-Mark 标志还包括 IEC 或 CEE 安全标准以外的内容：无线电干扰。

③ SEMKO　于 1925 年在瑞典创立，原为瑞典政府核准的强制安规发证单位，可以

说是瑞典的检验局。SEMKO 检验所是世界上最早从事安全测试的组织之一，被瑞典认可和合格评定委员会（SWEDAC）列为国家认可实验室，是多条欧盟指令下的指定机构，更是作为国际电工委员会（IEC）CB 计划中签发测试及认证报告数量最多的测试机构之一。SEMKO 于 1994 年被 Intertek 集团并购，与 ETL 合并为 ETL SEMKO Division。

④ DEMKO　丹麦电气设备批准局，认可 CB 证书及其附件，与包括丹麦国家差异的测试报告，不需要发证前的工厂检查，对产品实行抽样监督复查，除非因故提前取消，证书 10 年内有效，在产品投入市场 8 天内向 DEMKO 进行注册，这是强制性的。已被 UL 收购为开拓欧洲认证市场的一个认证标志。

7. IFS认证
IFS certification

国际食品标准（IFS），是为保证在对食品供应商审核时有一套透明且完整的标准，由 HDE——德国零售商联盟和 FCD——法国零售商和批发商联盟共同制订。IFS 的目的是创建一个能对整个食品供应链的供应商进行审核的统一标准。这个标准有统一的方法、统一的审核程序和为多方所认可。

IFS 经德国贸易机构联合会于 2001 年向全球发行，普遍被德国及法国零售商所接纳，许多知名的欧洲超市集团在选择食品供应商时要求供应商要通过 IFS 审核。该标准在德国和法国等欧洲国家比较有影响力，IFS 也是获得国际食品零售商联合会认可的质量体系标准之一。这套标准包含了对食品供应的品质与安全卫生保证能力的考核要求，得到了欧洲尤其是德国和法国食品零售商的广泛认可。

8. BRC认证
BRC certification

英国零售商协会（BRC）是一个重要的国际性贸易协会，其成员包括大型的跨国连锁零售企业、百货商场、城镇店铺、网络卖场等各类零售商，产品涉及种类非常广泛。1998 年，英国零售商协会应行业需要，制定了 BRC 食品技术标准（BRC Food Technical Standard），用以评估零售商自有品牌食品的安全性。BRC 认证已经成为国际公认的食品规范，不但可用以评估零售商的供应商，同时许多公司以其为基础建立起自己的供应商评估体系及品牌产品生产标准。该标准发布后不久，很多其他行业的组织发现了该标准的借鉴价值，将其发展并沿用到各自的行业标准中。随着食品标准的广泛实行，BRC 还发布了其他全球性标准，如消费品标准（Consumer Product Standard）、食品包装标准（Food Packaging Standard）等。

9. GAP认证
GAP certification

良好农业规范（Good Agriculture Practice，GAP）是一套针对农产品生产（包括作物种植和动物养殖等）的操作标准，是提高农产品生产基地质量安全管理水平的有效手段和工具。

GAP 关注农产品种植、养殖、采收、清洗包装、贮藏和运输过程中有害物质和有害生物的控制及其保障能力，保障农产品质量安全，同时还关注生态环境、动物福利、职业健康等方面的保障能力。GAP 应用现代农业知识，科学规范农业生产的各个环节，在保证农产品质量安全的同时，促进环境、经济和社会的可持续发展。

二、中国认证发展概况

Development profile of certification and metrology accreditation in China

1.中国认证认可制度的发展概况

The development of certification in China

我国的认证工作始于 20 世纪 70 年代末 80 年代初,是伴随着我国改革开放而发展起来的,首先从电工产品和电子元器件产品认证开始,逐渐扩大到其他的产品和领域,目前已经涵盖了产品质量认证、质量管理体系认证、职业健康安全管理体系认证、食品安全管理体系认证等各种管理体系认证和食品企业卫生注册、认证机构认可、实验室认可和人员注册等众多领域。为了适应我国加入世界贸易组织和社会主义市场经济发展的需要,促进认证认可事业的健康、有序发展,履行我国政府加入世界贸易组织的承诺,党中央、国务院决定对我国的认证认可工作实行统一管理,建立统一的、权威性的认证认可工作体制。

2001 年 8 月,国务院组建中华人民共和国国家认证认可监督管理委员会(简称"国家认监委",英文缩写为 CNCA),授权其统一管理、监督和综合协调全国认证认可工作。随后,国家认监委开展了大量卓有成效的工作:建立起了以组织体系、制度体系、法律法规体系、监督管理体系为主要内容的认证认可工作新体系;组织实施了国家强制性产品认证制度(CCC制度)。按照我国政府加入世贸组织的承诺和"四个统一"的原则,从 2001 年 12 月起,对 19 大类 132 种涉及健康、安全、环境保护和国家安全的重要工业产品实施了内外一致的强制性产品认证制度。

为在我国实行统一的认可制度,国家于 2000 年成立了中国合格评定国家认可中心,下设中国认证机构国家认可委员会(英文缩写为 CNAB)、中国认证人员和培训机构国家认可委员会(英文缩写为 CNAT)和中国实验室国家认可委员会(英文缩写为 CNAL)。2005年成立了中国认证认可协会(CCAA),作为认证认可行业的认可机构、认证机构、认证培训机构、认证咨询机构、实验室、检测机构和部分获得认证的组织等单位会员和个人会员组成的非营利性、全国性的行业组织,其宗旨是推动中国认证认可行业发展,为政府、行业、社会提供与认证认可行业相关的各种服务,使我国的认证认可工作在政府和技术部门管理的基础上,加强了行业自律。2006 年国家认证认可监督委员会又根据《中华人民共和国认证认可条例》,批准设立中国合格评定国家认可委员会(英文缩写为 CNAS),统一负责对认证机构、实验室和检测机构等相关机构的认可工作。原中国认证机构国家认可委员会(CNAB)和中国实验室国家认可委员会(CNAL)职能合并入中国合格评定国家认可委员会(CNAS)。

中国电工产品认证委员会(CCEE)于 1984 年成立,由中国国家认证认可监督管理委员会批准成立,是代表中国参加国际电工委员会电工产品安全认证组织(IECEE)的唯一机构,是中国电工产品领域的国家认证组织,其常设办事机构是秘书处。CCEE 下设有电工设备、电子产品、家用电器、照明设备 4 个分委员会和 25 个检测站。

我国比较著名的第三方认证机构是方圆认证,是经国家认证认可监督行政主管部门批准,在中国注册的具有独立法人资格的第三方认证机构。目前在全国已建立了 28 家分公司、子公司和办事处。

方圆标志认证集团有限公司是由方圆标志认证中心改制后组建的。自 1991 年由原国家技术监督局批准开展方圆认证以来,已形成覆盖全国的工作网络,成为能够同时提供认证、培训和其他合格评定活动的综合性认证机构,可向具有认证需求或培训需求的客户提供适时、高效、便捷的服务。经过二十余年的发展,集团公司从最初的自愿性产品认证开始,不断拓展业务领域，现已形成完整的认证评价服务体系，拥有国内管理和认证领域国家级专家、国家注册专兼职审核员 4600 余名，可向具有认证需求的组织提供质量管理体系认证、环境管理体系认证、职业健康安全管理体系认证、食品安全管理体系认证（HACCP）、强制性产品认证、自愿性产品合格认证、产品安全认证、有机产品认证、饲料产品认证、防爆电气产品认证和其他合格评定活动。

2. 中国计量认证发展概况
The development of metrology accreditation in China

1977 年 5 月 27 日国务院发布实行《中华人民共和国计量管理条例》，明确提出加强管理、统一量值、实行计量测试与生产建设相结合，为生产和科学实验服务的宗旨；同时也认识到统一量值的准确一致是计量工作的主要内容，使我们的计量工作由对器具的监督管理引申到对计量（测量）数据的监督管理。1978 年，国务院批准成立国家计量总局，统一国家计量制度，统一全国量值，统一管理全国计量工作。此后，国家计量局与国家经委等部门颁发《关于国营工业企业全面整顿中对计量工作的要求》以及 1984 年国家计量局颁发工业企业计量工作定级、升级办法，使企业计量工作与企业经营管理、生产全过程及产品质量检验紧密结合起来，不仅开创了计量工作的新局面，完善了产品检验手段，提高了产品质量，也为企业增加了效益，为国民经济发展发挥了技术基础作用。与此同时，国家也加强了对产品质量的监督与检验工作，恢复和建立了一些产品质量监督检验机构。质检机构的特殊地位要求它的检验数据必须准确可靠，为此，计量管理部门对其检验工作的要求应更为严格。在 1985 年 9 月 6 日颁布的《中华人民共和国计量法》中第二十二条指出：为社会提供公证数据的检验机构，必须经省级以上人民政府计量行政部门对其计量检定、测试的能力和可靠性考核合格，从此开展了对质检机构的计量认证工作。

1985 年 11 月 14 日国家计量局发布了关于计量证书编号及标志的规定，对计量认证合格证书编号、标志及使用做了统一规定。同年 12 月颁布了《质量检验机构计量认证的评审内容及考核办法》，从组织机构、仪器设备、测试工作、人员、工作制度、环境等 6 项 48 条进行评审。这些条款是充分借鉴了国际上实验室认可的有关内容，并依据我国的有关法律、结合我国的国情而制定的。

1987 年 1 月 19 日，国务院批准实施《中华人民共和国计量法实施细则》，用法规将质检机构质量认证确定了下来，并用一章 6 条对计量认证作了更为明确的规定。同年 7 月 10 日，国家计量局发布了《产品质量检验机构计量认证管理办法》，使计量工作有了一套完整的法律、法规，确保了计量认证工作的客观公正性及权威性。

随着计量认证工作的实施，加之我国对外开放政策的不断发展，与国际交往更加频繁、密切。原国家技术监督局在总结几年来开展计量认证工作经验的基础上，于 1990 年 6 月 10 日发布了《产品质量检验机构计量认证技术考核规范》，从六大方面（项）的 50 条款进行了计量认证的评审考核，进一步统一和规范了全国计量认证工作。本规范既适用于产品质量检验机构的计量认证，也适用于自愿申请计量认证的其他类型实验室。为了做好计量认证工作，经国家技术监督局授权成立了石油、化工、冶金、机械、电子、农业等专业评审组，在国家技术监督局统一领导下开展对部门质检机构的计量认证评审工作，评审合格后，经国家技术监督局审核合格，颁发计量认证合格证书。各省、自治区、直辖市的计量认证工作也都分别纳入人大制定的计量管理条例中，以地方法规确定下来。到 2000 年底原国家技术监督局已颁发了计量合格证书 1818 个，省级技术监督局颁发了计量合格证书 17430 个。

2001 年 12 月 7 日，原国家质检总局和国家认监委对外公布了新的"四个统一"（统一目录、统一标准技术法规和合格评定程序、统一标志、统一收费）的强制性产品认证制度，发布了"四个统一"的规范性文件。同时国家颁布了《计量认证／审查认可（验收）评审准则》（俗称为二合一的《评审准则》），同年12月1日起开始实施，同时废止原评审依据（JJG 1021—90）。目前计量认证所遵循的评价体系基本上与国外类同，其基本内容与 ISO/IEC 导则25、ISO/IEC17025 实验室认可准则一致，同时补充了我国计量法制管理的内容。

2006年，为贯彻实施新颁布的《实验室和检查机构资质认定管理办法》，国家认监委组织制订了《实验室资质认定评审准则》，自2007年1月1日起开始实施，要求各计量认证／审查认可实验室于2007年12月31日前完成体系文件的转版工作。

中国国家认证认可监督管理委员会／中华人民共和国国家认证认可监督管理局（Certification and accreditation administration of the PRC）是国务院决定组建并授权，履行行政管理职能，统一管理、监督和综合协调全国认证认可工作的主管机构，内设秘书处、宣传处、人事处、行政处，具有以下工作职能：

（1）研究起草并贯彻执行国家认证认可、安全质量许可、卫生注册和合格评定方面的法律、法规和规章，制定、发布并组织实施认证认可和合格评定的监督管理制度、规定。

（2）研究提出并组织实施国家认证认可和合格评定工作的方针政策、制度和工作规则，协调并指导全国认证认可工作。监督管理相关的认可机构和人员注册机构。

（3）研究拟定国家实施强制性认证与安全质量许可制度的产品目录，制定并发布认证标志（标识）、合格评定程序和技术规则，组织实施强制性认证与安全质量许可工作。

（4）负责进出口食品和化妆品生产、加工单位卫生注册登记的评审和注册等工作，办理注册通报和向国外推荐事宜。

（5）依法监督和规范认证市场，监督管理自愿性认证、认证咨询与培训等中介服务和技术评价行为；根据有关规定，负责认证、认证咨询、培训机构和从事认证业务的检验机构（包括中外合资、合作机构和外商独资机构）的资质审批和监督；依法监督管理外国（地区）相关机构在境内的活动；受理有关认证认可的投诉和申诉，并组织查处；依法规范和监督市场认证行为，指导和推动认证中介服务组织的改革。

（6）管理相关校准、检测、检验实验室技术能力的评审和资格认定工作，组织实施对出入境检验检疫实验室和产品质量监督检验实验室的评审、计量认证、注册和资格认定工作；负责对承担强制性认证和安全质量许可的认证机构和承担相关认证检测业务的实验室、检验机构的审批；负责对从事相关校准、检测、检定、检查、检验检疫和鉴定等机构（包括中外合资、合作机构和外商独资机构）技术能力的资质审核。

（7）管理和协调以政府名义参加的认证认可和合格评定的国际合作活动，代表国家参加国际认可论坛（IAF）、太平洋认可合作组织（PAC）、国际人员认证协会（IPC）、国际实验室认可合作组织（ILAC）、亚太实验室认可合作组织（APLAC）等国际或区域性组织以及国际标准化组织（ISO）和国际电工委员会（IEC）的合格评定活动，签署与合格评定有关的协议、协定和议定书；归口协调和监督以非政府组织名义参加的国际或区域性合格评定组织的活动；负责 ISO 和 IEC 中国国家委员会的合格评定工作。负责认证认可、合格评定等国际活动的外事审批。

（8）负责与认证认可有关的国际准则、指南和标准的研究和宣传贯彻工作；管理认证认可与相关的合格评定的信息统计，承办世界贸易组织／技术性贸易壁垒协定、实施卫生与植物卫生措施协定中有关认证认可的通报和咨询工作。

（9）配合国家有关主管部门，研究拟订认证认可收费办法并对收费办法的执行情况进行监督检查。

中国合格评定国家认可委员会（英文缩写为：CNAS）是根据《中华人民共和国认证认可条例》的规定，由国家认证认可监督管理委员会（CNCA）批准设立并授权的国家认可机构，统一负责对认证机构、实验室和检验机构等相关机构的认可工作。

中国合格评定国家认可委员会于 2006 年 3 月 31 日正式成立，是在原中国认证机构国家认可委员会（CNAB）和原中国实验室国家认可委员会（CNACL）基础上整合而成的。

中国认证机构国家认可委员会（CNAB）是经中国国家认证认可监督管理委员会依法授权设立的国家认可机构，负责对从事各类管理体系认证和产品认证的认证机构进行认证能力的资格认可。CNAB 成立于 2002 年 7 月，是由原中国质量体系认证机构国家认可委员会（CNACR）、原中国产品认证机构国家认可委员会（CNACP）、原中国国家进出口企业认证机构认可委员会（CNAB）和原中国环境管理体系认证机构认可委员会（CACEB）整合而成。2004 年 4 月，根据国家认证认可监督管理委员会与有关部门协调的意见和决定，原全国职业健康安全管理体系认证机构认可委员会、原有机产品认可委员会分别将职业健康安全管理体系及有机产品认证认可工作移交 CNAB，进一步促进了统一的认证机构认可制度的深度融合。

中国实验室国家认可委员会（CNAL）是经中国国家认证认可监督管理委员会批准设立并授权，统一负责实验室和检查机构认可及相关工作的国家认可机构。CNAL 成立于 2002 年 7 月，是在原国家技术监督局成立的实验室国家认可组织——中国实验室国家认可委员会（英文缩写：CNACL）和原国家进出口商品检验局成立的进出口领域的实验室和检查机构能力资格认可的国家实验室认可组织——中国国家出入境检验检疫实验室认可委员会（英文缩写：CCIBLAC）的基础上合并成立的。

中国合格评定国家认可委员会组织机构包括全体委员会、执行委员会、认证机构专门委员会、实验室专门委员会、检验机构专门委员会、评定专门委员会、申诉专门委员会、最终用户专门委员会和秘书处。中国合格评定国家认可委员会委员由政府部门、合格评定机构、合格评定服务对象、合格评定使用方和专业机构与技术专家等 5 个方面，总计 64 个单位组成。

中国合格评定国家认可委员会的宗旨是推进合格评定机构按照相关的标准和规范等要求加强建设，促进合格评定机构以公正的行为、科学的手段、准确的结果有效地为社会提供服务。

中国合格评定国家认可委员会的主要任务为：

（1）按照我国有关法律法规、国际和国家标准、规范等，建立并运行合格评定机构国家认可体系，制定并发布认可工作的规则、准则、指南等规范性文件；

（2）对境内外提出申请的合格评定机构开展能力评价，作出认可决定，并对获得认可的合格评定机构进行认可监督管理；

（3）负责对认可委员会徽标和认可标识的使用进行指导和监督管理；

（4）组织开展与认可相关的人员培训工作，对评审人员进行资格评定和聘用管理；

（5）为合格评定机构提供相关技术服务，为社会各界提供获得认可的合格评定机构的公开信息；

（6）参加与合格评定及认可相关的国际活动，与有关认可及相关机构和国际合作组织签署双边或多边认可合作协议；

（7）处理与认可有关的申诉和投诉工作；

（8）承担政府有关部门委托的工作；

（9）开展与认可相关的其他活动。

中国合格评定国家认可制度在国际认可活动中有着重要的地位，其认可活动已经融入国际认可互认体系，并发挥着重要的作用。中国合格评定国家认可委员会是国际认可论坛（IAF）、国际实验室认可合作组织（ILAC）、亚太实验室认可合作组织（APLAC）和太平洋认可合作组织（PAC）的正式成员。目前我国已与其他国家和地区的 54 个质量管理体系认证、环境管理体系认证和产品认证的认可机构签署了互认协议，已与 67 个其他国家和地区的 81 个实验室认可机构签署了互认协议。

截至 2020 年 5 月 31 日，CNAS 认可各类认证机构、实验室及检验机构三大门类共计十五个领域的 11728 家机构，其中，累计认可各类认证机构 196 家，分项认可制度认证机构数量合计 735 家，涉及业务范围类型 11876 个；累计认可实验室 10902 家，其中检测实验室 8913 家、校准实验室 1352 家、医学实验室 432 家、生物安全实验室 93 家、标准物质生产者 20 家、能力验证提供者 82 家、实验动物机构 9 家、科研实验室 1 家；累计认可检验机构 630 家。

3.中国食品认证认可体系概况
Overviews of food metrology accreditation system in China

中国国家认证认可工作在国家认证认可监督管理委员会领导下现已形成了统一管理、规范运作、共同实施的食品、农产品认证认可工作局面，基本建立了"从农田到餐桌"全过程的食品、农产品认证认可体系。认证类别包括饲料产品认证、良好农业规范（GAP）认证、绿色食品认证、有机产品认证、食品质量认证、食品安全管理体系认证、绿色市场认证等。截至 2018 年，中国有机产品认证面积达 310 万公顷，居世界前 3 位，5000 余家食品生产企业获得了 HACCP 认证。截至 2020 年 5 月，良好农业规范认证企业 115 家；36345 个食用农产品及其加工产品获得绿色食品认证；饲料产品认证、酒类产品质量等级认证、绿色市场认证等工作不断取得进展。国家不断加强对认证产品和企业的监管，提高认证工作的权威性、有效性。

在国内食品监管方面，建立了一批具有资质的食品检验检测机构，初步形成了"国家级检验机构为龙头，省级和部门食品检验机构为主体，市、县级食品检验机构为补充"的食品安全检验检测体系；检测能力和水平不断提高，能够满足对产地环境、生产投入品、生产加工、储藏、流通、消费全过程实施质量安全检测的需要，基本能够满足国家标准、行业标准和相关国际标准对食品安全参数的检测要求。中国对食品实验室实行了与国际通行做法一致的认可管理，加强国际互认、信息共享、科技攻关，保证了检测结果的科学、公正。

现行《中华人民共和国食品安全法》第八十四至八十六条规定："食品检验机构按照国家有关认证认可的规定取得资质认定后，方可从事食品检验活动。食品检验机构的资质认定条件和检验规范，由国务院食品安全监督管理部门规定。食品检验由食品检验机构指定的检验人独立进行。检验人应当依照有关法律、法规的规定，并按照食品安全标准和检验规范对食品进行检验，尊重科学，恪守职业道德，保证出具的检验数据和结论客观、公正，不得出具虚假检验报告。食品检验实行食品检验机构与检验人负责制。食品检验报告应当加盖食品检验机构公章，并有检验人的签名或者盖章。食品检验机构和检验人对出具的食品检验报告负责。"同时在第九章法律责任部分第一百三十八条规定："违反本法规定，食品检验机构、食品检验人员出具虚假检验报告的，由授予其资质的主管部门或者机构撤销该食品检验机构的检验资质，没收所收取的检验费用，并处检验费用五倍以上十倍以下罚款，检验费用不足一万元的，并处五万元以上十万元以下罚款；依法对食品检验机构直接负责的主管人员和食品检验人员给予撤职或者开除处分；导致发生重大食品安全事故的，对直接负责的主管人员和食品检验人员给予开除处分。违反本法规定，受到开除处分的食品检验机构人员，自处分决定作出之日起十年内不得从事食品检验工作；因食品安全违法行为受到刑事处罚或者因出具虚假检验报告导致发生重大食品安全事故受到开除处分的食品检验机构人员，终身不得从事食品检验工作。食品检验机构聘用不得从事食品检验工作的人员的，由授予其资质的主管部门或者机构撤销该食品检验机构的检验资质。食品检验机构出具虚假检验报告，使消费者的合法权益受到损害的，应当与食品生产经营者承担连带责任。"

食品安全检验机构是食品安全体系中的一个重要组成。在食品安全事件处理中，食品检验机构发挥着不可或缺的作用。利用好食品安全检验机构，充分发挥它们在整个食品安全监管体系中的作用，是减少食品安全隐患、保障人民群众身体健康的重要内容。食品安全检验机构资质认定条件和检验规范，是衡量食品检验机构是否有能力开展食品安全检验工作的尺度和标准，因此，进一步规范食品检验机构计量认证条件和检验规范势在必行。

第三节　计量认证的程序和评审准则
Procedures and Criteria for Metrology Accreditation

一、计量认证的程序
Procedures for metrology accreditation

1.申请阶段
Application

（1）申请受理范围　根据《中华人民共和国计量法》规定，由省级以上人民政府计量行政部门对质检机构进行考核。我国目前有以下四种类型的质检机构：

① 国家同意授权的国家级产品质量检验中心；

② 国务院各部门的各种产品检验中心，其服务范围也是面向全国的；

③ 省级产品质量检验中心，包括省内各厅局建立的行业产品质量检测中心；

④ 省级以下的各种产品质量检测中心。

根据计量法规定，前两类产品质量检测机构，由国家市场监督管理总局（原国家技术监督局）计量司负责组织对其计量认证，因此这些质检机构必须向国家市场监督管理总局计量司申请计量认证。后两类产品质量检测机构，由省级计量行政部门负责计量认证。它们必须向省级计量行政部门申请计量认证。

各级商检部门的检验机构，也是中华人民共和国境内的出具公证数据的产品质量检验机构，也必须根据计量法的规定向各级计量行政部门申请计量认证。

（2）申请计量认证的基本条件

① 申请单位必须具备与其开展计量认证项目相适应的计量检定、测试设备，其准确度、测试范围等应满足 JJF 1021—1990《产品质量检验机构计量认证技术考核规范》的要求。

② 所有仪器设备必须按 JJF 1021—1990 附录 3《关于在计量认证中对检测仪器设备进行检定、校验和检验的规定》进行（检定或校验、检验），并按规定贴上标志。

③ 计量检定测试设备的工作环境和条件如防尘、温度、湿度、防振动等，均应满足质检机构所开展业务范围的需要，并便于样品、样机的存放、保管；实验室的布置、采光及清洁度，要便于测量人员的工作及保证测量仪器设备的安全可靠性。

④ 检测机构和人员的条件是：a. 产品质量检验机构和实验室的计量检测质量应不受任何干预，保证其公正性；b. 从事检验、测量技术工作的人员应经过必要的培训，具备必要的专业知识和检验测量实际经验，并持有检验人员考核合格证；c. 负责计量器具检定的检定人员应持有由计量行政部门或被认证单位的主管部门颁发的检定员证；d. 有健全的规章制度。

（3）申请认证应提交的文件

① 产品质量检验机构计量认证申请书　申请书的格式由国家市场监督管理总局计量司统一制订，各质检机构分别向归口计量认证的计量行政部门领取计量认证申请书。申请书内容包括机构名称、地址、通讯、行政隶属关系、技术负责人情况、各类技术人员数、主要技术人员统计等。对于产品多、计量检测参数多的单位，可以填写产品名称和所执行的标准编号。单一产品的，需填写所检测的参数名称及计量检测数据的精度。

② 产品质量检验机构计量检测能力情况表（常称为"能力表"）　检测能力表主要填写机构可以从事的检测项目及对应的标准、范围限制。对于承担多种产品质量检验的质检机构，在填写仪器设备情况表时，不能按每种产品填写一份表，而应按照产品计量检测参数归类填写。对于几项产品都要求进行检测的某一参数，使用同一仪器时，在仪器设备附表中，应填写要求最严格的被检测参数允许变化范围，以便评审时，评审员能判断所用仪器设备在准确度上能否满足产品质量检验的要求。

③ 申请机构的质量管理手册　质量管理手册是质检机构关键性的技术文件，对保证计量检验工作质量起着决定性作用。国家市场监督管理总局计量司制定了《产品质量检验机构计量检测质量管理手册编写导则（修订本）》，供质检机构制订管理手册时使用。

④ 仪器设备一览表。

⑤ 原始记录、检测报告复印件若干份。

⑥ 自查表（对未经预审的机构，要求进行自查）。

2.初查阶段
Preliminary investigation

国家市场监督管理总局计量司计量认证办公室在接到正式申请后，对文件进行审查，如果文件齐全，并能说明该质检机构有计量检测能力，能承担所申请的检验任务，则通知该质检机构已接受计量认证申请。根据该质检机构的业务性质，对该质检机构执行认证程序的第二步——初查。

（1）初查的目的

① 在文件审查的基础上，通过初步的实地考察，判断该机构在机构设置、计量检测仪器设备、人员情况、环境条件等方面是否能满足其工作任务的要求。如果发现申请计量认证的业务范围大于计量检测能力所能承担的范围，则建议该质检机构修改申请计量认证的业务范围。

② 了解该机构提供的质量管理手册是否符合实际情况，各项规章制度是否完备、切实可行，组织机构的设置是否合理，能不能把管理水平提高到一个新层次。

③ 检查仪器设备的计量检定情况，专用仪器设备的检验方法与校验方法是否按规定的程序制订，方法是否正确，量值溯源系统是否合理。

④ 按实施细则进行检查，考察产品质量检验流程安排是否合理，检验实施细则是否科学，能否控制检测工作的随意性、保证检测数据的重复性和再现性。

⑤ 了解并掌握质检机构对计量认证技术考核规范中的各项要求是否了解，不了解应作解答；在计量认证准备工作中有无困难，在可能条件下帮助解决。

⑥ 找出存在的问题和不足。考察质检机构或测试实验室从事检测的项目在技术上的难度、专业领域的深度和广度，为正式评审和选择评审员作准备。

⑦ 向被认证的单位解释计量认证的要求和做法，使被认证单位了解如何准备，以达到计量认证要求。

⑧ 协商计量认证准备日程表，以便安排预审计划。

（2）初查的方法

① 听取质检机构对上报计量认证申请工作的全面介绍。通过介绍，初查人员对申请书

中不清楚的部分问题提出质疑，并让质检机构作进一步解释。同时结合对其编写的质量管理手册的审查对下列问题作出判断：

a. 该机构应属哪种类型，有没有存在检验立场公正性不足的问题，有没有隐患，解决措施是否有力。

b. 是否应用检验质量控制论的基本理论来设立质量管理体系，有没有检验过程控制点，其设置是否恰当。

c. 检测人员中技术人员比例是否满足要求。

d. 质量管理手册中应制订的制度是否已经制订。

② 实地考察检测机构的各个试验室，并按检测能力一览表进行对照考察。

a. 每一申请项目的测试能力是否满足要求，检验流程是否合理；仪器设备安装是否合理；环境能否满足测试工作规定的要求。

b. 检测仪器设备的计量检定及标志管理情况。

c. 有无相关的检验项目，是否准确可靠。

d. 用不同的仪器设备测量同一参数，能否保证检测数据的准确可靠。

e. 制定的检测实施细则是否齐全，是否具有可操作性。

③ 考察计量室、档案资料室、样品保管室，通过考察了解：

a. 计量室开展检定的项目，其最高计量标准是否经考核合格，是否经计量行政部门授权。

b. 检查各项产品标准、测试方法标准及有关规范、规程的齐全程度。

c. 检查原始记录，检验报告的格式、质量，审批程序是否完备。

d. 检查仪器设备档案建立情况，合不合要求。

e. 检查样品保管室环境、保管设施，收发管理制度执行情况。

④ 召开有关人员座谈会　参加人员有质检机构主要负责人，技术、质量负责人及检测组组长等。

a. 听取意见，解答计量认证程序及考核办法方面的问题，了解实施计量认证工作中的困难。

b. 将考察中发现的问题进行交流，协商解决办法。

c. 形成初查报告。

3. 预审阶段
Preliminary review

预审不是计量认证中必需的步骤，但在目前情况下，进行一次预审能够进一步保证正式评审时顺利通过。

预审组一般由 3 ～ 4 人组成，其成员应包括本行业技术专家和在管理方面有经验的管理专家。在技术专家中，不仅要有计量检测专家，而且应包括有关产品检测方面的专家。预审组组长由国家市场监督管理总局计量司认证办公室指定。

预审的目的是评价被认证的机构是否已经具备了通过计量认证的条件。因此，预审要按照国家市场监督管理总局计量司认证办公室的文件，即依照"质量检验机构计量认证评审内容及考核办法"的要求逐条进行检查。

预审采取的方式同样是座谈和现场考察。座谈时，被认证单位应向预审组介绍计量认证工作的准备情况，然后进行现场考察。预审组应对每一计量检测项目逐项进行考察，在考察过程中，应对所发现的问题及时记录。

现场考察完成后，预审组内部应对了解到的情况进行充分讨论，统一预审组内部意见，然后召开认证单位代表和负责人参加的座谈会，就预审中发现的问题交换意见，并对进一步整改提出建议。预审结果应写成预审报告报国家市场监督管理总局计量司认证办公室。

4. 正式评审

Official review

计量认证正式评审是执行《中华人民共和国计量法》和《计量法实施细则》的有关条款的关键步骤，评审结论是国家计量行政管理部门决定是否批准发给认证合格证书的主要依据。因此，必须形成完整的计量认证评审文件。评审是一个执法过程，所以，要保证评审过程的严肃性，严格坚持质量检验机构计量认证评审内容及评定方法的规定要求，不得随意降低标准。

评审组一般应由计量部门的专家和与被认证业务有关的行业方面从事科研、设计、生产和检测的专家及业务管理方面的专家组成。行业方面的专家可由被认证单位推荐，报主管部门审查同意。评审员应由国家市场监督管理总局计量司计量认证办公室审定后直接聘请。评审组成员的数量，视被认证的产品质量检验机构的规模大小、申请认证项目的多少及技术上的难易程度而定，一般不少于5人。

正式评审日期应根据初查或预审中所发现问题的多少及其改正的难易程度而定。一般问题少，改正比较容易，可以把正式评审日期安排得近些。具体日期和时间可与质检机构商定。正式评审日期确定以后，认证机构应在一个月前书面通知被认证单位和各位评审员，以便合理安排。

正式评审程序如下述。

① 听取受检单位准备情况的全面介绍，并全面检查质检机构各部门，使评审员对质检机构的检测能力有一个完整的印象，了解质检机构存在的问题。

② 现场评审，采取听、查、看、问、考等方式，按评审标准要求进行。对现场抽查项目的检测工作，应征求质检机构的意见。试验项目完成后应向评审组提交完整的检测报告和原始记录。在现场考核与审查时，每位评审员应在评审记事本上记录自己的意见。

③ 召开评审员会议，在综合评审员意见的基础上提出评审组的评审意见和评审结论初稿。

④ 征求质检机构对评审意见和评审结论初稿意见。如无异议，则评审组成员在评审报告上签字。

⑤ 召开联席会议，由评审组长口头转达评审情况及评审过程中发现的问题；宣读评审意见和评审结论。

对评审意见及评审结论的要求应按《产品质量检验机构计量认证评审报告》填写。评审结束后，评审组应上报文件包括：初查报告、预审情况的说明、抽查项目检验报告、评审报告原件和评审记事本。

对评审结论产生分歧时质检机构允许有申辩权，如认为评审组在评审意见和结论中有不符合实际的地方，或认为评审组的意见是属于误判，质检机构可以向评审组提出申辩。评审组有义务听取并考虑他们的意见。如质检机构申诉理由充分、证据确凿而评审组又不愿接受，则质检机构可以向认证机构提出申诉。申诉时应写出申诉报告，对每一条不通过的项目都要提出充分的理由，并提供相应的文件或复印件。如质检机构的申诉理由经核查确实成立，认证机构可以重新判为认证通过。若核实后，查明质检机构申诉理由不能成立，则认证机构仍应维持原评审组评审结论。对质检机构的申诉查处结果，认证机构应书面通知质检机构和正式评审时的各位评审员。

5. 上报、审核、发证阶段

Report, examination and certification

对考核合格的产品质检机构由有关人民政府计量行政主管部门审查、批准、颁发计量认证合格证，自技术评审完结之日起 20 日内，根据技术评审结果做出是否批准的决定。决定批准的，向申请人出具资质认定证书，并准许其使用资质认定标志；不予批准的，应书面通知申请人，并说明理由。取得计量认证合格证书的检测机构，允许在检验报告上使用 CMA 标记；有 CMA 标记的检验报告可用于产品质量评价、成果及司法鉴定，具有法律效力。

6. 复查阶段
Re-examination

复查阶段，质检机构每 5 年要进行到期复查，各机构应提前半年向原发证部门提出申请，申请时须上报的材料项目与第一次申请认证时相同。

7. 监督抽查阶段
Supervision and random inspection

监督抽查阶段，国家认监委和地方质检部门应当建立资质认定评审人员专家库，根据需要组成评审专家组。评审专家组应当独立开展资质认定评审活动，根据中华人民共和国计量技术规范的规定，进行初查、预审，提出改正意见，并对评审结论负责。地方质检部门应当自向申请人颁发资质认定证书之日起 15 日内，将其做出的批准决定向国家认监委备案。国家认监委和地方质检部门应当定期公布取得资质认定的实验室和检查机构名录，以及计量认证项目、授权检验的产品等。从事资质认定评审的人员应当符合相关技术规范或者标准的要求，并经国家认监委或者地方质检部门考核合格。计量行政主管部门对已取得计量认证合格证书的单位，在 5 年有效期内可安排监督抽查，以促进质检机构的建设和质量体系的有效运行。有效期满后，经复查合格的可延长 3 年。申请复查应在有效期满前 6 个月提出，逾期不提出申请的，注销其计量认证合格证书，停止使用计量认证标志。

国家认监委依法对地方质检部门及其组织的评审活动实施监督检查。地方质检部门应当于每年 1 月向国家认监委提交上年度工作报告，接受国家认监委的询问和调查，并对报告的真实性负责。国家认监委依法组织对实验室和检查机构的资质情况进行监督抽查；对不符合要求的，按照有关规定予以处理。任何单位和个人对实验室和检查机构资质认定中的违法违规行为，有权向国家认监委或者地方质检部门举报，国家认监委和地方质检部门应当及时调查处理。

二、计量认证的评审准则
Criteria for metrology accreditation

1. 计量认证评审准则的发展
Development of metrology accreditation criteria

由于历史原因，我国计量认证和审查认可（验收）工作分别由计量部门和质量监督部门实施，考核标准基本类同，致使检验机构长期接受考核条款相近的两种考核，造成对检验机构的重复评审。并且我国加入世贸组织后对检验机构的考核标准也需要与国际接轨。原国家质量技术监督局为解决重复考核和与国际惯例接轨问题，结合我国法律和具体国情，制定了"二合一"评审标准《产品质量检验机构计量认证／审查认可（验收）评审准则》，替代 JJF 1021—1990《产品质量检验机构计量认证技术考核规范》和审查认可（验收）条款，该"二合一"评审准则于 2000 年 10 月 24 日发布，并在 2001 年 12 月 1 日起开始实施。

为进一步规范行政许可职能，统一行政审批程序，实现对实验室和检查机构资质认定的有效监管，提升我国实验室和检查机构的技术能力和管理水平，2006 年 2 月 21 日原国家质检总局颁布了《实验室和检查机构资质认定管理办法》，明确将计量认证和审查认可纳入实验室和检查机构资质认定的范畴，并对资质认定的程序、实验室和检查机构行为规范、监督检查等作出了明确规定。

2006 年 7 月 27 日，国家认监委以国认实函〔2006〕141 号文印发了《实验室资质认定评审准则》，并于 2007 年 1 月 1 日开始实施。

新发布的《实验室资质认定评审准则》，是原《产品质量检验机构计量认证 / 审查认可（验收）评审准则》的继承和发展，它全面吸收了 ISO/IEC 17025—2005 的精华，继续保留了法律法规和政府对检测机构的强制性考核要求。将计量认证和审查认可的评审要求统一为《实验室资质认定评审准则》，使计量认证和审查认可的技术评审活动在与国际接轨方面又向前推进了一步。

2015 年 4 月 9 日，国家质量监督检验检疫总局令第 163 号文件公布《检验检测机构资质认定管理办法》，根据 2021 年 4 月 2 日《国家市场监督管理总局关于废止和修改部分规章的决定》修改。在 2016 年，国家认监委以国认实〔2016〕33 号文件印发《检验检测机构资质认定评审准则》、《检验检测机构资质认定评审准则及释义》和《检验检测机构资质认定评审员管理要求》等 3 份文件。

与本章内容相关的食品法律法规

1.《中华人民共和国认证认可条例》（需自行下载）
2.《实验室资质认定评审准则》（需自行下载）

复习思考题

1. 简述认证和计量认证的概念。
2. 列举几个国际权威的认证机构。
3. 根据所学知识，阐述如何进行实验室的资质认定。

第七章 食品生产的市场准入和认证管理

Market Access and Certification Management of Food Production

本章课程目标和要求：

　　本章系统介绍了食品生产的市场准入和认证管理的基本内容，详细介绍了良好作业规范、危害分析及关键控制点，以及绿色食品和有机食品的市场准入和认证管理。

　　通过本章的学习，能够熟练运用并掌握所列各种食品生产的市场准入和认证管理的基本内容；了解各种食品生产的市场准入和认证管理的意义。

第一节 食品生产经营许可制度
Food Production and Management Licensing System

一、食品生产经营许可的概念和类型
Concepts and types of food production and management licensing system

1. 食品生产经营许可的概念
Concepts of food production and management licensing system

食品生产经营许可是指市场监管部门根据生产经营者的申请，审核申请人提交的有关资料，必要时对申请人的生产经营场所进行现场核查，依法准许其从事食品生产经营活动的行政行为。

现行《食品安全法》第三十六条规定："食品生产加工小作坊和食品摊贩等从事食品生产经营活动，应当符合本法规定的与其生产经营规模、条件相适应的食品安全要求，保证所生产经营的食品卫生、无毒、无害，食品安全监督管理部门应当对其加强监督管理。县级以上地方人民政府应当对食品生产加工小作坊、食品摊贩等进行综合治理，加强服务和统一规划，改善其生产经营环境，鼓励和支持其改进生产经营条件，进入集中交易市场、店铺等固定场所经营，或者在指定的临时经营区域、时段经营。食品生产加工小作坊和食品摊贩等的具体管理办法由省、自治区、直辖市制定。"

为了保障食品安全，加强食品生产监管，规范食品生产许可活动，根据《中华人民共和国食品安全法》和其实施条例以及产品质量、生产许可等法律法规的规定，原国家质检总局制定《食品生产许可管理办法》，自 2010 年 6 月 1 日起施行。2015 年，为适应新版《食品安全法》需要，《食品生产许可管理办法》进行了修订，并且根据 2017 年 11 月 7 日原国家食品药品监督管理总局局务会议《关于修改部分规章的决定》又进行了修正。

2. 食品生产经营许可的类型
Types of food production and management licensing system

按照《食品安全法》的规定，我国的食品安全控制由市场监管部门负责对食品生产环节、食品流通环节和餐饮服务环节的监管，并实行相应的许可制度。我国食品生产经营许可分为食品生产许可和食品经营许可。

（1）食品生产许可 Food production licenses　现行《食品安全法》第三十五条规定："国家对食品生产经营实行许可制度。从事食品生产、食品销售、餐饮服务，应当依法取得许可。但是，销售食用农产品，不需要取得许可。"

食品生产许可证是工业产品许可证制度的一个组成部分，是为保证食品的质量安全，由国家主管食品生产领域质量监督工作的行政部门制定并实施的一项旨在控制食品生产加工企业生产条件的监控制度。食品生产许可制度也是食品质量安全市场准入制度的重要内容之一，具备规定条件的生产者才允许进行食品生产经营活动，具备规定条件的食品才允许生产销售。

许可机关按照程序规定的有关条件和要求，受理已经设立的企业从事食品生产的许可申请，并根据申请材料审查和现场审查情况决定是否准予许可以及确定食品生产许可的品种范围，颁发食品生产许可证书。

食品生产许可证发证日期为许可决定作出的日期，有效期为5年。食品生产者需要延续依法取得的食品生产许可的有效期的，应当在该食品生产许可有效期届满30个工作日前，向原发证的食品药品监督管理部门提出申请。

有下列情形之一，食品生产者未按规定申请办理注销手续的，原发证的食品药品监督管理部门应当依法办理食品生产许可注销手续：

① 食品生产许可有效期届满未申请延续的；

② 食品生产者主体资格依法终止的；

③ 食品生产许可依法被撤回、撤销或者食品生产许可证依法被吊销的；

④ 因不可抗力导致食品生产许可事项无法实施的；

⑤ 法律法规规定的应当注销食品生产许可的其他情形。

食品生产许可证编号由SC（"生产"的汉语拼音首字母缩写）和14位阿拉伯数字组成，数字从左至右依次为：3位食品类别编码、2位省（自治区、直辖市）代码、2位市（地）代码、2位县（区）代码、4位顺序码、1位校验码。

（2）食品经营许可 Food business licenses　2015年8月31日，原国家食品药品监督管理总局令公布《食品经营许可管理办法》，该法自2015年10月1日起施行，后又根据2017年11月7日原国家食品药品监督管理总局局务会议《关于修改部分规章的决定》进行了修正。《食品经营许可管理办法》根据《中华人民共和国食品安全法》《中华人民共和国行政许可法》等法律法规制定，进一步规范了食品经营许可活动，加强了食品经营监督管理，以保障食品安全。《食品经营许可管理办法》规定，在中华人民共和国境内，从事食品销售和餐饮服务活动，应当依法取得食品经营许可。食品经营许可的申请、受理、审查、决定及其监督检查均适用本办法。原食品药品监督管理部门按照食品经营主体业态和经营项目的风险程度对食品经营实施分类许可，国家市场监督管理总局负责监督指导全国食品经营许可管理工作，并负责制定食品经营许可审查通则。

申请食品经营许可，应当先行取得营业执照等合法主体资格，并按照食品经营主体业态和经营项目分类提出。此外，应当符合下列条件：

① 具有与经营的食品品种、数量相适应的食品原料处理和食品加工、销售、贮存等场所，保持该场所环境整洁，并与有毒、有害场所以及其他污染源保持规定的距离；

② 具有与经营的食品品种、数量相适应的经营设备或者设施，有相应的消毒、更衣、盥洗、采光、照明、通风、防腐、防尘、防蝇、防鼠、防虫、洗涤以及处理废水、存放垃圾和废弃物的设备或者设施；

③ 有专职或者兼职的食品安全管理人员和保证食品安全的规章制度；

④ 具有合理的设备布局和工艺流程，防止待加工食品与直接入口食品、原料与成品交叉污染，避免食品接触有毒物、不洁物；

⑤ 法律、法规规定的其他条件。

符合条件后，申请人应向所在地县级以上地方食品药品监督管理部门提交相关材料，食品药品监督管理部门对申请人提出的食品经营许可申请作出相应处理，对申请材料齐全、符合法定形式的，受理食品经营许可申请。

食品药品监督管理部门对申请人提交的申请进行申请材料的审查和现场核查，对符合条件的，作出准予经营许可的决定，并向申请人颁发食品经营许可证。食品经营许可证发证日期为许可决定作出的日期，有效期为5年。食品经营者需要延续依法取得的食品经营许可的有效期的，应当在该食品经营许可有效期届满30个工作日前，向原发证的食品药品监督管理部门提出申请。

食品经营许可证分为正本、副本。正本、副本具有同等法律效力。食品经营许可证应当载明：经营者名称、社会信用代码（个体经营者为身份证号码）、法定代表人（负责人）、住所、经营场所、主体业态、经营项目、许可证编号、有效期、日常监督管理机构、日常监督管理人员、投诉举报电话、发证机关、签发人、发证日期和二维码。

许可证编号由 JY（"经营"的汉语拼音首字母缩写）和 14 位阿拉伯数字组成，数字从左至右依次为：1 位主体业态代码、2 位省（自治区、直辖市）代码、2 位市（地）代码、2 位县（区）代码、6 位顺序码、1 位校验码。

食品经营者应当妥善保管食品经营许可证，不得伪造、涂改、倒卖、出租、出借、转让。同时，食品经营者应当在经营场所的显著位置悬挂或者摆放食品经营许可证正本。

（3）食品添加剂实行生产许可 Food additives production licenses　现行《食品安全法》第三十九条规定，国家对食品添加剂生产实行许可制度。从事食品添加剂生产，应当具有与所生产食品添加剂品种相适应的场所、生产设备或者设施、专业技术人员和管理制度，并依照程序取得食品添加剂生产许可；生产食品添加剂应当符合法律、法规和食品安全国家标准。

申请食品添加剂生产许可，申请人应当向所在地县级以上地方食品药品监督管理部门提交下列材料：

① 食品添加剂生产许可申请书；

② 营业执照复印件；

③ 食品添加剂生产加工场所及其周围环境平面图和生产加工各功能区间布局平面图；

④ 食品添加剂生产主要设备、设施清单及布局图；

⑤ 食品添加剂安全自查、进货查验记录、出厂检验记录等保证食品添加剂安全的规章制度。

食品药品监督管理部门对申请人提交的食品添加剂生产许可申请进行申请材料的审查和现场核查，对符合条件的，由申请人所在地县级以上地方食品药品监督管理部门依法颁发食品生产许可证，并标注食品添加剂。

二、食品生产经营安全的监督管理
Supervision and administration of food production and safety

《食品安全法》第一百一十条规定，县级以上人民政府食品安全监督管理部门履行食品安全监督管理职责，有权采取下列措施，对生产经营者遵守本法的情况进行监督检查：

① 进入生产经营场所实施现场检查；

② 对生产经营的食品、食品添加剂、食品相关产品进行抽样检验；

③ 查阅、复制有关合同、票据、账簿以及其他有关资料；

④ 查封、扣押有证据证明不符合食品安全标准或者有证据证明存在安全隐患以及用于违法生产经营的食品、食品添加剂、食品相关产品；

⑤ 查封违法从事生产经营活动的场所。

此外，《食品安全法》规定，县级以上人民政府食品安全监督管理部门应当建立食品生产经营者食品安全信用档案，记录许可颁发、日常监督检查结果、违法行为查处等情况，依法向社会公布并实时更新；对有不良信用记录的食品生产经营者增加监督检查频次，对违法行为情节严重的食品生产经营者，可以通报投资主管部门、证券监督管理机构和有关的金融机构。针对食品生产经营过程中存在食品安全隐患，未及时采取措施消除的，县级以上人民政府食品安全监督管理部门可以对食品生产经营者的法定代表人或者主要负责人进行责任约谈。

县级以上人民政府食品安全监督管理等部门应当公布本部门的电子邮件地址或者电话，接受咨询、投诉、举报。接到咨询、投诉、举报，对属于本部门职责的，应当受理并在法定期限内及时答复、核实、处理；对不属于本部门职责的，应当移交有权处理的部门并书面通知咨询、投诉、举报人。有权处理的部门应当在法定期限内及时处理，不得推诿。对查证属实的举报，给予举报人奖励。同时，相关部门应当加强对执法人员食品安全法律、法规、标准和专业知识与执法能力等的培训，并组织考核。

三、食品安全行政处罚
Food safety administrative penalties

《行政处罚法》第八条将行政处罚主要分为以下七类：警告，罚款，没收违法所得、没收非法财物，责令停产停业，暂扣或者吊销许可证、暂扣或者吊销执照，行政拘留，以及法律、行政法规规定的其他行政处罚。

为了规范食品安全行政处罚行为，保障和监督食品安全监督管理部门有效实施行政管理，保护食品生产经营者的合法权益，根据《食品安全法》和行政处罚法的有关规定，县级以上食品安全监督管理部门在规定的职责范围内，可以行使食品安全法规定的行政处罚权。

食品安全监督管理部门在作出行政处罚时，必须遵循公正、公开的原则，以违法事实、性质、情节以及社会危害程度为依据，监督管理部门实施行政处罚，纠正违法行为，必须坚持处罚与教育相结合，督促食品生产经营者自觉守法。

《食品安全法》第一百三十五条规定："被吊销许可证的食品生产经营者及其法定代表人、直接负责的主管人员和其他直接责任人员自处罚决定作出之日起五年内不得申请食品生产经营许可，或者从事食品生产经营管理工作、担任食品生产经营企业食品安全管理人员。因食品安全犯罪被判处有期徒刑以上刑罚的，终身不得从事食品生产经营管理工作，也不得担任食品生产经营企业食品安全管理人员。食品生产经营者聘用人员违反前两款规定的，由县级以上人民政府食品安全监督管理部门吊销许可证。"

第二节　食品质量安全市场准入制度
Food Quality and Safety Market Access System

一、食品市场准入内容与必备条件
Food market access contents and requirements

1. 食品市场准入的内容
Food market access contents

食品质量安全市场准入制度包括以下核心内容：

（1）对食品生产企业实施生产许可证制度　实行生产许可证管理是指对食品生产加工企业的环境条件、生产设备、加工工艺过程、原材料把关、执行产品标准、人员资质、储运条件、检测能力、质量管理制度和包装要求等条件进行审查，并对其产品进行抽样检验，从生产条件上保证了企业能生产出符合质量安全要求的产品。

（2）对企业生产的食品实施强制检验制度　未经检验或经检验不合格的食品不准出厂销

售。对于不具备自检条件的生产企业强令实行委托检验。这项规定适合我国企业现有的生产条件和管理水平，能有效地把住产品出厂安全质量关。

2. 食品市场准入的必备条件
Food market access requirements

根据《加强食品质量安全监督管理工作实施意见》的有关规定，食品生产加工企业保证产品质量必备条件包括 10 个方面，即环境条件、生产设备条件、加工工艺及过程、原材料要求、产品标准要求、人员要求、储运要求、检验设备要求、质量管理要求、包装标识要求等。不同食品的生产加工企业，保证产品质量必备条件的具体要求不同，在相应的食品生产许可证实施细则中都作出了详细的规定。

（1）环境条件要求　要求"食品生产加工企业周围不得有有害气体、放射性物质和其他扩散性污染源。企业厂区、生产加工车间、原辅材料与成品库房、储运工具的卫生条件和环保措施应当符合国家规定的要求"。

本条款提出了两个方面的要求：一是环境方面的要求。对于食品企业排污是否达标没有提出明确要求，但《审查细则》中另有规定的，则应按《审查细则》规定执行。二是卫生方面的要求。关于卫生方面的要求，首先是食品生产加工企业在申请食品生产许可证时要提交企业《食品卫生许可证》的复印件，该企业是否获得食品卫生许可证是申请食品生产许可证的前置条件。其次是在《现场审查表》中也规定了一系列的卫生审查内容。

（2）生产设备要求　本条款要求"食品生产加工企业必须具备与保证产品质量安全相适应的生产设施、生产设备以及原料处理、生产加工、原料与成品贮存等厂房或者场所。使用特殊设备生产食品的，还应当符合相关的法律法规规定的要求"。这些特殊设备主要是指辐射加工设备、压力容器、压力管道、锅炉等。

（3）原辅材料要求　本条款要求"食品生产加工所用的原辅材料必须符合相应的国家标准、行业标准及相关规定，不得使用非食品用原辅材料生产食品。直接用于食品生产加工的水必须符合 GB 5749《生活饮用水卫生标准》的要求。采购已实施生产许可证管理的产品作为生产原辅料时，企业应当索取该产品的生产许可证复印件并检验其有效性"。按此要求，分装企业所分装的产品应当是获证企业生产的产品。

（4）生产加工要求　本条款要求"食品加工工艺流程应当科学、合理。生产加工过程应当严格控制，防止生物性、化学性、物理性污染及原料与半成品、成品的交叉污染。严禁使用国家禁止使用或明令淘汰的生产工艺和设备"。

（5）产品要求　本条款要求"企业必须按照有效的产品标准组织生产。企业生产的产品必须符合国家标准、行业标准和《审查细则》的强制性规定以及企业明示的质量要求。使用食品添加剂和营养强化剂必须符合 GB 2760《食品安全国家标准 食品添加剂使用标准》和 GB 14880《食品安全国家标准 食品营养强化剂使用标准》，严禁在食品中超量或超范围使用食品添加剂和营养强化剂"。

（6）人员要求　本条款要求"企业负责人应当了解产品质量法律法规和企业的产品质量责任、义务。企业生产技术人员应当具有相关的专业知识。企业的生产操作人员和检验人员上岗前应当经过培训考核，检验人员应持证上岗。从事食品生产的人员应当身体健康，无传染性疾病。食品生产加工企业各类人员应当具备必要的食品质量安全知识"。

（7）检验要求　本条款要求"企业应当进行生产过程检验和出厂检验，企业应有能力对审查细则规定的产品出厂检验项目进行检验，企业使用的检验设备必须经检定、校准合格后在有效期内使用。企业检验部门应能够独立行使检验职权"。

（8）包装及标签标识要求　本条款要求"用于食品包装的材料必须符合国家法律法规的规定及强制性标准要求。定量包装食品的净含量应当符合相应产品的产品标准及《定量包装商品计量监督规定》。食品标签标识必须符合国家法律法规及食品标签标准和相关产品标准中的要求"。

（9）储运要求　本条款要求"企业库房的条件应当与相关食品的贮存要求及生产规模相适应，成品库原则上应当专库专用。食品运输用的车辆、工具必须清洁卫生，不得将成品与污染物同车运输。有冷（冻）藏运输要求的食品，食品生产企业应具备冷（冻）藏运输车辆及工具"。

（10）质量管理要求　本条款要求"企业应当根据有关法律法规要求，建立健全企业质量管理制度。实施从原材料到最终产品的全过程质量管理，严格岗位质量责任，加强质量考核"。要求食品生产企业建立健全企业质量管理制度，并具备《现场核查表》中规定的质量管理文件。

二、食品市场准入标志
Food market access marks

1. 食品质量安全市场准入标志的实施
Implementation of food market access marks

2015 年 10 月 1 日，新修订的《食品安全法》（已根据 2018 年 12 月 29 日第十三届全国人民代表大会常务委员会第七次会议《关于修改〈中华人民共和国产品质量法〉等五部法律的决定》修正）开始施行，作为其配套规章，原国家食品药品监督管理总局制定的《食品生产许可管理办法》（以下称《办法》）同步实施，并且根据 2017 年 11 月 7 日国家食品药品监督管理总局局务会议《关于修改部分规章的决定》进行了修正。《办法》明确规定，新获证食品生产者应当在食品包装或者标签上标注新的食品生产许可证编号"SC"加 14 位阿拉伯数字，不再标注"QS"标志。为能既尽快全面实施新的生产许可制度，又避免生产者的包装材料和食品标签浪费，《办法》给予了生产者最长不超过三年过渡期，即 2018 年 10 月 1 日及以后生产的食品，一律不得继续使用原包装和标签以及"QS"标志。

2. 食品生产许可证编号的式样
Types of food production license numbers

食品生产许可证编号由 SC（"生产"的汉语拼音首字母缩写）和 14 位阿拉伯数字组成。数字从左至右依次为：3 位食品类别编码、2 位省（自治区、直辖市）代码、2 位市（地）代码、2 位县（区）代码、4 位顺序码、1 位校验码。如图 7-1 所示。

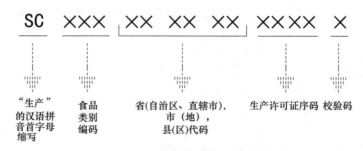

图 7-1　食品生产许可证编号标志图

三、市场准入现场审查工作的要求
Requirements for market access on-the-spot checks

对食品生产加工企业必备条件进行核查应当遵循以下要求：

（1）企业标准合理性审查　核查组应当对企业标准的合理性进行审查，并要在书面材料审查阶段完成。审查的主要内容是：企业标准是否经过备案；是否符合强制性标准的要求；低于推荐性国家或行业标准要求的指标是否合理。

（2）现场核查　承担企业现场核查任务的核查人员（专家除外）必须取得核查员资格，核查组长必须经省级市场监督部门批准，报国家市场监督管理总局备案。企业现场核查工作实行组长负责制。省级、市（地）级市场监督部门应当于核查前 5 日通知受审查的食品企业，以使企业有所准备。现场核查应当做出明确的核查结论，并填写《食品生产加工企业必备条件现场核查报告》。一个企业如拥有多个不具备营业执照的分厂或生产加工点时，核查组应使用一份《食品生产加工企业必备条件现场核查表》进行现场核查，一般不合格项和严重不合格项应当累加计算。

（3）免于现场核查　对通过 HACCP 认证和出口食品卫生注册（登记）的企业，可免于现场核查。但应当查验认证机构的资质和企业提交的认证、注册（登记）证书和不合格项记录及改进情况等材料，并确认企业是否具备出厂检验能力，然后在《食品生产加工企业必备条件现场核查报告》上填写核查结论。

原则上免于现场核查的企业，其核查结论可定为合格（A 级）；但核查组在确认企业是否具备出厂检验能力等过程中，发现企业确有一般不合格或者严重不合格问题的，应当按照食品生产加工企业必备条件现场核查结论确定原则，来确定其核查结论。

为了保证食品质量安全，维护人民群众身体健康，国务院于 2008 年 9 月 18 日决定废止 1999 年 12 月 5 日发布的《国务院关于进一步加强产品质量工作若干问题的决定》（国发 [1999] 24 号）中有关食品质量免检制度的内容。同日，原国家质检总局公布第 109 号总局令，决定自公布之日起，对《产品免于质量监督检查管理办法》（国家质量监督检验检疫总局令第 9 号）予以废止。

受"三鹿奶粉事件"警示，经过了两次审议的食品安全法草案，在进入三审程序时又作了许多修改，其中明确增加了一条规定（即《食品安全法》第八十七条）：食品安全监督管理部门对食品不得实施免检。

（4）分装企业要求　实施食品质量安全市场准入制度的食品，原则上不允许分装生产。所谓分装生产，就是大包换小包、大袋换小袋的加工生产。如果在换袋过程中有其他的加工工序，例如调配工序、抛光工序等，则应视为生产加工，而非分装生产。

允许分装生产加工的食品，分装企业应当具备与生产企业一样的生产环境、原辅材料仓库、成品库，具有审查细则中规定的分装包装设备，具有原材料及成品的检验能力，并具有审查细则中要求的与其分装产品相适应的其他必备条件。其分装的食品来自国内的，必须提供供货企业的食品生产许可证复印件；来自境外的，必须具有出入境检验检疫机构出具的合格证明。

（5）不合格项改进　核查组应当将企业存在的不合格项的内容填入《食品生产加工企业不合格项改进表》，并要求企业在规定的时间内对不合格项进行改进。一般不合格项通常在 1 个月内（或现场核查期间）完成改进，严重不合格项通常在 3 个月内完成改进。市场监督管理部门应当及时监督督促企业整改到位。

（6）抽样　对现场核查合格的企业，核查组要按照相关食品《审查细则》规定进行抽样。抽样基数、抽样量和抽样品种应符合相应《审查细则》的规定，所抽样品应为企业产量较大、生产加工难度较大的或容易出现质量问题的产品品种。

四、食品质量安全检验工作的要求
Requirements for food quality and safety inspection work

食品质量安全检验工作应当遵循以下要求：

（1）检验项目　发证检验是对产品的全项目检验，应当按照相关食品《审查细则》规定的发证检验项目进行检验。定期监督检查是对产品重点项目进行检验，应当按相关食品的《审查细则》规定的定期监督检验项目进行检验。出厂检验是依据标准进行的产品出厂前的检验，其检验项目至少应当符合相关食品的《审查细则》中规定的出厂检验项目。在出厂检验项目栏中有"＊"标记的项目，企业要每年进行2次以上检验，以保证食品质量安全。

（2）发证检验　发证检验由国家市场监督管理总局或省级市场监管部门指定的检验机构实施。检验机构开展发证检验工作需要注意三个问题：对食品标签要进行检验，并且在发证检验报告中列明标签检验的具体内容；在发证检验报告上，要详细列出检验项目的具体指标，食品添加剂应当列明食品添加剂的具体名称或种类名称；在发证检验中，对于企业在食品标签上标注的所有明示指标以及企业执行标准中的所有指标，检验机构都要进行检验。

（3）发证检验判定　发证检验应当按照国家标准、行业标准进行判定，没有国家标准和行业标准的，可以按照地方标准进行判定，特殊情况下可以按照核查组确认的企业标准判定。企业明示的质量要求高于国家标准、行业标准时，应当按照企业明示的质量要求判定。原产地产品等应当按照相应的产品标准进行检验判定。

检验项目全部符合规定的，判定为符合发证条件；检验项目中有1项或者1项以上不符合规定的，判定为不符合发证条件（《审查细则》另有规定的除外）。企业使用了某种食品添加剂，未按照食品标签标准规定在食品标签上注明的，检验机构一旦检出，即判定为不符合发证条件。

（4）出厂检验　生产企业应当具备《审查细则》中规定的必备的出厂检验设备，并有符合要求的实验室和检验人员，能完成《审查细则》中规定的出厂检验项目。企业可以使用其他的检测设备、检验方法完成出厂检验，但必须能够证明其检验方法与标准检验方法间具有良好的一致性和相关性。企业应当按照生产批次逐批进行出厂检验。企业同一批投料、同一条生产线、同一班次的产品为一个生产批。自行出厂检验的企业，应当每年参加一次市场监督部门组织的出厂检验能力比对试验，以保证企业实验室数据的准确性。

（5）"＊"号检验项目的检验　企业具备"＊"号项目检验能力的，可自行检验；企业不具备此检验能力的，应当委托有资质的检验机构进行检验。企业应当每年检验"＊"号项目两次以上（《审查细则》中另有规定的除外）。如果企业每年接受的县级以上市场监督部门的监督检验中包括"＊"号项目且检验结论为"合格"的，具有两次以上产品监督检验合格报告，企业可不再进行"＊"号项目的自检或委托检验。

第三节　良好作业规范
Good Manufacturing Practice（GMP）

一、食品GMP的概念
Concept of GMP on food

"良好作业规范"，或称作"优良制造标准"，是一种特别注重在生产过程中实施对产品质量与卫生安全的自主性管理制度。它是一套适用于制药、食品等行业的标准，要求企业从原料、人员、设施设备、生产过程、包装运输、质量控制等方面按国家有关法规达到卫生质量要求，形成一套可操作的作业规范，帮助企业改善卫生环境，及时发现生产过程中存在的问题并加以改善。简要地说，GMP 要求食品生产企业应具备良好的生产设备、合理的生产过程、完善的质量管理和严格的检测系统，确保最终产品的质量（包括食品安全卫生）符合法规要求。GMP 所规定的内容，是食品加工企业必须达到的最基本条件。

二、GMP的发展概况
Development profile of GMP

GMP 作为制药企业药品生产和质量的法规，在国外已有五十多年的历史。美国 FDA 于 1963 年首先颁布了 GMP，这是世界上最早的一部 GMP，在实施过程中，经过数次修订，可以说是至今较为完善、内容较详细、标准最高的 GMP 之一。现在美国要求，凡是向美国出口药品的制药企业以及在美国境内生产药品的制药企业，都要符合美国 GMP 要求。

1969 年，世界卫生组织（WHO）也颁发了自己的 GMP，并向各成员国推荐，受到许多国家和组织的重视，经过三次的修改，也是一部较全面的 GMP。

1971 年，英国制订了《GMP》（第一版），1977 年又修订了第二版；1983 年公布了第三版，现已由欧盟 GMP 替代。

1972 年，欧共体公布了《GMP 总则》指导欧共体国家药品生产，1983 年进行了较大的修订，1989 年又公布了新的 GMP，并编制了一本《补充指南》。1992 年又公布了欧洲共同体药品生产管理规范新版本。

1974 年，日本以 WHO 的 GMP 为蓝本，颁布了自己的 GMP，现已作为一个法规来执行。

1988 年，东南亚国家联盟也制订了自己的 GMP，作为东南亚联盟各国实施 GMP 的文本。

此外，德国、法国、瑞士、澳大利亚、韩国、新西兰、马来西亚及中国等国家和地区，也先后制订了 GMP，到目前为止，世界上已有 100 多个国家和地区实施了 GMP 或准备实施GMP。当今世界上 GMP 分为以下三种类型：

（1）国家颁发的 GMP　例如：中华人民共和国（原卫生部公布的）《药品生产质量管理规范》（2010 年修订）；美国 FDA 颁布的《cGMP》（现行 GMP）；日本厚生省颁布的《GMP》。

（2）地区性制订的 GMP　例如：欧洲共同体颁布的《GMP》；东南亚国家联盟颁布的《GMP》。

（3）国际组织制订的 GMP　例如：世界卫生组织（WHO）颁布的《GMP》（1991 年）。

三、食品GMP原则
Principles of GMP on food

食品 GMP 的推行是采用认证制度而且由从业者自愿参加的，通则适用于所有食品工厂，而专则依个别产品性质不同及实际需要予以制定。食品 GMP 有关产品的抽验方法，应遵从相关国家标准的规定，没有制定标准的就应当参照政府检验单位或学术研究机构认同的方法。

食品 GMP 的基本原则主要包括以下几个方面：

① 明确各岗位人员的工作职责。

② 在厂房、设施和设备的设计、建造过程中，充分考虑生产能力、产品质量和员工的身心健康。

③ 对厂房、设施和设备进行适当的维护，以保证始终处于良好的状态。

④ 将清洁工作作为日常的习惯，防止产品污染。

⑤ 开展验证工作，证明系统的有效性、正确性和可靠性。

⑥ 起草详细的规程，为取得始终如一的结果提供准确的行为指导。

⑦ 认真遵守批准的书面规程，防止污染、混淆和差错。

⑧ 对操作或工作及时、准确地记录归档，以保证可追溯性，符合 GMP 要求。

⑨ 通过控制与产品有关的各个阶段，将质量建立在产品生产过程中。

⑩ 定期进行有计划的自检。

四、我国 GMP 发展概况
Development profile of GMP in China

我国提出在制药企业中推行 GMP 是在 20 世纪 80 年代初，比最早提出 GMP 的美国，迟了二十年。

1982 年，中国医药工业公司参照一些先进国家的 GMP 制订了《药品生产管理规范》（试行稿），并开始在一些制药企业试行。

1984 年，中国医药工业公司又对 1982 年的《药品生产管理规范》（试行稿）进行修改，变成《药品生产管理规范》（修订稿），经原国家医药管理局审查后，正式颁布在全国推行。

1988 年，根据《药品管理法》，原国家卫生部颁布了我国第一部《药品生产质量管理规范》（1988 年版），作为正式法规执行。

1991 年，根据《药品管理法实施办法》的规定，原国家医药管理局成立了推行 GMP、GSP 委员会，协助国家医药管理局，负责组织医药行业实施 GMP 和 GSP 工作。

1992 年，原国家卫生部又对《药品生产质量管理规范》（1988 年版）进行修订，变成《药品生产质量管理规范》（1992 年修订）。

1992 年，中国医药工业公司为了使药品生产企业更好地实施 GMP，出版了 GMP 实施指南，对 GMP 中一些规范，作了比较具体的技术指导，起到比较好的效果。

1993 年，原国家医药管理局制订了我国实施 GMP 的八年规划（1983 年至 2000 年），提出"总体规划，分步实施"的原则，按剂型的先后，在规划的年限内，达到 GMP 的要求。

1995 年，经国家技术监督局批准，成立了中国药品认证委员会，并开始接受企业的 GMP 认证申请和开展认证工作。

1995 年至 1997 年原国家医药管理局分别制订了《粉针剂实施〈药品生产质量管理规范〉指南》《大容量注射液实施〈药品生产质量管理规范〉指南》《原料药实施〈药品生产质量管理规范〉指南》和《片剂、硬胶囊剂、颗粒剂实施〈药品生产质量管理规范〉指南和检查细则》等指导文件，并开展了粉针剂和大容量注射液剂型的 GMP 达标验收工作。

1998 年，国家药品监督管理局总结近几年来实施 GMP 的情况，对 1992 年修订的 GMP 进行修订，于 1999 年 6 月 18 日颁布了《药品生产质量管理规范》（1998 年修订），1999 年 8 月 1 日起施行，使我国的 GMP 更加完善，更加切合国情、更加严谨，便于药品生产企业执行。

从 2008 年 1 月 1 日起，药品生产企业认证必须执行新修订的《药品 GMP 认证检查评定标准》，提高了 GMP 认证检查评定标准，进一步强化了软件管理，使药品生产企业入市门槛更高，对企业药品质量管理要求更严。

2011 年 1 月，原卫生部发布《药品生产质量管理规范（2010 年修订）》，自 2011 年 3 月 1 日起施行。GMP 证书的取得有利于提高药企产品质量和生产能力，提升生产效率，更好地满足市场需求。

第四节 危害分析及关键控制点
Hazard Analysis and Critical Control Points（HACCP）

国家标准 GB/T 15091—1994《食品工业基本术语》对 HACCP 的定义为：生产（加工）安全食品的一种控制手段；对原料、关键生产工序及影响产品安全的人为因素进行分析，确定加工过程中的关键环节，建立、完善监控程序和监控标准，采取规范的纠正措施。

国际标准 CAC/RCP-1《食品卫生通则 1997 修订 3 版》对 HACCP 的定义为：鉴别、评价和控制对食品安全至关重要的危害的一种体系。

一、发展历史及现状
Development history and current situation

传统的食品安全控制流程一般建立在"集中"视察、最终产品的测试等方面，通过"望、闻、切"的方法去寻找潜在的危害，而不是采取预防的方式，因此存在一定的局限性。举例来说，在规定的时间内完成食品加工工作、靠直觉去预测潜在的食品安全问题、在最终产品的检验方面代价高昂，为获得有意义的、有代表性的信息，在搜集和分析足够的样品方面存在较大难度。

当传统的质量控制不能消除质量问题时，一种基于全面分析普遍情况的预防战略就应运而生，它完全可以提供满足质量控制预定目标的保证，使食品生产最大限度地趋近于"零缺陷"。这种新的方法就是：危害分析与关键控制点（HACCP）。

在 HACCP 管理体系原则指导下，食品安全被融入设计过程，而不是传统意义上的最终产品检测。因而，HACCP 体系能提供一种能起到预防作用的体系，并且更能经济地保障食品的安全。部分国家的 HACCP 实践表明实施 HACCP 体系能更有效地预防食品污染。

1977 年，美国水产界的专家 Lee 首次将 HACCP 概念用于新鲜和冻结的水产品。1986 年，美国国会授权商务部的国家海洋和大气管理局（NOAA）根据 HACCP 概念设计改善水产品的监督体制。以后，许多机构合作，以 HACCP 为基础制定对水产品的监督检验方案。20 世纪 80 年代美国在水产品的安全性方面进行了广泛的研究，进一步推动 HACCP 的推广应用。1991 年，美国推出 FDA/NOA 新的推荐性海产品检验规范（草案），并在北美、欧洲、亚洲分别举办区域性研讨会介绍推行新草案。1992 年至 1993 年，FDA 起草以 HACCP 为基础的"水产品的危害与控制导则"（Fish and Fishery Products Hazards & Controls Guide），1994 年发出初稿，征求意见，1996 年 9 月公布第一版。

1995 年 12 月，美国发布联邦法规"水产与水产加工品生产与进口的安全与卫生的规范"，该法规又简称为海产品 HACCP 法规，它规定自 1997 年 12 月 18 日开始在美国水产品加工业及水产品进口时强制推行 HACCP，这不仅对美国国内水产业，而且对于进入美国的外国水产品及其生产者都产生了巨大影响。1997 年 12 月 18 日该法规正式实行。至此，美国基本完善了在水产界推广应用 HACCP 的法规体制。在 CAC 等国际组织的大力倡导下，欧盟、加拿大、日本、新西兰、荷兰、澳大利亚等国家和地区都相继颁布食品安全计划或法规，要求在食品企业中实施 HACCP 体系。目前 HACCP 体系已经成为世界公认的能有效保证食品安全的控制体系，被认为是保证食品安全和风味品质的最好体系。

HACCP 概念于 20 世纪 80 年代传入中国，1990 年原国家进出口商品检验局科学技术委员会食品专业技术委员会开始进行 HACCP 的应用研究，制定了"在出口食品生产中建立 HACCP 质量管理体系"导则，并出台了一些用于食品加工业的 HACCP 体系的具体实施方案，并在全国范围内展开了广泛的讨论，1990 年 3 月组织实施了"出口食品安全工程的研究与应用计划"，该计划包括了水产品、肉类、禽类和低酸性罐头食品等10种食品，约250家食品企业参加了这项计划。1998年年初，国务院办公厅印发了《中国营养改善行动计划》，其中规定"完善各类食品生产卫生规范的制定工作并在主要食品行业全面推行。建立健全食品生产经营企业的质量控制与管理体系，在各类食品生产经营过程中逐步推广使用危害分析及关键控制点（HACCP）系统分析方法"。2002年，国家认证认可监督管理委员会发布了《食品生产企业危害分析与关键控制点（HACCP）管理体系认证管理规定》，规定中指出："国家鼓励从事生产、加工出口食品的企业建立并实施HACCP管理体系。列入《出口食品卫生注册需要评审HACCP管理体系的产品目录》的企业，必须建立和实施HACCP管理体系"。原国家质量监督检验检疫总局于2002年5月20日起实施了《出口食品生产企业登记管理规定》及其配套文件，其取代了从1994年颁布实施的《出口食品厂库卫生注册细则》和《出口食品厂库卫生要求》，并在全国范围内开始推行HACCP体系。为促进我国食品卫生状况的改善，预防和控制各种有害因素对食品的污染，保证产品卫生安全，原卫生部组织制定了《食品企业HACCP实施指南》。

目前我国大多数的出口食品加工生产企业对HACCP体系已经逐步认同。HACCP已经成为国家市场监督管理部门实施食品安全控制的基本手段。

二、七个原理
The seven principles

HACCP是对食品加工、运输以至销售整个过程中的各种危害进行分析和控制，从而保证食品达到安全水平。它是一个系统的、连续性的食品卫生预防和控制方法。以HACCP为基础的食品安全体系，是以HACCP的七个原理为基础的。HACCP理论是在不断发展和完善的。1999年国际食品法典委员会（CAC）在《食品卫生通则》附录《危害分析和关键控制点（HACCP）体系应用准则》中，将HACCP的7个原理确定如下。

1. 危害分析
Hazard analysis，HA

危害分析，就是收集信息和评估危害及导致其存在的条件的过程，以便决定哪些对食品安全具有显著意义，从而被列入HACCP计划中。危害分析与预防控制措施是HACCP原理的基础，也是建立HACCP计划的第一步。危害分析一般分为危害识别和危害评估两个阶段。在危害识别阶段，应对照工艺流程从原料接收到制成成品的每个环节进行危害识别，列出所有的可能潜在危害，危害主要有物理性危害、化学性危害和生物性危害三种类型。并不是所有被识别的潜在危害都必须在HACCP中来控制，而仅仅是那些在危害评估后被确定为显著性危害的才进行HACCP控制。企业应根据所掌握的食品中存在的危害以及控制方法，结合工艺特点，进行详细分析。

2. 确定关键控制点
Critical control point，CCP

关键控制点（CCP）是能进行有效控制危害的加工点、步骤或程序，通过有效地控制、防止发生、消除危害，使之降低到可接受水平。对危害分析中确定的每一个显著危害，均必须有一个或多个控制点对其进行控制。一个关键控制点可以控制一种以上的危害，也可以用多个关键控制点来控制一个危害。CCP或HACCP是产品或加工过程的特异性决定的。如果出现工厂位置、配合、加工过程、仪器设备、配料供方、卫生控制和其他支持性计划，以及用户的改变，CCP都可能改变。

3. 确定与各CCP相关的关键限值
Critical limit，CL

关键限值是区分可接受和不可接受水平的指标，就是指设置在关键控制点上具有生物性的、化学性的或物理性的特征的最大值或最小值，这些限值是非常重要的，而且应该合理、适宜、可操作性强、符合实际和实用。如果关键限值过严，即使没有发生影响到食品安全的危害，也会要求去采取纠偏措施，浪费人力、物力；如果过松，又会造成不安全的产品到了用户手中。

4. 关键控制点的监控
CCP monitoring

为了确保食品的生产加工始终符合关键限值，对CCP实施监控是必需的。因此需要建立CCP的监控程序。监控就是为了评估CCP是否处于控制之中，对被控制参数所作的有计划的连续的观察或测量活动。企业应制定监控程序，并有效执行，以确定产品的性质或加工过程是否符合关键限值。监控的目的就在于可以跟踪加工过程，查明和注意可能偏离关键限值的趋势，并及时采取措施进行加工调整以使加工过程在关键限值发生偏离前恢复到控制状态；同时通过提供监控记录可以用于验证。通常监控程序包括了以下四个方面的要素：监控什么（what）、怎样监控（how）、何时监控（when）和谁来监控（who）。

5. 纠偏行动
Corrective actions

纠偏行动就是指在确定经监控认为关键控制点有失控时，即偏离关键限值或不符合关键限值时，在关键控制点上所采取的程序或行动。如有可能，纠偏行动一般应是在HACCP计划中提前决定。纠偏行动一般包括两步：第一步，纠正或消除发生偏离CL的原因，重新加工控制；第二步，确定在偏离期间生产加工的产品，并决定如何处理。采取纠偏行动涉及产品的处理情况时应加以记录。应当指定对加工、产品和HACCP计划有全面理解并可以做出决定的人员来负责实施纠偏行动。

6. 建立验证程序
Verification procedures

验证就是指用来确定HACCP体系是否按照HACCP计划运转，或者计划是否需要修改，以及再被确认生效使用的方法、程序、检测及审核手段。验证是最复杂的HACCP原理之一。验证程序的正确制定和执行是HACCP计划成功实施的重要基础。HACCP的宗旨就是防止食品安全危害的发生。而验证的目的就是提供置信水平，一是证明HACCP计划建立在严谨、科学的基础上，其足以控制产品本身和工艺过程中出现的安全危害；二是证明HACCP计划所规定的控制措施能被有效实施，整个HACCP体系在按规定有效运转。一般地，验证由确认、CCP验证活动、HACCP体系的验证、执法机构或其他第三方验证等要素组成。

7. 建立记录保持程序
Record-keeping procedures

建立有效的记录保持程序，是一个成功的HACCP体系的重要组成部分。企业在实行HACCP体系的全过程中，须有大量的技术文件和日常的监测记录，这些记录应是严谨和全面的，HACCP体系应当保存的记录包括：体系文件、有关HACCP体系的记录、HACCP小组的活动记录以及ACCP前提条件的执行、监控、检查和纠正记录。

三、体系验证
System verification

HACCP 体系的验证是 HACCP 建立验证程序的重要要素之一。HACCP 体系的验证审核是企业自身进行的内部审核。对整个 HACCP 体系的验证应预先制定程序和计划。体系验证的频率为至少一年一次。当产品或工艺过程有显著改变或系统发生故障时，应随时对体系进行全面的验证。HACCP 工作小组应负责确保验证活动的实施。HACCP 体系验证包括审核和对最终产品的检测。

HACCP 体系的审核是验证在生产过程中是否达到生产安全食品的目标而进行的系统、独立的审核。审核是除监控手段之外，用于确定并验证企业是否按照 HACCP 计划运作所使用的方法、步骤或检测手段。通过审核所得到的信息可以用于改进和完善 HACCP 体系。

根据审核方不同可以将审核过程分为第一方审核、第二方审核和第三方审核。第一方审核又称为内部审核，由组织（企业、加工厂）或以组织的名义，对自身产品、过程、质量管理体系进行的审核。第二方审核由与组织（企业）利益相关的一方（如顾客），或由其他人以他们的名义进行的审核。第三方审核是指独立于第一方（组织）和第二方（顾客）之外的一方进行的审核。第三方的审核是为了确保审核的公正性，其与第一方和第二方既无行政上的隶属关系，也无经济上的利害关系，由第三方具有一定资格并经一定程序认可的审核机构派出审核人员对企业的质量管理体系进行审核。HACCP 体系的审核应包括对 GMP、SSOP、HACCP 计划的审核。

审核可以通过现场观察和复查搜集信息的记录，对 HACCP 体系的系统性作出评价。审核通常由无偏见、不负责执行监控活动的人员来完成，频率以能确保 HACCP 计划被持续地执行为原则。审核内容主要包括：检查产品说明和生产流程图的准确性，检查 CCP 是否按 HACCP 计划的要求被监控，检查工艺过程是否符合关键限值的要求，检查记录是否准确并按要求的时间完成。记录复查则包含以下的内容：监控活动的执行地点是否符合 HACCP 计划的规定；监控活动执行的频率是否符合 HACCP 计划的规定；当监控表明发生了关键限值的偏离时，是否执行了纠偏行动；是否按照 HACCP 计划中规定的频率对监控设备进行了校准。

第五节　绿色食品
Green Food

一、绿色食品概述
Introduction of green food

现代社会中，工农业和科学技术的迅速发展，极大丰富了人类餐桌上的食品，其品种日趋多元化、优质化和高级化，结构也不断趋于优化。但是由于受全球环境恶化和生态紧迫性的影响，食品不安全因素不断增加，人类赖以生存的空气、土壤和水环境，由于受片面追求工业化程度提高的影响，日益受到严重污染，农产品的种植业和养殖业也因此受到巨大威胁，从源头上使食品质量大打折扣，食品污染问题日趋严重，对人类健康构成了严重威胁。特别是 20 世纪 90 年代以来，一系列的食品污染事件进一步恶化为食品安全危机：1996 年始发于英国而震撼世界的疯牛病、1998 年席卷东南亚地区的猪脑病、1999 年轰动世界的比利时二噁英污染、2001 年上半年欧洲爆发的口蹄疫等，涉及中国的 2004 年的阜阳奶粉事件、2005 年的苏丹红风波、2006 年的大闸蟹多宝鱼事件、2008 年的三聚氰胺奶粉事件以及后来的瘦肉精、塑化剂、地沟油、毒生姜等。21世纪的食品安全已敲响了现代人类生活质量的警钟，食品安全问题将愈来愈凸显其重要性、艰巨性和紧迫性。可以说，食品安全是维系人类生命健康的核心纽带，是食品工业生存与发展的命脉，更是国家经济发展与政治稳定的根本保障。因此，食品安全问题已成为全人类无法回避并亟须解决的问题。

解决食品污染、保障食品安全的根本途径是探寻可持续食物生产方式。通过改变落后的食物生产方式，对生产环境施以主动改善、对生产过程加以全面有效控制，既可从根本上解决食品污染问题，大大增进人类健康和提升生活品质，又能对环境进行积极有效的治理，抑制环境的进一步恶化，符合可持续发展的本质思想。关于可持续食物生产方式的研究已在世界各国相继展开，并取得了一定进展，但要获得更大的研究成果，实现食品安全的根本保证，还必须对此问题给予高度重视，继续付之以坚持不懈的努力。

1. 绿色食品发展背景
The development history of green food

（1）国际背景 International background　自第二次世界大战以来，现代化农业的大发展，逐步满足了急剧增长的人口的食物需求。但是在现代化发展进程中，人类过度的经济活动也给资源和环境带来了许多问题，如臭氧破坏、温室效应、酸雨危害、海洋污染、热带雨林减少、珍稀野生动植物濒临灭绝、土地沙漠化、毒物及有害废弃物扩散等。这八大问题产生的危害是十分严重的，而且影响深远，有的危害反过来又影响工农业生产，有的危害则直接影响人体健康。这些危害在20世纪80年代进一步显露出来，全球的环境和资源问题日益受到世人的关注。在这种背景下，人们提出了一种新的思想，即可持续发展思想。

1987年，世界环境与发展委员会提出了"2000年转向可持续农业的全球政策"；1988年联合国粮农组织制订了"可持续发展农业生产：对国际农业研究的要求"的政策性文件；1992年6月，联合国在巴西召开国际会议通过了《里约宣言》和《21世纪议程》等一系列重要文件，各国一致承诺把可持续发展的道路作为未来全球经济和社会长期共同发展的战略，进一步确立了可持续农业的地位。我国的绿色食品就是在这一国际背景下产生的，并被国际组织称为发展中国家成功的可持续发展模式。

（2）国内背景 Domestic background　我国是发展中国家，人口众多，必须优先发展农业。随着经济的发展、人口的增长，资源和环境承载的压力越来越大，相对短缺的资源和脆弱的环境还受到日益严重的破坏和污染，对经济和社会持续发展带来的制约力越来越大。进入20世纪90年代中后期以来，我国主要农产品总产量持续增长，食用农产品已实现了从长期短缺向总量基本平衡、丰年有余的历史性转变，即我国农业进入了一个崭新的发展阶段。随着国民经济的快速增长，人民生活水平显著提高，各级政府和广大消费者也开始关注食品安全问题。

2001年，我国原农业部提出了无公害农产品的概念，并组织实施"无公害食品行动计划"，2003年开始实施认证工作。它作为中国独有的一套认证标准，在特定历史时期发挥了一定的作用，但与国际市场的认证标准不接轨，所以于2018年12月停止无公害农产品认证工作。

我国加入WTO后，绿色贸易壁垒已成为制约我国农产品参与国际市场竞争的主要障碍。由于我国农产品的质量标准总体水平较低，国际竞争力受到了严重削弱，农业的出口创汇能力大为降低。在这种形势的要求下，绿色食品这种遵循可持续发展原则和从土地到餐桌全程质量控制的技术路线的优质、安全、营养食品应运而生。1989年，我国正式提出了绿色食品概念，1990年原农业部在全国范围内启动了绿色食品开发和管理工作。1992年，原农业部成立中国绿色食品发展中心，1993年原农业部发布了《绿色食品标志管理办法》，并于2012年修订该办法。经过二十几年的发展，绿色食品从一个概念到一个标志，从一个标志到一个产品，从一个产品发展成为一个产业，在推进食品质量安全提升、保障消费安全的进程中发挥了积极作用。

2. 绿色食品概念
Concept of green food

绿色食品是指产自优良生态环境、按照绿色食品标准生产、实行全程质量控制并获得绿色食品标志使用权的安全、优质食用农产品及相关产品。良好的产地环境是绿色食品生产的前提和基础，全程实施绿色食品技术标准并有效控制质量安全风险是基本保障，获得标志使用权是绿色食品质量证明的体现形式，也是必需环节。绿色食品范围涵盖了食用农产品及其加工产品，具体按照《绿色食品产品适用标准目录》执行。

绿色食品的基本属性体现在三个要素：农业、质量、品牌方面。绿色食品发展基础资源是优质农产品，其重要内容是农业生产与管理，农业属性必须要保证。绿色食品的发展初衷是要满足社会"吃得好"的消费需求，在实施安全生产的同时，注重保护生态环境，其质量属性必须要突出。绿色食品作为质量证明商标，作为优质食用农产品及其加工产品走向更高端市场的通行证，其品牌属性必须要彰显。

3. 绿色食品特点
Features of green food

绿色食品遵循"从土地到餐桌"全程质量控制的技术路线，实行"两端监测、过程控制、质量认证、商标管理"基本制度，推行"以技术标准为基础，质量认证为形式，商标管理为手段"的认证管理形式，采取质量认证制度和商标使用许可制度相结合的方法，确保了产品质量安全水平。具体来说，一是强调产地应具备良好的生态环境。绿色食品生产从原料产地的生态环境入手，通过对原料产地及其周围的生态环境因子进行严格监测，选择具备良好生态环境的地方作为绿色食品生产基地。在生产过程中，既要保护和改善生态环境、防止对环境的污染，同时要确保产品无公害的特性，最终将农业和食品工业建立在生态与可持续发展的基础上。二是对产品实行全程质量控制。绿色食品生产实施"从土地到餐桌"全程质量控制，而不是简单地对最终产品的有害成分含量和卫生指标进行测定，从而在农业生产和食品生产领域树立了全新的全程质量观。通过产前的环境监测和原料检测，产中具体生产、加工操作规程的落实，以及产后产品质量、卫生指标、包装、保鲜、运输、储藏、销售环节的质量控制，确保绿色食品的产品质量，提高整个生产过程的技术含量。三是对产品依法实行标志管理。绿色食品标志是一个质量证明商标，属知识产权范畴，受《中华人民共和国商标法》保护。对绿色食品产品实行统一、规范的标志管理，不仅使生产行为纳入了技术和法律监控的轨道，而且使生产者明确自身和对他人的权益责任，同时也有利于企业争创名牌，树立名牌商标保护意识，提高企业和产品的社会知名度以及影响力。

4. 绿色食品分级
Classifications of green food

根据生产技术标准要求的不同，绿色食品分为A级绿色食品和AA级绿色食品。A级绿色食品，指在生态环境质量符合规定标准的产地，生产过程中允许限量使用限定的化学合成物质，按特定的操作规程生产、加工，产品质量及包装经检测、检验符合特定标准，并经专门机构认定，许可使用A级绿色食品标志的产品。AA级绿色食品，指在环境质量符合规定标准的产地，生产过程中不使用任何有害化学合成物质，按特定的操作规程生产、加工，产品质量及包装经检测、检验符合特定标准，并经专门机构认定，许可使用 AA 级绿色食品标志的产品。

二、绿色食品标准
Standards of green food

1. 绿色食品标准属性
The green food standard attributes

绿色食品标准是以绿色食品科学、技术和生产实践经验的综合成果为基础，接轨国际先进标准，适合我国现有生产条件，由原农业部批准并发布，绿色食品生产企业共同遵守的准则和依据。从适用范围上来说，绿色食品标准属于农业行业标准，从标准的约束性上来说，绿色食品标准属于推荐标准，但对于绿色食品生产和绿色食品产品来讲，绿色食品标准是必须执行的，是绿色食品范畴内的强制性标准。

截至 2017 年年底，原农业部累计发布绿色食品标准 297 项，现行有效标准 140 项，其中，通用准则类标准 14 项，产品检测标准 126 项。

2. 绿色食品标准体系
The green food standard system

经过十几年的发展，绿色食品对影响产品质量的各个环节、各个因子均制定了量化管理标准，基本保证了产品的质量安全水平。该标准体系根据产品生产的全程质量控制理念，分成四大部分，包括：原料产地环境质量标准，用来衡量生产绿色食品的原料产地的环境状况；生产加工技术标准，用来约束和控制生产者在原料种植（养殖）、加工、人员管理等各个环节的生产行为；产品标准，用来检测最终要走向市场的终端产品质量；包装贮运标准，该标准是在保证产品包装符合食品级标准的前提下，规范包装设计和绿色食品标志的使用，有利于整个绿色食品市场的规范化管理。具体标准体系可由如图 7-2 所示的结构图体现出来。

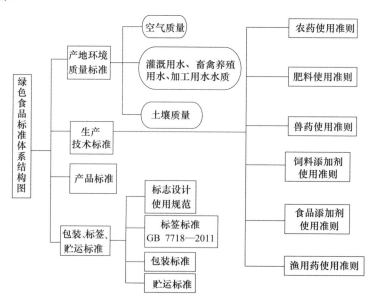

图7-2　绿色食品标准体系图

绿色食品标准是绿色食品质量认证和质量体系认证的基础，是开展绿色食品生产活动的技术、行为规范，是推广先进生产技术、提高绿色食品生产水平的指导性文件，是维护绿色食品生产者和消费者利益的技术和法律依据，是提高我国食品质量、增强我国食品在国际市场的竞争力、促进产品出口创汇的技术依据。

三、绿色食品标志
Green food logo

图7-3　绿色食品标志图

绿色食品标志基础图形（图7-3）由三部分构成：上方的太阳、下方的叶片和蓓蕾，象征自然生态；标志图形为正圆形，意为保护、安全；颜色为绿色，象征着生命、农业、环保。整个图形描绘了一幅明媚阳光照耀下的和谐生机，告诉人们绿色食品是出自纯净、良好生态环境的安全、无污染食品，能给人们带来蓬勃的生命力。绿色食品标志还提醒人们要保护环境和防止污染，通过改善人与环境的关系，创造自然界新的和谐。

绿色食品标志商标作为特定的产品质量证明商标，已由中国绿色食品发展中心在原国家工商行政管理局注册，其商标专用权受《中华人民共和国商标法》保护。目前，中国绿色食品发展中心注册的绿色食品标志图样有"绿色食品""Green food"、绿色食品标志图形及这三者相互组合等四种形式。由于绿色食品标志质量证明商标，所以每种标志注册式样均含有⑧标识，如图7-4所示。

图7-4　四种标志注册式样

四、绿色食品标志使用申请
Application of green food logo

1. 绿色食品标志申请产品条件
Product requirements for green food logo application

符合《中华人民共和国食品安全法》和《中华人民共和国农产品质量安全法》等法律法规规定，在原国家工商总局商标局核定的范围内；产品或产品原料产地环境符合绿色食品产地环境质量标准；农药、肥料、饲料、兽药等投入品使用符合绿色食品投入品使用准则；产品质量符合绿色食品产品质量标准；包装贮运符合绿色食品包装贮运标准。

具体来讲，按国家商标类别划分的第1、2、3、5、29、30、31、32、33九大类中的产品；以"食"或"健"字登记的新开发产品，经原卫生部公告的既是药品也是食品的产品均可申请使用绿色食品标志。暂不受理以下产品：叶菜类酱腌菜、火腿肠、纯净水、高温油炸食品（≥130℃）、油炸薯制品等；作用机理不甚清楚、不同人群有不同反应的产品（如减肥茶）；转基因产品及由转基因产品原料生产（饲养）加工的任何产品；其他不符合国家强制标准要求的产品（如营养强化剂标示达不到要求）。

目前，绿色食品受理产品范围主要参照《绿色食品产品适用标准目录》。

2. 绿色食品标志申请人条件
Applicant requirements for green food logo

能够独立承担民事责任，如企业法人、农民专业合作社、个人独资企业、合伙企业、家庭农场等，国有农场、国有林场和兵团团场等生产单位；具有稳定的生产基地；具有绿色食品生产的环境条件和生产技术；具有完善的质量管理和质量保证体系，并至少稳定运行一年；具有与生产规模相适应的生产技术人员和质量控制人员；申请前三年内无质量安全事故和不良诚信记录；与绿色食品工作机构或检测机构不存在利益关系。

3. 绿色食品申请需提交材料
Green food application materials

① 《绿色食品标志使用申请书》及《调查表》。

② 资质证明材料，如《营业执照》《全国工业产品生产许可证》《动物防疫条件合格证》《商标注册证》等证明文件复印件。

③ 质量控制规范。

④ 生产技术规程。

⑤ 基地图、加工厂平面图、基地清单、农户清单等。

⑥ 合同、协议，购销发票，生产、加工记录。

⑦ 含有绿色食品标志的包装标签或设计样张（非预包装食品不必提供）。

⑧ 应提交的其他材料。

4. 绿色食品申请产品单元
Product unit of green food application

绿色食品实施的是"注册商标 + 认证产品商品名（产品包装标签上标示的产品名称）"组合式认证单元。具体要求如下：

同一注册商标，产品类别不同，分别按不同认证单元划分。如：齐鲁集团公司生产的齐鲁牌大米和矿泉水按两个认证产品核定。

同一注册商标，同一产品类别，但商品名不同，按不同认证单元划分。如：齐鲁集团公司生产的"齐鲁"牌香米、香软米、免淘米，按三个认证产品核定。

同一注册商标，同一商品名，但在产品包装标签上强调标示不同风味、口味、储藏年份、酒精度、糖度等，按不同认证单元划分。如：38度飞天牌茅台酒、52度飞天牌茅台酒。

同一商品名，注册商标不同，按不同的认证单元划分。如：齐鲁集团公司生产的"齐鲁牌特精粉"和"鲁齐牌特精粉"按两个认证产品核定。

同时，要求产品名称应反映产品真实属性，应体现产品特性、原料组成等，如粉丝、蔬菜、水果、蘑菇、面粉等均不能作为申请产品名称；产品名称应符合国家相关强制性标准要求，如食用植物油应标明级别和加工工艺；高钙、低糖等应符合食品营养标识管理规定等。

5. 绿色食品标志使用申请程序
Application procedures for the green food logo

申请人提出申请并按要求提交申请材料。

省级工作机构应当自收到申请之日起十个工作日内完成材料审查。符合要求的，予以受理，并在产品及产品原料生产期内组织有资质的检查员完成现场检查；不符合要求的，不予受理，书面通知申请人并告知理由。

现场检查合格的，省级工作机构应当书面通知申请人，由申请人委托具备绿色食品检测资质的检测机构对申请产品和相应的产地环境进行检测；现场检查不合格的，省级工作机构应当退回申请并书面告知理由。

检测机构接受申请人委托后，安排现场抽样，并自产品样品抽样之日起二十个工作日内、环境样品抽样之日起三十个工作日内完成检测工作，出具产品质量检验报告和产地环境监测报告，提交省级工作机构和申请人。

省级工作机构自收到产品检验报告和产地环境监测报告之日起二十个工作日内提出初审意见。初审合格的，将初审意见及相关材料报送中国绿色食品发展中心。初审不合格的，退回申请并书面告知理由。

中国绿色食品发展中心自收到省级工作机构报送的申请材料之日起三十个工作日内完成书面审查，并在二十个工作日内组织专家评审。必要时，应当进行现场核查。

中国绿色食品发展中心根据专家评审的意见，在五个工作日内作出是否颁证的决定。同意颁证的，与申请人签订绿色食品标志使用合同，颁发绿色食品标志使用证书，并公告；不同意颁证的，书面通知申请人并告知理由。

6. 绿色食品标志使用有效期
Expiry period for the green food logo

绿色食品标志使用证书有效期三年。

证书有效期满，需要继续使用绿色食品标志的，标志使用人应当在有效期满三个月前向省级工作机构书面提出续展申请。省级工作机构应当在四十个工作日内组织完成相关检查、检测及材料审核。初审合格的，由中国绿色食品发展中心在十个工作日内作出是否准予续展的决定。准予续展的，与标志使用人续签绿色食品标志使用合同，颁发新的绿色食品标志使用证书并公告；不予续展的，书面通知标志使用人并告知理由。

标志使用人逾期未提出续展申请，或者申请续展未获通过的，不得继续使用绿色食品标志。

五、绿色食品生产管理与技术要求
Production management and technical requirements of green food

1. 原料来源要求
Requirements for the source of raw materials

绿色食品来源特征有两个：一个是符合标准，一个是来源固定。这两个特征决定了绿色食品生产对原料来源的要求，一般情况下，绿色食品原料来源有三种方式：一是来源于申报企业自建基地，即生产企业通过购买或长期租赁的方式获得的，完全由公司自行控制管理的基地生产的原料；二是来源于申报企业合同基地，即生产企业通过与乡镇政府、村委会或农户签订的短期有效但不少于一个绿色食品标志使用周期（3 年）的产销合同基地；三是外购的通过绿色食品认证的产品或其副产品，这种模式需要申报企业与供应企业签订能够满足一个用标周期使用量的供销合同。同时，加工产品有多种原料成分的，原料构成中 90% 以上成分须为以上三种来源的原料，其他原料也需来源固定。

2. 农药使用要求
Requirements for the pesticide application

　　绿色食品农药使用原则应以保持和优化农业生态系统为基础，建立有利于各类天敌繁衍和不利于病虫草害孳生的环境条件，提高生物多样性，维持农业生态系统的平衡；优先采用农业措施，如抗病虫品种、种子种苗检疫、培育壮苗、加强栽培管理、中耕除草、耕翻晒垡、清洁田园、轮作倒茬、间作套种等；尽量利用物理和生物措施，如用灯光、色彩诱杀害虫，机械捕捉害虫，释放害虫天敌，机械或人工除草等；在必要时，合理使用对主要防治对象有效的低风险农药品种，提倡兼治和不同作用机理农药交替使用；在农药剂型选择上，宜选用悬浮剂、微囊悬浮剂、水剂、水乳剂、微乳剂、颗粒剂、水分散颗粒剂和可溶性粒剂等环境友好型剂型；在主要防治对象的防治适期，根据有害生物的发生特点和农药特性，选择适当的施药方式，不宜采用喷粉等风险较大的施药方式；对允许使用的农药要按照国家《农药合理使用准则》《农药贮运、销售和使用的防毒规程》和《食品安全国家标准　食品中农药最大残留限量》等有关标准和规定，严格控制施药剂量（或浓度）、施药次数、安全间隔期和残留量，以确保不会对人体和环境造成危害。

　　依据 NY/T 393—2013《绿色食品 农药使用准则》，绿色食品农药使用充分遵循了绿色食品对优质安全、环境保护和可持续发展的要求，将绿色食品生产中的农药使用更严格地限于农业有害生物综合防治的需要，并采用准许清单制进一步明确允许使用的农药品种。允许使用农药清单的制定以国内外权威机构的风险评估数据和结论为依据，按照低风险原则选择农药种类，其中化学合成农药筛选评估时采用的慢性膳食摄入风险安全系数比国际上的一般要求提高 5 倍。

3. 肥料使用要求
Requirements for the fertilizer application

　　绿色食品对肥料使用坚持以下四个原则：
　　（1）持续发展原则　绿色食品生产中所使用的肥料应对环境无不良影响，有利于保护生态环境，保持或提高土壤肥力及土壤生物活性。
　　（2）安全优质原则　绿色食品生产中应使用安全、优质的肥料产品，生产安全、优质的绿色食品。肥料的使用应对作物（营养、味道、品质和植物抗性）不产生不良后果。
　　（3）化肥减控原则　在保障植物营养有效供给的基础上减少化肥用量，兼顾元素之间的比例平衡，无机氮素用量不得高于当季作物需求量的一半。
　　（4）有机为主原则　绿色食品生产过程中肥料种类的选取应以农家肥料、有机肥料、微生物肥料为主，化学肥料为辅。

4. 食品添加剂使用要求
Requirements for food additives application

　　绿色食品食品添加剂使用，不应对人体产生任何健康危害；不应掩盖食品腐败变质；不应掩盖食品本身或加工过程中的质量缺陷或以掺杂、掺假、伪造为目的而使用食品添加剂；不应降低食品本身的营养价值；在达到预期的效果下尽可能降低在食品中的使用量；不采用基因工程获得的产物。

　　在下列情况下可使用食品添加剂：保持或提高食品本身的营养价值；作为某些特殊膳食用食品的必要配料或成分；提高食品的质量和稳定性，改进其感官特性；便于食品的生产、加工、包装、运输或者贮藏。所用食品添加剂的产品质量应符合相应的国家标准。

　　另外，在以下情况下，食品添加剂可通过食品配料（含食品添加剂）带入食品中：食品配料中允许使用该食品添加剂；食品配料中该添加剂的用量不应超过允许的最大使用量；应在正常生产工艺条件下使用这些配料，并且食品中该添加剂的含量不应超过由配料带入的水平；由配料带入食品中的该添加剂的含量应明显低于直接将其添加到该食品中通常所需要的水平。食品分类系统应符合 GB 2760 的规定。

5. 兽药使用要求
Requirements for veterinary medicine application

绿色食品畜禽产品对兽药使用，要求生产者应供给动物充足的营养，应按照 NY/T 391 提供良好的饲养环境，加强饲养管理，采取各种措施以减少应激，增强动物自身的抗病力。

应按《中华人民共和国动物防疫法》的规定进行动物疾病的防治，在养殖过程中尽量不用或少用药物；确需使用兽药时，应在执业兽医指导下进行。

所用兽药应来自取得生产许可证和产品批准文号的生产企业，或者取得进口兽药登记许可证的供应商。

兽药的质量应符合《中华人民共和国兽药典》《兽药质量标准》《兽用生物制品质量标准》《进口兽药质量标准》的规定。

兽药的使用应符合《兽药管理条例》和原农业部公告第 278 号等有关规定，建立用药记录。

6. 渔药使用要求
Requirements for fishery medicine application

绿色食品水产品生产环境质量应符合 NY/T 391 的要求。生产者应按原农业部《水产养殖质量安全管理规定》实施健康养殖。采取各种措施避免应激、增强水产养殖动物自身的抗病力，减少疾病的发生。按《中华人民共和国动物防疫法》的规定，加强水产养殖动物疾病的预防，在养殖生产过程中尽量不用或者少用药物。确需使用渔药时，应选择高效、低毒、低残留的渔药，应保证水资源和相关生物不遭受损害，保护生物循环和生物多样性，保障生产水域质量稳定。在水产动物病害控制过程中，应在水生动物类执业兽医的指导下用药。停药期应满足原农业部公告第 278 号规定、《中国兽药典兽药使用指南化学药品卷》（2010 版）的规定。所用渔药应符合原农业部公告第 1435 号、第 1506 号、第 1759 号，应来自取得生产许可证和产品批准文号的生产企业，或者取得《进口兽药登记许可证》的供应商。用于预防或治疗疾病的渔药应符合《中华人民共和国兽药典》《兽药质量标准》《兽用生物制品质量标准》和《进口兽药质量标准》等有关规定。

所有使用的渔药应来自具有生产许可证和产品批准文号的生产企业，或者具有《进口兽药登记许可证》的供应商。

不应使用的药物种类：不应使用中华人民共和国原农业部公告第 176 号、193 号、235 号、560 号和 1519 号中规定的渔药。不应使用药物饲料添加剂。不应为了促进养殖水产动物生长而使用抗菌药物、激素或其他生长促进剂。不应使用通过基因工程技术生产的渔药。渔药的使用应建立用药记录。应满足健康养殖的记录要求。

7. 加工产品原料组成要求
Requirements for the raw materials components of processed products

已获得绿色食品认证的原料含量在加工产品中所占的比例不得少于 90%。同一种原料不得既来自获得绿色食品认证的产品又来自未获得绿色食品认证的产品。未获得绿色食品认证、含量在 2%～10% 的原料，要求有固定来源和省级或省级以上质检机构的检验报告，原料质量符合绿色食品产品质量标准要求。但对于食品名称中修饰词（不含表示风味的词）成分（如番茄挂面中的番茄），必须是获得绿色食品认证的产品。未获得绿色食品认证、含量小于2%的原料（如部分香辛料、发酵剂、曲料等），应有固定来源且达到食品级原料要求。食品添加剂应符合 NY/T 392—2013《绿色食品 食品添加剂使用准则》要求。加工用水应符合 NY/T 391—2013《绿色食品 产地环境质量》的要求。禁止使用转基因原料产品。

六、绿色食品标志使用管理
Management of green food logo

1. 绿色食品标志使用管理体系
Management system of green food logo application

从横向上来讲，国家、省、市、县（市、区）各级食品安全委员会各组成部门根据职责分工，从食品安全管理角度，对绿色食品实施相应的监督管理。

从纵向上来讲，国家、省（自治区、直辖市）、市、县（市、区）各级绿色食品工作机构对绿色食品标志使用实施跟踪检查；绿色食品生产企业自我监管。具体实施由绿色食品监督管理员和企业内检员进行。

绿色食品标志监管依据包括：《农产品质量安全法》《食品安全法》《商标法》，原农业部《农产品包装和标识管理办法》《绿色食品标志管理办法》等。

2. 绿色食品标志使用管理制度
Regulations of green good logo application

（1）绿色食品年度检查　标志使用有效期内，绿色食品工作机构将对辖区内绿色食品实施年度检查，重点检查企业产品质量及其控制体系状况；检查企业使用绿色食品标志整体情况；检查企业履行合同缴费执行情况。

（2）绿色食品产品抽检　一是例行抽检，由中国绿色食品发展中心统一组织，每年3月份制定抽检计划，省级绿色食品工作机构和绿色食品定点检测机构负责实施，抽样地点为市场和生产企业生产现场。二是专项抽检，包括敏感时段和敏感产品专项抽检和高风险产品专项抽检。

（3）绿色食品市场监察　中国绿色食品发展中心在全国各地大中型超市、批发市场、专卖店等场所设置固定监察市场，省级工作机构在省域内设置流动监察市场，对绿色食品标志使用情况进行监督管理。

（4）绿色食品公告制度　中国绿色食品发展中心对在年度检查、市场监察、产品抽检等监管实施过程中，出现应取消标志使用权的企业在相关媒体予以公告。

（5）绿色食品风险预警　中国绿色食品发展中心聘请相关行业专家，成立了质量安全预警管理专家组，同时，在工作系统、行业影响大的绿色食品企业设立绿色食品风险预警信息员，做好绿色食品风险预警。

（6）绿色食品企业内检员　中国绿色食品发展中心在绿色食品生产企业内设置企业内部检查员，负责绿色食品质量监管和风险信息报送。

3. 绿色食品标志使用证书变更
Modification of green food logo certificate

绿色食品的产品名称、企业名称、商标名称、批准产量等发生变化的，应及时向中国绿色食品发展中心提出变更申请，并递交变更申请材料。

第六节　有机食品
Organic Food

一、有机农业概述
Introduction of organic agriculture

有机农业概念的起源最早可以追溯到 1909 年，当时的美国农业部土地管理局局长基恩在考察了中国的农业，总结了中国农业经数千年而始终兴盛不衰的经验后，于 1911 年写成《四千年的农民》一书，书中指出：中国传统农业兴盛不衰的秘密在于中国农民的勤劳智慧和节俭，善于利用时间和空间提高土地的利用率，并以人畜粪便和塘泥等一切废弃物还田培肥地力。

20 世纪 30 年代，瑞士的汉斯·米勒 (Hans Mueller) 推进了有机生物农业，他的目标是：保证小农户不依赖外部投入而在经济上能独立进行生产，施用厩肥以保持土壤肥力。英国的霍华德爵士 (Sir Albert Howard) 被认为是现代有机农业的奠基人，他总结了在印度长达 25 年的研究结果，1935 年出版了《农业圣典》一书，论述了土壤健康与植物、动物健康的关系，奠定了堆肥的科学基础。英国的伊夫·鲍尔费夫人 (Lady Eve Balfour) 第一个开展了常规农业与自然农业方法比较的长期试验。在她的推动下，1946 年成立了英国"土壤协会"，该协会根据霍华德的理论，提倡返还给土壤有机质，保持土壤肥力，以保持生物平衡。

20 世纪 50 ～ 60 年代，有机农业在法国得到了很大的发展，并成立了"自然和进步协会"，在唤醒消费者在食物对健康影响的意识上起到了积极作用。

20 世纪 60 年代后，有机农业的理论研究和实践在世界范围内得到了扩展。1970 年，美国的威廉姆·奥尔布雷克特 (William Albrecht) 提出了生态农业的概念，将生态学的基本原理纳入了有机农业的生产系统。

20 世纪 70 ～ 80 年代，世界上一些主要的有机农业协会和研究机构先后成立，这些组织和机构在规范有机农业生产和市场、推进有机农业研究和普及上起到了积极的作用。

进入 20 世纪 90 年代，实施可持续发展战略得到全球的共同响应，可持续农业的地位也得以确立，有机农业作为可持续发展农业的一种实践模式和一支重要力量，进入了一个蓬勃发展的新时期，无论是在规模、速度还是在水平上都有了质的飞跃。这一时期，全球有机农业主要发生了以下变化：由单一、分散、自发的活动转向区域性有组织的民间活动，在一些国家甚至还引起了政府部门的重视，有的在法律上给予保护，有的从政策上给予支持。

世界有机农业进入增长期的标志是成立有机产品贸易机构，颁布有机农业法律，政府与民间机构共同推动有机农业的发展。1990 年，在德国成立了世界上最大的有机产品贸易机构——生物行业商品交易会（Bio Fach Fair）；1990 年美国联邦政府颁布了《有机食品生产条例》。欧盟委员会于 1991 年通过欧盟有机农业法案（EU 2092/91），1993 年成为欧盟法律，在欧盟 15 个国家统一实施；北美、澳大利亚、日本等主要有机产品生产国，相继颁布和实施了有机农业法规。1999 年，国际有机农业运动联合会（IFOAM）与联合国粮农组织 (FAO) 共同制定了"有机农业产品生产、加工、标识和销售准则"，对促进有机农业的国际标准化生产具有积极的意义。

20 世纪末期开始，随着消费者环境和食物安全意识的增强，频繁发生的动物流行病，如欧洲的疯牛病和口蹄疫、荷兰的二噁英事件，激励了消费者对有机食品的需求，扩大了有机产品的市场。这种趋势在发达国家更为明显。2017 年，全球有机食品市场销售额达到 970 亿美元，全球有机农业面积已经超过 6980 万公顷。

二、有机农业与有机食品
Organic agriculture and organic food

1. 有机农业
Organic agriculture

有机农业是指遵照特定的生产原则，在生产中不采用基因工程获得的生物及其产物，不使用化学合成的农药、化肥、生长调节剂、饲料添加剂等物质，遵循自然规律和生态学原理，协调种植业和养殖业的平衡，保持生产体系持续稳定的一种农业生产方式。

有机农业具有以下三个显著特征：

（1）有机农业的本质是尊重自然、顺应自然规律和生态学原理，有机农业理论的着眼点不是单纯的水、土、大气、作物，而是由这些构成的大大小小的活的生态系统中的所有包括害虫以及害虫的天敌，小到一个菜地，大到整个地球，这些生态系统自身有着自然调节机制。人类的农业活动应该维持这个系统的活力与平衡，而不能因为过度索取而破坏这个系统的持续存在。从这个角度出发，有机的理念是倡导保护环境、保护不可再生性自然资源，反对施用化肥和化学农药，化肥和化学农药的生产需要大量能源，如开采石油和矿山，比如生产磷肥或钾肥需要的矿石。而使用化学农药、化肥又严重污染了环境。另一方面是自然系统内部生物间的相互作用能够维持系统的平衡，系统内各生物的存在有其合理性，病虫害的解决应该立足于系统内的相互作用，而不是依赖杀虫剂，杀虫剂的使用在杀灭害虫的同时也打破了系统的平衡，又会产生新的问题。

（2）实行有机耕作，培养健康的土壤，增加土壤肥力。常规农业中把土壤看作一个生产农作物的借助平台或者工具，但是有机农业中则把土壤看作是一个平等的生命体，人类通过土壤获得可食用农作物，也必须回馈土壤所需要的养分。培养健康的土壤是有机农业的核心和根本。在土壤中含有无数土壤生物，它们分解、运输营养成分并提供给植物根部，与家畜一样，土壤生物也需要"喂食"，有机粪肥、作物残渣与绿肥都能为土壤中的生命提供营养，而且活着的植物通过其根部释放有机质也可用作土壤生物的食物。

（3）协调种植业和养殖业平衡，建立相对封闭的养分循环利用体系。有机农业重视体系内养分的循环利用。目前有机农业生产中大多是单一作物种植，养分的来源多是植物残体如秸秆还田、绿肥种植和使用自制有机堆肥，制作有机堆肥的主要原料动物粪肥一般是从外界购买，从外界购买面临着供应的不稳定性和质量的不确定性，由于养殖模式的问题，很多动物粪肥未必适合于制作有机堆肥，比如规模化养鸡场的鸡粪存在重金属超标的风险。实行种养结合是解决有机堆肥原料来源的最佳方式之一，也有利于建立一个营养物质在动物和植物间高效、循环利用的综合农业系统。

2. 有机食品
Organic products

"有机食品"（organic products），又称生态食品或生物食品，是指来自有机农业生产体系，根据有机标准进行生产、加工和销售，并通过合法有机认证机构认证的食品，供人类消费、动物食用的产品，包括粮食、蔬菜、水果、奶制品、畜禽产品、蜂蜜、水产品和调料等。在其种植和加工过程中不允许使用化学合成的农药、化肥、除草剂、合成色素和生长激素等；不采用基因工程获得的生物及其产物，遵循自然规律和生态学原理进行生产。因此，有机食品是一种自然、没有污染、不含各类有害的添加剂的食品，与常规食品相比一般含有更多的主要养分（如维生素 C、矿物质等）和次要养分（如植物营养素等），更有利于人体健康。

三、我国有机食品标志
Organic food logo in China

　　有机认证的标志是对有机产品的一种证明，如果注册成为商标则称为有机认证证明商标。有机认证标志不应由有机认证证书持有者而应该由有机认证机构或认证机构的监管部门设计和申请注册。有机认证标志分为国际标志、国家标志和认证机构标志三种。如国际有机农业运动联合会（IFOAM）的标志属于国际标志。如图 7-5 所示为我国有机产品认证标志图。

　　认证机构应当按照《认证证书和认证标志管理办法》和《有机产品认证管理办法》的规定使用国家有机产品标志、国家有机转换产品标志和认证机构的标识。认证机构自行制定的认证标志应当报国家认监委备案。有机认证机构只能在其获得认可机构认可的范围内向获得认证的单位颁发标志准用证。如图 7-6 所示为我国部分有机认证机构标志图。

图 7-5　我国有机产品认证标志图

图 7-6　我国部分有机认证机构标志图

四、有机食品认证
Organic food certification in China

1. 有机食品认证申报条件
Application requirements for organic good certification

　　要申报有机食品，必须满足以下几个条件：申报产品必须在《有机产品认证目录》之内，不受理《目录》以外的产品申报有机食品；申请者资质必须符合相关要求，如申报主体必须有工商注册，加工产品必须获得 SC 证书等；申请者必须了解 GB/T 19630—2019《有机产品 生产、加工、标识与管理体系要求》，并与其进行对照，看自身生产技术条件是否满足标准要求。

2. 有机食品认证提交材料
Application requirements for organic food certification

在生产或加工企业向认证机构提出有机食品认证申请时，申请人需要向认证机构提交申请表以及生产、加工情况调查表和相关资料文件，主要包括：认证委托人的合法经营资质文件的复印件，包括营业执照副本、组织机构代码证、土地使用权证明及合同等。

认证委托人进行有机生产、加工、经营的基本情况：认证委托人名称、地址、联系方式；当认证委托人不是直接从事有机产品生产、加工的农户或个体加工组合的，应当同时提交与直接从事有机产品的生产、加工者签订的书面合同的复印件及具体从事有机产品生产、加工者的名称、地址、联系方式；生产单元或加工场所概况；申请认证的产品名称、品种、生产规模包括面积、产量、数量、加工量等；同一生产单元内非申请认证产品和非有机方式生产的产品的基本信息。

过去三年间的生产、加工历史情况说明材料，如植物生产的病虫草害防治、投入品使用及收获等农事活动描述；野生植物采集情况的描述；动物饲养、水产养殖方法、疾病防治、投入品使用、动物运输和屠宰等情况的描述；申请和获得其他认证的情况。

产地（基地）区域范围描述，包括地理位置、地块分布、缓冲带及产地周围邻近地块的使用情况；加工场所周边环境（包括水、气和有无面源污染）描述、厂区平面图、工艺流程图等。

有机产品生产、加工规划，包括对生产、加工环境适宜性的评价，对生产方式、加工工艺和流程的说明及证明材料，农药、肥料、食品添加剂等投入物质的管理制度，以及质量保证、标识与追溯体系建立、有机生产加工风险控制措施等。

本年度有机产品生产、加工计划，上一年度销售量、销售额和主要销售市场等。

承诺守法诚信，接受认证机构、认证监管等行政执法部门的监督和检查，保证提供材料真实，执行有机产品标准、技术规范及销售证管理的声明。

有机生产、加工的质量管理体系文件。

有机转换计划（适用时）。

其他相关材料。

3. 有机食品认证程序
Procedures for organic food certification

如图 7-7 所示。

有机产品生产者、加工者（认证委托人），可以自愿委托认证机构进行有机产品认证，并提交有机产品认证实施规则中规定的申请材料。

认证机构自收到认证委托人申请材料之日起 10 日内，完成材料审核，并作出是否受理的决定。对于不予受理的，应当书面通知认证委托人，并

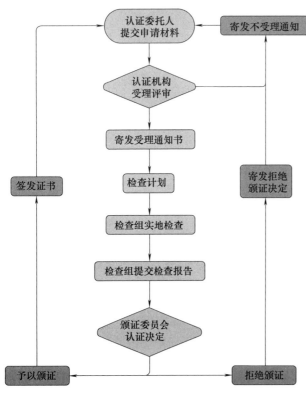

图7-7　有机食品认证程序

说明理由。

认证机构在对认证委托人实施现场检查前至少提前 5 日，将认证委托人及生产单元、检查安排等基本信息报送至国家认监委网站"中国食品农产品认证信息系统"。

认证机构受理认证委托后，按照有机产品认证实施规则的规定，由认证检查员根据认证依据对认证委托人建立的管理体系进行评审，核实生产、加工、经营过程与认证委托人所提交的文件的一致性，确认生产、加工、经营过程与认证依据的符合性。

认证机构应对申请生产、加工认证的所有产品抽样检测，在风险评估基础上确定需检测的项目，并委托具有法定资质的检验检测机构对申请认证的产品进行检验检测。

按照有机产品认证实施规则的规定，需要进行产地（基地）环境监（检）测的，由具有法定资质的监（检）测机构出具监（检）测报告，或者采信认证委托人提供的其他合法有效的环境监（检）测结论。

符合有机产品认证要求的，认证机构应及时向认证委托人出具有机产品认证证书，允许其使用中国有机产品认证标志；对不符合有机产品认证要求的，书面通知认证委托人并说明理由。

五、我国有机食品标准
Organic food standards in China

目前，我国有机食品认证按照 CB/T 19630—2019《有机产品 生产、加工、标识与管理体系要求》实施。该标准规定了涉及有机食品生产的植物、动物、微生物产品的有机生产、收获、收后处理、包装、储藏和运输规范要求，有机加工产品的加工、储藏、运输规范和要求，有机食品的标识与销售规范和要求，有机食品的生产、加工、经营过程的管理体系规范和要求，标准设置了 8 个规范性附录，对有机食品生产、加工、标识与管理中涉及的使用物质进行了明确，包括附录 A（有机植物生产中允许使用的投入品）、附录 B（有机动物养殖中允许使用的物质）、附录 C（评估有机生产中使用其他投入品的指南）、附录 D（有机畜禽养殖中不同种类动物的畜（禽）舍和活动空间）、附录 E（有机食品加工中允许使用的食品添加剂、助剂和其他物质）、附录 F（有机饲料加工中允许使用的添加剂）、附录 G（评估有机加工添加剂和加工助剂的指南）、附录 H（有机纺织品中使用染料的重金属和其他污染物含量指标）。

六、有机食品生产管理与技术要求
Management and technical requirements for organic food production

1. 缓冲带设置
Buffer zone set up

缓冲带是在有机和常规地块之间有目的设置的、可明确界定的用来限制或阻挡邻近田块的禁用物质漂移的过渡区域。有机食品生产要求对有机生产区域受到邻近常规生产区域污染的风险进行分析。在存在风险的情况下，则应在有机生产和常规生产区域之间设置有效的缓冲带或物理屏障，以防止有机生产地块受到污染。缓冲带主要用于防止相邻常规生产区域的禁用物质漂移到有机生产区域内，以避免潜在污染。在有机生产中，必须对有机生产区域是否可能受到邻近常规生产区域污染的风险进行分析。针对存在的可能风险，在有机和常规生产区域之间设置有效的缓冲带，以防止有机生产地块受到污染。设置缓冲带的方法很多，应结合生产实际来实施，一般大田作物可以利用空地、草地、河流、沟壑、田间道路、矮灌木丛等设置缓冲带，而且要确保缓冲带具有一定的宽度。但是对于果树等高冠植物，如果利用空地、草地、河流、沟壑、田间道路、灌木丛等设置缓冲带就需要有足够的距离，否则起不到应有的缓冲和隔离的作用。所以可以考虑使用栅栏、乔灌结合的树丛、覆盖植物、围墙、乔木等具有一定高度的隔离物或者自然隔离带，使有机生产处于一个相对封闭的生态环境，降低漂移风险。也可以种植具有驱虫效应的植物如蓖麻等作为缓冲带，既实现了缓冲和隔离的作用，也实现了驱虫作用。缓冲带上种植的植物不能认证为有机产品。

2. 平行生产要求
Parallel production requirements

平行生产是指在同一生产单元中，同时生产相同或难以区分的有机的、转换期的或常规产品的情况。平行生产制度设置主要就是防止常规生产活动对有机生产造成污染。

（1）植物生产平行生产　要求在同一个生产单元中可同时生产易于区分的有机和常规作物，但该单元的有机和常规生产部分(包括地块、生产设施和工具)应能够完全分开，并采取适当措施避免与常规产品混杂和被禁用物质污染。在同一生产单元内，一年生植物不应存在平行生产。在同一生产单元内，多年生植物不应存在平行生产，除非同时满足以下条件：生产者应制定有机转换计划，计划中应承诺在可能的最短时间内开始对同一单元中相关常规生产区域实施转换，该时间最多不能超过5年；采取适当的措施以保证从有机和常规生产区域收获的产品能够得到严格分离。

（2）畜禽养殖平行生产　要求：如果一个养殖场同时以有机及常规方式养殖同一品种或难以区分的畜禽品种，则应满足下列条件，其有机养殖的畜禽或其产品才可以作为有机产品销售：有机畜禽和非有机畜禽的圈栏、运动场地和牧场完全分开，或者有机畜禽和非有机畜禽是易于区分的品种；储存饲料的仓库或区域应分开并设置明显的标记；有机畜禽不能接触常规饲料。

（3）水产养殖平行生产　要求：位于同一非开放性水域内的生产单元的各部分不应分开认证，只有整个水体都完全符合有机认证标准后才能获得有机认证。如果一个生产单元不能对其管辖下的各水产养殖水体同时实行有机转换，则应制订严格的平行生产管理体系，具体内容包括：一是有机和常规养殖单元之间应采取物理隔离措施，对于开放水域生长的固着性水生生物，其有机生产区域应和常规生产区域、常规农业或工业污染源之间保持一定的距离；二是有机生产体系的要素应该能被检查，包括但不限于水质、饵料、药物等投入品及其他与标准相关的要素；三是常规生产体系和有机生产体系的文件和记录应分开设立；四是有机转换养殖场应持续进行有机管理，不得在有机和常规管理之间变动。

（4）加工环节平行生产　要求有机产品加工过程及其后续过程在空间或时间上与非有机产品加工及其后续过程分开；必须采取必要的措施，防止有机与非有机产品混合或被禁用物质污染。所谓在空间上分开，就是指设立有机加工专用车间或生产线；在时间上分开是指在有机加工和常规加工共用一条生产线的情况下实行有机加工和常规加工的错时加工。实行错时加工时，在加工有机产品前要彻底清洗生产线，并先用少量有机原料加工，将残存在设备里的前期加工物质清理出去进行冲顶加工，冲顶加工记录要保存。

（5）储存和运输环节平行生产　有机产品应单独存放。如果不得不与常规产品共同存放，应在仓库内划出特定区域，并采取必要的措施确保有机产品不与其他产品混放。有机产品在运输过程中应避免与常规产品混杂或受到污染。

3. 生产转换期
Production transition period

有机产品转换期是指从开始实施有机生产至生产单元和产品获得有机产品认证之间的时段。不同的有机产品对转换期有着不同的要求。

（1）有机植物生产转换期　要求一年生植物的转换期至少为播种前的24个月，草场和多年生饲料作物的转换期至少为有机饲料收获前的24个月，饲料作物以外的其他多年生植物的转换期至少为收获前的36个月。新开垦的、撂荒36个月以上的或有充分证据证明36个月以上未使用本标准禁用物质的地块，也应经过至少12个月的转换期。对于已经经过转换或正处于转换期的地块，若使用了禁用物质，应重新开始转换。当地块使用的禁用物质是当地政府机构为处理某种病害或虫害而强制使用时，可以缩短相应的转换期，但应关注施用产品中禁用物质的降解情况，确保在转换期结束之前，土壤中或多年生作物体内的残留达到非显著水平，所收获产品不应作为有机产品销售。芽苗菜生产可以免除转换期。

（2）有机畜禽养殖转换期　要求饲料生产基地的转换期应符合有机植物生产转换期的要求，如牧场和草场仅供非草食动物使用，则转换期可缩短为12个月。如有充分证据证明12个月以上未使用禁用物质，则转换期可缩短到6个月。畜禽应经过以下的转换期：肉用牛、马属动物、驼，12个月；肉用羊和猪，6个月；乳用畜，6个月；肉用家禽，10周；蛋用家禽，6周；其他种类的转换期长于其养殖期的3/4。此外，养殖场发展新的畜禽品种、所有引入的常规畜禽都应经过相应的转换期。

（3）有机水产养殖转换期　要求非开放性水域养殖场从常规生产过渡到有机生产至少应经过12个月的转换期。位于同一非开放性水域内的生产单元的各部分不应分开认证，只有整个水体都完全符合GB/T 19630—2019后才能获得认证。若一个生产单元不能对其管辖下的各水产养殖水体同时实行转换，则应制订严格的平行生产管理体系。开放水域采捕区的野生固着生物，水体未受GB/T 19630—2019中禁用物质的影响，水生生态系统处于稳定和可持续的状态，可以直接被认证为有机水产。引入常规养殖的水生生物，应经过相应的转换期。所有引入的水生生物至少应在后2/3的养殖期内采用有机生产方式养殖。

（4）有机蜜蜂养殖转换期　要求蜜蜂养殖至少应经过12个月的转换期。处于转换期的养蜂场，若不能从市场或其他途径获得有机蜂蜡加工的巢础，经批准可使用常规蜂蜡加工的巢础，但应在12个月内更换所有的巢础，若不能更换，则认证机构可以决定延长转换期。

4. 土肥管理要求
Requirements for soil and fertilizer management

有机土壤培肥技术是有机农业的核心，有机土壤培肥技术的目标是通过构建有机体系内部养分循环系统，改良土壤，提高土壤肥力，增强有机植物的抗病能力，保护植物和养殖动物的健康，同时要维持或改善土壤理化和生物性状，减少土壤侵蚀。提高土壤肥力的方法是通过适当的耕作与栽培措施维持和提高土壤肥力，具体包括回收、再生和补充土壤有机质和养分来补充因植物收获而从土壤带走的有机质和土壤养分；采用种植豆科植物、免耕或土地休闲等措施进行土壤肥力的恢复；施用有机肥以维持和提高土壤的肥力、营养平衡和土壤生物活性，同时应避免过度施用有机肥，造成环境污染。

在有机植物生产中，应优先使用本单元或其他有机生产单元的有机肥。若外购商品有机肥，应经认证机构许可后使用。此外，不应在叶菜类、块茎类和块根类植物上施用人粪尿；在其他植物上需要使用时，应当进行充分腐熟和无害化处理，并不应与植物食用部分接触。可使用溶解性小的天然矿物肥料，但不应将此类肥料作为系统中营养循环的替代物。矿物肥料只能作为长效肥料并保持其天然组分，不应采用化学处理提高其溶解性。不应使用矿物氮肥。可使用生物肥料：为使堆肥充分腐熟，可在堆制过程中添加来自于自然界的微生物，但不应使用转基因生物及其产品。植物生产中使用土壤培肥和改良物质时应符合 GB/T 19630—2019《有机产品 生产、加工、标识与管理体系要求》附录 A——《有机植物生产中允许使用的投入品》的要求。

5. 病虫草害防治
Prevention and control of diseases, insect pests and weeds

病虫草害防治的基本原则应从农业生态系统出发，综合运用各种防治措施，创造不利于病虫草害孳生和有利于各类天敌繁衍的环境条件，保持农业生态系统的平衡和生物多样化，减少各类病虫草害所造成的损失，如稻田养鸭除虫除草等。应优先采用农业措施，通过选用抗病抗虫品种、非化学药剂种子处理、培育壮苗、加强栽培管理、中耕除草、耕翻晒垡、清洁田园、轮作倒茬、间作套种等一系列措施起到防治病虫草害的作用。还应尽量利用灯光、色彩诱杀害虫，机械捕捉害虫，机械或人工除草等措施，防治病虫草害。如果上述措施不能有效控制病虫草害，需要使用植物保护产品时，应符合 GB/T 19630—2019《有机产品 生产、加工、标识与管理体系要求》附录 A——《有机植物生产中允许使用的投入品》的要求。

6. 畜禽产品养殖条件
Breeding conditions for animal products

（1）畜禽引入　要求引入有机畜禽，当不能得到有机畜禽时，可引入常规畜禽，引入对象不同要求的养育阶段不一样：肉牛、马属动物、驼，不超过 6 月龄且已断奶；猪、羊，不超过 6 周龄且已断奶；乳用牛，不超过 4 周龄，接受过初乳喂养且主要是以全乳喂养的犊牛；肉用鸡，不超过 2 日龄（其他禽类可放宽到 2 周龄）；蛋用鸡，不超过 18 周龄。引入性别不同要求也不同，引入的常规种公畜，引入后应立即按照有机生产方式饲养，引入的常规种母畜，牛、马、驼每年引入的数量不应超过同种成年有机母畜总量的 10%，猪、羊每年引入的数量不应超过同种成年有机母畜总量的 20%，出现不可预见的严重自然灾害或人为事故、养殖场规模大幅度扩大、养殖场发展新的畜禽品种等情况，经认证机构许可该比例可放宽到40%。

（2）畜禽饲养　要求饲养环境（圈舍、围栏等）应满足下列条件，以适应畜禽的生理和行为需要：畜禽舍和活动空间应符合 GB/T 19630—2019《有机产品 生产、加工、标识与管理体系要求》附录 D——《有机畜禽养殖中不同种类动物的畜（禽）舍和活动空间》要求；畜禽运动场地可以有部分遮蔽，空气流通，自然光照充足，但应避免过度的太阳照射；水禽应能在溪流、水池、湖泊或池塘等水体中活动；足够的饮水和饲料，畜禽饮用水水质应达 GB 5749 要求；保持适当的温度和湿度，避免受风、雨、雪等侵袭；如垫料可能被养殖动物啃食，则垫料应符合有机养殖饲料的要求；保证充足的睡眠时间；不使用对人或畜禽健康明显有害的建筑材料和设备；避免畜禽遭到野兽的侵害。另外，饲养蛋禽可用人工照明来延长光照时间，但每天的总光照时间不应超过 16h。生产者可根据蛋禽健康情况或所处生长期（如新生禽取暖）等原因，适当增加光照时间。应使所有畜禽在适当的季节能够到户外自由运动。特殊的畜禽舍结构使得畜禽暂时无法在户外运动时，应限期改进。肉牛最后的育肥阶段可采取舍饲，但育肥阶段不应超过其养殖期的 1/5，且最长不超过 3 个月。不应采取使畜禽无法接触土地的笼养和完全圈养、舍饲、拴养等限制畜禽自然行为的饲养方式。群居性畜禽不应单栏饲养，但患病畜禽、成年雄性家畜及妊娠后期的家畜例外。不应强迫喂食。

7. 饲料及饲料添加剂使用
Feed and feed supplement application

（1）饲料构成　有机畜禽养殖必须以有机饲料饲养动物。饲料中至少应有50%来自本养殖场饲料种植基地或本地区有合作关系的有机生产单元。饲料生产、收获、包装、贮运应按照有机植物生产要求进行。在养殖场实行有机管理的前12个月内，本养殖场饲料种植基地按照GB/T 19630—2019要求生产的饲料可以作为有机饲料饲喂本养殖场的畜禽，但不得作为有机饲料销售。饲料生产基地、牧场及草场与周围常规生产区域应设置有效的缓冲带或物理屏障，避免受到污染。当有机饲料短缺时，在事先获得认证机构许可的前提下，可以按照标准要求饲喂一定比例的常规饲料，但每种动物的常规饲料消费量在全年消费量中所占比例不应超过以下百分比：草食动物（以干物质计），10%；非草食动物（以干物质计），15%。畜禽日粮中常规饲料的比例不得超过总量的25%（以干物质计）。出现不可预见的严重自然灾害或人为事故时，可在一定时间期限内饲喂超过以上比例的常规饲料。

（2）饲料的投喂　根据动物种类和动物的生长阶段有不同的要求，养殖中保证每天所投喂饲料中所含干物质能满足动物基础营养需要。在其日粮中，粗饲料、鲜草、青干草或者青贮饲料所占的比例不能低于60%（以干物质计）；对于泌乳期前3个月的乳用畜，此比例可降低为50%（以干物质计）。在杂食动物和家禽的日粮中应配以粗饲料、鲜草或青干草或者青贮饲料。

初乳期的幼畜应由母畜带养，并能吃到足量的初乳。可用同种类的有机奶喂养哺乳期幼畜。在无法获得有机奶的情况下，可以使用同种类的常规奶。不应早期断奶，或用代乳品喂养幼畜。在紧急情况下可使用代乳品补饲，但其中不得含有抗生素、化学合成的添加剂或动物屠宰产品。牛、马属动物、驼，哺乳期至少需要3个月；山羊和绵羊哺乳期至少需要45日；猪哺乳期至少需要40日。

有机畜禽养殖在生产饲料、饲料配料、饲料添加剂时均不应使用基因工程生物/转基因生物或其产品。不应使用以下方法和物质：以动物及其制品饲喂反刍动物，或给畜禽饲喂同种动物及其制品；动物粪便；经化学溶剂提取的或添加了化学合成物质的饲料，但使用水、乙醇、动植物油、醋、二氧化碳、氮或羧酸提取的除外。

有机畜禽养殖使用的饲料添加剂应在农业主管部门发布的饲料添加剂品种目录中，同时应符合GB/T 19630—2019《有机产品 生产、加工、标识与管理体系要求》相关规定。饲料不能满足畜禽营养需求时，使用GB/T 19630—2019《有机产品 生产、加工、标识与管理体系要求》附录B——《有机动物养殖中允许使用的物质》列出的矿物质和微量元素。添加的维生素应来自发芽的粮食、鱼肝油、酿酒用酵母或其他天然物质；不能满足畜禽营养需求时，使用附录B——《有机动物养殖中允许使用的物质》列出的人工合成的维生素。不应使用以下物质(附录B——《有机动物养殖中允许使用的物质》中允许使用的物质除外)：化学合成的生长促进剂(包括用于促进生长的抗生素、抗寄生虫药和激素)；化学合成的调味剂和香料；防腐剂(作为加工助剂时例外)；化学合成或提取的着色剂；非蛋白氮(如尿素)；化学提纯氨基酸；抗氧化剂；黏合剂。

8. 有机畜禽疫病防治
Epidemic prevention for organic livestock and poultry

畜禽疫病防治对有机畜禽产品的质量和效益有很大影响，做好疫病防治，对发展有机畜禽具有重要意义。畜禽疾病预防要求有机生产者首先要做好以下几点：根据地区环境条件和特点，选择适应性强、抗性强的品种进行养殖；通过为养殖对象提供优质、营养的饲料和科学的饲养管理方法，增强畜禽的非特异性免疫力；不断加强设施和环境卫生管理，并保持适宜的养殖密度，为养殖动物提供一个舒适的养殖环境。

（1）疫病预防　要求在消毒处理时，应将畜禽迁出处理区，使用的消毒剂应符合 GB/T 19630—2019《有机产品 生产、加工、标识与管理体系要求》附录 B——《有机动物养殖中允许使用的物质》要求。同时，应定期清理畜禽粪便。可使用疫苗预防接种，不应使用基因工程疫苗 (国家强制免疫的疫苗除外)。当养殖场有发生某种疾病的危险而又不能用其他方法控制时，可紧急预防接种 (包括为了促使母源抗体物质的产生而采取的接种)。

（2）疾病治疗　当畜禽发生疾病或伤痛时，可采用植物源制剂、微量元素和中兽医、针灸、顺势治疗等疗法进行治疗。如果采用多种预防措施和天然药物仍无法控制，可在兽医指导下对患病动物使用常规兽药进行治疗，但药物使用除法定的疫苗接种、驱除寄生虫治疗外，养殖期不足 12 个月的畜禽只可接受一个疗程的抗生素或化学合成的兽药治疗；养殖期超过 12 个月的，每 12 个月最多可接受三个疗程的抗生素或化学合成的兽药治疗。超过允许疗程的，应重新经过转换期。使用常规药物后要经过该药物的休药期的 2 倍时间（至少 48h）后，才能将这些动物及其产品作为有机产品出售。激素仅可在兽医监督下，对个别动物进行疾病治疗，但不能使用激素控制畜禽的生殖行为，如诱导发情、同期发情、超数排卵等。不可为了刺激畜禽生长而使用抗生素、化学合成的抗寄生虫药或其他生长促进剂。对接受过抗生素或化学合成的兽药治疗的畜禽，大型动物要逐个标记，家禽和小型动物则可按群批标记。

9. 有机水产品养殖要求
Organic aquaculture requirements

有机水产养殖致力于建立一套更加生态的养殖系统。有机水产养殖系统保护和促进所在养殖水环境的结构和功能，与传统水产养殖依赖外界物质、能量投入的方式不同，综合利用本系统光合作用和水生生物可再生资源，最大程度降低对养殖水环境的影响。

（1）有机水产养殖基本要求　要求采取适合养殖对象生理习性和当地条件的养殖方法，保证养殖对象的健康，满足其基本需要。不应采取永久性增氧养殖方式。应采取有效措施，防止其他养殖体系的生物进入有机生产体系及捕食有机生物。不应对养殖对象采取任何人为伤害措施。可人为延长光照时间，但每日的光照时间不应超过 16h。在水产养殖用的建筑材料和生产设备上，不应使用涂料和合成化学物质，以免对环境或生物产生有害影响。

（2）水产品养殖场选址　要充分考虑维持养殖水域生态环境和周围水生、陆生生态系统平衡，并有助于保持所在水域的生物多样性。有机生产养殖场应不受污染源和常规水产养殖场的不利影响。有机生产的水域范围应明确，以便对水质、饵料、药物等要素进行检查。有机生产的水域水质应符合 GB 11607 的规定。

（3）饵料投喂　要求投喂的饵料应是有机的或野生的。在有机的或野生的饵料数量或质量不能满足需求时，可投喂最多不超过总饵料量 5%（以干物质计）的常规饵料。在出现不可预见的情况时，可在获得认证机构评估同意后在该年度投喂最多不超过 20%（以干物质计）的常规饵料。饵料中的动物蛋白至少应有 50% 来源于食品加工的副产品或其他不适于人类消费的产品。在出现不可预见的情况时，可在该年度将该比例降至 30%。可使用天然的矿物质添加剂、维生素和微量元素；水产动物营养不足而需使用人工合成的矿物质、微量元素和维生素时，应符合 GB/T 19630—2019《有机产品 生产、加工、标识与管理体系要求》附录 B——《有机动物养殖中允许使用的物质》的要求。不应使用人粪尿。不得不经处理就直接使用动物粪肥。不得在饵料中添加或以任何方式向水生生物投喂合成的促生长剂、合成诱食剂、合成的抗氧化剂和防腐剂、合成色素、非蛋白氮（尿素等）、与养殖对象同科的生物及其制品、经化学溶剂提取的饵料、化学提纯氨基酸、转基因生物或其产品。特殊天气条件下，可使用合成的饵料防腐剂，但应事先获得认证机构许可，并由认证机构根据具体情况规定使用期限和使用量。

（4）水产养殖疾病防治　要求通过预防措施(如优化管理、饲养、进食)来保证养殖对象的健康，所有的管理措施应旨在提高生物的抗病力。养殖密度不应影响水生生物的健康，不应导致其行为异常。应定期监测生物的密度，并根据需要进行调整。可使用生石灰、漂白粉、二氧化氯、茶籽饼、高锰酸钾和微生物制剂对养殖水体和池塘底泥消毒，以预防水生生物疾病的发生。可使用天然药物预防和治疗水生动物疾病。在预防措施和天然药物治疗无效的情况下，可对水生生物使用常规渔药。水生生物在 12 个月内只可接受一个疗程常规渔药治疗。超过允许疗程的，应再经过规定的转换期。使用过常规药物的水生生物经过所使用药物的休药期的 2 倍时间后方能被继续作为有机水生生物销售。不应使用抗生素、化学合成药物和激素对水生生物实行日常的疾病预防处理。当有发生某种疾病的危险而不能通过其他管理技术进行控制，或国家法律有规定时，可为水生生物接种疫苗，但不应使用转基因疫苗。

10. 有机蜜蜂生产要求
Organic bee production requirements

（1）有机蜜蜂养殖采蜜范围　要求养蜂场应设在有机生产区域内或至少 36 个月未使用过禁用物质的区域内。在生产季节里，距蜂场半径 3km 范围(采蜜半径)内应有充足的蜜源植物，包括有机生产的作物和至少 36 个月未使用禁用物质处理的植被，以及清洁的水源。蜂箱半径 3km 范围内不应有任何可能影响蜂群健康的污染源，包括使用过禁用物质的花期的作物、花期的转基因作物、高尔夫球场、垃圾场、大型居民点、繁忙路段等。当蜜蜂在天然(野生)区域放养时，应考虑对当地昆虫种群的影响。应明确划定蜂箱放置区域和采蜜范围。

（2）蜂蜡和蜂箱要求　蜂蜡应来自有机蜂产品的生产单元。加工的蜂蜡应能确保供应有机养蜂场的巢础。在新组建蜂群或转换期蜂群中优先使用有机蜂蜡，若必须使用常规蜂蜡，应满足以下条件：无法从市场上获得有机蜂蜡；有证据证明常规蜂蜡未受有机生产中禁用物质的污染；并且来源于蜂盖蜡。不应使用来源不明的蜂蜡。蜂箱应用天然材料(如未经化学处理的木材等)或涂有有机蜂蜡的塑料制成，不应用木材防腐剂及其他禁用物质处理过的木料来制作和维护蜂箱。蜂箱表面不应使用含铅油漆。

（3）蜜蜂引入要求　为了蜂群的更新，有机生产单元可以每年引入 10% 的常规蜂王和蜂群，但放置蜂王和蜂群的蜂箱中的巢脾或巢础应来自有机生产单元。在这种情况下，可以不经过转换期。由健康问题或灾难性事件引起蜜蜂大量死亡，且无法获得有机蜂群时，可以利用常规来源的蜜蜂补充蜂群，且应满足有机蜜蜂养殖转换期的要求。

（4）蜜蜂的饲喂要求　采蜜期结束时，蜂巢内应存留足够的蜂蜜和花粉，以备蜜蜂过冬。非采蜜季节，应为蜜蜂提供充足的有机蜂蜜和花粉。在蜂群由于气候条件或其他特殊情况缺少蜂蜜面临饥饿时，可以进行蜜蜂的人工饲喂，但只可在最后一次采蜜期和在下次流蜜期开始前 15 日之间进行。若能够购得有机蜂蜜或有机糖浆，应饲喂有机生产的蜂蜜或糖浆。若无法购得有机蜂蜜和有机糖浆，经认证机构许可可以在规定的时间内饲喂常规蜂蜜或糖浆。

（5）蜜蜂疾病防治要求　应主要通过蜂箱卫生和管理来保证蜂群健康和生存条件，以预防寄生螨及其他有害生物的发生，具体措施包括：选择适合当地条件的健壮蜂群，淘汰脆弱蜂群；采取适当措施培育和筛选抗病和抗寄生虫的蜂王；定期对设施进行清洗和消毒；定期更换巢脾；在蜂箱内保留足够的花粉和蜂蜜；蜂箱应逐个标号，以便于识别，而且应定期检查蜂群。在已发生疾病的情况下，应优先采用植物或植物源制剂治疗或顺势疗法；不应在流蜜期之前 30 日内使用植物或植物源制剂进行治疗，也不应在继箱位于蜂箱上时使用。在植物或植物源制剂治疗和顺势疗法无法控制疾病的情况下，按照 GB/T 19630—2019《有机产品 生产、加工、标识与管理体系要求》附录 B——《有机动物养殖中允许使用的物质》的要求控制病害，并按照 GB/T 19630—2019《有机产品 生产、加工、标识与管理体系要求》附录 B 的要求对蜂箱或养蜂工具进行消毒。应将有患病蜜蜂的蜂箱放置到远离健康蜂箱的医治区或隔离区。应销毁受疾病严重感染的蜜蜂生活过的蜂箱及材料。不应使用抗生素和其他未列入 GB/T 19630—2019 附录 B 的物质，但当整个蜂群的健康受到威胁时例外。经处理后的蜂箱应立即从有机生产中撤出并作标识，同时应重新经过 12 个月的转换期，当年的蜂产品也不能被认证为有机产品。只有在被蜂螨感染时，才可杀死雄蜂群。

11. 有机产品加工要求
Requirements for organic products processing

（1）有机加工基本要求　　有机产品的加工及其后续过程按以下方面进行有效控制：主要使用有机配料，尽可能减少使用常规配料，有法律法规要求的情况除外；加工过程应最大限度地保持产品的营养成分和 / 或原有属性；有机产品加工及其后续过程在空间或时间上与常规产品加工及其后续过程分开。有机食品加工厂应符合 GB 14881 的要求，其他有机产品加工厂应符合国家及行业部门的有关规定。有机产品加工应考虑不对环境产生负面影响或将负面影响减少到最低。

（2）配料添加要求　　有机料所占的质量或体积不应少于配料总量的 95%。应使用有机配料，当有机配料无法满足需求时，可使用常规配料，其比例应不大于配料总量的 5%，且应优先使用农业来源的。同一种配料不应同时含有有机和常规成分。水和食用盐不计入配料总量。食品加工中使用的食品添加剂、加工助剂、调味品、微生物制品及酶制剂和其他配料应符合 GB/T 19630—2019 附录 E——《有机食品加工中允许使用的食品添加剂、助剂和其他物质》的要求。饲料加工中使用的饲料添加剂，应符合 GB/T 19630—2019 附录 F——《有机饲料加工中允许使用的添加剂》的要求。

（3）加工过程要求　　宜采用机械、冷冻、加热、微波、烟熏等处理方法及微生物发酵工艺；采用提取、浓缩、沉淀和过滤工艺时，提取溶剂仅限于水、乙醇、动植物油、醋、二氧化碳、氮或羧酸，在提取和浓缩工艺中不应添加其他化学试剂。应采取必要的措施，防止有机产品与常规产品混杂或被禁用物质污染。加工用水应符合 GB 5749 的要求。在加工和贮藏过程中不应采用辐照处理。不应使用石棉过滤材料或可能被有害物质渗透的过滤材料。不应使用来自转基因的配料、添加剂和加工助剂。

12 . 有机产品包装贮运要求
Requirements for organic products packaging, storage and transportation

（1）包装要求　　宜使用由木、竹、植物茎叶和纸制成的包装材料，食品原料及产品应使用食品级包装材料，原料和产品的包装应符合 GB 23350 的要求，并应考虑包装材料的生物降解和回收利用。使用包装填充剂时，宜使用二氧化碳、氮等物质。不应使用含有合成杀菌剂、防腐剂和熏蒸剂的包装材料。不应使用接触过禁用物质的包装袋或容器盛装有机产品及其原料。有机产品及其包装材料、配料等应单独存放。若不得不与常规产品及其包装材料、配料等共同存放，应在仓库内划出特定区域，并采取必要的措施确保有机产品不与其他产品及其包装材料、配料等混放。

（2）贮藏要求　贮藏有机产品的仓库应干净、无虫害，无有害物质残留。有机产品在贮藏过程中不应受到其他物质的污染。除常温贮藏外，可采用以下贮藏方法：贮藏室空气调控；温度控制；湿度调节。

（3）运输要求　有机产品的运输工具在装载有机产品前应清洁，运输过程中应避免与常规产品混杂或受到污染。在运输和装卸过程中，外包装上的有机产品认证标识及有关说明不应被玷污或损毁。

与本章内容相关的食品法律法规

1.《食品生产许可证管理办法》（需自行下载）

2.《食品企业 HACCP 实施指南》（需自行下载）

3.《绿色食品标志管理办法》（需自行下载）

复习思考题

1. 简述食品生产和食品经营许可的类型。

2. 根据所学知识，回答食品企业一个新的产品如何才能获批 SC 准入？

3. 根据所学知识，回答食品企业如何获得绿色食品标志使用权？

第八章 食品标准与法规文献检索

Literature Retrieval of Food Standards and Regulations

本章课程目标和要求：

　　本章详细介绍了文献、文献检索的概念、类型等基本知识，系统介绍了国际标准、地区标准、国家标准、行业标准分类和代号及其含义，以及食品标准与法规文献的检索途径和方法。

　　通过本章的学习，了解文献、文献检索的概念和类型等基本知识；熟悉国际标准、地区标准、国家标准、行业标准分类和代号及其含义；掌握食品标准与法规文献的检索途径和方法。

第一节 文献与标准文献检索
Literature and Standard Literature Retrieval

人类社会已经步入全新的信息时代，随着科学技术的高速发展，知识信息急剧增加，知识信息与物质、能源并列构成 21 世纪的三大重要资源。信息对于社会的影响不断加深以及社会的信息化程度不断提高，信息向社会的生活、文化、教育、经济、军事以及政治领域渗透，它将对现代社会的经济赋予显著的信息化与知识化特征。知识经济时代需要具有高素质的人才，而高素质的人才必须具备准确、快捷地获取、接收、组织信息的能力和对所获取的信息综合、评价与重组的能力。

食品标准与法规在市场经济的法规体系中占有十分重要的位置，无论是国际还是国内都需要对食品质量和安全性做出评价和判断，其主要依据就是有关国际组织和各国政府标准化部门制定的食品标准和法规。随着我国食品工业的快速发展和我国加入 WTO 后的国际经贸合作日益增多以及市场经济法规体系建设和新产品、新技术、新工艺成倍增长，随之出现的新的法规和标准文献的数量也在增加。因此，要在一定范围和时间内，了解和掌握国内外法规和标准的动态及发展趋势，利用现代法规和标准文献检索已经是继承和发展科学技术、推动社会进步的不可缺少的条件之一。同时，掌握食品标准与法规文献检索，对制定、完善食品法规体系和食品标准的制定、修订也有十分重要的意义。

一、文献的定义和类型
Definition and types of literature

1. 文献的定义和基本构成要素
Definition and essential element of literature

（1）文献的定义 "文献"一词最早见于我国《论语·八佾》篇。南宋朱熹在《四书章句集注》中，对文献解释为："文"是指文章、典籍，"献"是指贤或贤才。《辞海》（1979 年版）对"文献"一词定义为："专指具有历史价值的图书文物资料，如历史文献。亦指与某学科有关的重要图书资料，如医学文献。"我国于 1983 年发布的中华人民共和国国家标准《文献著录总则》关于文献的定义是"记录有知识的一切载体"。现在认为文献是各种知识或信息载体的总称。

（2）文献的基本构成要素 文献由知识内容、信息符号、载体材料和记录方式或手段四个基本要素构成，第一是知识内容，这是文献的灵魂所在和客观存在的实质内容；第二是信息符号，即赖以揭示和表达知识信息的标识符号，如文字、图形、数字、代码、声频、视频等；第三是载体材料，即可供记录信息符号的物质材料，如纸张、胶片胶卷、磁带磁盘、光盘、穿孔纸带等；第四是记录方式或手段，如铸刻、书写、印刷、复制、录音、录像等，它们是知识、信息与载体的联系方式。

2. 文献的类型
Types of information

文献的类型繁多，根据文献的性质、内容、用途、表现形式、加工程度、载体形式等可分成以下类型。

（1）按文献的表现形式划分 根据文献的外在表现形式及编辑出版形式不同，可划分为

11 种，即图书、报刊、报告、会议记录、学术论文、标准资料、产品资料、科技档案、政府出版物、专利文献、网络文本。

食品标准属于标准资料，食品法规属于政府出版物，政府出版物指各国政府部门及其设立的专门机构出版的文献。政府出版物的内容十分广泛，既有科学技术方面的，也有社会经济方面的。就文件性质而言，政府出版物可分为行政性文件（国会记录、政府法令、方针政策、规章制度及调查统计资料等）和科学技术文献两部分。

（2）按文献的载体形式划分

① 印刷型　印刷型（printed form）文献是指以纸质为载体，采用各种印刷术把文字或图像记录存储在纸张上而形成的一种文献形式。它既是文献的传统形式，也是现代文献的主要形式之一。它有便于阅读、容易传播的优点，但因载体材料所存储的信息密度低，占用空间大。

② 缩微型　缩微型（microform）文献是指以感光材料为载体，采用光学缩微技术将文字或图像记录在感光材料上而产生的一种文献形式，主要包括缩分胶卷、缩分胶片等。其优点是体积小、成本低、存储密度大，节约空间，便于携带；缺点是不能直接进行阅读，必须在缩分阅读设备上进行。

③ 声响型　声响型（audio-visual form）文献又称视听型文献。它是以磁性材料、光学材料为记录载体，利用专门的机械装置记录与显示声音和图像的文献，如常见的有磁带、录像带等。其优点是直观、传播速度快、可以随时修改，有利于更新，基本脱离了传统的文字形体；缺点是需要特殊的设备和一定的技术条件，成本也比较高。

④ 机读型　机读型（machine readable form）文献是指利用电子计算机可阅读的文献。它以磁性材料或感光材料为存储介质，采用计算机技术和磁性存储技术，把文字或图像信息记录在磁带、磁盘、磁鼓等载体上，利用计算机及其通信网络可阅读。机读型文献按其载体材料、存储技术和传递方式不同，可分为联机型文献、光盘型文献和网络型文献。

⑤ 电子型　电子型（electronic document）文献是指以数字代码方式将图、文、声、像等信息存储到磁、光、电介质上，通过计算机或类似设备阅读使用的文献。随着光盘的产生和广泛的应用，多媒体等现代信息技术的快速发展，传统的缩微型文献、声响型文献、机读型文献的许多优点已经都汇集到电子文献上。为此，一般将传统的缩微型文献、声响型文献、机读型文献统称为电子型文献。目前，电子型文献种类繁多、数量大，内容也丰富，如各种电子图书、电子期刊、联机数据库、网络数据库、网络新闻、光盘数据库等。电子型文献的特点是信息存储量大，出版周期短、易更新，传递信息迅速，存取方便、快速，信息共享性好，可以融文本、图像、声音等多媒体信息于一体。

（3）按文献加工程度划分　人们在利用文献传递信息的过程中，为了及时报道和揭示文献、便于信息交流，可对文献进行不同程度的加工。按加工程度文献分为零次文献、一次文献、二次文献和三次文献。从零次文献到一次文献、二次文献、三次文献都是人们为了方便地利用文献信息而对文献信息进行加工、整理、浓缩，使文献由分散到集中、由无序到有序化的结果。

① 零次文献　零次文献是指非正式出版物或非正式渠道交流的文献，未公开于社会，只为个人或某一团体所用的原始文献，如文章草稿、私人笔迹、会议记录、未经发表的名人手迹等。

② 一次文献　一次文献是指一切作者以本人的研究成果为基本素材而创作的原始文献。包括论文、译文、译文专著、报纸、报告、产品样本、学位论文、专利文献、标准文献、档案等公开发表的文献类型，也包括日记、内部报告、技术档案、信件等不公开发表的文献类型。

③ 二次文献　二次文献又称检索型文献源，是对一次文献源进行外部特征（如题名、作者、文献物理特征）和内部特征的分析、提取、整理而形成的文献形式。一般包括目录、题录、文摘、搜索引擎等。

④ 三次文献 三次文献是在充分利用二次文献的基础上，对一次文献的情报内容进行综合分析、重新组织、浓缩提炼和加工整理，编写出更系统、更精练的工具书或综合资料，是广泛选用一次文献的内容而编辑的深加工成果。一般包括各种述评、综述或进展性出版物以及文献指南或数目指南等。

二、文献检索
Literature retrieval

1.文献检索定义
Definition of literature retrieval

文献检索（literature retrieval）也称信息检索（information retrieval）。信息检索是指将信息按一定的方式组织和存储起来，并根据信息用户的需要找出有关信息的过程和技术。所以，信息检索的全称又叫"信息存储与检索"（information storage and retrieval），这是广义的信息检索。狭义的信息检索则仅指该过程的后半部分，即从信息集合中找出所需要信息的过程，相当于信息查询（information search）。

根据检索对象信息的形式不同，信息检索又分为文献检索和数据检索。凡以文献（包括文摘、题录或全文）为检索对象的，称文献检索；凡以数据或事实为检索对象的，则称数据检索（data retrieval）。因此，文献检索只是信息检索的一部分，但又是其中最重要的一部分。

2.文献信息类型
Types of literature

文献信息根据其内容的程度不同，常分为目录、题录、文摘、全文数据库等四种类型。

（1）目录 目录（catalogue）是为了揭示文献信息的内部特征和外部特征，以图书的题名、分类、主题词、关键词、叙词、词组或符号等作为标目，按一定的顺序排列，组成一个检索系统，便于人们根据所提供的线索进行检索的文献。目录文献的内部特征是指揭示文献所属学科分类和主题范围，外部特征是指文献提名、责任者、出版社、出版时间和报告号、专利号等内容。

目录根据所揭示的出版物的类型、文种、功能特点，可分为馆藏目录和图书目录。馆藏目录是指图书馆收藏的图书、期刊、报纸、缩微制品、磁带、光盘、硬盘、数据库等所有传统载体的文献目录。图书目录是指以单位出版物，即图书作为著录对象，著录一批相关图书，并以图书的内部特征和外部特征作为标目，按一定形式进行编排而成的图书类文献的检索工具。

（2）题录 题录（title）是通常以篇为基本著录单位的一种文献记录，根据文献内容论及的篇目、语词、主题词查找线索的一种检索工具，是一种提供信息详细程度高于书目的检索系统。题录包含篇名、著者（或含其所在单位）和来源出处，无内容摘要，将一系列题录有序排列，即构成"目录"或"文献通报"。题录与目录的区别在于目录侧重于图书整体外表特征的揭示，题录侧重于对单篇文献外表特征的揭示。

（3）文摘 文摘是文献的主要内容及资料的摘述，又称摘要（abstract），它是将论文或书籍的主要论点、数据等简明扼要地摘录出来，并按一定方式编排的一种文献检索和阅读的工具。它主要为人们提供有关文献的准确出处（线索），但是它们提供的信息详细程度大大高于题录。

（4）全文数据库 全文数据库（full text databases）属于源数据库（sourced databases），它是能直接提供以期刊、会议论文、政府出版物等为主的原始全文资料或具体数据信息的数据库。随着计算机技术、网络技术和数据库技术等现代化技术的飞速发展，全文数据库的原数据信息量大幅快速增加，满足了人们方便、快捷地检索到原始文献信息的需求。

3.文献检索方法
Methods of literature retrieval

文献检索方法根据文献存储与检索采用的检索工具和手段，可划分为手工检索和计算机检索两种。

（1）手工检索　手工检索多以书本式或卡片式检索工具为主，手工检索需要了解文献标引规则，用户根据文献标引规则查阅有关文献。手工检索能了解各类检索工具的收录范围、专业覆盖面、特点和编制要点。手工检索灵活性高，费用低，又能与计算机检索结合互为补充，可以提高查全率和查准率。因此，手工检索方法仍是重要的检索手段。手工检索主要有书本式检索和卡片式检索两种。

① 书本式检索　书本式检索是以图书或连续出版物形式出现的，人们用来查找各种信息的检索工具，如《标准目录》《报刊索引》等。书本式检索是最早形成的信息检索方法，其编制原理是现代计算机检索技术产生的基础。

② 卡片式检索　卡片式检索是将各种文献信息的检索特征记录在卡片上，并按照一定的规则进行排序的供人们查找的检索工具。随着计算机技术在图书馆管理中的应用，卡片式检索正在逐渐被计算机目录所取代。

（2）计算机检索　计算机检索是指人们在计算机检索网络或终端上，使用特定的检索指令、检索词和检索策略，从计算机检索系统的数据库中检索出所需要的信息，然后再由终端设备显示和打印的过程。计算机检索能够跨越距离和时空，在短时间内快速、准确查阅大量的信息。根据其内容不同，计算机检索可分为以下三种：

① 联机检索　联机检索是由大型计算机联网系统、数据库、检索终端及通信设备组成的信息检索系统，它能满足较大范围的特大用户的信息检索需求。

② 光盘检索系统　光盘检索是以大容量的光盘存储器为数据库的存储介质，利用计算机和光盘驱动器进行读取和检索光盘上的数据信息，它只能满足较小范围的特定用户的信息检索需求。

③ 网络检索　网络检索是指利用计算机设备和互联网（Internet）或局域网检索网上各服务器站点的信息。随着互联网和计算机技术的迅速发展及广泛应用，不仅彻底打破了信息检索的区域性和局限性，而且改变了计算机检索的方式和方法，加快了信息检索技术的进步。

三、标准和标准文献
Standard and standard literature

1.标准
Standard

标准（standard）是为了在一定范围内获得最佳水平的管理，对科学、技术和经济领域内具有重复应用特征的事物所作的统一规定。制定、修订和贯彻标准的全部活动过程称为标准化。

2.标准文献
Standard literature

标准文献是指记录标准的一切载体。它是记录各级、各类标准的特种文献。狭义的标准文献是指带有标准号的标准、规范、规程等技术文件。广义的标准文献还包括检索标准的检索工具及有关标准化的文件等。

3.标准文献的特点
Characteristic of standard literature

标准文献除具有一般文献的属性和作用之外，与科技文献相比，标准文献具有以下显著特点：

（1）法律性 标准文献是经过一个公认的权威机构或授权单位的批准认可而审查通过的标准，具有一定的法律约束力。如企业制定的产品标准就是判定产品质量的依据。

（2）时效性 标准不是一成不变的，随着国民经济的发展和科学技术水平的不断提高，标准要不断地进行补充、修订或废止，同样标准文献也要不断地更新，过时标准将会失去其应有的作用和效力。因此，标准文献具有时效性。

（3）检索性 由于标准文献通常包括标准级别、标准名称、标准代号、标准提出单位、审批单位、批准时间、实施时间、具体内容等项目，这就为标准文献提出各种检索的内容，具有检索性。

第二节　食品标准与法规文献检索
Literature Retrieval of Food Standards and Regulations

我国《中华人民共和国食品安全法》规定，食品指各种供人食用或者饮用的成品和原料以及按照传统既是食品又是中药材的物品，但是不包括以治疗为目的的物品。截至2020年6月，我国食品相关标准由国家标准、行业标准、地方标准、企业标准、团体标准五级构成，现已制定的包括通用标准、各类食品产品标准、特殊膳食食品标准、食品添加剂质量规格及相关标准、食品营养强化剂质量规格标准、理化检验方法标准、微生物检验方法标准等方面的食品安全国家标准1976余项、行业标准3593余项，还有若干进出口食品检验方法行业标准、团体标准、地方标准和企业标准。

食品法规是指以法律、行政法规、地方性法规、部门规章和地方政府规章、国际条约形式存在的，与食品有关的法律法规，如《中华人民共和国食品安全法》《中华人民共和国产品质量法》《中华人民共和国农产品质量安全法》《食品生产加工企业质量安全监督管理实施细则（试行）》等。

一、标准文献检索途径和方法
Ways and means of standard literature retrieval

标准文献检索常用的主要有标准号检索、标准分类法检索和网络检索三种。

1.标准号检索
Standard number retrieval

标准号检索是最常用的方法，也是最快捷、最方便的方法之一。标准号检索是根据标准的序号进行查找的途径，有现行标准号、作废标准号等，知道所需标准的标准号后，查找标准十分方便。一般直接查《中国国家标准汇编》的目次表，根据《中国国家标准汇编》正文中的页码，即可查到所需要的标准文献的详细内容。

2.分类法检索
Classification retrieval

分类检索途径是按学科、专业体系查找的途径，常用的工具有"分类目录""分类索引"等。首先要确定标准文献所属的专业，然后对照分类目录确定分类号，根据分类号查找检索工具即可找到所需标准的原文。分类法现在常用的有两种，即中国标准分类法（简称 CCS）和国际标准分类法（简称 ICS）。

3.网络检索
Network retrieval

利用网络搜索引擎找到中国有关"标准网""质量网"中的标准文献信息检索界面，便可通过网络查询的方式，利用多种检索途径获取相关标准文献的标准号 / 标准名称和标准全文。如中国标准出版社数据库、中国标准服务网、中国标准信息服务网、中国标准咨询网以及食品伙伴网等网页。

二、食品标准文献的检索
Food standards literature retrieval

1.国内食品标准文献检索
Domestic food standards literature retrieval

（1）国内食品标准文献检索工具

①《中华人民共和国国家标准目录》 由国家标准化管理委员会编，中国标准出版社出版。每年出版一次，自 1999 年每年上半年出版新版，收录截至上年度批准发布的全部现行国家标准。正文按《中国标准文献分类法》进行编排，正文后附顺序号索引，是查阅国家标准的重要检索工具。

《中华人民共和国国家标准目录》（以下简称"GB 目录"）中各条目录的标引项"专业分类"是由中国标准文献分类的一级类目字母加二级类目两位数（代码）组成。各条目录先按 24 个大类归类，再按其二级类目代码的数字顺序排列。二级类目代码的排序实质上按专业内容有一定的范围划分，例如食品罐头方面的标准文献是归 70 ～ 79 的代码范围。为指导检索者迅速确定查找二级类目代码的范围，在每大类前有"二级类目"分类指导表。

②《中国标准化年鉴》 由国家标准化管理委员会编，中国标准出版社出版。自 1985 年起按年度出版，1998 年中断，2017 年重启编纂，主要介绍我国标准化的基本情况和成就，年鉴的主要内容是以《中国标准文献分类法》分类编排的国家标准目录，年鉴最后附有国家标准索引。年鉴以中英文两种文字对照编写。

③《中国国家标准汇编》 由中国标准出版社出版，该汇编从 1983 年起分若干分册陆续出版，收集全部现行国家标准，按国家标准顺序号编排，顺序号空缺处，除特殊注明外，均为作废标准号或空号。该汇编是一部大型综合国家标准全集，在一定程度上反映了我国 1949 年以后标准化事业发展的基本情况和主要成就，是各级标准化管理机构、工矿企事业单位以及科研、设计、教学等部门必不可少的工具书。

④《中国标准化》 由中国标准化协会主办，月刊，该杂志经中国政府标准化行政主管部门授权，独家刊发中华人民共和国国家标准批准发布公告、行业标准和地方标准备案公

告、国家强制性标准征求意见稿和国家标准修改通知单。

⑤《中华人民共和国国家标准目录及信息总汇》 由国家标准化管理委员会编，中国标准出版社每年出版一次。每年上半年出版新版，收录截止到上一年度批准发布的全部现行国家标准信息，同时补充收录被代替、被废止的国家标准目录及国家标准修改、更正、勘误通知信息等。

⑥《中华人民共和国行业标准目录》 是汇集农业、医药、粮食等60多个行业的标准目录，是检索行业标准的常用工具。

⑦《中国食品工业标准汇编》 由中国标准出版社陆续出版，是我国食品标准方面的一套大型丛书，按行业分类分别立卷，是查阅食品标准的重要检索工具。该汇编主要包括食品术语标准卷、焙烤食品卷、糖制品及相关食品卷、发酵制品卷、乳制品和婴幼儿食品卷等。

⑧《食品卫生国家标准汇编》《食品卫生国家标准汇编》共出版了6册，分别为《食品卫生标准汇编（1）、（2）、（3）、（4）、（5）、（6）》，由中国标准出版社发行，是从事食品卫生、食品加工、食品科研的人员在工作中必备的工具书。

（2）国内食品标准文献网络检索 目前，除了使用以上检索工具外，标准文献的查询还可以利用综合标准信息网和网络数据库，可以登录国内以下主要网站快捷地获取国内食品相关标准：

国家市场监督管理总局；国家标准化管理委员会；中国标准全文数据库；中国标准服务网；标准网；中国标准服务网；中国标准咨询网；中国质量信息网；中国食品网；中国食品监督网；中国农业质量标准网；中国农业标准网；食品伙伴网；以及各类数据库等。

2. 国际及国外食品标准文献检索
Foreign food standards literature retrieval

（1）国际及国外食品标准文献检索工具 目前世界上至少有50多个国家制定标准，其中有强制性标准和推荐性标准，每个国家的标准都有其相应的检索工具。

①《国际标准化组织标准目录》（ISO catalogue） 年刊，每年2月出版，英法文对照，报道截至上年12月底为止的全部现行标准。该目录由主题索引、分类目录、标准序号索引、作废标准、国际十进制分类号（UCD）-ISO 技术委员会（TC）序号对照表五个部分组成，是 ISO 标准的主要检索工具。

② 世界卫生组织（World Health Organization，WHO）标准 它是联合国位于日内瓦的一个分支组织。该组织颁布的一些国际标准与食品科学、人类饮食和健康具有密切关系。如《世界卫生组织出版物目录》、《世界卫生组织公报》《国际卫生规则》《国际健康法规选编》以及食品添加剂和农药的每日允许摄入量、最高残留量和国际饮用水标准等。

③ 联合国粮农组织（Food Agriculture Organization，FAO）标准 FAO 检索工具有《联合国粮农组织在版书目》《联合国粮农组织会议报告》《食品和农业法规》，以及 FAO/WHO 联合成立的"食品法典委员会"（CAC）专门审议通过的国际食品标准。

④《美国国家标准目录》（Catalogue of American National Standards） 它是由企业（公司）、联邦政府机构和非联邦政府机构如各类专业协会和学会以及政府其他部门制定，由美国国家标准学会（American National Standards Institute，ANSI）各个专业委员会审核后提升为国家标准。《美国国家标准目录》由三部分组成：主题索引，按产品名称字母顺序列出标准，其后列出美国国家标准号；分类索引，为 ANSI 制定的标准的分类索引；序号索引，为经 ANSI 采用的各专业标准的序号索引。

⑤《法国国家标准目录》（AFNOR Catalogue） 法国标准化协会（AFNOR）是一个公益性民间团体，也是一个政府认可的国家服务组织。它接受标准化专署领导，负责标准的制

定、修订等工作。《法国国家标准目录》每年出版一次，主要由分类目录、主题索引、作废标准一览表三部分组成。可按分类途径、主题途径、标准号途径检索所需的标准文献。

⑥《英国标准年鉴》（BS）和《英国标准目录》（中译本） 英国标准学会（BSI）是世界上最早的全国性标准化机构。BSI 制定和修订英国标准，并促进其贯彻执行。

⑦《日本工业标准目录》（JIS 总目录 /JIS Yearbook 英文版） 日本工业标准（JIS）是日本国家标准，由日本工业标准调查委员会制定，由日本标准化协会发行。日本标准检索工具还有《日本工业标准年鉴》。

⑧《德国技术规程目录》 德国标准是由德国标准化主管机关德国标准化学会制定的统一标准。《德国技术规程目录》每年出版一次，德、英文对照。

（2）国际及国外食品标准文献网络检索 除了用以上检索工具检索国外标准文献外，还可以广泛应用 Internet 网络，进入相关网站，也能检索到所需标准文献信息。主要相关网站有：国际标准化组织（ISO）；ISO 在线（ISO On line）；世界卫生组织（FAO）；联合国粮农组织国际食品法典委员会（CAC）；世界标准服务网（ISO Servers）；美国食品及药物管理局（FDA）；美国国家标准系统网络；国际标准与技术研究所系列数据库产品美国商业部；英国标准学会出版物目录；德国标准协会；法国标准化协会；日本工业标准调查会；加拿大标准委员会；新西兰标准（组织）；爱尔兰国家标准局；马来西亚标准和工业研究所等。

3.食品标准文献检索途径和方法
Ways and means of food standards literature retrieval

（1）国内食品标准文献检索途径和方法 我国标准文献检索，主要利用分类途径和标准号途径，检索方法如下所述。

分类途径：检索课题 →标准目录中的分类目录 →标准号 →索取标准全文；

标准号途径：检索课题 →标准目录中的标准号索引 →标准名称 →索取标准全文。

（2）国外食品标准文献检索途径和方法 国外标准的检索途径主要有主题途径、分类途径、标准号途径。

主题途径：主题词 →查得 TC 类号 →查 TC 目录 →有关标准号 →选择 →索取原文；

分类途径：确定 TC 类号 →查 TC 目录 →找到所需类目 →选择切题的标准 →按有关标准号查阅原文 →索取原文；

标准号途径：确定标准号 →查标准号目录 →得 TC 类号 →查 TC 目录 →得标准名称 →核对标准是否为现行有效标准 →查作废目录。

注：TC 号就是 ISO 的分类。

三、食品法律法规文献检索
Food laws literature retrieval

1.国内食品法律法规的检索
Domestic food laws literature retrieval

（1）国内食品法律法规的检索工具

①《中华人民共和国食品监督管理实用法规手册》 简称《法规手册》，是由原国务院法制办工交司及国家质量监督检验检疫总局监督司审定，中国食品工业协会编辑。此《法规手册》将食品监督管理的重要的现行法规，有限的法律、法规和规章汇编成册，其内容包括：食品监督管理法律、食品监督管理法规、国务院部门规章和文件、地方性法规和地方政府规

章。《法律手册》是各级政府食品监督管理部门、质量技术检测机构、食品生产经营企业等必备的实用法规工具书。

②《中华人民共和国食品安全法配套规定》（第4版） 该书由中国法制出版社出版，全书共分两大部分，第一部分是主体法《中华人民共和国食品安全法》，第二部分是配套规定，是政府部门、食品质量技术检验机构和食品生产经营企业以及社会各界快速方便查找食品法规的重要工具。

③《中华人民共和国国家质量监督检验检疫总局公告》 由原国家质量监督检验检疫总局编，2001年创刊，属于政府部门出版的政报类期刊。主要刊载全国人大或全国人大常委会通过的质量技术监督行政法规及规定、命令等规范性文件；国家质量监督检验检疫总局发布的局长令、决定和重要文件，以及与质量技术监督相关的地方性法规、地方政府规章；质量技术监督重要行政审批公告等。它将为政府机关、广大企事业单位和社会各界提供政策法规。

④《中华人民共和国法规汇编》 它是国家出版的法律、行政法规汇编正式版本，由中国法制出版社出版，国务院法制办公室编辑。本汇编逐年编辑出版，每年一册，收集当年全国人民代表大会及其常务委员会通过的法律和有关法律问题的决定、国务院公布的行政法规和法规性文件，还收集了国务院各部门公布的规章。汇编按宪法类、民法类、商法类、行政法类、经济法类、社会法类、刑法类分类，每大类下面按内容设二级类目。

⑤《中华人民共和国新法规汇编》 它是由国务院法制办公室审定，由中国法制出版社出版的国家法律、行政法规汇编正式版本，是刊登报国务院备案的部门规章的指定出版物。本汇编收集内容按法律、行政法规、法规性文件、国务院部门规章、司法解释等顺序编排，每类中按公布时间顺序排列。报国务院备案的地方性法规和地方政府规章目录按1987年国务院批准的行政区划顺序排列，同一行政区域报备案的两件以上者，按公布时间排列。本汇编每年出版十二辑，每月出版一辑，刊登上月有关内容。

（2）国内食品法律法规网络检索 除上述检索工具外，还可以通过以下网站查询有关食品法律法规文献：

中华人民共和国中央人民政府网；中国食品网；中国食品安全网；中国标准咨询网；中国标准服务网；食品伙伴网；中国质量信息网；中国食品监督网；中国资讯行数据库网站等。

2. 国际及国外食品法律法规的检索
Foreign food laws literature retrieval

（1）国外食品法律法规的检索工具

①《欧洲共同体法规目录》 由中国标准研究中心标准馆编，中国标准出版社出版。该目录收集、翻译、分类和整理了各种欧共体条例、指令、决定、建议和意见等法规题录，是一部有实用价值的检索工具。目录中涉及的全部法规，在中国标准研究中心标准馆均有馆藏，读者利用本目录，可以在标准馆得到原文。本书编排说明如下：

a. 根据欧洲共同体法规内容，将欧共体法规划分为12类，其中第5类是农产品、水产品、食品及其卫生。

b. 法规条目的编写说明：法规编号、英文标题、中文标题。

欧共体法规五种形式的性质和效力又有所不同。条例是具有普遍适用性，具有总体约束力，对所有成员国直接适用，对成员国来说，实施条例时原则上没有自由选择的余地。指令对所有的成员国均有约束力，但实施指令的方式和手段则由成员国相应机构做出选择。决定根据起草者的意图，可以对个人发出，也可以对成员国发出。其约束力的方式同法规一样，对所有条文具有实施义务，特别是对成员国发出的决定，其实施的方式和手段同指令不同，成员国没有自由裁量的余地。建议具有约束力，它不是法律，建议和意见可由理事会或委员会通过。欧共体标准可以通过检索获取全文。

②《FDA 食品法规》 FDA（美国食品及药物管理局）是美国联邦政府最早设立的管理机构之一，作为科学法规机构，它负责国产和进口食品、化妆品、药物等产品的安全，多年来，它被国际上公认为最主要的、最有影响的食品法规机构之一。FDA 法规对食品及食品配料（食品添加剂）、加工工艺、杀菌设备、成品质量、检验方法及进出口贸易各个环节都有详细的规定，世界上许多国家在实施食品及食品配料国际贸易和国内管理时都借鉴此法规。为适应我国加入 WTO 以后的经济形势，促进我国食品企业早日与国际接轨，以及提高我国食品安全卫生水平，中国轻工业上海设计院组织翻译了此法规，以提供给国内的食品及食品配料生产、贸易及管理部门参考。

（2）国外食品法律法规网络检索 通过 Internet 在欧洲标准化委员会（CEN）、欧洲电工标准化委员会（CENELEC）、欧洲电信标准协会（ETSI）等网站或各成员国标准化组织的网站可以获取食品相关的国外法律法规。在国内有关网站也可以检索有关国外相关食品的法律法规。

3.食品法律法规文献检索方法
Methods of food laws literature retrieval

① 选择合适的检索工具如《中华人民共和国食品监督管理实用法规手册》《中华人民共和国法规汇编》《欧洲共同体法规目录》等书目检索工具，利用手工检索方法从中找到有关食品法规。

② 通过 Internet 检索食品法规，从上文列举的国内外有关网站，均可以查询国内外及各地地方食品法规。

与本章内容相关的食品法律法规

1.《食品法律法规文件汇编》（需自行下载）
2.《FDA 食品法规》（需自行下载）

复习思考题

1.结合文献检索方法，试查询国际标准、国家标准、地方标准、行业标准。
2.根据所学知识，列举食品法律法规的文献检索途径和方法。

第九章　食品安全法律法规应用分析

Application Analysis of Food Safety Laws

本章课程目标和要求：

　　本章通过问答的形式详细地介绍了食品安全法律法规的知识及应用。

　　通过本章的学习，全面掌握、理解并正确运用食品安全相关法律法规。

第一节　食品与食品安全
Food and Food Safety

1.食品的含义？
Food and its connotation

《食品安全法》第一百五十条规定：食品，指各种供人食用或者饮用的成品和原料以及按照传统既是食品又是中药材的物品，但是不包括以治疗为目的的物品。

很明确，食品不仅包括经过加工制作的能够直接食用的各种食物，也包括未经加工制作的原料，囊括了从农田到餐桌的整个食物链中的食品，还包括"按照传统既是食品又是中药材的物品，但是不包括以治疗为目的的物品"。如何界定这类既是食品又是中药材的物品，《食品安全法》第三十八条规定：生产经营的食品中不得添加药品，但是可以添加按照传统既是食品又是中药材的物质。按照传统既是食品又是中药材的物质目录由国务院卫生行政部门会同国务院食品安全监督管理部门制定、公布。

2.食品安全的含义？
Implications of food safety

《食品安全法》第一百五十条：食品安全，指食品无毒、无害，符合应当有的营养要求，对人体健康不造成任何急性、亚急性或者慢性危害。

食品安全是食品安全法的核心。食品安全不仅指食品无毒无害，即人食用之后不会对身体健康造成任何急性、慢性和潜在性的危害，还要求食品必须符合应当有的营养要求，即国家或地方标准中关于某一食品应有的营养成分含量的要求，还应包括食品的消化吸收率和对人体维持正常的生理功能应发挥的作用。这里的"无毒无害"是指正常人在正常食用情况下摄入可食状态的食品，不会造成对人体的危害。虽然是"无毒无害"，可允许少量含有，但不得超过国家规定的限量标准。

3.保健品是药品还是食品？
Are health products medicine or food?

很多人都认为保健品是一种特殊的药品，但保健品全称应该是"保健食品"，而不是药品。根据《保健食品管理办法》规定，保健食品是指表明具有特定保健功能的食品，即适宜于特定人群食用，具有调节机体功能，不以治疗疾病为目的的食品，其生产由国务院卫生行政部门审批。而药品则要求有明确的主治、功能和疗效。根据《药品生产监督管理办法》的规定，相比于保健食品，药品的生产及其配方的组成、生产能力和技术条件都要经过国家有关部门对药理、病理和病毒的严格检测和多年的临床观察。

保健食品与药品最根本的区别就在于保健食品没有确切的治疗作用，不能用作治疗疾病，只具有保健功能。

4.保健品可以宣传其治病功效吗？
Do health products have curative powers?

很多保健品的生产者和销售商都会宣传其保健品的功用，使得很多消费者误认为保健品具有治疗疾病的作用，但保健品仅仅是有保健功能的食品，不具备医学上的治疗功能。根据

《保健食品管理办法》的规定，保健品在其产品标签、说明书和广告中不得暗示其有治愈疾病的功效。根据《保健食品广告审查暂行规定》，保健食品广告中必须有说明或标明"本品不能代替药物"的忠告语，产品广告中不得含有"使用该产品能获得健康"的表述且必须标明保健食品产品名称、批准文号、广告批准文号、标识以及不适宜人群等。

5.宠物食品是食品吗？
Are pet food legal food?

动物食品不是法律意义上的"食品"，只是一种产品。

根据《食品安全法》第一百五十条规定，"食品"指各种供人食用或者饮用的成品和原料以及按照传统既是食品又是中药材的物品，但是不包括以治疗为目的的物品。因此，只有供人食用或饮用的才能叫食品，狗粮、猫粮等宠物食品是供动物食用的饲料，不受《食品安全法》以及其他与食品相关的法律保护。但是，对于因宠物食品质量问题导致宠物受到伤害或者死亡的，宠物的主人仍然可以依据《产品质量法》和《消费者权益保护法》的相关规定来寻求保护。

6.什么是预包装食品？
What are prepackaged food？

"预包装食品"，是指经预先定量包装或装入（灌入）容器中，向消费者直接提供的食品。根据《食品安全法》的规定，凡是预包装食品的包装上都应当有标签。

关于预包装食品，《食品安全法》等法律法规以及国家标准主要是对预包装食品的标识做出了规定。比如：名称、规格、净含量、生产日期，成分或者配料表，生产者的名称、地址、联系方式，保质期，产品标准代号，贮存条件，所使用的食品添加剂在国家标准中的通用名称，生产许可证编号，法律、法规或者食品安全标准规定应当标明的其他事项。预包装食品的属性标示应在食品标签醒目位置，清晰标示反映食品真实属性的专用名称。类似于"橙汁饮料"等名称，"饮料"要与"橙汁"字体等大；使用"新创名称""奇特名称""音译名称""牌号名称""地区俚语名称"或"商标名称"等易使人误解食品属性的文字或术语（词语）时，应在所示名称的邻近部位使用同一字号标示反映食品真实属性的专用名称等。

7.《食品安全法》是否涉及军队专用品？
Does food safety law cover military exclusive goods?

军供食品的生产销售也必须符合《食品安全法》的要求。

《食品安全法》第一百五十二条第五款规定，军队专用食品和自供食品的食品安全管理办法由中央军事委员会依照本法制定。可见，尽管军供食品的生产销售具有一定的特殊性，但军供食品的经营仍然必须遵守《食品安全法》的相关规定。

8.什么是食品安全风险评估？
What is food safety risk assessment?

食品安全风险评估可以告诉人们，对于某种食物每人每天吃多少是安全的。

食品是有标准的，不符合标准的食品都是不合格的食品，但绝不等同于有毒食品。笼统地把不合格的食品称为有毒食品夸大了食品安全的风险程度。要解决食品安全问题，公认的办法是建立风险分析和评估的框架体系，这就是食品安全风险评估。《食品安全法》第十四条规定，国家建立食品安全风险监测制度，对食源性疾病、食品污染以及食品中的有害因素进行监测。《食品安全法》第二十二条规定："国务院食品安全监督管理部门应当会同国务院有关部门，根据食品安全风险评估结果、食品安全监督管理信息，对食品安全状况进行综合分析。对经综合分析表明可能具有较高程度安全风险的食品，国务院食品安全监督管理部门应当及时提出食品安全风险警示，并向社会公布。"

风险评估就是对食品中生物性、化学性和物理性危害对人体健康可能造成的不良影响所进行的科学评估，包括危害识别、危害特征描述、暴露评估、风险特征描述4个部分，它是一个纯科学的行为。

9.食品包装袋上的"保质期"有何意义？
What does the expiry date of the food packaging imply?

保质期和生产日期是表明食品是否还能食用的重要参数，经营者不得伪造或者虚假标注生产日期和保质期。

"保质期"，即最佳食用期，指预包装食品在标签指明的贮存条件下保持品质的期限。在此期限内，产品完全适于销售，并保持标签中不必说明或已经说明的特有品质。根据《食品安全法》和《食品标识管理规定》，除了国家明文规定的不需要标注保质期的食品以外，其余食品都要标注保质期。食用超过保质期的食品可能会对人体健康造成损害，而伪造保质期和生产日期会诱导消费者购买和食用已经没有质量保证的食品，从而对消费者的身体健康构成巨大威胁。

10.哪些食品不需要标注保质期？
What type of food may be excluded from labelling their expiry date?

只有经国家法律明文规定的食品，才可以不标注保质期。

预包装食品都必须标识食品的保质期，但法律法规规定不需要标识的除外。根据《食品标识管理规定》第九条的规定，乙醇含量10%以上（含10%）的饮料酒、食醋、食用盐、固态食糖类，可以免除标注保质期。这些食品化学性质比较稳定，各种微生物几乎不能繁殖，其他生物、物理、化学因素的长期影响，也不会使它们变质或者导致其质量不符合卫生标准。因此，免除标识保质期不会危害消费者的身体健康。但这些食品必须仍然标注出生产日期，否则就违反了法律规定。

11.代加工食品，食品包装上可以只标注代加工厂家吗？
How can food packaging label the manufacturers of substitute processed food?

代加工食品，必须标注委托企业的名称和地址。

根据《食品安全法》规定，食品标签应当标注生产者的名称和地址。而根据《食品标识管理规定》第八条的规定，受委托生产加工食品且不负责对外销售的，应当标注委托企业的名称和地址；对于实施生产许可证管理的食品，委托企业具有其委托加工的食品生产许可证的，应当标注委托企业的名称、地址和被委托企业的名称，或者仅标注委托企业的名称和地址。

12.多层包装的食品，应如何标识？
How to label the multilayer food packaging?

《食品标识管理规定》第二十一条规定：食品标识应当直接标注在最小销售单元的食品或者其包装上。《食品标识管理规定》第二十二条规定：在一个销售单元的包装中含有不同品种、多个独立包装的食品，每件独立包装的食品标识应当按照本规定进行标注。

食品标识应当能明确表明食品的真实属性。因此，当在一个销售单元的包装中含有不同品种、多个独立包装的食品时，外包装上的食品标识要能直接标明包装中不同品种的相应属性，同时每件独立包装的食品包装上还应标识该食品的属性。凡透过销售单元的外包装，不能清晰地识别各独立包装食品的所有或者部分强制标注内容的，应当在销售单元的外包装上分别予以标注，但外包装易于开启识别的除外；能够清晰地识别各独立包装食品的所有或者部分强制标注内容的，可以不在外包装上重复标注相应内容。

第二节 食品安全风险监测和评估
Food Safety Risk Monitoring and Assessment

1.什么是食源性疾病？
What are food borne diseases?

所谓食源性疾病，是指食品中致病因素进入人体引起的感染性、中毒性等疾病，包括食物中毒。食源性疾病临床上主要有腹痛、腹泻、恶心、呕吐，部分病例可伴有发热、乏力等症状，最常见的也最易发生的就包括细菌性痢疾、食物中毒等。《食品安全法》颁布的目的就是为了预防和减少食源性疾病的发生，确保人民群众的身体健康和生命安全。因餐饮单位提供的食品不符合卫生标准引起的食源性疾病，消费者可以依法索赔。

2.《食品安全法》出台后，食品安全由哪个部门负责监管？
Which department should be responsible for supervising the implementation of food safety law?

《食品安全法》公布前，我国关于食品安全卫生的监管实行分段监管，有多个部门，如卫生部、农业部、工商局、质检局、食品药品监督管理局等。但《食品安全法》公布后，这种局面将改变，2018年修正版《食品安全法》第五条明确规定："国务院设立食品安全委员会，其职责由国务院规定。国务院食品安全监督管理部门依照本法和国务院规定的职责，对食品生产经营活动实施监督管理。国务院卫生行政部门依照本法和国务院规定的职责，组织开展食品安全风险监测和风险评估，会同国务院食品安全监督管理部门制定并公布食品安全国家标准。国务院其他有关部门依照本法和国务院规定的职责，承担有关食品安全工作。"

3.什么主体能进行食品安全风险评估？
Which body is in charge of food safety risk assessment?

《食品安全法》首次对建立食品安全风险评估制度有了明文规定。由于食品风险评估需要大量基础数据作支撑，工作量大，历时较长，费用较高，而且要运用农学、生物学、化学、病理学等多学科的知识和技术，所以其不仅仅是一项技术行为，更是一项庞大的系统工程，需要政府、公众和不同机构等共同运作。依据我国《食品安全法》第十七条规定，国务院卫生行政部门负责组织食品安全风险评估工作，成立由医学、农业、食品、营养、生物、环境等方面的专家组成的食品安全风险评估专家委员会进行食品安全风险评估；食品安全风险评估结果由国务院卫生行政部门公布。另外，食品安全风险评估后的有关信息的发布也是需要特定的程序的即风险评估完成后，应由国务院授权的负责食品安全风险评估的部门对可能具有较高程度安全风险的食品提出食品安全风险警示，并向社会公布。（具体参见《食品安全法》第二十二条）。

4.食品安全风险评估后发现食品不安全应如何处理？
How to resolve the food safety issues after food safety risk assessment?

我国在《食品安全法》中建立食品安全风险评估体系就是为了防患于未然，因为产生严重后果后再采取挽救措施为时已晚。《食品安全法》第二十一条规定："经食品安全风险评估，得出食品、食品添加剂、食品相关产品不安全结论的，国务院食品安全监督管理等部门应当依据各自职责立即向社会公告，告知消费者停止食用或者使用，并采取相应措施，确保该食品、食品添加剂、食品相关产品停止生产经营；需要制定、修订相关食品安全国家标准的，国务院卫生行政部门应当会同国务院食品安全监督管理部门立即制定、修订。

第三节 食品安全标准
Food Safety Standards

1.什么是食品安全标准？
What are food safety standards?

食品安全标准，是判断某一食品被食用后对人类健康有没有直接或潜在的不良影响的标准。在我国，食品安全标准是强制执行的标准，而且分为国家标准和地方标准。通常，食品安全标准应当包括下列内容：① 食品、食品相关产品中的致病性微生物、农药残留、兽药残留、重金属、污染物质以及其他危害人体健康物质的限量规定；② 食品添加剂的品种、使用范围、用量；③ 专供婴幼儿和其他特定人群的主辅食品的营养成分要求；④ 对与食品安全、营养有关的标签、标识、说明书的要求；⑤ 食品生产经营过程的卫生要求；⑥ 与食品安全有关的质量要求；⑦ 食品检验方法与规程；⑧ 其他需要制定为食品安全标准的内容。人类的认识能力总是有限的，但随着医学和科学技术的不断发展，人们会发现越来越多的对人体有害的物质，所以就必须不断地修订食品安全标准。制定食品安全标准的初衷就是为了保障人体的健康，以及人身、财产安全，不符合食品安全标准的食品是坚决不能食用的。

2.食品安全国家标准由哪个部门制定？
Which department is responsible for formulating national food safety standards?

《食品安全法》出台前，我国并没有关于食品安全方面的统一标准，而有农业部制定的食用农产品质量安全标准、卫生部制定的食品卫生标准、国家质检总局制定的食品质量标准和有关食品行业标准等。因此造成在实际操作中的矛盾和不一致。《食品安全法》第二十七条明确规定："食品安全国家标准由国务院卫生行政部门会同国务院食品安全监督管理部门制定、公布，国务院标准化行政部门提供国家标准编号。食品中农药残留、兽药残留的限量规定及其检验方法与规程由国务院卫生行政部门、国务院农业行政部门会同国务院食品安全监督管理部门制定。屠宰畜、禽的检验规程由国务院农业行政部门会同国务院卫生行政部门制定。"

第四节　食品生产经营
Food Production and Management

1. 食品生产者的生产场所应符合什么要求？
What are requirements for the work site of food producers?

根据《食品安全法》第三十三条规定，"食品生产经营应当符合食品安全标准，并符合下列要求：① 具有与生产经营的食品品种、数量相适应的食品原料处理和食品加工、包装、贮存等场所，保持该场所环境整洁，并与有毒、有害场所以及其他污染源保持规定的距离；② 具有与生产经营的食品品种、数量相适应的生产经营设备或者设施，有相应的消毒、更衣、盥洗、采光、照明、通风、防腐、防尘、防蝇、防鼠、防虫、洗涤以及处理废水、存放垃圾和废弃物的设备或者设施。"即食品加工场所不仅应当保持环境的干净整洁，还必须有相应的配套设施。

2. 餐厅的餐具可以套塑料袋吗？
Should restaurant put the cutlery into plastic bags?

《食品安全法》第三十三条第五项规定："餐具、饮具和盛放直接入口食品的容器，使用前应当洗净、消毒，炊具、用具用后应当洗净，保持清洁。"因此，餐厅在使用塑料袋时，应对塑料袋进行认真审查，保证其质量合格后才能进行使用；而对于不合格的塑料袋，应该严令禁止使用。其实，在餐具外套塑料袋的做法对身体健康是存在很大的安全隐患的，因为如果塑料袋质量不合格，在经过高温的作用后，有害物质便会散发出来。而实际中消费者又很难确认塑料袋的质量是否合格。消费者对自己食用食品所用的餐具是否卫生安全享有知情权，所以消费者有权要求餐厅提供塑料袋的合格证明。

3. 私自进行生猪屠宰违法吗？
Is it against the law to slaughter pigs privately?

《食品安全法》第二十七条第三款规定："屠宰畜、禽的检验规程由国务院农业行政部门会同国务院卫生行政部门制定。"第三十四条第八款规定："禁止生产经营未按规定进行检疫或者检疫不合格的肉类，或者未经检验或者检验不合格的肉类制品。"所以生猪屠宰也需要遵循《食品安全法》中关于食品生产经营的所有规定，至少生猪屠宰的场所、工具、人员等都要符合有关的卫生健康标准。另外，我国出台的《生猪屠宰管理条例》明确规定了国家实行生猪定点屠宰、集中检疫制度。未经定点，任何单位和个人不得从事生猪屠宰活动。但是，农村地区个人自宰自食的除外。在边远和交通不便的农村地区，可以设置仅限于向本地市场供应生猪产品的小型生猪屠宰场点，具体管理办法由省、自治区、直辖市制定。此外，《生猪屠宰管理条例》第二十四条规定："违反本条例规定，未经定点从事生猪屠宰活动的，由畜牧兽医行政主管部门予以取缔，没收生猪、生猪产品、屠宰工具和设备以及违法所得，并处货值金额 3 倍以上 5 倍以下的罚款；货值金额难以确定的，对单位并处 10 万元以上 20 万元以下的罚款，对个人并处 5000 元以上 1 万元以下的罚款；构成犯罪的，依法追究刑事责任。"

4. 屠宰注水生猪应承担什么责任？
What are the penalties for slaughtering pigs injected with water?

《生猪屠宰管理条例》第十五条明确规定："生猪定点屠宰厂（场）以及其他任何单位和

个人不得对生猪或者生猪产品注水或者注入其他物质。生猪定点屠宰厂（场）不得屠宰注水或者注入其他物质的生猪。"由于注水猪肉不仅有缺斤少两的问题，而且严重危害人体的健康。猪胃肠被注入大量水分后，使胃肠严重弛张，失去收缩能力，肠道蠕动缓慢。胃肠道内的食物就会腐败，然后分解产生氨、胺、甲酚、硫化氢等有毒物质。这些有毒物质通过重复吸收后，遍布猪的全身肌肉，最后被人食用，会严重危害人体的健康。

5.从事"餐具清洗配送"行业需要经过批准吗？
Does the cutlery cleaning and distribution business need permit?

根据《食品安全法》的规定，在我国进行用于食品的包装材料、容器、洗涤剂、消毒剂和用于食品生产经营的工具、设备（以下称食品相关产品）的生产经营，应当受本法的约束。因此，"餐具清洗配送"尽管是一种新兴行业，但是由于这种行业关系食品安全，因此政府有关机构应当及时进行监督和管理。同时，根据"国家对食品生产经营实行许可制度"的原则，相应的企业只有取得了政府许可后，才能从事类似"餐具清洗配送"等食品生产经营活动。

6.加工食品的用水应符合什么标准？
What standards should water meet in terms of food processing?

生产用水的卫生质量是影响食品卫生质量的关键因素，生产企业必须保证与食品接触的生产用水符合国家规定的要求。按照《食品安全法》的有关规定，生产用水必须符合生活饮用水的标准。一般来讲，生产用水是指所有与食品生产有关的水，包括原料用水、加工用水以及清洗用水等。饮用水须符合的基本卫生要求包括：不得含有病原微生物；饮用水中化学物质、放射性物质不得危害人体健康；感官性状良好；应经消毒处理等；水质应符合标准要求，如不得含有致病菌、各种有毒成分含量不得超标以及酸碱度适宜等。由于河水未经任何处理，各项指标难以达到饮用水标准要求。而且现在不少河道受到不同程度的污染，若直接取用河水来加工食品，很容易造成食品污染。因此，任何食品生产加工的企业都不得直接使用未经处理的河水等用于食品加工，这样的做法是违法的，应当受到有关监督部门的行政处罚。

7.用于食品生产经营的洗涤剂、消毒剂应符合什么标准？
What standards should detergent and sanitizer meet for the food production?

《食品安全法》第三十三条第十项规定："使用的洗涤剂、消毒剂应当对人体安全、无害。"对人体安全无害，是指对人体健康不造成任何急性、亚急性或者慢性危害。洗衣粉中含有阴离子表面活性剂、非离子表面活性剂、聚磷酸盐软水剂、漂白剂、增艳剂等成分，食用后会出现不同程度的中毒症状，严重者甚至会危及生命。另外，洗衣粉中含有氯及其他化学成分对胃黏膜有刺激作用，长期接触会对消化系统造成损害。因此，洗衣粉不能用于餐具消毒、洗涤。在食品的生产经营中使用洗衣粉洗碗、洗菜都是违法的。

8.销售超过保质期的食品违法吗？
Is it against the law to sell the food out of date?

根据《食品安全法》第三十四条第三项，禁止生产经营用超过保质期的食品原料、食品添加剂生产的食品、食品添加剂。根据《食品安全法》第五十四条，食品经营者应当按照保证食品安全的要求贮存食品，定期检查库存食品，及时清理变质或者超过保质期的食品。因此，商家回收食品重新包装或者将标签拿掉重新销售都是违法行为。一旦发现商家有违法行为，依照《食品安全法》第一百二十四条的规定，违反本法规定，尚不构成犯罪的，由县级以上人民政府食品安全监督管理部门没收违法所得和违法生产经营的食品、食品添加剂，并可以没收用于违法生产经营的工具、设备、原料等物品；违法生产经营的食品、食品添加剂货值金额不足一万元的，并处五万元以上十万元以下罚款；货值金额一万元以上的，并处货值金额十倍以上二十倍以下罚款；情节严重的，吊销许可证。

9. 肉类食品无产品检疫证明能直接销售吗？
Is it legal to sell the meat products that have no product inspection and quarantine?

未经动物卫生监督机构检疫或者检疫不合格的肉类或者肉类制品，禁止流入市场。

《食品安全法》第三十四条明确规定，我国禁止生产经营未按规定进行检疫或者检疫不合格的肉类，或者未经检验或者检验不合格的肉类制品。《动物防疫法》也规定：屠宰、出售或者运输动物以及出售或者运输动物产品前，货主应当按照国务院兽医主管部门的规定向当地动物卫生监督机构申报检疫。屠宰、经营、运输以及参加展览、演出和比赛的动物，应当附有检疫证明；经营和运输的动物产品，应当附有检疫证明、检疫标志。因此，国家为了使群众吃上放心肉及肉制品，对肉类及肉类制品实行强制检疫制度，检疫合格的，允许进入市场销售；检疫不合格的，说明不符合食品安全标准，坚决禁止其流入市场。

10. 无证生产加工食品违法吗？
Is it against the law to produce food without permit?

《食品安全法》第三十五条规定："国家对食品生产经营实行许可制度。从事食品生产、食品销售、餐饮服务，应当依法取得许可。但是，销售食用农产品，不需要取得许可。"显然，任何单位或个人如果想要从事食品生产，需要先从有关监督部门办理食品生产许可。在审查申请许可的单位或个人是否具有食品加工资格时，监督部门会对申请者的加工环境、加工工具以及人员的健康情况等众多因素进行评估。

11. 食品生产企业销售其自家生产的食品是否需要食品流通许可？
Do food producers need food circulation permit when selling foods manufactured by themselves?

《食品安全法》规定，取得食品生产许可的食品生产者在其生产场所销售其生产的食品，不需要取得食品流通的许可；取得餐饮服务许可的餐饮服务提供者在其餐饮服务场所出售其制作加工的食品，不需要取得食品生产和流通的许可；农民个人销售其自产的食用农产品，不需要取得食品流通的许可。

《食品安全法》出台后，国家对食品生产经营实行新的许可制度，未经许可，任何单位或者个人不得从事食品生产经营活动。新的许可制度将许可分为三类，即食品生产企业需要申请《食品生产许可证》，涉及食品流通的企业需要申请《食品流通许可证》，而餐饮企业需要申请《餐饮服务许可证》。生产、流通、餐饮服务环节的许可证件由生产、流通、餐饮服务环节的监管部门各自审查发放。即以前的食品卫生许可证将被食品生产许可证、食品流通许可证和餐饮服务许可证取代，分别由三个部门颁发。

12. 农民销售自产的食用农产品需要经过流通许可吗？
Do farmers need permit when selling edible homemade produce?

考虑到农村地区的实际情况，为了减轻广大农民的负担，在《食品安全法》第三十五条中规定了销售食用农产品，不需要取得许可。

13.食品小作坊和小摊贩还能继续经营吗？

Can street food vendors carry on their businesses in law？

国家鼓励食品生产加工小作坊改进生产条件；鼓励食品摊贩进入集中交易市场、店铺等固定场所经营。但要按照《食品安全法》的规定，食品生产加工小作坊和食品摊贩等从事食品生产经营活动，应当符合本法规定的与其生产经营规模、条件相适应的食品安全要求，保证所生产经营的食品卫生、无毒、无害，食品安全监督管理部门应当对其加强监督管理。

14.认证机构实施跟踪调查需要收费吗？

Will the certification bodies charge for follow-up investigation?

在《食品安全法》中，国家明文规定了鼓励食品生产经营企业通过良好生产规范及危害分析与关键控制点体系两项体系认证。但并不是经过认证了，企业就一劳永逸了。《食品安全法》第四十八条明文规定：对通过良好生产规范、危害分析与关键控制点体系认证的食品生产经营企业，认证机构应当依法实施跟踪调查；对不再符合认证要求的企业，应当依法撤销认证，及时向县级以上人民政府食品安全监督管理部门通报，并向社会公布。认证机构实施跟踪调查不得收取费用。

15.保健品是否属于《食品安全法》中的"食品"？

Will health products belong to the category of food based on food safety law?

《食品安全法》将保健食品纳入了调控范围，保健食品属于《食品安全法》中的"食品"，监管力度很严格。

目前，我国是全球最大的保健食品生产、消费市场之一。《食品安全法》第七十五条规定："保健食品声称保健功能，应当具有科学依据，不得对人体产生急性、亚急性或者慢性危害。保健食品原料目录和允许保健食品声称的保健功能目录，由国务院食品安全监督管理部门会同国务院卫生行政部门、国家中医药管理部门制定、调整并公布。保健食品原料目录应当包括原料名称、用量及其对应的功效；列入保健食品原料目录的原料只能用于保健食品生产，不得用于其他食品生产。"

16.食品中不使用食品添加剂会如何？

What will happen if food additives are not applied in the food?

正确合理使用食品添加剂，对我们的生活是有益的。

《食品安全法》第四十条规定："食品添加剂应当在技术上确有必要且经过风险评估证明安全可靠，方可列入允许使用的范围；有关食品安全国家标准应当根据技术必要性和食品安全风险评估结果及时修订。食品生产经营者应当按照食品安全国家标准使用食品添加剂。"

食品添加剂的使用，使食品的品种和花样大大增加，繁荣了食品市场，满足了人们对食品的追求。由于食品添加剂的使用，使得近年来食品中微生物的感染大大降低，食品性传染病和细菌性食物中毒的发生才大大减少，并显著延长了人类的寿命，也减少了因腐败变质而造成的食品浪费，且丰富了我们的食品资源。但食品添加剂多属于化学合成物质，具有一定的毒性，如果使用不当或者过量使用，将会给人体健康带来危害。所以，我们应当对添加剂有一个客观公正的评价。

17. 食品添加剂的使用应符合什么标准？
What standards should food additives meet?

食品添加剂的使用应当遵循《食品安全国家标准 食品添加剂使用标准》。

《食品安全法》第五十二条规定："食品、食品添加剂、食品相关产品的生产者，应当按照食品安全标准对所生产的食品、食品添加剂、食品相关产品进行检验，检验合格后方可出厂或者销售。"在《食品安全国家标准 食品添加剂使用标准》中不仅规定了具体的食品添加剂应当遵循的剂量标准，另外还明确规定了食品添加剂的使用原则。未列入《食品安全国家标准 食品添加剂使用标准》或国家卫生健康委员会公告名单中的食品添加剂不得使用。《食品安全法》第四十条规定："食品添加剂应当在技术上确有必要且经过风险评估证明安全可靠，方可列入允许使用的范围；有关食品安全国家标准应当根据技术必要性和食品安全风险评估结果及时修订。"食品添加剂新品种应当经过风险评估证明安全可靠后，才被允许使用。

18. 生产食品添加剂是否需要许可？
Does food additives manufacturing need permit?

《食品安全法》第三十九条规定，国家对食品添加剂生产实行许可制度。从事食品添加剂生产，应当具有与所生产食品添加剂品种相适应的场所、生产设备或者设施、专业技术人员和管理制度，并取得食品添加剂生产许可。对食品添加剂的生产进行严格掌控。

19. 厂家应如何申请生产食品添加剂新品种？
How should the food additive manufacturers apply for production of new products?

《食品安全法》第三十七条明确规定："利用新的食品原料生产食品，或者生产食品添加剂新品种、食品相关产品新品种，应当向国务院卫生行政部门提交相关产品的安全性评估材料。国务院卫生行政部门应当自收到申请之日起六十日内组织审查；对符合食品安全要求的，准予许可并公布；对不符合食品安全要求的，不予许可并书面说明理由。"因此，企业要想生产其新研发的食品添加剂，必须先向国务院卫生行政部门提出申请，在申请通过后才能进行生产。

20. 婴幼儿配方食品中能添加食用香料吗？
Can manufacturers add flavoring substance into infants formula food?

根据我国《食品安全法》的规定，食品添加剂的使用必须符合食品安全标准中有关食品添加剂的品种、使用范围和用量规定。而且，根据2008年实施的《婴幼儿配方食品和谷类食品中香料使用规定》，较大婴幼儿配方奶粉中可以含有一定量的食用香料，但添加剂量要符合《食品安全法》的规定。

21. 餐饮人员没有健康证明能从事餐饮服务吗？
Can catering staff work without health certificate?

餐饮人员没有健康证明不能从事餐饮服务工作。

《食品安全法》第四十五条规定："食品生产经营者应当建立并执行从业人员健康管理制度。患有国务院卫生行政部门规定的有碍食品安全疾病的人员，不得从事接触直接入口食品的工作。从事接触直接入口食品工作的食品生产经营人员应当每年进行健康检查，取得健康证明后方可上岗工作。"

食品生产经营中的从业人员直接从事食品生产经营，从业人员健康与否直接决定了所生产的食品是否安全。因此，需要对食品生产经营人员的身体状况进行健康检查。取得健康证明是国家的强制性规定，目的是为了保障食品消费者的人身健康安全。

22. 什么是食品生产者的进货查验记录制度？
What regulates the incoming inspection records of food producers?

《食品安全法》第五十条、第五十三条和第六十五条明确要求食品生产厂家不仅要建立食品原料、食品添加剂、食品相关产品进货查验记录制度，如实记录食品原料、食品添加剂、食品相关产品的名称、规格、数量、供货者名称及联系方式、进货日期等内容，还要建立食品出厂检验记录制度，查验出厂食品的检验合格证和安全状况，并如实记录食品的名称、规格、数量、生产日期、生产批号、检验合格证号、购货者名称及联系方式、销售日期等内容。上述食品原料、食品添加剂、食品相关产品进货出货查验记录均不得伪造，并且保存期限不得少于两年。食品生产离不开原料，食品生产企业进货查验是食品全程监管中不可缺少的环节，出现问题后便于迅速追溯。

23.《食品安全法》对于食品经营者贮存食品有什么要求？
What requirements should food traders meet in food storage based on food safety law？

《食品安全法》第五十四条规定："食品经营者应当按照保证食品安全的要求贮存食品，定期检查库存食品，及时清理变质或者超过保质期的食品。食品经营者贮存散装食品，应当在贮存位置标明食品的名称、生产日期或者生产批号、保质期、生产者名称及联系方式等内容。"即食品经营者在贮存食品时，需要严格遵守其包装标签上注明的贮存条件和要求，并且必须定期清理仓库，不得将已经变质和超过保质期的食品与正常的在保质期的食品混在一起。显然，食品的贮藏也是关系到食品卫生安全的一个重要环节。

24. 食品生产者在采购食品原料时应尽到什么义务？
What obligations should food producers meet when purchasing food raw materials?

食品生产者在购买食品原材料时，有检查原材料是否合格的义务，否则也应与不合格原材料的供应商一同承担相应的责任。

《食品安全法》第五十条明确规定："食品生产者采购食品原料、食品添加剂、食品相关产品，应当查验供货者的许可证和产品合格证明；对无法提供合格证明的食品原料，应当按照食品安全标准进行检验；不得采购或者使用不符合食品安全标准的食品原料、食品添加剂、食品相关产品。"根据该条规定，食品生产者在购买食品原材料时，有检查原材料是否合格的义务。如果食品经营者不认真执行进货查验制度，对不符合食品安全标准的食品予以验收进货，则责任随即转移到食品经营者一方。因此，食品经营者必须认真执行进货查验制度，避免因盲目采购不安全食品而造成经济损失及造成食品安全事故。

25. 预包装食品上没有标签能销售吗？
Can prepackaged food be sold without labelling?

预包装食品，指预先定量包装或者制作在包装材料和容器中的食品。食品标签，是指在食品包装容器上或附于食品包装容器上的一切附签、吊牌、文字、图形、符号说明物。食品标签的基本功能是通过对被标识食品的名称、配料表、净含量、生产者名称、批号、生产日期等进行清晰、准确的描述，科学地向消费者传达该食品的质量特性、安全特性以及食用、饮用说明等信息。《食品安全法》第六十七条规定："预包装食品的包装上应当有标签。标签应当标明下列事项：名称、规格、净含量、生产日期，成分或者配料表，生产者的名称、地址、联系方式，保质期，产品标准代号，贮存条件，所使用的食品添加剂在国家标准中的通用名称，生产许可证编号，法律、法规或者食品安全标准规定应当标明的其他事项。专供婴幼儿和其他特定人群的主辅食品，其标签还应当标明主要营养成分及其含量。食品安全国家标准对标签标注事项另有规定的，从其规定。"

26.散装食品没有生产日期能直接销售吗？
Can bulk food be sold without production date?

散装食品不但必须标明生产日期和保质期，还必须标明食品名称、生产经营者名称及联系方式等内容，不允许散装食品随意销售。

散装食品是指无预包装的食品、食品原料及加工半成品，但不包括新鲜果蔬以及需清洗后加工的原粮、鲜冻畜禽产品和水产品等。国家加强了对散装食品的监管，《食品安全法》第六十八条规定："食品经营者销售散装食品，应当在散装食品的容器、外包装上标明食品的名称、生产日期或者生产批号、保质期以及生产经营者名称、地址、联系方式等内容。"即从《食品安全法》实施之日起，所有的散装食品必须符合上述规定才能销售。

27.食品添加剂需要有标签吗？
Should food additives be labelled?

《食品安全法》第七十条规定，食品添加剂应当有标签、说明书和包装。标签、说明书应当载明本法第六十七条第一款第一项至第六项、第八项、第九项规定的事项，以及食品添加剂的使用范围、用量、使用方法，并在标签上载明"食品添加剂"字样。

28.食品标签上能声称食品有预防癌症的功能吗？
Is it legal for food labelling promote the effect of cancer prevention?

《食品安全法》第七十一条规定，食品和食品添加剂的标签、说明书，不得含有虚假内容，不得涉及疾病预防、治疗功能；生产经营者对其提供的标签、说明书的内容负责。疾病预防、治疗功能是药品才具备的功能，食品、食品添加剂的标签、说明书的内容涉及疾病预防、治疗功能的，如果本身并无疾病预防、治疗功能，则构成欺诈；如果本身确有疾病预防、治疗功能，而未取得药品生产许可，则违反了药品管理的相关规定。另外，对于食品的名称，我国原卫生部关于《健康相关产品命名规定》第8条也作出了特殊规定：食品的名称禁止使用虚假、夸大和绝对化的词语，如"特效""高效""奇效""广谱"等。

29.《食品安全法》中有关于转基因食品的规定吗？
What regulates genetically modified food based on food safety law?

转基因食品以国内油脂企业生产的豆油等为主。《食品安全法》第一百五十一条规定："转基因食品和食盐的食品安全管理，本法未作规定的，适用其他法律、行政法规的规定"。2017年国务院修订的《农业转基因生物安全管理条例》中规定，国务院农业行政主管部门负责全国农业转基因生物安全的监督管理工作，对转基因食品的食用安全性与营养质量评价、标识、申请与批准、监督都作了具体规定。《食品安全法》规定："法律、行政法规另有规定的，依照其规定。"因此，以前关于转基因食品的法律、法规目前仍旧适用。

30. 食品中能加药品吗？
Can food producers add medicine into the food?

《食品安全法》第三十八条规定："生产经营的食品中不得添加药品，但是可以添加按照传统既是食品又是中药材的物质。按照传统既是食品又是中药材的物质目录由国务院卫生行政部门会同国务院食品安全监督管理部门制定、公布。"

31. 集中交易市场的开办者应当对入场食品经营者的经营条件进行检查吗？
Should centralized trading market organizers inspect the operating conditions of the food traders in admission?

《食品安全法》第六十一条规定，集中交易市场的开办者、柜台出租者和展销会举办者，应当依法审查入场食品经营者的许可证，明确其食品安全管理责任，定期对其经营环境和条件进行检查，发现其有违反本法规定行为的，应当及时制止并立即报告所在地县级人民政府食品安全监督管理部门。

32. 集中交易市场经营的食品造成食品安全事故，应由谁承担责任？
Who should be responsible for the food safety incidents at the centralized trading markets?

《食品安全法》第一百三十条规定："违反本法规定，集中交易市场的开办者、柜台出租者、展销会的举办者允许未依法取得许可的食品经营者进入市场销售食品，或者未履行检查、报告等义务的，由县级以上人民政府食品安全监督管理部门责令改正，没收违法所得，并处五万元以上二十万元以下罚款；造成严重后果的，责令停业，直至由原发证部门吊销许可证；使消费者的合法权益受到损害的，应当与食品经营者承担连带责任。"

33. 对不符合食品安全标准的食品应采取哪些措施—召回还是停止经营？
What meaures should be adopted against the food not meeting the food safety standards, recall or discontinue production?

《食品安全法》第六十三条明确规定了对不符合食品安全标准的食品进行召回或者停止经营的制度。

该条规定："国家建立食品召回制度。食品生产者发现其生产的食品不符合食品安全标准或者有证据证明可能危害人体健康的，应当立即停止生产，召回已经上市销售的食品，通知相关生产经营者和消费者，并记录召回和通知情况。食品经营者发现其经营的食品有前款规定情形的，应当立即停止经营，通知相关生产经营者和消费者，并记录停止经营和通知情况。食品生产者认为应当召回的，应当立即召回。由于食品经营者的原因造成其经营的食品有前款规定情形的，食品经营者应当召回。食品生产经营者应当对召回的食品采取无害化处理、销毁等措施，防止其再次流入市场。但是，对因标签、标志或者说明书不符合食品安全标准而被召回的食品，食品生产者在采取补救措施且能保证食品安全的情况下可以继续销售；销售时应当向消费者明示补救措施。食品生产经营者应当将食品召回和处理情况向所在地县级人民政府食品安全监督管理部门报告；需要对召回的食品进行无害化处理、销毁的，应当提前报告时间、地点。食品安全监督管理部门认为必要的，可以实施现场监督。食品生产经营者未依照本条规定召回或者停止经营的，县级以上人民政府食品安全监督管理部门可以责令其召回或者停止经营。"

食品召回，是指食品生产者按照规定程序，对由其生产原因造成的某一批次或类别的不安全食品，通过换货、退货、补充或修正消费说明等方式，及时消除或减少食品安全危害的活动。

34.食品广告的内容应符合什么要求？
What requirements should the contents of food advertising meet?

《食品安全法》第七十三条规定："食品广告的内容应当真实合法，不得含有虚假内容，不得涉及疾病预防、治疗功能。食品生产经营者对食品广告内容的真实性、合法性负责。"该条明确规定了食品广告中不得涉及疾病的预防、治疗功能，而保健食品作为食品的一种，在广告中也是不能涉及疾病的预防、治疗的。如果食品广告属于虚假夸大广告，则是欺骗消费者的行为。另外，《广告法》第五十六条规定："违反本法规定，发布虚假广告，欺骗、误导消费者，使购买商品或者接受服务的消费者的合法权益受到损害的，由广告主依法承担民事责任。广告经营者、广告发布者不能提供广告主的真实名称、地址和有效联系方式的，消费者可以要求广告经营者、广告发布者先行赔偿。关系消费者生命健康的商品或者服务的虚假广告，造成消费者损害的，其广告经营者、广告发布者、广告代言人应当与广告主承担连带责任。前款规定以外的商品或者服务的虚假广告，造成消费者损害的，其广告经营者、广告发布者、广告代言人，明知或者应知广告虚假仍设计、制作、代理、发布或者作推荐、证明的，应当与广告主承担连带责任。"

35.消费者协会能推荐食品吗？
Can consumer's association recommend food products?

食品安全管理部门或者承担食品检验职责的机构、食品行业协会、消费者协会不得以广告或者其他形式向消费者推荐食品。

《食品安全法》规定，消费者协会不得以广告或者其他形式向消费者推荐产品。《食品安全法》第七十三条规定，县级以上人民政府食品安全监督管理部门和其他有关部门以及食品检验机构、食品行业协会不得以广告或者其他形式向消费者推荐食品。很显然，国家明确禁止此类推荐行为，以后发现这种情况，可以向有关部门投诉。

36.明星代言问题食品需要承担连带责任吗？
Should celebrities bear joint liability for the food products endorsed by them?

《食品安全法》第一百四十条规定：社会团体或者其他组织、个人在虚假广告或者其他虚假宣传中向消费者推荐食品，使消费者的合法权益受到损害的，应当与食品生产经营者承担连带责任。不容置疑，《食品安全法》扩大了广告法规定的责任主体范围，规定社会团体或者其他组织、个人在虚假广告中向消费者推荐食品，使消费者的合法权益受到损害的，都要与食品生产经营者承担连带责任。

第五节　食品检验
Food Inspection

1.食品检验机构的资质由谁来认定？
Who should verify the qualification of food testing agencies?

为了确保食品的安全卫生，《食品安全法》第八十四条规定，食品检验机构按照国家有关认证认可的规定取得资质认定后，方可从事食品检验活动；但是，法律另有规定的除外。食品检验机构的资质认定条件和检验规范，由国务院食品安全监督管理部门规定。

2.食品检验机构出具虚假报告由谁负责？
Who should be responsible for the false report issued by food testing agencies?

食品检验机构作为食品安全卫生的保障机构，应该维持其中立性和权威性。依照《食品安全法》第八十五条规定，食品检验由食品检验机构指定的检验人独立进行；检验人应当依照有关法律、法规的规定，并按照食品安全标准和检验规范对食品进行检验，尊重科学，恪守职业道德，保证出具的检验数据和结论客观、公正，不得出具虚假检验报告。

《食品安全法》第八十六条规定，食品检验实行食品检验机构与检验人负责制；食品检验报告应当加盖食品检验机构公章，并有检验人的签名或者盖章；食品检验机构和检验人对出具的食品检验报告负责。

3.食品中到底还有没有免检产品？
What food products are exempted from inspection?

《食品安全法》第八十七条明确规定：县级以上人民政府食品安全监督管理部门应当对食品进行定期或者不定期的抽样检验，并依据有关规定公布检验结果，不得免检。

4.食品的生产经营者或者消费者对食品检验结果有异议时，应如何处理？
How to deal with the circumstances when food producers or consumers object to the food testing results ?

《食品安全法》第八十八条规定："对依照本法规定实施的检验结论有异议的，食品生产经营者可以自收到检验结论之日起七个工作日内向实施抽样检验的食品安全监督管理部门或者其上一级食品安全监督管理部门提出复检申请，由受理复检申请的食品安全监督管理部门在公布的复检机构名录中随机确定复检机构进行复检。复检机构出具的复检结论为最终检验结论。复检机构与初检机构不得为同一机构。复检机构名录由国务院认证认可监督管理、食品安全监督管理、卫生行政、农业行政等部门共同公布。采用国家规定的快速检测方法对食用农产品进行抽查检测，被抽查人对检测结果有异议的，可以自收到检测结果时起四小时内申请复检。复检不得采用快速检测方法。"根据《食品安全法》，对于所有的检验结果有异议的都可以提请复检。

5.食品生产企业对自己生产的食品能自行检验吗？
Can food producers inspect the food produced by their own factories?

为了确保食品的卫生安全，我国确立了食品出厂的强制检验制度。《食品安全法》第八十九条规定，食品生产企业可以自行对所生产的食品进行检验，也可以委托符合本法规定的食品检验机构进行检验；食品行业协会和消费者协会等组织、消费者需要委托食品检验机构对食品进行检验的，应当委托符合本法规定的食品检验机构进行。

其中，食品生产企业可以自行对所生产的食品进行检验，不是指所有的食品企业都能对自己生产的食品自行检验，企业自行检验需要食品生产经营企业具备相应的检验能力，应满足以下要求：①有独立行使食品检验并具有质量否决权的内部检验机构；②检验机构有健全的产品质量管理制度，包括岗位质量规范、质量责任以及相应的考核办法；③检验机构具有相关产品技术标准要求的检验仪器和设备，能满足规定的精度、检测范围要求，且经过计量检定合格并在有效期内；④检验机构有满足检验工作需要的员工数量，检验人员熟悉标准，经培训考核合格；⑤能科学、公正、准确及时提供检验报告，出具产品质量检验合格证明。

第六节　进口食品安全
Imported Food Safety

1.只有外文标示的进口食品，符合法律要求吗？
Is it legal for the imported food labelled only in foreign languages?

《食品安全法》第九十七条规定："进口的预包装食品、食品添加剂应当有中文标签；依法应当有说明书的，还应当有中文说明书。标签、说明书应当符合本法以及我国其他有关法律、行政法规的规定和食品安全国家标准的要求，并载明食品的原产地以及境内代理商的名称、地址、联系方式。预包装食品没有中文标签、中文说明书或者标签、说明书不符合本条规定的，不得进口。"

2.进口食品可能出现安全问题，应如何应对？
What measures should be adopted when imported food have safety issues?

《食品安全法》第九十二条规定："进口的食品、食品添加剂、食品相关产品应当符合我国食品安全国家标准。进口的食品、食品添加剂应当经出入境检验检疫机构依照进出口商品检验相关法律、行政法规的规定检验合格。进口的食品、食品添加剂应当按照国家出入境检验检疫部门的要求随附合格证明材料。"

《食品安全法》第九十五条规定，境外发生的食品安全事件可能对我国境内造成影响，或者在进口食品、食品添加剂、食品相关产品中发现严重食品安全问题的，国家出入境检验检疫部门应当及时采取风险预警或者控制措施，并向国务院食品安全监督管理、卫生行政、农业行政部门通报。接到通报的部门应当及时采取相应措施。

3.向我国境内出口的食品企业，应办理什么手续？
What procedures should food businesses follow when exporting food to China?

根据《食品安全法》第九十六条规定，向我国境内出口食品的境外出口商或者代理商、进口食品的进口商应当向国家出入境检验检疫部门备案。向我国境内出口食品的境外食品生产企业应当经国家出入境检验检疫部门注册。已经注册的境外食品生产企业提供虚假材料，或者因其自身的原因致使进口食品发生重大食品安全事故的，国家出入境检验检疫部门应当撤销注册并公告。

4.我国企业向国外出口食品，应注意什么？
What precautions should Chinese enterprises take when exporting food to other countries?

《食品安全法》第九十九条规定，出口食品生产企业应当保证其出口食品符合进口国（地区）的标准或者合同要求。出口食品生产企业和出口食品原料种植、养殖场应当向国家出入境检验检疫部门备案。

此外，由于我国的食品标准与美国、欧盟等国家和地区的标准在具体参数上有很多不同的地方，因此很多在国内符合食品安全标准的食品，在国外则不能通过食品检验。因此，如食品企业希望销售食品到国外，应当先充分了解出口国的食品强制性要求。

5.进口新品种食品，应注意什么？
What precautions should be taken when importing new food products?

《食品安全法》第九十三条规定："进口尚无食品安全国家标准的食品，由境外出口商、境外生产企业或者其委托的进口商向国务院卫生行政部门提交所执行的相关国家（地区）标准或者国际标准。国务院卫生行政部门对相关标准进行审查，认为符合食品安全要求的，决定暂予适用，并及时制定相应的食品安全国家标准。进口利用新的食品原料生产的食品或者进口食品添加剂新品种、食品相关产品新品种，依照本法第三十七条的规定办理。"

很明确，首次进口的食品添加剂新品种、食品相关产品新品种，或者首次进口的尚无食品安全国家标准且无相关国际标准、条约、协定要求的食品，其进口商应当向国务院卫生行政部门提出申请并提交相关的安全性评估材料。只有在向国务院卫生行政部门提出申请并得到准许进口的许可后，才能进口该产品。

6.食品进口商有必要建立食品进口和销售记录吗？
Should food importers set up records for food import and sales?

根据《食品安全法》第九十八条的规定，进口商应当建立食品、食品添加剂进口和销售记录制度，如实记录食品、食品添加剂的名称、规格、数量、生产日期、生产或者进口批号、保质期、境外出口商和购货者名称、地址及联系方式、交货日期等内容，并保存相关凭证。记录和凭证保存期限不得少于产品保质期满后六个月；没有明确保质期的，保存期限不得少于两年。

实行这一措施，有利于加强食品购销人员的责任心；有利于加强对食品经营活动的监督管理；为处理进口食品质量查询、投诉提供依据；一旦出现了进口食品安全问题时及时采取处理措施；有利于分清和妥善处理进口食品购销中的事故责任。

第七节　食品安全事故预防和处理
Food Safety Incidents Prevention and Management

1.什么是食品安全事故？
What are food safety incidents?

食物中毒、食源性疾病、食品污染都是食品安全事故。

根据《食品安全法》第一百五十条的规定，食品安全事故，指食源性疾病、食品污染等源于食品，对人体健康有危害或者可能有危害的事故。不难看出，食品安全事故并非只限于食物中毒、食源性疾病等已对人体健康造成危害的事故，食品原料污染、食品包装污染等尚未对人体造成危害的情况，也属于食品安全事故。

《食品安全法》将尚未发生但可能有危害后果的食品事件也作为食品安全事故，有助于各部门在危害结果还未发生之时，及时采取有效措施，防止或减轻危害，保证消费者的生命健康。

2. 发生食品安全事故，事故单位应如何处理？
How should organizations deal with food safety incident when happened?

《食品安全法》第一百零三条规定："发生食品安全事故的单位应当立即采取措施，防止事故扩大。事故单位和接收病人进行治疗的单位应当及时向事故发生地县级人民政府食品安全监督管理、卫生行政部门报告。县级以上人民政府农业行政等部门在日常监督管理中发现食品安全事故或者接到事故举报，应当立即向同级食品安全监督管理部门通报。发生食品安全事故，接到报告的县级人民政府食品安全监督管理部门应当按照应急预案的规定向本级人民政府和上级人民政府食品安全监督管理部门报告。县级人民政府和上级人民政府食品安全监督管理部门应当按照应急预案的规定上报。任何单位和个人不得对食品安全事故隐瞒、谎报、缓报，不得隐匿、伪造、毁灭有关证据。"根据《食品安全法》的规定，当食品安全事故发生后，事故单位应当立即采取相应措施：一是处置事故，防止事故扩大；二是向卫生行政部门报告，由食品监管机构介入事故处理。

3. 食品生产经营企业是否应当制定食品安全处置方案？
Should food producers lay down food safety response programs?

根据《食品安全法》第一百零二条规定，食品生产经营企业应当制定食品安全事故处置方案，定期检查本企业各项食品安全防范措施的落实情况，及时消除事故隐患。由于食品安全事故很多都是发生在生产、运输、销售等环节，因此，食品经营者应按照《食品安全法》的要求，制定食品安全处置方案，防范食品安全事故的发生。

4. 发生食品安全事故，政府部门应采取什么措施？
What measures should governmental departments adopt when food safety incidents take place?

当食品安全事故发生后，依据《食品安全法》第一百零三条的规定，县级以上人民政府农业行政等部门在日常监督管理中发现食品安全事故或者接到事故举报，应当立即向同级食品安全监督管理部门通报；发生食品安全事故，接到报告的县级人民政府食品安全监督管理部门应当按照应急预案的规定向本级人民政府和上级人民政府食品安全监督管理部门报告；县级人民政府和上级人民政府食品安全监督管理部门应当按照应急预案的规定上报。

5. 发生重大食品安全事故时，相关部门应采取什么特殊措施？
What special measures should relevant departments adopt when serious food safety incidents take place?

《食品安全法》第一百零六条做出了规定：发生食品安全事故，设区的市级以上人民政府食品安全监督管理部门应当立即会同有关部门进行事故责任调查，督促有关部门履行职责，向本级人民政府和上一级人民政府食品安全监督管理部门提出事故责任调查处理报告；涉及两个以上省、自治区、直辖市的重大食品安全事故由国务院食品安全监督管理部门依照前款规定组织事故责任调查。

第八节　食品安全监督管理
Food Safety Supervision and Administration

1.《食品安全法》规定了怎样的食品安全体制？
What food safety system should be set up based on food safety law?

《食品安全法》第五条规定："国务院设立食品安全委员会，其职责由国务院规定。国务院食品安全监督管理部门依照本法和国务院规定的职责，对食品生产经营活动实施监督管理。国务院卫生行政部门依照本法和国务院规定的职责，组织开展食品安全风险监测和风险评估，会同国务院食品安全监督管理部门制定并公布食品安全国家标准。国务院其他有关部门依照本法和国务院规定的职责，承担有关食品安全工作。"同时，《食品安全法》还兼顾了与《中华人民共和国农产品质量安全法》的相互衔接，确保从农田到餐桌的全程监管。

2.食品安全监督管理部门履行监管职责时，有权采取哪些措施？
What measures should be adopted by the food safety supervision department when undertaking their supervision obligations?

根据《食品安全法》第一百一十条的规定，县级以上人民政府食品安全监督管理部门履行食品安全监督管理职责，有权采取下列措施，对生产经营者遵守本法的情况进行监督检查：①进入生产经营场所实施现场检查；②对生产经营的食品、食品添加剂、食品相关产品进行抽样检验；③查阅、复制有关合同、票据、账簿以及其他有关资料；④查封、扣押有证据证明不符合食品安全标准或者有证据证明存在安全隐患以及用于违法生产经营的食品、食品添加剂、食品相关产品；⑤查封违法从事生产经营活动的场所。

3.监管机构可以增加对食品经营者监督的检查频次吗？
Can supervision agencies increase the inspection frequencies on food producers?

《食品安全法》第一百一十三条规定，县级以上人民政府食品安全监督管理部门应当建立食品生产经营者食品安全信用档案，记录许可颁发、日常监督检查结果、违法行为查处等情况，依法向社会公布并实时更新；对有不良信用记录的食品生产经营者增加监督检查频次，对违法行为情节严重的食品生产经营者，可以通报投资主管部门、证券监督管理机构和有关的金融机构。

4.食品安全信息应如何公布？
How should the food safety information be publicized?

食品安全的相关信息是关系消费者生命健康的重要信息，因此，食品安全信息如何公布，就成为一个重要问题。《食品安全法》第一百一十八条规定："国家建立统一的食品安全信息平台，实行食品安全信息统一公布制度。国家食品安全总体情况、食品安全风险警示信息、重大食品安全事故及其调查处理信息和国务院确定需要统一公布的其他信息由国务院食品安全监督管理部门统一公布。食品安全风险警示信息和重大食品安全事故及其调查处理信息的影响限于特定区域的，也可以由有关省、自治区、直辖市人民政府食品安全监督管理部门公布。未经授权不得发布上述信息。县级以上人民政府食品安全监督管理、农业行政部门依据各自职责公布食品安全日常监督管理信息。公布食品安全信息，应当做到准确、及时，并进行必要的解释说明，避免误导消费者和社会舆论。"

第九节　法律责任
Legal Liability

1.买到假冒伪劣或者不安全的食品，消费者可以要求怎样的赔偿？
What compensation can consumers request when purchasing forged and unsafe food?

消费者一旦购买到不安全食品，除了要求经营者赔偿其人身、财产损失外，还可以要求其支付价款十倍的赔偿金，即"损一赔十"。

《食品安全法》第一百四十八条第二款规定，生产不符合食品安全标准的食品或者经营明知是不符合食品安全标准的食品，消费者除要求赔偿损失外，还可以向生产者或者经营者要求支付价款十倍或者损失三倍的赔偿金；增加赔偿的金额不足一千元的，为一千元。

2.买到短斤缺两的食品，消费者可以索要十倍赔偿金吗？
Can consumers request ten times compensation when purchasing food that are less than the proper weight?

《食品安全法》的"损一赔十"条款，只是针对不安全食品问题的。因此，类似短斤缺两、以次充好等尚不构成食品安全问题，是属于普通食品质量问题，消费者不能直接依据《食品安全法》来要求赔偿，但消费者可以依据《消费者权益保护法》来维护自己的权益。《消费者权益保护法》第五十五条规定，经营者提供商品或者服务有欺诈行为的，应当按照消费者的要求增加赔偿其受到的损失，增加赔偿的金额为消费者购买商品的价款或者接受服务的费用的三倍；增加赔偿的金额不足五百元的，为五百元。法律另有规定的，依照其规定。

3.食品出现质量问题，消费者应当向生产者还是销售者索赔？
Should the consumers request compensation from producers or sellers when the purchased food have quality issues?

《食品安全法》第一百四十八条规定，消费者因不符合食品安全标准的食品受到损害的，可以向经营者要求赔偿损失，也可以向生产者要求赔偿损失；接到消费者赔偿要求的生产经营者，应当实行首负责任制，先行赔付，不得推诿；属于生产者责任的，经营者赔偿后有权向生产者追偿；属于经营者责任的，生产者赔偿后有权向经营者追偿。《产品质量法》第四十三条规定，因产品存在缺陷造成人身、他人财产损害的，受害人可以向产品的生产者要求赔偿，也可以向产品的销售者要求赔偿；属于产品的生产者的责任，产品的销售者赔偿的，产品的销售者有权向产品的生产者追偿；属于产品的销售者的责任，产品的生产者赔偿的，产品的生产者有权向产品的销售者追偿。

4.分公司生产的产品出现质量问题，应由谁负责？
Who should be responsible for the quality problems of the products manufactured by branch companies?

《公司法》第十四条规定："公司可以设立分公司。设立分公司，应当向公司登记机关申请登记，领取营业执照。分公司不具有法人资格，其民事责任由公司承担。公司可以设立子公司，子公司具有法人资格，依法独立承担民事责任。"

《食品标识管理规定》第八条规定："食品标识应当标注生产者的名称、地址和联系方式。生产者名称和地址应当是依法登记注册、能够承担产品质量责任的生产者的名称、地址。有下列情形之一的，按照下列规定相应予以标注：①依法独立承担法律责任的公司或者其子公司，应当标注各自的名称和地址；②依法不能独立承担法律责任的公司分公司或者公司的生产基地，应当标注公司和分公司或者生产基地的名称、地址，或者仅标注公司的名称、地址；③受委托生产加工食品且不负责对外销售的，应当标注委托企业的名称和地址；对于实施生产许可证管理的食品，委托企业具有其委托加工的食品生产许可证的，应当标注委托企业的名称、地址和被委托企业的名称，或者仅标注委托企业的名称和地址；④分装食品应当标注分装者的名称及地址，并注明分装字样。"

可见，分公司因产品质量问题的民事赔偿责任，应由总公司承担，无论分公司是否关停，消费者都可以直接向分公司的总公司索要赔偿。

5.代加工食品出现质量问题，责任应由谁负？
Who should be responsible for the quality problems of the substitute processed food?

根据《食品标识管理规定》第八条的规定，受委托生产加工食品且不负责对外销售的，应当标注委托企业的名称和地址；而可不标注被委托企业的名称，这也说明代工食品的产品责任人应当是委托企业。委托加工的食品又称代工食品，如果加工流程符合要求，这种食品在品牌、外观、成分上应该与原厂生产的食品没有区别，所以代工食品不是假冒食品，而是受委托的企业代委托企业加工的食品。无论委托谁加工，产品质量责任的民事责任部分都由委托企业承担。

6.经营者食品容器使用不当，是否应承担赔偿责任？
Who should assume compensation liability when food traders have inappropriate use of food containers?

《食品安全法》第三十三条规定，食品生产经营应当符合食品安全标准，并符合下列要求：

① 具有与生产经营的食品品种、数量相适应的食品原料处理和食品加工、包装、贮存等场所，保持该场所环境整洁，并与有毒、有害场所以及其他污染源保持规定的距离；

② 具有与生产经营的食品品种、数量相适应的生产经营设备或者设施，有相应的消毒、更衣、盥洗、采光、照明、通风、防腐、防尘、防蝇、防鼠、防虫、洗涤以及处理废水、存放垃圾和废弃物的设备或者设施；

③ 有专职或者兼职的食品安全专业技术人员、食品安全管理人员和保证食品安全的规章制度；

④ 具有合理的设备布局和工艺流程，防止待加工食品与直接入口食品、原料与成品交叉污染，避免食品接触有毒物、不洁物；

⑤ 餐具、饮具和盛放直接入口食品的容器，使用前应当洗净、消毒，炊具、用具用后应当洗净，保持清洁；

⑥ 贮存、运输和装卸食品的容器、工具和设备应当安全、无害，保持清洁，防止食品污染，并符合保证食品安全所需的温度、湿度等特殊要求，不得将食品与有毒、有害物品一同贮存、运输；

⑦ 直接入口的食品应当使用无毒、清洁的包装材料、餐具、饮具和容器；

⑧ 食品生产经营人员应当保持个人卫生，生产经营食品时，应当将手洗净，穿戴清洁的工

作衣、帽等；销售无包装的直接入口食品时，应当使用无毒、清洁的容器、售货工具和设备；

⑨ 用水应当符合国家规定的生活饮用水卫生标准；

⑩ 使用的洗涤剂、消毒剂应当对人体安全、无害；

⑪ 法律、法规规定的其他要求。

食品安全不仅包括食品和食品添加剂安全，还包括食品容器安全。贮存、运输和装卸食品的容器、工具和设备应当安全、无害，保持清洁，防止食品污染。违反《食品安全法》的规定，造成人身、财产或者其他损害的，依法承担赔偿责任。

7. 食品中出现异物的，消费者可以要求怎样的赔偿？
How should consumers request compensation when foreign objects appear in the food?

食品中出现异物的赔偿倍数应视情况而定。

《食品安全法》第三十四条规定，禁止生产经营腐败变质、油脂酸败、霉变生虫、污秽不洁、混有异物、掺假掺杂或者感官性状异常的食品、食品添加剂。

《食品安全法》第一百二十四条规定，生产经营腐败变质、油脂酸败、霉变生虫、污秽不洁、混有异物、掺假掺杂或者感官性状异常的食品、食品添加剂，尚不构成犯罪的，由县级以上人民政府食品安全监督管理部门没收违法所得和违法生产经营的食品、食品添加剂，并可以没收用于违法生产经营的工具、设备、原料等物品；违法生产经营的食品、食品添加剂货值金额不足一万元的，并处五万元以上十万元以下罚款；货值金额一万元以上的，并处货值金额十倍以上二十倍以下罚款；情节严重的，吊销许可证。

因此经营者对于混有异物的食品肯定要承担相应的责任。而对于应该承担多大的责任，应当根据异物对食品安全的影响而定。

8. 明星代言的食品出现问题的，消费者可以向明星索赔吗？
Can consumers request compensation when celebrity endorsed food have problems?

《食品安全法》第一百四十条规定，社会团体或者其他组织、个人在虚假广告或者其他虚假宣传中向消费者推荐食品，使消费者的合法权益受到损害的，应当与食品生产经营者承担连带责任。《广告法》第三十八条规定，广告代言人在广告中对商品、服务作推荐、证明，应当依据事实，符合本法和有关法律、行政法规规定，并不得为其未使用过的商品或者未接受过的服务作推荐、证明。

此外，《广告法》第五十六条规定，关系消费者生命健康的商品或者服务的虚假广告，造成消费者损害的，其广告经营者、广告发布者、广告代言人应当与广告主承担连带责任；其他的商品或者服务的虚假广告，造成消费者损害的，其广告经营者、广告发布者、广告代言人，明知或者应知广告虚假仍设计、制作、代理、发布或者作推荐、证明的，应当与广告主承担连带责任。

9. 食品监管机构违法向消费者推荐食品的，应承担什么责任？
What liability should be assumed by food supervision bodies when they illegally recommend food to consumers?

根据《食品安全法》第一百四十条规定，社会团体或者其他组织、个人在虚假广告或者其他虚假宣传中向消费者推荐食品，使消费者的合法权益受到损害的，应当与食品生产经营者承担连带责任；违反本法规定，食品安全监督管理等部门、食品检验机构、食品行业协会以广告或者其他形式向消费者推荐食品，消费者组织以收取费用或者其他牟取利益的方式向消费者推荐食品的，由有关主管部门没收违法所得，依法对直接负责的主管人员和其他直接责任人员给予记大过、降级或者撤职处分；情节严重的，给予开除处分。

10.违反《食品安全法》生产经营食品，最高会受到多少倍的罚款？

How many times fines should be charged when found to be against the food safety law in producing or trading food?

《食品安全法》第一百二十三条规定："违反本法规定，有下列情形之一，尚不构成犯罪的，由县级以上人民政府食品安全监督管理部门没收违法所得和违法生产经营的食品，并可以没收用于违法生产经营的工具、设备、原料等物品；违法生产经营的食品货值金额不足一万元的，并处十万元以上十五万元以下罚款；货值金额一万元以上的，并处货值金额十五倍以上三十倍以下罚款；情节严重的，吊销许可证，并可以由公安机关对其直接负责的主管人员和其他直接责任人员处五日以上十五日以下拘留：

① 用非食品原料生产食品、在食品中添加食品添加剂以外的化学物质和其他可能危害人体健康的物质，或者用回收食品作为原料生产食品，或者经营上述食品；

② 生产经营营养成分不符合食品安全标准的专供婴幼儿和其他特定人群的主辅食品；

③ 经营病死、毒死或者死因不明的禽、畜、兽、水产动物肉类，或者生产经营其制品；

④ 经营未按规定进行检疫或者检疫不合格的肉类，或者生产经营未经检验或者检验不合格的肉类制品；

⑤ 生产经营国家为防病等特殊需要明令禁止生产经营的食品；

⑥ 生产经营添加药品的食品。"

《食品安全法》对食品经营者违法的罚款明确规定了两种标准：一种标准是直接规定了金额幅度，这种标准主要是针对一些违法数额较小或者没有直接违法数额的情况；另外一种标准则以违法金额为基数，规定了倍数的幅度，这种标准主要是针对违法数额较大的情况，而在《食品安全法》中规定了最高倍数可达三十倍的罚款。一般而言，应按照较重的条款对其进行罚款。

11.无证从事食品生产和经营会受到怎样的处罚？

What punishment will be meted when producing and trading food without permit?

根据《食品安全法》第三十五条规定，国家对食品生产经营实行许可制度。从事食品生产、食品销售、餐饮服务，应当依法取得许可。而未经许可从事食品经营活动属于严重违反《食品安全法》的行为，按照《食品安全法》第一百二十二条的规定进行处罚。

12.为了促销，商家采用赠送超过保质期的食品的行为违法吗？

Is it against the law if food traders offer out of date food to consumers free of charge?

赠送食品也要符合《食品安全法》的相关规定。

《食品安全法》第三十四条规定，禁止生产经营标注虚假生产日期、保质期或者超过保质期的食品、食品添加剂。显然，通过赠送食品而进行促销，对于其赠品，销售者同样应当承担相应的产品责任，而赠送的食品也必须符合《食品安全法》的相关规定。

13.生产经营不安全的食品会受到怎样的处罚？

What punishments will be meted when producing or trading unsafe food?

经营腐败变质或其他不安全的食品也触犯了《食品安全法》，也要根据《食品安全法》

第一百二十四条的规定进行处罚。

14. 生产和销售三无食品分别会受到怎样的处罚？
What punishments will be meted when producing or trading food without labelling, expiry date and manufacturing place?

生产和销售三无食品，会受到没收违法所得、责令停产停业、吊销许可证的处罚。

根据《食品安全法》第一百二十五条的规定，生产经营无标签的预包装食品、食品添加剂或者标签、说明书不符合本法规定的食品、食品添加剂，将由县级以上人民政府食品安全监督管理部门没收违法所得和违法生产经营的食品、食品添加剂，并可以没收用于违法生产经营的工具、设备、原料等物品；违法生产经营的食品、食品添加剂货值金额不足一万元的，并处五千元以上五万元以下罚款；货值金额一万元以上的，并处货值金额五倍以上十倍以下罚款；情节严重的，责令停产停业，直至吊销许可证。

15. 生产经营假冒品牌食品应承担怎样的责任？
What liability should be assumed when producing or trading fake branded food?

根据《食品安全法》及《商标法》第五十七条、第六十条的规定，不仅消费者可以向经营者要求赔偿，政府食品监管部门也将对违法经营处以罚款等行政处罚。生产假冒他人注册商标的食品，同时还侵犯了商标所有人的注册商标专用权，构成商标侵权，商标所有人可以向违法经营者要求赔偿。

16. 被吊销许可证的食品生产经营单位，其主管人员还能从事食品工作吗？
Can its executive staff work in food industry when food producers or traders' business licenses have been revoked?

《食品安全法》第一百三十五条规定，被吊销许可证的食品生产经营者及其法定代表人、直接负责的主管人员和其他直接责任人员自处罚决定作出之日起五年内不得申请食品生产经营许可，或者从事食品生产经营管理工作、担任食品生产经营企业食品安全管理人员；因食品安全犯罪被判处有期徒刑以上刑罚的，终身不得从事食品生产经营管理工作，也不得担任食品生产经营企业食品安全管理人员；食品生产经营者聘用人员违反前两款规定的，由县级以上人民政府食品安全监督管理部门吊销许可证。

17. 柜台出租者允许未取得许可的食品经营者入市场，应承担什么责任？
What obligations should the counter renters take when allowing food traders without permit to enter the market?

《食品安全法》第六十一条规定，集中交易市场的开办者、柜台出租者和展销会举办者，应当依法审查入场食品经营者的许可证，明确其食品安全管理责任，定期对其经营环境和条件进行检查，发现其有违反本法规定行为的，应当及时制止并立即报告所在地县级人民政府食品安全监督管理部门。当柜台出租者等没有尽到这些义务时，如允许未取得许可的食品经营者进入市场销售食品和未履行检查、报告等义务，《食品安全法》明确规定其应当受到行政处罚。同时，为了保证消费者的权益，《消费者权益保护法》第四十三条明确规定：消费者在展销会、租赁柜台购买商品或者接受服务，其合法权益受到损害的，可以向销售者或者服务者要求赔偿；展销会结束或者柜台租赁期满后，也可以向展销会的举办者、柜台的出租者要求赔偿；展销会的举办者、柜台的出租者赔偿后，有权向销售者或者服务者追偿。

18.未按照《食品安全法》的要求运输食品，会受到怎样的处罚？

What punishments should be meted when transporting food without following food safety law?

根据《食品安全法》第一百三十二条的规定，违反本法规定，未按要求进行食品贮存、运输和装卸的，由县级以上人民政府食品安全监督管理等部门按照各自职责分工责令改正，给予警告；拒不改正的，责令停产停业，并处一万元以上五万元以下罚款；情节严重的，吊销许可证。

显然，食品运输应当符合运输食品容器、工具和设备安全、无害、清洁，食品不能与有毒、有害物品一同运输等规定。

19.县级以上地方人民政府相关人员不依法履行职责，会受到怎样的处分？

What punishments should be meted when staff of local government above the county level are not implementing their duties?

《食品安全法》第一百四十五条规定："违反本法规定，县级以上人民政府食品安全监督管理、卫生行政、农业行政等部门有下列行为之一，造成不良后果的，对直接负责的主管人员和其他直接责任人员给予警告、记过或者记大过处分；情节较重的，给予降级或者撤职处分；情节严重的，给予开除处分：

① 在获知有关食品安全信息后，未按规定向上级主管部门和本级人民政府报告，或者未按规定相互通报；

② 未按规定公布食品安全信息；

③不履行法定职责，对查处食品安全违法行为不配合，或者滥用职权、玩忽职守、徇私舞弊。"

众所周知，行政监管是保障食品安全的重要屏障，如果食品安全监督管理部门的人员履行监管职责不力，会对消费者的食品安全产生极大的不良影响。

20.当违法企业财产不足以同时承担民事责任，又受到罚款、罚金支付时，应当先承担哪种责任？

What liability should infringing companies assume when they do not have adequate business property to bear civil liability, but they are due to pay the fines and penal sum?

《食品安全法》第一百四十七条规定：违反本法规定，造成人身、财产或者其他损害的，依法承担赔偿责任；生产经营者财产不足以同时承担民事赔偿责任和缴纳罚款、罚金时，先承担民事赔偿责任。

21.在网上销售食品，可以不办经营许可证吗？

Is it legal not to apply for business permit when selling food online?

网上经营食品，须先取得有关部门的食品经营许可。

按照《食品安全法》第三十五条的规定，国家对食品生产经营实行许可制度，从事食品生产、食品销售、餐饮服务，应当依法取得许可。因此，无论通过什么方式（包括网上经营食品）来销售食品，都属于食品流通活动，要从事这种活动就必须先获取相关的食品流通许可。

22.学校的学生食堂需要办理餐饮服务许可证吗？

Will canteens of schools or universities need to apply for food and beverages business permit ？

根据《食品安全法》第二条和第三十五条的规定，国家对食品生产经营实行许可制度，从事餐饮服务，应当依法取得餐饮服务许可。因此，无论是只针对单位职工或本校学生的内部食堂还是完全对外的餐厅，都是提供餐饮服务的食品经营者，都必须办理相应的餐饮服务许可。对于已经具备了申请餐饮服务许可的条件，但是不办理相关证照，不论是内部食堂还是对外营业的餐厅，均属未经许可从事食品生产经营活动的违法行为。

23.宾馆免费提供的食品可以没有标识吗？

Should the food provided free of charge by hotels be exempted from labelling?

宾馆提供的用品是宾馆服务的一部分，应保证相关产品符合国家相关法律法规的规定。如果宾馆向顾客提供茶叶、咖啡、休闲小食品等食品，尽管可能是免费提供，实际上也是宾馆作为经营者向消费者提供食品，因此宾馆经营食品的活动必须遵守《食品安全法》等食品法律法规。依据《食品安全法》的规定，免费茶叶、咖啡、休闲小食品也应在外包装上标注生产厂家、生产使用日期、产品执行标准等相关产品内容。同时，宾馆作为经营者，还应对其提供的食品安全（无论收费还是免费）承担相应的义务。

附　录

Appendix

食品生产许可分类目录

食品、食品添加剂类别	类别编号	类别名称	品种明细	备注
粮食加工品	0101	小麦粉	1.通用：特制一等小麦粉、特制二等小麦粉、标准粉、普通粉、高筋小麦粉、低筋小麦粉、全麦粉、其他 2.专用：营养强化小麦粉、面包用小麦粉、面条用小麦粉、饺子用小麦粉、馒头用小麦粉、发酵饼干用小麦粉、酥性饼干用小麦粉、蛋糕用小麦粉、糕点用小麦粉、自发小麦粉、专用全麦粉、小麦胚（胚片、胚粉）、其他	
	0102	大米	大米、糙米类产品（糙米、留胚米等）、特殊大米（免淘米、蒸谷米、发芽糙米等）、其他	
	0103	挂面	1.普通挂面 2.花色挂面 3.手工面	
	0104	其他粮食加工品	1.谷物加工品：高粱米、黍米、稷米、小米、黑米、紫米、红线米、小麦米、大麦米、裸大麦米、莜麦米（燕麦米）、荞麦米、薏仁米、八宝米类、混合杂粮类、其他 2.谷物碾磨加工品：玉米糁、玉米粉、燕麦片、汤圆粉（糯米粉）、莜麦粉、玉米自发粉、小米粉、高粱粉、荞麦粉、大麦粉、青稞粉、杂面粉、大米粉、绿豆粉、黄豆粉、红豆粉、黑豆粉、豌豆粉、芸豆粉、蚕豆粉、黍米粉（大黄米粉）、稷米粉（糜子面）、混合杂粮粉、其他 3.谷物粉类制成品：生湿面制品、生干面制品、米粉制品、其他	

食品、食品添加剂类别	类别编号	类别名称	品种明细	备注
食用油、油脂及其制品	0201	食用植物油	菜籽油、大豆油、花生油、葵花籽油、棉籽油、亚麻籽油、油茶籽油、玉米油、米糠油、芝麻油、棕榈油、橄榄油、食用植物调和油、其他	
	0202	食用油脂制品	食用氢化油、人造奶油（人造黄油）、起酥油、代可可脂、植脂奶油、粉末油脂、植脂末、其他	
	0203	食用动物油脂	猪油、牛油、羊油、鸡油、鸭油、鹅油、骨髓油、水生动物油脂、其他	
调味品	0301	酱油	酱油	
	0302	食醋	1.食醋 2.甜醋	
	0303	味精	1.谷氨酸钠（99%味精） 2.加盐味精 3.增鲜味精	
	0304	酱类	稀甜面酱、甜面酱、大豆酱（黄酱）、蚕豆酱、豆瓣酱、大酱、其他	
	0305	调味料	1.液体调味料：鸡汁调味料、牛肉汁调味料、烧烤汁、鲍鱼汁、香辛料调味汁、糟卤、调味料酒、液态复合调味料、其他 2.半固体（酱）调味料：花生酱、芝麻酱、辣椒酱、番茄酱、风味酱、芥末酱、咖喱卤、油辣椒、火锅蘸料、火锅底料、排骨酱、叉烧酱、香辛料酱（泥）、复合调味酱、其他 3.固体调味料：鸡精调味料、鸡粉调味料、畜（禽）粉调味料、风味汤料、酱油粉、食醋粉、酱粉、咖喱粉、香辛料粉、复合调味粉、其他 4.食用调味油：香辛料调味油、复合调味油、其他 5.水产调味品：蚝油、鱼露、虾酱、鱼子酱、虾油、其他	
	0306	食盐	1.食用盐：普通食用盐（加碘）、普通食用盐（未加碘）、低钠食用盐（加碘）、低钠食用盐（未加碘）、风味食用盐（加碘）、风味食用盐（未加碘）、特殊工艺食用盐（加碘）、特殊工艺食用盐（未加碘） 2.食品生产加工用盐	
肉制品	0401	热加工熟肉制品	1.酱卤肉制品：酱卤肉类、糟肉类、白煮类、其他 2.熏烧烤肉制品 3.肉灌制品：灌肠类、西式火腿、其他 4.油炸肉制品 5.熟肉干制品：肉松类、肉干类、肉脯、其他 6.其他熟肉制品	

食品、食品添加剂类别	类别编号	类别名称	品种明细	备注
肉制品	0402	发酵肉制品	1.发酵灌制品 2.发酵火腿制品	
	0403	预制调理肉制品	1.冷藏预制调理肉类 2.冷冻预制调理肉类	
	0404	腌腊肉制品	1.肉灌制品 2.腊肉制品 3.火腿制品 4.其他肉制品	
乳制品	0501	液体乳	1.巴氏杀菌乳 2.高温杀菌乳 3.调制乳 4.灭菌乳 5.发酵乳	《食品安全国家标准 高温杀菌乳》发布前可按经备案的企业标准许可
	0502	乳粉	1.全脂乳粉 2.脱脂乳粉 3.部分脱脂乳粉 4.调制乳粉 5.乳清粉	
	0503	其他乳制品	1.炼乳 2.奶油 3.稀奶油 4.无水奶油 5.干酪 6.再制干酪 7.特色乳制品 8.浓缩乳	
饮料	0601	包装饮用水	1.饮用天然矿泉水 2.饮用纯净水 3.饮用天然泉水 4.饮用天然水 5.其他饮用水	
	0602	碳酸饮料（汽水）	果汁型碳酸饮料、果味型碳酸饮料、可乐型碳酸饮料、其他型碳酸饮料	
	0603	茶类饮料	1.原茶汁：茶汤/纯茶饮料 2.茶浓缩液 3.茶饮料 4.果汁茶饮料 5.奶茶饮料 6.复合茶饮料 7.混合茶饮料 8.其他茶（类）饮料	

食品、食品添加剂类别	类别编号	类别名称	品种明细	备注
饮料	0604	果蔬汁类及其饮料	1.果蔬汁（浆）：果汁、蔬菜汁、果浆、蔬菜浆、复合果蔬汁、复合果蔬浆、其他 2.浓缩果蔬汁（浆） 3.果蔬汁（浆）类饮料：果蔬汁饮料、果肉饮料、果浆饮料、复合果蔬汁饮料、果蔬汁饮料浓浆、发酵果蔬汁饮料、水果饮料、其他	
	0605	蛋白饮料	1.含乳饮料 2.植物蛋白饮料 3.复合蛋白饮料	
	0606	固体饮料	1.风味固体饮料 2.蛋白固体饮料 3.果蔬固体饮料 4.茶固体饮料 5.咖啡固体饮料 6.可可粉固体饮料 7.其他固体饮料：植物固体饮料、谷物固体饮料、食用菌固体饮料、其他	
	0607	其他饮料	1.咖啡（类）饮料 2.植物饮料 3.风味饮料 4.运动饮料 5.营养素饮料 6.能量饮料 7.电解质饮料 8.饮料浓浆 9.其他类饮料	
方便食品	0701	方便面	1.油炸方便面 2.热风干燥方便面 3.其他方便面	
	0702	其他方便食品	1.主食类：方便米饭、方便粥、方便米粉、方便米线、方便粉丝、方便湿米粉、方便豆花、方便湿面、凉粉、其他 2.冲调类：麦片、黑芝麻糊、红枣羹、油茶、即食谷物粉、其他	
	0703	调味面制品	调味面制品	
饼干	0801	饼干	酥性饼干、韧性饼干、发酵饼干、压缩饼干、曲奇饼干、夹心（注心）饼干、威化饼干、蛋圆饼干、蛋卷、煎饼、装饰饼干、水泡饼干、其他	
罐头	0901	畜禽水产罐头	火腿类罐头、肉类罐头、牛肉罐头、羊肉罐头、鱼类罐头、禽类罐头、肉酱类罐头、其他	

食品、食品添加剂类别	类别编号	类别名称	品种明细	备注
罐头	0902	果蔬罐头	1.水果罐头：桃罐头、橘子罐头、菠萝罐头、荔枝罐头、梨罐头、其他 2.蔬菜罐头：食用菌罐头、竹笋罐头、莲藕罐头、番茄罐头、豆类罐头、其他	
	0903	其他罐头	其他罐头：果仁类罐头、八宝粥罐头、其他	
冷冻饮品	1001	冷冻饮品	1.冰淇淋 2.雪糕 3.雪泥 4.冰棍 5.食用冰 6.甜味冰 7.其他冷冻饮品	
速冻食品	1101	速冻面米制品	1.生制品：速冻饺子、速冻包子、速冻汤圆、速冻粽子、速冻面点、速冻其他面米制品、其他 2.熟制品：速冻饺子、速冻包子、速冻粽子、速冻其他面米制品、其他	
	1102	速冻调制食品	1.生制品（具体品种明细） 2.熟制品（具体品种明细）	
	1103	速冻其他食品	速冻其他食品	
薯类和膨化食品	1201	膨化食品	1.焙烤型 2.油炸型 3.直接挤压型 4.花色型	
	1202	薯类食品	1.干制薯类 2.冷冻薯类 3.薯泥（酱）类 4.薯粉类 5.其他薯类	
糖果制品	1301	糖果	1.硬质糖果 2.奶糖糖果 3.夹心糖果 4.酥质糖果 5.焦香糖果（太妃糖果） 6.充气糖果 7.凝胶糖果 8.胶基糖果 9.压片糖果 10.流质糖果 11.膜片糖果 12.花式糖果 13.其他糖果	

食品、食品添加剂类别	类别编号	类别名称	品种明细	备注
糖果制品	1302	巧克力及巧克力制品	1.巧克力 2.巧克力制品	
	1303	代可可脂巧克力及代可可脂巧克力制品	1.代可可脂巧克力 2.代可可脂巧克力制品	
	1304	果冻	果汁型果冻、果肉型果冻、果味型果冻、含乳型果冻、其他型果冻	
茶叶及相关制品	1401	茶叶	1.绿茶：龙井茶、珠茶、黄山毛峰、都匀毛尖、其他 2.红茶：祁门工夫红茶、小种红茶、红碎茶、其他 3.乌龙茶：铁观音茶、武夷岩茶、凤凰单枞茶、其他 4.白茶：白毫银针茶、白牡丹茶、贡眉茶、其他 5.黄茶：蒙顶黄芽茶、霍山黄芽茶、君山银针茶、其他 6.黑茶：普洱茶（熟茶）散茶、六堡茶散茶、其他 7.花茶：茉莉花茶、珠兰花茶、桂花茶、其他 8.袋泡茶：绿茶袋泡茶、红茶袋泡茶、花茶袋泡茶、其他 9.紧压茶：普洱茶（生茶）紧压茶、普洱茶（熟茶）紧压茶、六堡茶紧压茶、白茶紧压茶、花砖茶、黑砖茶、茯砖茶、康砖茶、沱茶、紧茶、金尖茶、米砖茶、青砖茶、其他紧压茶	
	1402	茶制品	1.茶粉：绿茶粉、红茶粉、其他 2.固态速溶茶：速溶红茶、速溶绿茶、其他 3.茶浓缩液：红茶浓缩液、绿茶浓缩液、其他 4.茶膏：普洱茶膏、黑茶膏、其他 5.调味茶制品：调味茶粉、调味速溶茶、调味茶浓缩液、调味茶膏、其他 6.其他茶制品：表没食子儿茶素没食子酸酯、绿茶氨酸、其他	
	1403	调味茶	1.加料调味茶：八宝茶、三泡台、枸杞绿茶、玄米绿茶、其他 2.加香调味茶：柠檬红茶、草莓绿茶、其他 3.混合调味茶：柠檬枸杞茶、其他 4.袋泡调味茶：玫瑰袋泡红茶、其他 5.紧压调味茶：荷叶茯砖茶、其他	

食品、食品添加剂类别	类别编号	类别名称	品种明细	备注
茶叶及相关制品	1404	代用茶	1.叶类代用茶：荷叶、桑叶、薄荷叶、苦丁茶、其他 2.花类代用茶：杭白菊、金银花、重瓣红玫瑰、其他 3.果实类代用茶：大麦茶、枸杞子、决明子、苦瓜片、罗汉果、柠檬片、其他 4.根茎类代用茶：甘草、牛蒡根、人参（人工种植）、其他 5.混合类代用茶：荷叶玫瑰茶、枸杞菊花茶、其他 6.袋泡代用茶：荷叶袋泡茶、桑叶袋泡茶、其他 7.紧压代用茶：紧压菊花、其他	
酒类	1501	白酒	1.白酒 2.白酒（液态） 3.白酒（原酒）	
	1502	葡萄酒及果酒	1.葡萄酒：原酒、加工灌装 2.冰葡萄酒：原酒、加工灌装 3.其他特种葡萄酒：原酒、加工灌装 4.发酵型果酒：原酒、加工灌装	
	1503	啤酒	1.熟啤酒 2.生啤酒 3.鲜啤酒 4.特种啤酒	
	1504	黄酒	黄酒：原酒、加工灌装	
	1505	其他酒	1.配制酒：露酒、枸杞酒、枇杷酒、其他 2.其他蒸馏酒：白兰地、威士忌、俄得克、朗姆酒、水果白兰地、水果蒸馏酒、其他 3.其他发酵酒：清酒、米酒（醪糟）、奶酒、其他	
	1506	食用酒精	食用酒精	
蔬菜制品	1601	酱腌菜	调味榨菜、腌萝卜、腌豇豆、酱渍菜、虾油渍菜、盐水渍菜、其他	
	1602	蔬菜干制品	1.自然干制蔬菜 2.热风干燥蔬菜 3.冷冻干燥蔬菜 4.蔬菜脆片 5.蔬菜粉及制品	
	1603	食用菌制品	1.干制食用菌 2.腌渍食用菌	
	1604	其他蔬菜制品	其他蔬菜制品	

续表

食品、食品添加剂类别	类别编号	类别名称	品种明细	备注
水果制品	1701	蜜饯	1.蜜饯类 2.凉果类 3.果脯类 4.话化类 5.果丹（饼）类 6.果糕类	
	1702	水果制品	1.水果干制品：葡萄干、水果脆片、荔枝干、桂圆、椰干、大枣干制品、其他 2.果酱：苹果酱、草莓酱、蓝莓酱、其他	
炒货食品及坚果制品	1801	炒货食品及坚果制品	1.烘炒类：炒瓜子、炒花生、炒豌豆、其他 2.油炸类：油炸青豆、油炸琥珀桃仁、其他 3.其他类：水煮花生、糖炒花生、糖炒瓜子仁、裹衣花生、咸干花生、其他	
蛋制品	1901	蛋制品	1.再制蛋类：皮蛋、咸蛋、糟蛋、卤蛋、咸蛋黄、其他 2.干蛋类：巴氏杀菌鸡全蛋粉、鸡蛋黄粉、鸡蛋白片、其他 3.冰蛋类：巴氏杀菌冻鸡全蛋、冻鸡蛋黄、冰鸡蛋白、其他 4.其他类：热凝固蛋制品、其他	
可可及焙烤咖啡产品	2001	可可制品	可可粉、可可脂、可可液块、可可饼块、其他	
	2002	焙炒咖啡	焙炒咖啡豆、咖啡粉、其他	
食糖	2101	糖	1.白砂糖 2.绵白糖 3.赤砂糖 4.冰糖：单晶体冰糖、多晶体冰糖 5.方糖 6.冰片糖 7.红糖 8.其他糖：具体品种明细	
水产制品	2201	干制水产品	虾米、虾皮、干贝、鱼干、干燥裙带菜、干海带、干紫菜、干海参、其他	
	2202	盐渍水产品	盐渍藻类、盐渍海蜇、盐渍鱼、盐渍海参、其他	
	2203	鱼糜及鱼糜制品	冷冻鱼糜、冷冻鱼糜制品	
	2204	冷冻水产制品	冷冻调理制品、冷冻挂浆制品、冻煮制品、冻油炸制品、冻烧烤制品、其他	
	2205	熟制水产品	烤鱼片、鱿鱼丝、烤虾、海苔、鱼松、鱼肠、鱼饼、调味鱼（鱿鱼）、即食海参（鲍鱼）、调味海带（裙带菜）、其他	

食品、食品添加剂类别	类别编号	类别名称	品种明细	备注
水产制品	2206	生食水产品	腌制生食水产品、非腌制生食水产品	
	2207	其他水产品	其他水产品	
淀粉及淀粉制品	2301	淀粉及淀粉制品	1.淀粉：谷类淀粉（大米、玉米、高粱、麦、其他）、薯类淀粉（木薯、马铃薯、甘薯、芋头、其他）、豆类淀粉（绿豆、蚕豆、豇豆、豌豆、其他）、其他淀粉（藕、荸荠、百合、蕨根、其他） 2.淀粉制品：粉丝、粉条、粉皮、虾味片、凉粉、其他	
	2302	淀粉糖	葡萄糖、饴糖、麦芽糖、异构化糖、低聚异麦芽糖、果葡糖浆、麦芽糊精、葡萄糖浆、其他	
糕点	2401	热加工糕点	1.烘烤类糕点：酥类、松酥类、松脆类、酥层类、酥皮类、松酥皮类、糖浆皮类、硬皮类、水油皮类、发酵类、烤蛋糕类、烘糕类、烫面类、其他类 2.油炸类糕点：酥皮类、水油皮类、松酥类、酥层类、水调类、发酵类、其他类 3.蒸煮类糕点：蒸蛋糕类、印模糕类、韧糕类、发糕类、松糕类、粽子类、水油皮类、片糕类、其他类 4.炒制类糕点 5.其他类：发酵面制品（馒头、花卷、包子、豆包、饺子、发糕、馅饼、其他）、油炸面制品（油条、油饼、炸糕、其他）、非发酵面米制品（窝头、烙饼、其他）、其他	
	2402	冷加工糕点	1.熟粉糕点：热调软糕类、冷调韧糕类、冷调松糕类、印模糕类、其他类 2.西式装饰蛋糕类 3.上糖浆类 4.夹心（注心）类 5.糕团类 6.其他类	
	2403	食品馅料	月饼馅料、其他	
豆制品	2501	豆制品	1.发酵豆制品：腐乳（红腐乳、酱腐乳、白腐乳、青腐乳）、豆豉、纳豆、豆汁、其他 2.非发酵豆制品：豆浆、豆腐、豆腐泡、熏干、豆腐脑、豆腐干、腐竹、豆腐皮、其他 3.其他豆制品：素肉、大豆组织蛋白、膨化豆制品、其他	
蜂产品	2601	蜂蜜	蜂蜜	
	2602	蜂王浆（含蜂王浆冻干品）	蜂王浆、蜂王浆冻干品	

食品、食品添加剂类别	类别编号	类别名称	品种明细	备注
蜂产品	2603	蜂花粉	蜂花粉	
	2604	蜂产品制品	蜂产品制品	
保健食品	2701	片剂	具体品种	
	2702	粉剂	具体品种	
	2703	颗粒剂	具体品种	
	2704	茶剂	具体品种	
	2705	硬胶囊剂	具体品种	
	2706	软胶囊剂	具体品种	
	2707	口服液	具体品种	
	2708	丸剂	具体品种	
	2709	膏剂	具体品种	
	2710	饮料	具体品种	
	2711	酒剂	具体品种	
	2712	饼干类	具体品种	
	2713	糖果类	具体品种	
	2714	糕点类	具体品种	
	2715	液体乳类	具体品种	
	2716	原料提取物	具体品种	
	2717	复配营养素	具体品种	
	2718	其他类别	具体品种	
特殊医学用途配方食品	2801	特殊医学用途配方食品	1.全营养配方食品 2.特定全营养配方食品：糖尿病全营养配方食品，呼吸系统病全营养配方食品，肾病全营养配方食品，肿瘤全营养配方食品，肝病全营养配方食品，肌肉衰减综合征全营养配方食品，创伤、感染、手术及其他应激状态全营养配方食品，炎性肠病全营养配方食品，食物蛋白过敏全营养配方食品，难治性癫痫全营养配方食品，胃肠道吸收障碍、胰腺炎全营养配方食品，脂肪酸代谢异常全营养配方食品，肥胖、减脂手术全营养配方食品，其他 3.非全营养配方食品：营养素组件配方食品，电解质配方食品，增稠组件配方食品，流质配方食品，氨基酸代谢障碍配方食品，其他	产品（注册批准文号）

食品、食品添加剂类别	类别编号	类别名称	品种明细	备注
特殊医学用途配方食品	2802	特殊医学用途婴儿配方食品	特殊医学用途婴儿配方食品：无乳糖配方或低乳糖配方食品、乳蛋白部分水解配方食品、乳蛋白深度水解配方或氨基酸配方食品、早产/低出生体重婴儿配方食品、氨基酸代谢障碍配方食品、婴儿营养补充剂、其他	产品（注册批准文号）
婴幼儿配方食品	2901	婴幼儿配方乳粉	1.婴儿配方乳粉：湿法工艺、干法工艺、干湿法复合工艺　2.较大婴儿配方乳粉：湿法工艺、干法工艺、干湿法复合工艺　3.幼儿配方乳粉：湿法工艺、干法工艺、干湿法复合工艺	产品（配方注册批准文号）
特殊膳食食品	3001	婴幼儿谷类辅助食品	1.婴幼儿谷物辅助食品：婴幼儿米粉、婴幼儿小米米粉、其他　2.婴幼儿高蛋白谷物辅助食品：高蛋白婴幼儿米粉、高蛋白婴幼儿小米米粉、其他　3.婴幼儿生制类谷物辅助食品：婴幼儿面条、婴幼儿颗粒面、其他　4.婴幼儿饼干或其他婴幼儿谷物辅助食品：婴幼儿饼干、婴幼儿米饼、婴幼儿磨牙棒、其他	
	3002	婴幼儿罐装辅助食品	1.泥（糊）状罐装食品：婴幼儿果蔬泥、婴幼儿肉泥、婴幼儿鱼泥、其他　2.颗粒状罐装食品：婴幼儿颗粒果蔬泥、婴幼儿颗粒肉泥、婴幼儿颗粒鱼泥、其他　3.汁类罐装食品：婴幼儿水果汁、婴幼儿蔬菜汁、其他	
	3003	其他特殊膳食食品	其他特殊膳食食品：辅助营养补充品、运动营养补充品、孕妇及乳母营养补充食品、其他	
其他食品	3101	其他食品	其他食品：具体品种明细	
食品添加剂	3201	食品添加剂	食品添加剂产品名称：使用 GB 2760、GB 14880 或卫生健康委（原卫生计生委）公告规定的食品添加剂名称；标准中对不同工艺有明确规定的应当在括号中标明；不包括食品用香精和复配食品添加剂	
	3202	食品用香精	食品用香精：液体、乳化、浆（膏）状、粉末（拌和、胶囊）	
	3203	复配食品添加剂	复配食品添加剂明细（使用 GB 26687 规定的名称）	

注：1."备注"栏填写其他需要载明的事项，生产保健食品、特殊医学用途配方食品、婴幼儿配方食品的需载明产品注册批准文号或者备案登记号；接受委托生产保健食品的，还应当载明委托企业名称及住所等相关信息。

2.新修订发布的审查细则与目录表中分类不一致的，以新发布的审查细则规定为准。

3.按照"其他食品"类别申请生产新食品原料的，其标注名称应与国家卫生健康委员会公布的可以用于普通食品的新食品原料名称一致。

参 考 文 献
References

[1] 李其瑞 . 法理学 . 第 2 版 . 北京：中国政法大学出版社，2011.

[2] 孙国华，朱景文 . 法理学 . 第 2 版 . 北京：中国人民大学出版社，2004.

[3] 张文显 . 法理学 . 第 4 版 . 北京：高等教育出版社，2011.

[4] 沈宗灵 . 现代西方方理学 . 第 4 版 . 北京：北京大学出版社，2014.

[5] 黑格尔著 . 法哲学原理 . 杨东柱，尹建军，王哲编译 . 北京：北京出版社，2007.

[6] 张建新，陈宗道 . 食品标准与法规 . 北京：中国轻工业出版社，2011.

[7] 李援 .《中华人民共和国食品安全法》解读与适用 . 北京：人民出版社，2009.

[8] 艾志录，鲁茂林 . 食品标准与法规 . 南京：东南大学出版社，2006.

[9] 陈志成 . 食品法规与管理 . 北京：化学工业出版社，2005.

[10] 张建新 . 食品标准与技术法规 . 第 2 版 . 北京：中国农业出版社，2014.

[11] 朱建军，林向阳 . 食品安全法律法规文件汇编 . 北京：法律出版社，2012.

[12] 中华人民共和国国家标准 GB/T 1/1—2009 标准化工作导则　第 1 部分：标准的结构和编写规则 . 北京：中国标准出版社，2010.

[13] 中华人民共和国国家标准 GB/T 1.1—2009 标准化工作导则　第 2 部分：标准中规范性技术要素内容的确定方法 . 北京：中国标准出版社，2010.

[14] 中华人民共和国国家标准 GB/T 20000.1—2014 标准化工作指南　第 1 部分：标准化和相关活动的通用词汇 . 北京：中国标准出版社，2015.

[15] 中华人民共和国国家标准 GB/T 20000.2—2001 标准化工作指南　第 2 部分：采用国家标准规则 . 北京：中国标准出版社，2001.

[16] 蔡健，徐秀银 . 食品标准与法规 . 第 2 版 . 北京：中国农业大学出版社，2015.

[17] 钱志伟 . 食品标准与法规 . 第 2 版 . 北京：中国农业出版社，2011.

[18] 胡秋辉，王承明 . 食品标准与法规 . 北京：中国计量出版社，2009.

[19] 李春田 . 标准化概论 . 第 6 版 . 北京：中国人民大学出版社，2014.

[20] 吴晓彤，王尔茂 . 食品法律法规与标准 . 北京：科学出版社，2013.

[21] 钱富珍 . 食品安全国际标准研究之国际食品法典委员会 (CAC) 组织机制及其标准体系研究 . 上海标准化，2005，(12): 21-25.

[22] 李青山 . 水利质检机构计量认证准备指南 . 北京：中国水利水电出版社，2008.

[23] 李世杰，付韬，郑雯 . 计量认证中质量体系文件的编制 . 中国热带医学，2007，7(11):2175-2176.

[24] 吴津颖，赵强 . 对《实验室资质认定评审准则》中有关条款的理解 . 现代测量与实验室管理，2009，3：43-44.

[25] 张建新 . 食品质量安全技术标准法规应用指南 . 北京：科学技术文献出版社，2002.

[26] 郑朝晖，倪京平，曾明星，等 . 疾病预防控制机构实验室资质认定评审准则的实施与探讨 . 中国卫生检验杂志，2008，18(12):2744-2848.

[27] 全国人民代表大会常务委员会《食品安全法 (2018 修正)》，2018.

[28] 中国标准化协会 . 中国标准化通典（认证卷）. 北京：中国大百科全书出版社，2003.

[29] 欧阳喜辉 . 食品质量安全认证指南 . 北京：中国轻工业出版社，2003.

[30] 曾庆孝 .GMP 与现代食品工厂设计 . 北京：化学工业出版社，2006.

[31] 钱和 .HACCP 原理与实施 . 北京：中国轻工业出版社，2010.

[32] 陈忘名，段启甲 . 食品生产企业 HACCP 体系实施指南 . 北京：中国农业科学技术出版社，2002.

[33] 国家环境保护总局有机食品发展中心组 . 有机食品的标准、认证与质量管理 . 北京：中国计量出版

社，2005.

［34］　滕胜娟，蓝曦．现代科技信息检索．北京：中国纺织出版社，2007.

［35］　徐军玲，洪江龙．科技文献检索．第2版．上海：复旦大学出版社，2007.

［36］　陈冬华．文献信息检索与利用．上海：上海交通大学出版社，2005.

［37］　彭奇志．信息检索与利用教程．北京：中国轻工业出版社，2013.

［38］　赖茂生，徐克敏等．科技文献检索．北京：北京大学出版社，2009.

［39］　郑淑娜，刘沛，徐景和．中华人民共和国食品安全法释义．北京：中国商业出版社，2009.

［40］　吴高盛．中华人民共和国食品安全法释义．北京：人民法院出版社，2009.

［41］　《中华人民共和国食品安全法》编写小组．中华人民共和国食品安全法实用问答．北京：中国市场出版社，2009.

［42］　《中华人民共和国食品安全法》编写小组．中华人民共和国食品安全法释义及实用指南．北京：中国市场出版社，2009.

［43］　王学政．中华人民共和国消费者权益保护法案例注释版．北京：中国商业出版社，2009.

［44］　王宝发．物权法要点解答．北京：法律出版社，2009.

［45］　李飞．《中华人民共和国突发事件应对法》释义及应用指南．北京：中国民主法制出版社，2007.

［46］　王振旭，魏法山，乔青青，赵芳．我国食品标准的现状及存在的问题．食品安全导刊，2017，06：16-18.